李文莲　王　粲／著

大变革时代的商业模式创新

——思维、抉择与行动

usiness Model Innovation in
n Era of Great Change
Thinking, Choosing and Acting

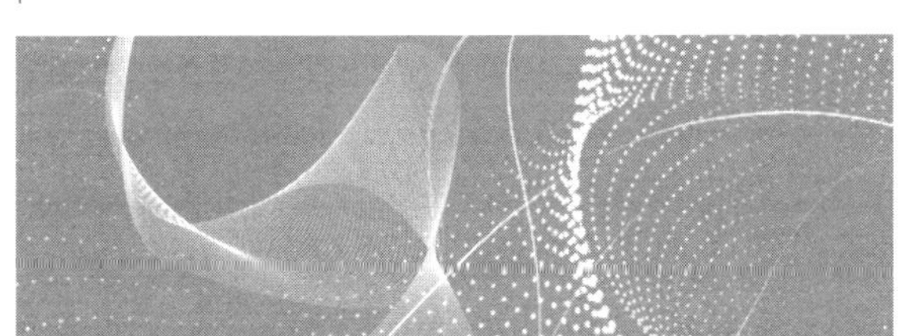

中国财经出版传媒集团

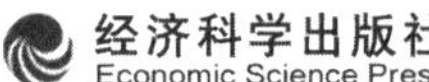
经济科学出版社
Economic Science Press

图书在版编目（CIP）数据

大变革时代的商业模式创新：思维、抉择与行动/李文莲，王粲著．—北京：经济科学出版社，2021.11
ISBN 978－7－5218－3135－1

Ⅰ．①大…　Ⅱ．①李…②王…　Ⅲ．①企业管理－商业模式－研究　Ⅳ．①F272

中国版本图书馆 CIP 数据核字（2021）第 246583 号

责任编辑：于　源
责任校对：蒋子明
责任印制：范　艳

大变革时代的商业模式创新
——思维、抉择与行动
李文莲　王　粲　著
经济科学出版社出版、发行　新华书店经销
社址：北京市海淀区阜成路甲 28 号　邮编：100142
总编部电话：010－88191217　发行部电话：010－88191522
网址：www.esp.com.cn
电子邮箱：esp@esp.com.cn
天猫网店：经济科学出版社旗舰店
网址：http://jjkxcbs.tmall.com
北京密兴印刷有限公司印装
710×1000　16 开　21 印张　400000 字
2021 年 12 月第 1 版　2021 年 12 月第 1 次印刷
ISBN 978－7－5218－3135－1　定价：79.00 元
（图书出现印装问题，本社负责调换。电话：010－88191510）

目　　录

第一篇　商业模式创新本体论（ONTOLOGY）

第二篇　商业模式创新驱动论（DRIVERS）

第三篇　商业模式创新行动论（ACTION）

导论

时代变革与商业模式创新的兴起

2018 年 6 月，习近平总书记在中央外事工作会议上对当今时代形势做出了“世界处于百年未有之大变局”[①] 这一重大论断。何谓“百年未有之大变局”？第一，世界经济中心在变，经济总量的重心从北大西洋转移到太平洋；第二，世界政治格局在变，非西方化与多极化并存；第三，全球化进程在变，全球化的主要推动力量面临重组；第四，科技与产业在变，发达国家和发展中国家力量对比在变化；第五，全球治理在变，新兴国家正在成为国际舞台上的重要角色（刘建飞，2019）。在这一大背景下，全球商业经营环境也在经历着重大变革，应对且反映这些重大变革，商业创新实践与学术研究涌现出许多新理念、新问题、新现象，新的管理理论呼之欲出；商业模式创新无疑是这些新实践、新理论中最富活力、最有魅力、最具潜力和解释力的新范畴（话语体系）之一。

新的管理理论的提出，总是与它所处的时代密切相关。“平稳”的时代比较满足于已有理论，“变革”的时代则常常产生新理论。这是因为，变革的时代会有更多的“管理异象”出现。管理异象（anomalies），即管理活动所表现出来的、与现有管理理论相悖的现象；管理异象的频现构成了对现有管理理论的重大挑战，也会形成管理“新知识”的来源。管理异象的可能来源包括管理活动所处环境/情境的变化、管理活动主体及其交互行为的变化、管理活动的内容和目标的变化。在国家自然科学基金委员会“十四五”学科发展战略研究专家研讨会上，天津大学张维教授指出，影响未来 5～10 年管理学科知识发展的重要因素主要包括以下方面：颠覆性技术的重要影响（impact of disruptive technology）、中国最佳实践和新兴经济体的崛起（China's best practice and the rise of emerging markets）、全球治理格局的变化（changing atlas of global governance）、人类发展面临的挑战（challenges faced by human development）。探究、揭示企业在新的社会环境、技术环境、市场环境、文化环境下的商业实践现象及规律，并将其系统化、

① 习近平．习近平谈治国理政（第三卷）[M]．北京：外文出版社，2020.

理论化用以引导更加科学的实践，无疑是相关学术领域须承担的重要使命，商业模式创新的实践与研究正面临这一课题。

自 20 世纪 90 年代中期以来，对商业模式创新的关注持续升温。在实践领域，来自 IBM 商业价值研究机构的一项调查显示，98% 的受访 CEO 表示他们已经将商业模式创新纳入战略和创新管理的思维框架，现实呈现也的确如此，那就是商业模式创新成功的典范层出不穷。笔者运用中外数据库进行文献搜索和数量测算发现，近年来关于“商业模式创新”研究文献的增长速度是“创新”“技术创新”等的两倍，这一问题在学术领域研究热度之高可见一斑。当然，无论作为一种新的实践还是一种新的学术主题，这固然符合一个新生事物的发生发展规律，但是商业模式创新在创新发展演化史上里程碑式的独特意义和价值的确值得深入讨论。

目前，对商业模式创新的评价和认识存在两种有失偏颇的倾向。一种倾向是把商业模式创新奉为“圣典”，认为它将取代技术创新的神坛地位，成为企业创新发展的灵丹妙药；而另一种倾向则是对商业模式创新的否定和质疑，理由是：商业模式到底是什么还不清楚，商业模式创新与其他创新形式交叉重叠，理论边界也还不清晰。学术界的相关研究也的确仍处于“碎片化”状态。根据奥内蒂等（Onetti et al.，2012）的统计，仅 1996～2009 年关于商业模式的代表性概念就有 48 个。商业模式被分别定义为活动系统、结构定位、价值创造方式等；商业模式创新的研究视角多种多样，包括技术视角、战略视角、营销视角等（王雪冬和董大海，2013）；理论基础也是多元而繁杂的，包括价值链理论、资源基础论、交易成本理论、创造性破坏理论以及战略网络理论等。笔者认为，商业模式是具体的，甚至可以说每一个企业都是一种独特的商业模式；商业模式创新从表象上来看的确是个性特征鲜明的，这也就造成了对商业模式创新理论看法的分歧性、模糊性和实践上的盲目性。商业模式创新的商业价值已经毋庸置疑，而商业模式创新的社会价值和历史进步性尚未被充分揭示和重视。

本书旨在透过纷繁复杂的商业模式创新实践表象，揭示商业模式创新的特质及其在创新发展演化史上的地位和角色，特别是它在社会价值诉求上的进步性，以期推动创新研究与实践正确态度和行动的形成。笔者对商业模式创新与战略创新、商业生态位变迁、技术创新、制度创新等与之存在边界交叉的范畴之间的关系进行了阐释；对商业模式创新的多维性和多层次性进行了清晰的梳理；对商业模式创新不同视角的驱动与影响因素进行了整合，并运用近几年引入管理研究领域的 QCA（定性比较分析）这一更加适合这类问题的研究方法，对不同类型商业模式创新的发生机理进行定性和定量相结合的研究；探究和揭示了商业模式创新带来价值增进的深层根源；构建了以价值增进为内核的商业模式创新思维和行

动框架；面向时代大变革引发的商业经营环境变革的主要侧面（需求、供给、观念意识），例如社会碎片化、消费者主导、“联接 + 数据”、区块链、“去中介化”“再中介化”“去中心化”等，提出企业商业模式创新的基本行动方向。在以上基础上，本书结合典型案例，对社会企业、平台、共享、P2P、新零售等新型商业模式的底层原理与逻辑进行了解读；对 3D 打印、智能驾驶等颠覆性创新的商业化进程进行了分析并提出未来发展的构想；在理论与现实之间反复穿梭、检视与修正的基础上，揭示了企业与行业主导商业模式创新动态演化的一般规律。整体写作思路与内容逻辑如图 0 - 1 所示。

一、主要观点

（一）商业模式创新理论与实践的兴起源于时代变革引发的商业环境变革

当今时代正面临“百年未有之大变局”，这是对当今世界政治、经济、文化、社会正在发生的重大变革的高度概括。在这一变革过程中，商业经营环境也正在经历巨变，商业实践面临各种新的挑战，同时也蕴含了无限的创新机会。从历史上看，每一种革命性的商业模式（包括生产方式、贸易方式、交易方式、企业组织方式、企业之间的连接方式等）的产生都源于环境的变迁、技术的变革。当今时代，商业模式创新之所以成为创新关注的焦点，是因为今天的企业面临异常动态而复杂的市场环境。动态性表现为迅速更新的技术、日益缩短的产品生命周期、快速转移的消费者偏好等；复杂性表现为模糊的市场边界、难以界定的竞争对手、不断被打破的竞争规则、要素竞争转向系统竞争、局部竞争转向整体竞争等。商业模式创新在当今风生水起，其深层根源是当今社会的深刻变革。

（二）商业模式作为企业创新与发展新的分析单元，具有独特的优势与时代进步性

从人类漫长的创新认知与实践的演化发展过程来看，人们从专注于技术创新、制度创新发展到对全面协同创新的重视。商业模式创新作为一种理论分析框架，能够对这些发展演化作出整合性的解释；商业模式创新作为一种实践活动，则是这种协同演化的表现形式。商业模式是一个高度凝练的概念，用以表达在既定市场上，如何设置一组相互关联的决策变量以产生持续的竞争优势；其创新体现了在更高层次上对创新的系统思考和设计。商业模式创新逐渐登上企业战略与

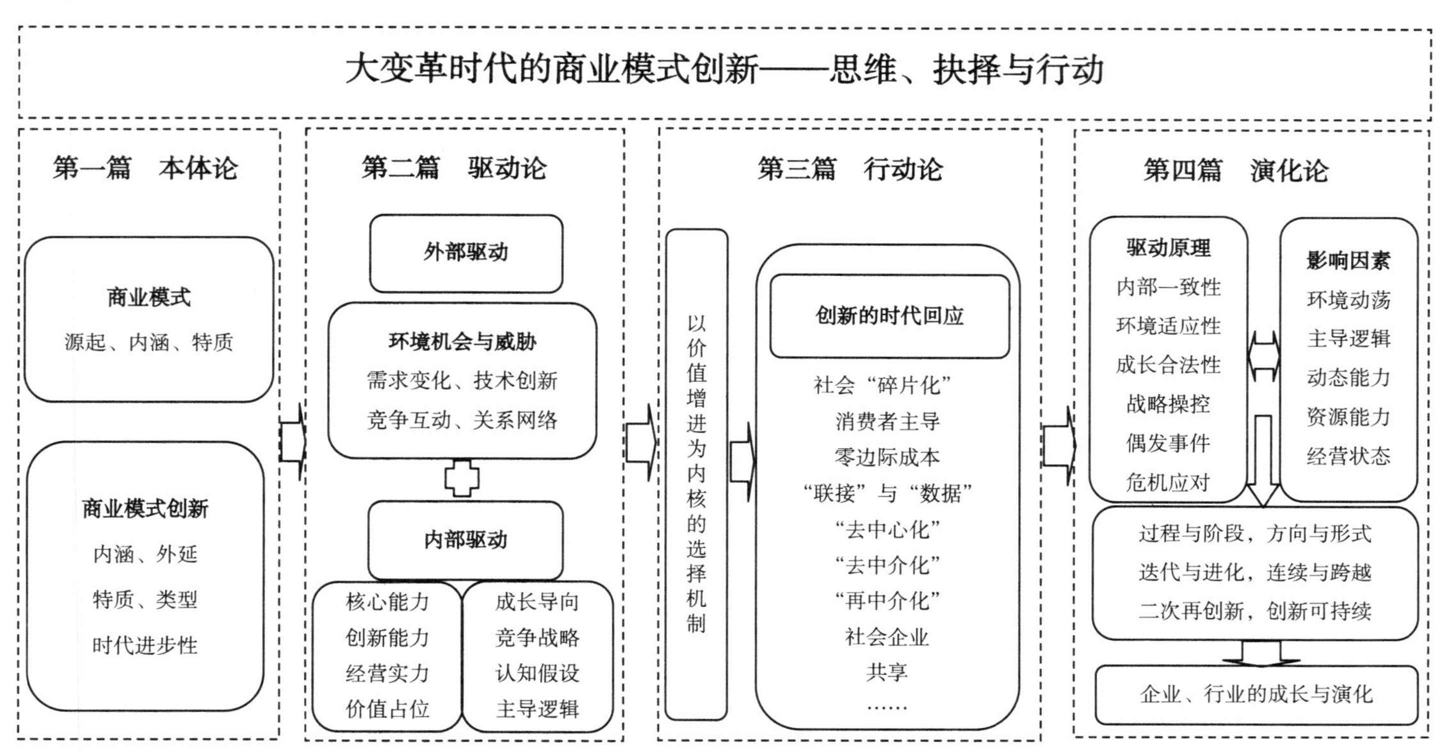

图0-1　整体写作思路与内容逻辑

发展研究的中心舞台，这源于其多元理论、多元视角、多层次分析的包容性。商业模式创新是从战略通向行动的桥梁，它兼具战略的整体性、前瞻性特征以及行动的直观性、具体性、指导性特征。

创新作为人类最重要的实践活动，既包含着合规律性的认识要求，也包含着合目的性的价值取向要求；商业模式创新的出现正是这两种力量共同作用的结果。商业模式创新理念中包含着更多对伦理价值和社会价值的关注，它在对社会价值的诉求上又前进了一步，而且它使企业社会责任意识和行为内在化；商业模式创新使企业更具合法性，从而使个体价值与社会价值更加统一。

（三）商业模式创新的内核是价值增进

价值增进——能够创造新价值或更多的价值，是一切创新的内核和生命力。商业模式创新是紧紧围绕创造新价值和更多价值展开的。商业模式创新包含着这样一种逻辑：从洞察客户的核心诉求出发，寻找解决问题的最佳途径，通过技术创新、制度创新或者二者协调匹配的创新来实现。商业模式创新是多种创新协同演化的形式，而价值增进正是这种协同演化的选择力量，它是搜寻、选择、决策的行为准则。

企业创新能够带来价值增进的途径只有三种：提高顾客支付意愿、降低顾客成本或者提供了某种（或更大的）社会利益或价值。商业模式创新的新价值可以来自两端：价值创造端和价值实现端。价值创造端的新价值来自资源的优化配置，价值实现端的新价值来自实现供需的精准匹配以及在更高水平上满足顾客的需求。

（四）企业商业模式创新来自环境机会/企业能力/战略导向的组合、非对称驱动

商业模式创新是企业基于环境机会的洞察与理解，进行资源、结构、流程以及整个价值网络的重新设计与构造。成功的商业模式必须实现环境机会与内部资源与能力的高度契合，商业模式创新必须进行“面向内”与“面向外”的双向思考。从静态来看，在面对相同市场机会的情况下，具有不同资源与能力、战略导向的企业可能会选择不同的商业模式创新方向；从动态来看，企业在不同的发展阶段，面对不同的环境机会、资源与能力优势的积累与发展、高管团队注意力的转移，商业模式创新导向也会发生变化。对于不同的企业而言，相同的商业模式创新结果也可能来自上述因素的不同组合影响与驱动路径；同一因素在不同组合情景当中的影响效应并不相同，甚至是相反的，即非对称性。

（五）企业商业模式创新行动应是对市场、技术、观念变革的准确回应

创新方向的选择乃一切创新的起点，它是决定创新能否成功的关键。商业模式创新的起点是企业对自身经营环境的基本假设。当今时代商业经营环境的大变革，从技术上来看，主要表现为互联网、大数据、物联网、云计算等技术的迅猛发展与应用；从市场（或消费环境）来看，主要表现为社会“碎片化”、消费者主导、零边际成本商业行为的出现等；从认知基础来看，主要表现为“去中介化”“去中心化”、共享、社会企业、社会治理等新的理念、观念、思想的萌发、扩散与应用。企业创新必须对这些变革做出恰当的回应。这些变革为企业进行商业模式创新提供了基本的思维起点，从这些起点出发形成科学的环境认知与假设，可以使企业商业模式创新活动避免盲目性、偶然性，成为一种规律性、系统性的行为。

（六）商业模式创新的多路径、动态演化使企业呈现非线性成长特性

企业在不同的阶段呈现出不同类型的商业模式创新导向，商业模式动态演化的过程也就是企业在不同类型的商业模式创新之间转换的过程。企业在成长发展过程中，出于追求内部一致性、环境适应性、成长合法性、战略操控、偶发事件和危机应对等动机，需要对商业模式进行持续性的变革；变革的过程又受到环境动荡性、企业主导逻辑、动态能力、组织资源能力与经营状态等因素的交互影响与制约；商业模式创新在不同的背景下受到来自不同因素的驱动与影响，企业商业模式的变革表现出不同的类型和性质：原创性创新/模仿性创新/模仿后再创新，适应创新/自主创新，起始创新/引致性创新，连续性/非连续性创新，优势资源利用型创新/劣势资源互补型创新，技术主导/竞争主导/市场主导型创新，价值主张/价值网络/收益模式创新等。对于已存续企业而言，即使是不连续（或颠覆性）创新也是在保证企业整体经营连续性的前提下发生的，所以商业模式创新必须以企业以往所走路径积累起来的资源和能力为依托，或者以能创造或者获得某种重要的资源和能力为基础。随着企业的成长，企业的核心资源和能力可能会发生转移，企业与环境之间的关系会发生变化，企业的主导逻辑和战略姿态会进行调整，当商业模式创新的立足点、支点、锚定点发生了转移和变化，创新行为的具体特征也将会发生变化，商业模式创新类型与性质的变迁使得企业呈现非线性成长特性。

从行业的视角来看，先导企业商业模式创新的成功实践会打破传统商业模式的主导地位，在竞争互动的作用下，新的商业模式被争相效仿、优化并逐渐成为主流；行业商业模式从发散到收敛，经过一定阶段的相对稳定状态再发散、再收

敛，呈现间断性的平衡状态；行业主导商业模式的变迁构成行业商业模式的动态演化路径。

二、学术创新

（一）深化和明晰了对商业模式创新的认识

本书提出商业模式创新的本质特征——追求整体性结构差异从而给企业带来竞争优势；揭示了商业模式创新系统性和复杂性的根源，阐释了商业模式创新的环境驱动特征和价值主导特征；对商业模式创新的特质进行了概括，即机会均等、开放式创新思维、系统思考、顾客真实需求导向、价值创造导向等。

（二）创新性地对商业模式创新进行了三维分类

本书基于商业模式的系统性和复杂性特征，提出商业模式创新的三维分类方法，即创新（目标）导向、落点定位和变革层面三个维度；将创新目标导向分为新奇性和效率性，反映创新的动机、动力和动因；将创新定位分为价值主张和价值创造，界定创新的具体内容、活动和性质；将变革层面分为行业层面、价值链层面和企业（内部）层面，反映创新的强度以及给组织带来的变化、成效和结果。本书以商业模式创新实践典型案例印证了这种三维分类能够较好地反应特定商业模式创新特征的各个侧面。这一分类方法为商业模式创新类型选择的研究提供了基础，并为商业模式创新这一变量的测量提供了一种依据。

（三）揭示了商业模式创新的特质和历史进步性

从理论和实践两个视角提供充分的支撑以阐释：商业模式创新登上企业战略与发展研究的中心舞台，源于其多元理论、多元视角、多层次分析的包容性；商业模式创新是从战略通向行动的桥梁，它兼具战略的整体性、前瞻性特征和行动的直观性、具体性、行动指导性特征；商业模式创新的时代进步性源于其创新性的理念与思维方式、创新性的商业伦理、创新性的实现方式以及创新结果的社会影响。

（四）运用定性比较分析法检验了环境机会/企业能力/战略导向对商业模式创新的组合、非线性驱动效应

环境机会、企业资源与能力、认知与选择对商业模式创新的驱动与影响效应是交互的、复杂的。关于商业模式创新前因及其驱动与影响效应的实证研究，早

期多采用线性回归的方法，这种线性因果关系模型对商业模式创新现实的解释力存在不足：对变量之间组合匹配关系的反映与解释不足，变量之间存在着因果循环，不同研究结论存在差异甚至矛盾。笔者构建了一个商业模式创新驱动与影响因素的整合模型，这一模型在视角（外部、内部、理论基础）层面、构念层面、变量维度层面比较全面地涵盖了以往研究所涉及的诸多概念和范畴，在梳理、归类、分层的基础上实现了比较清晰的逻辑关系表达，并在开放性创新生态系统因子与以往研究的理论、概念和范畴之间建立起连接。本书运用 QCA 方法，验证了环境机会/企业能力/战略导向对商业模式创新的组合、多路径、非对称驱动效应，在一定程度上弥补了当今关于商业模式创新理论研究、实证研究与实践之间彼此隔绝与自说自话的不足。

（五）构建了以价值增进为内核的商业模式创新思维和行动框架

商业模式创新以“价值创造”为核心在学术界已经形成基本共识，但是关于“如何创造新价值或更多的价值？创新的路径有哪些？”问题的回答，仍然停留在对特定案例的特定路径描述的层次上。笔者从价值增进的本源出发，提出企业进行商业模式创新能够带来价值增进的三种途径：提高顾客的支付意愿、降低顾客的支付成本或者提供了某种（或更大的）社会利益；并从三个方面揭示了商业模式创新能够带来价值增进的具体方向：价值创造端资源配置创新——开放、柔性、协同；价值实现端有效、精准供给——满足真实需求、长尾需求、延伸需求；关注社会利益的创新——解决社会问题、社会性目标的投资动机。

（六）提出回应当今时代变革企业商业模式创新的行动方向

研究从当今时代社会、市场、技术、思想变革等不同的侧面，分析了基于社会“碎片化”、消费者主导、“联接”与“数据”“数智化”“去中介化”“再中介化”“去中心化”、社会企业和共享理念的商业模式创新原理，并提出具体的创新思路与行动方案，形成了对当今时代商业模式创新理论与实践的系统思考。

（七）系统整合并深化了对商业模式及创新动态性的研究

商业模式创新类型与路径的多样性不仅表现在不同组织之间，还表现在同一组织在成长发展的不同阶段，即表现出一种动态演化性。笔者在更长的时间轴上来考察，关注企业在成长过程中如何从一种商业模式演化到另一种新的商业模式，反映创新的持续性与突变性两个方面；厘清了以往研究对商业模式动态演化的不同理解，对商业模式动态演化的驱动原理以及影响演化进程及形态的因素进行了系统总结；揭示了企业、行业商业模式创新及成长演化的一般特征。

三、学术价值

（一）解决了当今商业模式创新研究存在的一些局限性问题

二十世纪九十年代以来，ICT 技术的迅猛发展使整个社会发生了广泛而深刻的变化，企业经营环境急剧变革，新的企业管理理论与思想应运而生，"商业模式""商业模式创新"逐渐登上企业战略管理领域的中心舞台。在管理实践中，涌现出一大批依靠商业模式创新创造辉煌的企业，商业模式创新成为企业获得竞争优势的新的重要来源。商业模式作为企业战略管理理论的一个新的分析单元，有望开启企业管理研究的新篇章。但是，关于商业模式创新的研究仍然存在很多问题等待研究者们去解决：（1）商业模式创新的理论边界与定位还是模糊的，尤其表现在商业模式与企业战略之间的关系、商业模式创新与其他创新（特别是技术创新）之间的关系上。（2）商业模式创新的驱动和影响因素还没有形成一个统一完整的理论框架，还处于多角度分析的碎片化状态。（3）商业模式创新分类纷繁复杂，还没有一个被普遍认可、现实指导性强的方法。（4）由于商业模式创新的个性特征以及分类的多维度性，以特定案例来分析商业模式创新发生（驱动）、发展（演化）和结果（竞争优势、绩效）的研究较多，但研究结论之间缺乏对话以及理论系统归属；大样本实证研究往往把商业模式创新的概念泛化，丧失了很多商业模式创新的独有特征，从而缺乏对不同商业模式创新类型适用性的比较；传统线性回归方法对复杂情境中的复杂创新的现实解释力不足。（5）当前关于商业模式创新类型、方向、路径选择与演化既需要底层系统理论的构建也需要实践方案的指引。本书较好地回答和解决了上述问题。

（二）形成了商业模式创新"本体论—驱动论—行动论—演化论"的完整理论体系

本书是对近三十年商业模式及创新相关研究成果的继承、发展和创新之作，在研读四百余篇中外文文献、分析百余案例的基础之上，对商业模式创新相关问题进行了系统的梳理和研究；在归纳和演绎之间来回往复（abduction），形成了兼具理论性与实践性的商业模式创新本体、驱动、行动、演化的系统思考和认识。

研究厘清了商业模式创新与战略创新、生态位变迁、技术创新和制度创新之间的关系，提出：（1）商业模式创新具有高度环境依赖性和外部激发性特征；（2）商业模式创新具有系统性和复杂性特征；（3）价值主张和价值创造模式是商业模式创新的核心起点要素，价值导向是商业模式创新的基本特征。

研究构建了环境机会/企业能力/战略导向对商业模式创新的组合、非线性驱动模型，这一模型既是对前人不同视角研究的整合，也解决了单一视角不能全面解释商业模式创新实践现象的问题；研究采用定性比较分析法对这一模型进行实证研究，解决了线性回归分析在研究组合、多路径、非线性问题上的局限性，揭示了不同类型商业模式创新发生机理与核心驱动因素的差异性。

研究构建了以价值增进为内核的商业模式创新思维与行动框架，揭示了商业模式创新能够创造新价值或更多价值的深层逻辑；分别从价值创造端、价值实现端和社会利益三个方面为企业商业模式创新定位与方向选择提供了可遵循的行动路径。

研究把对商业模式创新的静态分析扩展到动态分析，把商业模式创新与企业的成长、演化相联系，提出：行业相关市场需求特征的变化、竞争焦点的转移、基础技术的变革、核心技术的创新动态，企业本身的运营能力、技术创新能力、核心能力以及企业战略姿态在企业成长发展过程中交互变化，使得企业商业模式创新呈现出不同的阶段性特征；行业主导商业模式的演化建立在主导企业商业模式演化的基础之上。

第一篇

商业模式创新本体论 (ONTOLOGY)

第一章

商业模式：源起、内涵与特征

第一节　商业模式探源

什么是商业模式（business model）？回答这一问题，首先要回答什么是商业。商业在这里是一个广义的概念，不同于我们通常将之与工业、农业相并列的商业概念，它泛指把采购来或生产出的有价值的产品或服务提供给他人，以换取相应价值的业务活动或活动组合。那么，这些活动或过程中所依赖的要素的组合方式就是商业模式[①]。通俗来说，商业模式就是做生意的方式：为何人，采购何种物品，创造何种价值，最后以何种方式换取等价物（三谷宏治，2016）。

一、商业模式的现实存在与概念化存在

探究商业模式的起源，首先应该区分商业模式实践（现实存在）起源和概念化学术研究起源，前者的历史要比后者远得多。商业活动的雏形始于人类生产活动开始分工合作的时期，人们的劳动能力在这一时期有了显著提高，尤其在文字出现以后，人类文明上升到了一个新的高度，与此同时，许多新事物也应运而生。从人类历史长河来看，最原始的商业活动应该发端于原始社会后期，当人类生产成果出现剩余的时候，出现了物质交换的开始。《易经·系辞下》中有“日中为市，致天下之民，聚天下之货，交易而退，各得其所”的记载，这就是最早的商业活动模式的描述。

随着社会的发展，伴随分工的细化和交换协作的深化，商业活动的模式不断发展、变化、丰富。例如，从商品的生产组织模式来看，大体历经了手工作坊、

① 模式（model）的含义是“对一个复杂实体或者过程的简单描述或者表现”。

工厂化、一体化、多元化、外包协作、虚拟组织……从商品的交换形式来看（交易形态的变化），从最初自由分散的集市交易到零售店、百货店、自选超市、电子商务、新零售……从价值的分配模式来看，从双边的直接利益交换到多边的多元化给付……可见，商业模式是一个悠久的历史存在，但是人们以“商业模式”这一概念来描述和研究这一客观存在只是近几十年的事情，而且其早期的含义与当今人们对这一概念的普遍理解和共识也存在一定的差异。

二、商业模式进入思维与研究视野

商业模式一词早在1957年就已经在文献中出现，但是商业模式作为一个独立的研究领域引起广泛关注，却是在20世纪90年代中期以后①。商业模式研究领域著名学者佐特及其合作者（Zott et al.，2011）对商业模式研究的进展进行了全面的梳理和总结，认为，虽然关于商业模式的文献风起云涌，但是在“商业模式是什么”这一问题上还没有达成共识，学者们为满足自身研究需要而给出的特异性定义很难互相协调，这一问题在十年过后的今天仍然存在。即便如此，学术界对于商业模式作为一个研究主题的重要性已取得了以下共识：商业模式已经被视为企业管理尤其是企业战略管理的一个新的分析单元，这个分析单元有望成为整合现有企业竞争优势理论的统一框架；商业模式强调了企业系统性、整体性的商业运作特征；商业模式是一个“大伞构念”，它同时关注价值创造和价值获取两个方面，而且同时把产品市场和要素市场纳入考虑范畴，从而弥补了部分基于资源观的战略管理研究的不足（龚丽敏等，2011）。

关于商业模式及其创新的研究，从时间脉络上来看，大体经历了四个阶段：20世纪80年代中期开始出现，当时仅用于描述计算机信息系统的业务运行模式；90年代中期以后其外延得以扩展，用来表达电子商务和互联网企业的收入模式；在世纪之交，这一范畴被广泛扩展到一般企业和商务领域，并进入充分阐释阶段，研究者们从不同的角度给出众多不同的定义、构成要素、研究框架；近十年来，关于商业模式创新的成果呈现出聚合和深化的态势，中心议题开始向商业模式创新分析（包括基本特征、分类方法、竞争优势和经济租金来源要素等）和实践运作集中（Wirtz et al.，2016；Foss & Saebi，2017）。

从商业模式及其创新的研究主题或内容来看，遵循一般的学术研究发展规

---

① “商业模式”的概念较早出现在：Bellman R，Clark C E，Malcolm D G，et al. On the Construction of a Multi－Stage，Multi－Person Business Game［J］. Operations Research，1957（5）：469－503；Jones G M. Educators，Electrons，and Business Model：A Problem in Synthesis［J］. Accounting Review，1960，35（4）：619－626.

律，主要涉及以下问题：是什么（包括定义、构成要素、分类方法等），为什么（包括驱动因素、竞争优势属性等），如何创新（包括创新类型与方向选择、创新过程管理等），创新结果（包括竞争优势获得、财务绩效、成长方式等）。这些研究在以下方面取得了丰硕的成果：（1）商业模式的概念得到了来自多重视角的解析，例如活动系统、结构定位、价值创造视角。商业模式是一种高度凝练的概念，用以表达在既定的市场上，如何设置一组相互关联的决策变量以产生持续的竞争优势（Morris et al.，2005）；商业模式旨在解释如何创造和获取价值。（2）商业模式构成要素被提炼为价值主张、价值创造网络和收益模式（Bohnsack et al.，2014）等几个核心构念。（3）商业模式创新分析从单纯的技术（商业化）视角（Christensen，2004；Chesbrough，2006）、战略（定位）视角（Hamel，2000）、营销视角（Aspara et al.，2011）走向立足于商业模式本身的视角——基于价值主张、涵盖资源、流程、关系等的运营模式以及收入、成本等盈利模式的设计或再设计过程（Osterwalder & Pigneur，2011）。（4）商业模式创新能给企业带来竞争优势，得到来自多种理论的解释与支持。学者们分别从价值链理论、资源基础论、交易成本理论、创造性破坏理论以及战略网络理论等进行了丰富的阐释，商业模式创新的财务绩效和成长绩效也得到越来越多的实证研究的检验。从研究的总体现状及商业实践的要求来看，未来研究的中心议题将集中在：（1）商业模式创新的匹配性、适用性和有效性；（2）商业模式创新的动态性、持续性等方面。

第二节　商业模式内涵的多视角解析

商业模式概念在研究中最初的含义主要是指收益模式，经过二三十年的演化发展，其含义已经发生了很大的变化。最初对商业模式的研究，大都是围绕互联网企业和电子商务进行的，后来逐步扩展到一般企业和商务领域。实际上，在战略管理领域，很早就已经有研究把注意力放在战略设计作为一个整体框架在商业模式化（business modeling）中的角色以及它对新投资企业存活与成功的重要性上（Van de Ven & Walker，1984）；然而，这一研究主题在十年间都没有吸引更多关注，一直到互联网企业的出现才使人们认识到新的商业模式设计是至关重要的（Onetti et al.，2012）。以此为起点，相关研究出现了两个主要的分支。比较早的一个分支出现在20世纪90年代中期，主要以电子商务为背景，源于电子商务的出现以及这一领域技术的急剧变革在许多行业引发的在竞争手段上不可思议的变化，传统的企业分析框架不能适应互联网领域，一些学者提出并运用商业模式这一概念以试图揭示在新的网络业务时代高技术企业所面临的挑战和存在的形态；这一分支的典型文献是对在网络上运营的公司的分类和归类，研究者们描述了各种创造性的、可替代的具体商业模式而并非是提出一个结构化的和普遍接受的商业模式术语的定义。另一个比较晚的通用性的分支出现在21世纪初，它提出了一个比较综合的方法，其目的是为了识别出不仅仅局限于高技术企业的商业分析工具。学者们通过参考模型研究商业模式这一主题本身，他们从基础的概念和分类转向了比较有说明性的概念及其构成要素的识别，商业模式的概念也从最初的基于互联网的业务模式变成了一个可以应用于其他类型企业的比较通用的概念。

一、各说各话的商业模式定义

关于什么是商业模式，学者们从不同的角度给出了许多不同的定义。根据奥内蒂等（2012）的统计，仅1996~2009年关于商业模式研究的文献中出现的代表性概念就有48个；国内学者李鸿磊和柳谊生（2016）按照四种类型梳理出比较有影响力的国内外学者提出的代表性概念有35个；这些概念有的高度凝练，而有的则是详细描述。德鲁克（Drucker，1995）最早将其称为组织的或公司的经营理论（business theory）。蒂默斯（Timmers，1998）给出一个详细的定义：商业模式是一种反映产品、服务和信息流的结构，它包括不同业务参与者及其角色的描述、不同参与者潜在利益的描述和收入来源的描述。马哈德万（Mahadevan，2000）则把商业模式高度概括为企业至关重要的三种流量——价值流、收益流和物流的唯一混合体。阿米特和佐特（Amit & Zott，2001）认为，商业模式是企业创新的焦点和企业为自己、供应商、合作伙伴及客户创造价值的决定性来源。林德和坎特雷尔（Linder & Cantrell，2000）认为商业模式是组织创造价值的核心逻辑。托马斯（Thomas，2001）认为，商业模式是开办一项有利可图的业务所涉及的流程、客户、供应商、渠道、资源和能力的总体构造。阿普盖特（Applegate，2001）指出商业模式是对一项复杂业务的描述，使人们能够研究其结构、构成要素之间的关系以及它将如何对现实世界进行反应。玛格丽塔（Magretta，2002）提到："商业模式是讲述企业如何运行的故事"，商业模式描述了一个相互依赖的价值创造活动系统与连接机制。阿福阿（Afuah，2003）指出，商业模式是企业为了创造卓越的客户价值并将企业自身推到获利的位置上，运用其资源执行什么活动、如何执行这些活动以及什么时候执行这些活动的集合。拉帕（Rappa，2004）认为，商业模式就其最基本的意义而言，是指做生意的方法，一种能够为企业带来收益的模式；它描述了一个公司开展什么样的活动来创造价

值、在价值链中如何选取上游和下游伙伴以及自己在价值链中的位置，并且与客户达成收益安排的类型。奥斯特瓦德等（Osterwalder et al.，2005）在对众多概念进行比较研究的基础上指出，商业模式是一种建立在许多构成要素及其关系之上、用来说明特定企业商业逻辑的概念性工具，商业模式可用来说明企业如何通过创造顾客价值、建立内部结构以及与伙伴形成网络关系来开拓市场、传递价值、创造关系资本、获得利润并维持现金流。莫里斯等（2005）在回顾了三十多个商业模式定义的基础上，提出商业模式是一个简明的陈述，用以表达如何整合（配置）一组有关战略定位、运营架构和经济逻辑的相互关联的决策变量，以在既定市场中创造可持续的竞争优势。国内学者罗珉等（2005）指出商业模式是一个组织在明确外部环境假设条件、内部资源和能力的前提下，用以整合组织本身、顾客、供应链伙伴、员工、股东或利益相关者，来获取超额利润的一种战略创新意图、结构体系以及制度安排的集合。魏炜等（2012）从经济学视角把商业模式定义为企业与“利益相关者的交易结构”，它包括交易主体、交易内容、交易方式以及交易定价等。在上述较早期提出的概念的基础上，后来的研究者开始对这些概念进行理论、视角和逻辑化的归类，并从各自不同的观点和立场上对商业模式的概念做了大量进一步的界定和阐释。

二、商业模式内涵阐释的多维视角

通过对上述多个典型商业模式定义的关键词进行内容分析，可以看出商业模式基本涉及企业的经济模式（利润产生的逻辑本质）、运营（要素、流程及构造）和定位（市场、组织边界、竞争优势、网络等）多个方面的界定。商业模式概念的多视角描述近年来得到了系统的考察，众多学者在自己的研究中对这一问题进行了梳理。尹校军等（2013）把以往研究所涉及的诸多定义归为三类：（1）活动系统视角（侧重于支持商业模式的活动、流程及其关系的描述）；（2）结构视角（注重商业模式参与主体的网络结构、角色与定位的描述）；（3）价值创造视角（注重商业模式竞争优势来源的理论解释）。李鸿磊（2016）将商业模式的定义分为四类：（1）经营管理类（商业模式是一种经营逻辑或企业获取利润的商业逻辑）；（2）战略定位类（商业模式有关企业战略定位、竞争优势、产品差异化等）；（3）交易结构类（商业模式是一种利用商机创造价值的交易内容、结构和治理框架）；（4）价值创造类（商业模式是创造价值的基本机制/如何创造价值）。里特和莱特尔（Ritter & Lettl，2018）进行了一个更加深入、细致和完整的归纳：（1）逻辑视角。商业模式是一种逻辑化的认知工具，强调各种要素例如需求、资源、收入、成本等之间的因果联系。（2）原型视角（archetype）。商业模式以提炼通用商业逻辑为特征；商业模式是创业者的创意，商业创意来自机会的丰富和逻辑化，并有可能最终演变为商业模式。(3) 活动视角。商业模式是一种正式化概念工具（例如商业模式画布），追求系统性前提下对复杂现象的简化（Massa et al.，2017）。(4) 要素视角。商业模式作为客观的经济实体，强调现实的运营实体之间的依赖性，由具体活动、合同、内外部利益相关者等运营性要素构成。(5) 校准视角（alignment）。商业模式以强调要素间一致性或自洽性为特征。两位作者进一步认为，要素视角和校准视角可以归为一组，更接近经济属性（构成、结构、系统运行），逻辑视角和原型视角可以归为一组，更接近认知属性（因果、机制、定位），而这四种/两类视角都以活动视角为中心和基础。上述对商业模式定义的归类对我们清晰理解商业模式的概念提供了有益的帮助，有利于商业模式概念在研究中的运用。

基于尹校军等（2013）提出的三个视角，分别对商业模式诸多代表性概念描述进行梳理归类，可以比较清晰地看到阐释商业模式内涵不同视角的不同侧重面。

(1) 活动系统视角。林德和坎特雷尔（2000）将商业模式描述为一组为了在一个市场上获得利润而设计的计划活动（或业务流程）的集合。阿福阿和图奇（Afuah & Tucci，2000）认为商业模式是指一系列内部和外部运营活动，这些活动具有计划性并且不断地更新以帮助企业保持利润；这些活动回答以下一系列问题：在哪里找到自己的顾客、如何向顾客提供独特的价值、如何定价、如何支付、如何确保利润的实现、如何保持竞争优势等。桑托斯（Santos，2009）认为，商业模式是一组活动系统与活动执行单位之间的关系系统。德米尔和莱科克（Demil & Lecocq，2010）则认为，商业模式是企业为实现自己提出的顾客价值主张而设计的业务活动组合。佐特和阿米特（Zott & Amit，2010，2012）定义商业模式是一个由许多相互联系、相互依赖的活动组成的系统，这些活动超越了焦点企业本身，是跨边界的，它决定了公司与顾客、合作者和渠道商做业务的方式。

(2) 价值创造视角。拉帕（2004）定义商业模式是一个业务（事业）保持生存并产生收益的方式，商业模式提供了一个公司在价值链中的位置、提供了关于如何赚钱的规则。佐特和阿米特（Zott & Amit，2007）评论商业模式是创新的焦点，是企业为自身、供应商、合作者、顾客创造价值的决定性来源。贝尔特拉梅尔等（Beltramello et al.，2013）认为，商业模式的核心是价值创造，使企业可以通过在市场上捕捉机会点而获取收益。博肯等（Bocken et al.，2014）进一步指出，商业模式由价值主张、价值创造和传递、价值获取三者组成。

(3) 结构视角。威尔和维塔莱（Weill & Vitale，2001）把市场结构因素引入商业模式的概念，认为商业模式是企业消费者、用户、盟友和供应商之间责任和

关系的描述。阿米特和佐特（2001）则把商业模式描述为公司、供应商、渠道和顾客的网络交易方式，是一种利用商机创造价值的交易内容、结构和治理框架。奥斯特瓦德等（2005）则指出商业模式是一个概念性工具，它包括了许多商业因素及其之间的关系，用以明晰特定实体的商业逻辑。佐特和阿米特（Zott & Amit，2008）还曾把商业模式定义为一个结构模板，用以描绘焦点企业与其所有外部涉众关于要素和产品市场交易的组织方式。

可以说，商业模式抽象来看是一种认知逻辑，从运行状态来看是一种活动和要素系统，从参与主体之间的经济（交换）关系来看是一种交易结构，从经济（商业）实质来看是一种价值创造方式。其实，许多定义是兼顾多种视角的，例如蒂默斯（Timmers，1998）提出商业模式是指一个整合的系统，它由产品、服务和信息流组成，包括了所有参与者及其他们的角色、潜在利益和相应的利润来源及方式；再例如莫里斯等（2005）、奥斯特瓦德等（2005）、罗珉（2005）等所给出的定义。国内研究近年来所使用的定义中的多视角趋势更加明显，例如魏江等（2012）将商业模式定义为描述价值主张、价值创造和价值获取等活动连接的架构，该架构涵盖了企业为满足客户价值主张而创造价值并获取价值的概念化模式。这也说明上述这些不同的视角看似存在差异，但它们并不是分立的，实质上是统一的，统一于商业模式这一客观存在，只不过存在立足点、着眼点、层次、侧面、具体或抽象的不同而已。因为，认知逻辑是商业模式形成的最根本的思维起点，逻辑强调的是活动系统运行、创造价值、带来收益和竞争优势的关联以及因果关系；活动系统或交易结构构成商业模式运行的载体或物质基础（或者可以说是构成商业模式运行本身），其中的要素、结构、协调一致性是对商业模式构成和运行机制具体特征的描述；价值创造是商业模式最终归宿或商业模式得以存续的依据。这些角度的结合才代表了对商业模式比较完整的理解。

综上所述，商业模式其实就是要回答德鲁克的古老问题——客户是谁、他们在乎什么、生意如何挣钱，具体化为对如下问题的回答：（1）“为谁”——对顾客的定义；（2）“做什么”——经营宗旨、价值主张、提供的产品或服务；（3）“如何做”——给顾客创造并传递价值的体系，包括核心资源、关键流程、组织结构、与利益相关者的联系；（4）“如何盈利”——收入模式，包括收入介质、交易方式、计费方法、利益相关者的回报等（Magretta，2002）。

早期的商业模式概念大多来自特定案例的分析，从而使商业模式的概念迷失在形形色色、各不相同的描述和定义当中，例如网络免费模式、渠道设计、收益模式、出售何种权利、组织形式、关系类型、业务网络、战略的抽象、价值链等。其实每一种概念都只反映了商业模式的一个侧面，商业模式范畴的这种多元包容性正是其独特性的表现，也是这一概念的创造性贡献所在。正如阿米特和佐特（2001）所指出的那样：电子商务领域的价值创造已经超越了通过价值链配置（Porter，1985）、企业间战略网络构造（Dyer & Singh，1998）、公司专用性核心资产的利用（Barney，1991）可以实现的价值，没有任何单一的创业或战略管理理论能够完整解释电子商务创造价值的潜力，商业模式这一构念可以作为一个统一的分析单元以捕捉多重来源的价值创造。商业模式是一个跨越边界（boundary-spanning）的概念，其核心优点是：它允许通过结合企业内外的因素来全面了解企业（Teece，2010；Zott et al.，2011）；商业模式解释了焦点企业如何嵌入其周围的生态系统并与其进行交易（Shafer et al.，2005；Teece，2010；Zott & Amit，2008、2009）；商业模式最常见的任务是解释焦点公司如何为自己和生态系统中的各个利益相关者创造和获取价值。

对商业模式概念本身理解的不一致可能是商业模式研究理论化进展滞后的原因之一（Demil et al.，2015；Klang et al.，2014；Massa et al.，2017）；当前，学术界不应再为众多概念之争所困扰，正如里特和莱特尔（Ritter & Lettl，2018）所给出的建议，无论如何，当行业变化迅速时，商业模式将变得特别有用，所以应把商业模式当作沟通多学科（战略、市场、创业、组织）、多理论视角（RBV、需求方视角、交易成本、动态能力）的“细胞膜”，也不必一定要寻求自身的独立理论；从商业模式的种种表象当中突破出来，深入其内核，找到其深藏的思想精髓和规律性，使其在研究与实践中的工具性功能得以充分发挥，就是极具价值和意义的了。

第三节　商业模式的结构性特征

作为一个活动、运行、交易系统，商业模式的结构性特征决定了它基本的规定性，对其构成要素以及相互之间关系特征的准确解析，是进行商业模式研究和实践应用的基本前提。

一、商业模式的构成要素

由于商业模式研究视角的不同，关于商业模式构成要素的表达，也呈现出纷繁复杂的状态。在前述定义的基础上，很多学者提炼并构建了基于构成要素及其关联的商业模式逻辑框架结构。阿米特和佐特（2001）从活动系统视角把商业模式高度概括为交易内容、交易结构、交易治理。阿福阿和图奇（Afuah & Tucci，2000）认为商业模式包括组成部分、各部分之间的联系及其动态变化。哈默尔

（2000）认为，商业模式应包括客户界面（包括回应处理与支持、信息与洞察力、企业与顾客的互动关系、定价等）、核心战略（包括经营宗旨、产品或市场范围、差异化基础等）、战略资源（包括核心能力、战略资产、关键流程等）、价值网络（包括供应商、合伙人、联盟等）四大要素。莫里斯（2005）提出从三个层面（功能、专有、规则）描述商业模式的六个构件（components），即提供物因素——如何创造价值？市场因素——为谁创造价值？内部能力因素——能力来源，竞争战略因素——竞争定位，经济因素——如何盈利？个人或投资者（成长目标）因素——时间、范围和规模目标。切斯布洛（2006）提出商业模式是由几个要素匹配构成的一个统一整体（a coherent whole），它说明了顾客价值主张，识别了一个细分市场，定义了价值链结构，界定了收入产生的机制，描述了企业在价值网络或生态系统中的定位，并且阐述了使公司赢得竞争优势的竞争战略。国内学者原磊（2007）在借鉴前人研究的基础上提出了商业模式的“3-4-8”三层构成体系，其中：“3”代表三个联系界面（包括顾客价值、伙伴价值、企业价值）；“4”代表四个构成单元（包括价值主张、价值网络、价值维护、价值实现）；“8”代表八个组成因素（包括目标顾客、价值内容、网络形态、业务定位、伙伴关系、隔绝机制、收入模式、成本管理）。约翰逊（Johnson，2008）提出商业模式四要素观点，即顾客价值主张（例如价格、解决方案、市场接入等）、赢利模式（例如成本、收入模型、利润空间、资源效率等）、关键过程（例如研发设计、生产制造、人资管理、营销策略、IT 支持等）和关键资源（例如品牌、技术、知识产权、渠道、人力资源等），并且特别强调通过关注“价值主张和利润公式”，就可以清楚地看到这些资源和流程需要如何相互关联。蒂斯（Teece，2010）则使用了商业模式构建五个阶段的说法：（1）选择嵌入新产品或服务中的技术和功能；（2）确定客户使用新产品或服务可获得的利益；（3）确定目标细分市场；（4）确认是否存在可用的收入来源；（5）设计产生和获取价值的机制。克里斯坦森（Christensen，2011）认为，伟大的公司按照具有三个关键要素的商业模式运营：价值主张，即通过优于竞争对手的方式满足顾客的某一项重要需求；收益模式，勾画出企业如何通过提供价值主张赚钱；价值创造模式，即提供价值主张所需要的关键资源和关键流程。孙永波（2011）认为商业模式包括五大核心要素：目标顾客的价值需求、产品或服务的价值载体、销售和沟通的价值传递、业务运作的价值创造以及战略控制活动的价值保护。在奥内蒂等（2012）所做的相关研究统计分析中，代表性文献共涉及 26 个构成要素，其中引用率最高的是：流程/活动/价值链、消费者（关系/界面）和价值网络（参与者/执行者/供应商/同盟者）；被识别频率最高的要素是价值主张、目标市场、收益模式、合作网络、内部基础设施和流程。

学者们在这一问题上的观点在表面上看似有分歧，但只是选取的层级或划分的细致程度上存在差异，在实质上是一致的。价值主张指企业给客户的提供物，即一般意义上的产品和服务，包括目标顾客和价值内容；价值创造是企业围绕其核心资源所形成的组织行为体系，包括核心资源和相关活动；价值传递指企业将价值主张和所创造的价值传递给顾客的方式或载体，包括客户关系和渠道通路；价值获取描述企业如何获取利润，包括成本结构和收益模式；价值网络则有关价值主张、价值创造、价值传递和获取的各个方面。

二、商业模式的九模块模型

奥斯特瓦德和皮尼厄（Osterwalder & Pigneur，2010）在其《商业模式新生代》一书中指出商业模式描述了企业如何创造价值，以及传递价值和获取价值的基本原理，并利用商业模式画布描绘了商业模式基本构造模块及其之间的逻辑关系，他们认为商业模式是一个由以下九个构造模块构成的系统：客户细分、价值主张、渠道通路、客户关系、收入来源、核心资源、关键业务、重要合作、成本结构。从具体的商业模式分析、设计与实施的实践来看，九模块模型是一种比较实用的手段和方法。

（1）客户细分（Customer Segments，CS）。客户细分是指企业关于其正在为谁创造价值、谁是其最重要的客户问题的回答，也就是界定企业想要接触和服务的不同人群和组织。每一种商业模式都服务于某一特定的客户群体（Afuah & Tucci，2000；Chesbrough & Rosenbloom，2002；Hamel，2000；Teece，2010），“未能充分定义市场是导致业务风险与失败的关键因素”（Morris et al.，2005）。

（2）价值主张（Value Propositions，VP）。价值主张是“公司对客户有价值的产品和服务的总体看法”（Osterwalder，2004），是对以下问题的回答：公司应该向客户传递什么样的价值？公司正在帮助客户解决哪一类难题？公司正在满足客户的哪些需求？公司正在给客户细分群体提供哪些系列的产品和服务？价值主张又可以具体定位于一种或多种具体的要素特征（见表1－1）。

表1－1　价值主张定位可选择的具体要素示例

构成要素	含义
新颖的产品	产品或服务满足客户从未感受和体验过的全新需求
性能	改善产品和服务性能
定制化	满足个别客户或客户细分群体的特定需求

续表

构成要素	含义
把事情做好	帮客户把某些事情做好
新颖的设计	产品因优秀的设计脱颖而出
品牌/身份地位	使客户可以通过使用和显示品牌而获得（感受到）价值
价格	以更低的价格提供同质化的价值
成本消减	帮助客户消减成本
风险抑制	帮助客户抑制风险
可达性	把产品和服务提供给以前接触不到的客户
便利性/可用性	使事情更方便或易于使用

资料来源：亚历山大·奥斯特瓦德，伊夫·皮尼厄．商业模式新生代［M］．王帅等译．北京：机械工业出版社，2011．

（3）渠道通路（Channels，CH）。渠道通路是对以下问题的回答：如何接触客户并与客户沟通？如何帮助客户购买特定的产品和服务？如何把价值主张传递给客户？如何提供售后支持？如何提升客户对公司产品和服务的认知？如何帮助客户评估公司的价值主张？这些问题主要通过渠道选择（自有渠道？合作伙伴渠道？直接渠道还是间接渠道？）、渠道整合、渠道效益评价、与客户接触方式的选择与设计来解决。

（4）客户关系（Customer Relationships，CR）。客户关系是对以下问题的回答：希望与客户保持何种关系？如何建立这种关系？这些关系的成本如何？如何把这些关系与商业模式的其他部分进行整合？除了传统的企业与客户之间的交易和交往关系之外，还可以与特定客户细分群体建立的关系类型有：①个人助理，可以通过呼叫中心、电子邮件或其他销售方式等建立基于人与人之间互动的关系；②自助服务，为客户提供自助服务所需要的所有条件；③专用个人助理，为单一客户安排专门的客户代表，通常是向高净值个人客户提供服务；④自动化服务，通过整合了更加精细的自动化过程的客户关系管理系统，可以识别不同客户及其特点，并提供与客户订单或交易相关的个性化信息；⑤社区，利用用户社区与客户或潜在客户建立更为深入的联系，例如建立在线社区，共同创作，与客户共同创造价值，鼓励客户参与产品的设计与创作等。

（5）收入来源（Revenue Streams，RS）。收入来源是对以下问题的回答：客户愿意为什么样的价值付费？他们愿意如何支付费用？收入来源可以有如下选择：①资产销售，销售实体产品的所有权；②使用收费，通过特定的服务收费；③订阅收费，销售重复使用的服务；④租赁收费，暂时性排他使用权的授权；

⑤授权收费，知识产权授权使用；⑥经纪收费，提供中介服务收取佣金；⑦广告收费，提供广告宣传收费等。

（6）关键资源（Key Resources，KR）。关键资源是指商业模式运转所依赖的重要因素。价值主张、渠道通路、客户关系、收入来源需要哪些核心资源予以支撑？每个商业模式的运行都需要核心资源，这些资源使得企业能够创造和提供价值主张、接触市场、与客户细分群体建立关系并赚取收入。不同的商业模式所需要的核心资源也有所不同，例如芯片制造商需要资本集约型的生产设施，而芯片设计商则需要更加关注人力资源。核心资源可以是实体资产、金融资产、知识资产或人力资源。核心资源既可以是自有的，也可以是公司租借的或从重要伙伴那里获得的。

（7）关键业务（Key Activities，KA）。关键业务是商业模式得以成功运营所必须实施的重要动作。价值主张、渠道通路、客户关系、收入来源需要哪些关键的流程和活动？为了确保商业模式可行，企业必须要做的最重要的事情有哪些？正如核心资源一样，关键业务也是创造和提供价值主张、接触市场、维系客户关系并获取收入的基础或者就是这些活动本身。关键业务也会因商业模式的不同而有所区别，例如对于微软这样的软件企业而言，其关键业务包括软件开发；对于戴尔这样的电脑制造商来说，其关键业务包括供应链管理；而对于麦肯锡这样的咨询企业而言，其关键业务包含问题求解。

（8）重要合作（Key Partnerships，KP）。重要合作是指商业模式运转所需的供应商和合作伙伴的网络，是对以下问题的回答：谁是我们的重要合作伙伴、重要的供应商？我们正从伙伴那里获得哪些核心资源？他们都在执行哪些关键业务？合作关系产生的驱动主要包括：商业模式的优化和规模经济的运用（例如外包或基础设施共享），风险和不确定性的降低，特定资源和业务的获取（指依靠其他企业提供特定资源或执行某些业务活动来扩展自身能力），为开发新业务获得资源和支持，为确保可靠供应的供需关系等。

（9）成本结构（Cost Structure，CS）。成本结构是指运营一个商业模式所引发的所有成本及其结构。商业模式中最重要的固定成本是什么？核心资源和关键业务的成本情况如何？创建价值和提供价值、维系客户关系以及产生收入都会引发成本，这些成本依据关键资源、关键业务与重要合作情况可以计算出来。对成本结构的分析不仅仅是判断商业模式可行性的依据，对成本的关注和看法的差异还会形成两种不同的基本商业模式设计：成本驱动的商业模式，侧重于在每个地方尽可能地降低成本，创造和维持最经济的成本结构；价值驱动的商业模式，不太关注商业模式设计对成本的影响，而是专注于创造价值。

三、商业模式结构的系统性、复杂性、动态性

基于上述构成要素的解析，一个企业的商业模式体系结构可以根据其价值创造、交付和捕获机制以及基础活动之间的相互依赖性来描述，或者可以把商业模式看作是包含价值创造、价值捕获、传递和分配机制等子系统的高阶系统，这些子系统又由相互高度依赖的活动集群组成（Santos et al.，2009）。

商业模式是一个循环逻辑（round logic），构成要素之间互为因果（Linder & Cantrell，2000）。以上述商业模式九要素（或构造模块）模型为分析框架，可以揭示这九个构造模块之间存在的复杂而紧密的逻辑关系（见图1－1）。价值主张和客户细分是互相影响的，如果企业首先决定了向顾客提供的商品或服务的某种价值主张，那么只有追求这种价值主张的消费者或潜在消费者才会成为企业的目标顾客；如果企业首先确定了自己的细分市场，那它一定是基于对这一细分市场顾客价值主张（诉求）的洞察而做出的选择，那么也就决定了其商业模式必须能够提供这种价值。价值主张和客户细分一方面决定了企业应该以何种方式和路径接触消费者，从而也就决定了与顾客之间建立一种什么样的关系；另一方面，一定的价值主张和客户细分决定了这种商业模式的运行所依赖的关键流程、核心资源和能力，核心资源和能力的需要与企业自身资源与能力的对比情况进一步决定了企业需要什么性质的外部合作、与谁合作以及在合作价值网络中的定位。关键业务、核心资源与能力、重要合作决定企业的成本结构和水平，客户细分、价值主张、渠道通路和客户关系决定了企业的收益结构及水平，而成本状况和收益状况共同决定了商业模式成功与否及其可持续性。

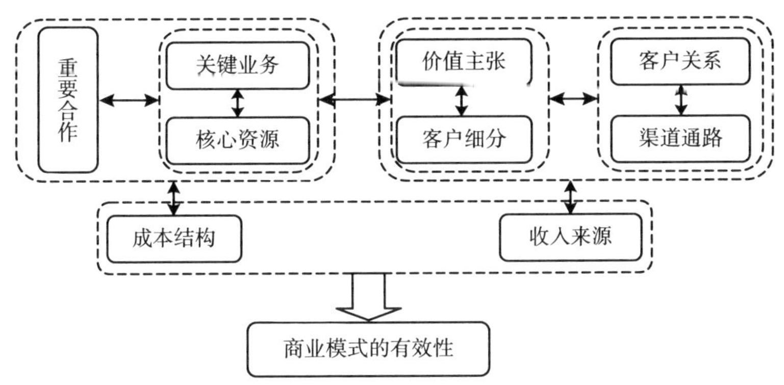

图1－1 商业模式基本构造模块及其逻辑关系

以上描述揭示的是以客户细分和/或价值主张为起点的逻辑关系，反映了构成要素之间的影响与决定机制。其实这些模块之间的影响和决定关系都是双向交互的，是可以以任何一个构成模块为起点进行反向推演的。例如，一个组织如果决定以会员注册、订阅费、免费+收费、租金等作为收入来源模式，那也就决定了与其相匹配的价值主张、目标客户、客户关系等模块的设计，从而也就决定了其商业模式的基本属性。再例如，如果商业模式要求低利润和高固定成本的渗透定价策略，这可能意味着一种以中低质量为中心的价值主张、一个相当广泛和相对价格敏感的目标市场、基于成本领先的竞争定位，以及一种以增长为导向的投资模式（Morris et al.，2005）。可以说，商业模式就是用来反映、表达和高度概括构造企业业务的这些模块及其相互关联特征的概念。这种构造中的任何变化都会引发商业模式构造模块及其关系的相应调整，从而引起整个商业模式系统的变化，即商业模式创新。

可见，商业模式是各构成要素之间存在紧密逻辑关系的复杂结构系统①。从系统论的观点来看，商业模式的构成要素呈现一致性，一致性包括内部一致性和外部一致性。前者关注企业内部关键活动的一致性配置（如前所述），后者关注给定外部环境条件下这种配置的适当性。内部匹配（internal fit）包括模型子组件内部和相互之间的一致性和加强性（consistency and reinforcement）。每个组件（components）都会影响其他组件，并受到其他组件的影响。外部匹配（external fit）关系到模型各个方面的选择与外部环境条件之间的一致性，随着环境条件的变化，模型可能需要进行调整或全面改变。

国内学者魏江等（2012）曾经对商业模式的这些特征进行过阐述：所谓“系统性”是指商业模式是构成要素之间的一个架构，企业需要系统地考虑商业模式构成要素之间的关系，充分认识这一架构的复杂性；“动态性”则指企业需要更新其商业模式构成要素之间的连接关系以适应变迁的商业环境，不断做出创新性的反应。正是商业模式的这种复杂的系统性特征，才使得当某种变化（内部或外部、主动或被动）对商业模式的某一构成要素构成扰动（这种扰动往往是一种常态）的时候，商业模式呈现出动态变化的过程（后文详述）。

总之，作为一种理论框架，商业模式主要关注一个复杂的、颗粒化的、动态的和模块之间相互支撑的模型化原理（Al－Debei & Avison，2010）。弗兰克和戈塔尔（Frank & Goethals，2011）曾指出，在解释一个公司如何运行时，仅仅考虑其逻辑故事中的一个部分是没有意义的，因为一个公司中的所有要素都应该是匹

---

① 西蒙（Simon，1962）将“复杂性”定义为许多部分“以一种不简单的方式相互作用”，这种复杂性通常表现为一个由相互依赖（互补）的子系统组成的系统的形式。

配的，人们不能仅仅明确强调一种独特的要素，那些隐含的要素往往也是构成差异的原因。只有对商业模式形成全构面、多层次、具体与抽象相结合的深刻认知，才能使这一新的分析工具在理论与实践中得以科学的运用。

所以，建议以三种不同方式来理解商业模式。第一，商业模式最鲜明的功能是作为一般层次上的描述符号（operate as a descriptor at the generic level）；第二，商业模式是一种描述不同运行方式和活动的工具，供学者和实践者们用来描述企业如何以各种不同的方式运作，以及对企业（或活动）进行分类的标签；第三，将商业模式视为配方（recipes），这一概念既提供了一组理想类型可供遵循，又帮助认识了这些类型之间和内部都存在差异。总之，“一个商业模式以一种非常简练的方式定义了业务特征及其活动，这种方式与定义某种类型行为的一般层次相匹配，既不太笼统，也不太具体”（Baden－Fuller & Morgan，2010；Ritter & Lettl，2018）。

附录：商业模式结构的经典案例解析

经典案例1：美国西南航空公司的商业模式

美国西南航空公司（Southwest Airlines）的低成本航空（Low-cost Airlines）商业模式被广为称道。在高度动荡不安的航空界，其创造的傲人业绩无人能及；2002年西南航空的总市值（约90亿美元）超过了所有其他美国主要航空公司的市值总和，它被《财富》杂志称为“有史以来最成功的航空公司”（朱蒂·吉泰尔，2004）。

自20世纪70年代以来，美国航空业一路坎坷；1973年的阿拉伯石油禁运、1979～1980年的石油价格飞涨、20世纪80年代初的经济不景气、1990～1994年的海湾战争、2001年的“9·11”事件和后来的SARS疫情、2008年的次贷危机等，屡屡重创航空业，每次都造成大量航空公司亏损乃至破产。

在这个整体下行的行业大背景下，一家1971年才开始营业的美国西南航空公司，从仅有56万美元、3架波音737客机、经营短程航运业务的地方性小公司，发展至拥有接近600架波音737客机（截至2021年2月24日）、员工超过5.6万人、在美国一百多个目的地和另外十多个国家的网络中运营、在顶级休闲和商务市场拥有强大影响力的全球排名前列的大航空公司；更为重要的是，西南航空是唯一一家从1973年开始，连续赢利时间最长的航空公司。西南航空拥有强大的点对点服务网络，以低成本战略赢得市场，为旅客提供他们所希望的服务：低票价、可靠安全、高频度和顺便的航班、舒适的客舱和旅行经历、一流的常旅客项目、顺利的候机楼登机流程，以及友善的客户服务（Voigt et al.，2017）。

美国西南航空是民航业“廉价航空公司”经营模式的鼻祖，被看作商业模式创新的典范。莫里斯等（Morris et al.，2005）运用他们所提出的商业模式“三层面六要素模型”对美国西南航空公司的商业模式进行了解析（见表1－2），这一解析既有利于深刻理解商业模式的结构特征，也有利于从美国西南航空商业模式设计及运行中得到很多理论和实践的启发。

表1－2　美国西南航空公司的商业模式（三层面六要素模型）

	功能层面 (foundation level)	专有层面 (proprietary level)	规则层面 (rules level)
提供物因素 (offering)	仅提供服务 (sell services only) 标准化产品 (standardized offering) 窄范围（跨度） (narrow breadth) 非繁忙航线 (shallow lines) 自行销售服务 (sell the service by itself) 内部服务交付 (internal service delivery) 直接分销 (direct distribution)	短途、低票价、高频率、点对点服务 (short haul, low-fare, high-frequency, point-to-point service) 提供乐趣 (deliver fun) （短途）只提供饮料/零食 (serve only rinks/snacks) 不安排座位/头等舱 (assign no seats/no first class) 不使用旅行社/中介机构 (do not use travel agents/intermediaries) 全额可退款、无预购要求 (fully refundable fares, no advance purchase requirement)	单程最高票价上限 (maximum one-way fare should not exceed US $__) 每人最高食物成本上限 (maximum food cost per person should be less than US $__)
市场因素 (market)	B2C和B2B（销售给个人旅行者和公司旅行部门） (sell to individual travelers and corporate travel departments) 国内（航线） (national) 零售 (retail) 广阔的市场 (broad market) 商务型 (transactional)	从地区性航空公司到为30个州的59个机场提供服务的管理演变 (managed evolution from regional airline to servicing to 59 airports in 30 states) 基于与基础运营模式匹配的城市的细致选择 (careful selection of cities based on fit with underlying operating model)	选择所服务城市的具体指南 (specific guidelines for selecting cities to be serviced) 本地市场85%的渗透率 (85% penetration of local markets)

续表

	功能层面 (foundation level)	专有层面 (proprietary level)	规则层面 (rules level)
内部能力因素 (internal capability)	产品/运营系统 (production/operating systems)	高度选择性地雇佣符合公司形象的员工；高度关注一线员工 (highly selective hiring of employees that fit profile; intense focus on frontline employees) 不运营轮辐式路线系统 (do not operate a hub and-spoke route system) 飞行小城市不拥挤的机场，大城市不太拥挤的机场 (fly into uncongested airports of small cities, less congested airports of large cities) 创新的地面运营方法 (innovative ground operations approach) 独立的行李处理系统 (independent baggage handling system) 仅使用波音737飞机 (use of Boeing 737 aircraft) 不与其他航空公司共享代码 (no code sharing with other airlines)	每天至少有20次从机场出发 (at least 20 departures per day from airport) 最大飞行距离上限 (maximum flight distance should be less than __ miles) 最长飞行时间上限 (maximum flight time should be less than __ minutes) 航班周转时间应不超过20分钟 (turnaround of flights should be 20 minutes or fewer)
竞争战略因素 (competitive strategy)	卓越运营/一致/可靠的形象 (image of operational excellence/consistency/dependability)	差异化是通过强调准时到达、低票价、旅客愉快（精神乐趣）来实现的 [differentiation is achieved by stressing on-time arrival, low fares, passengers having a good time (spirit of fun)] 构建爱的航空公司 (airline that love built)	实现行业最佳准时记录 (achieve best on-time record in industry)

续表

	功能层面 (foundation level)	专有层面 (proprietary level)	规则层面 (rules level)
经济因素 (economic)	固定收入来源 (fixed revenue source) 高运营杠杆率 (high operating leverage) 高容量（客座率）(high volumes) 低利润率 (low margins)	无论行业趋势如何，短途航线和高频率的航班加上持续的低价格和内部效率都能带来年度盈利 (short-haul routes and high frequency of flights combined with consistently low prices and internal efficiencies result in annual profitability regardless of industry trends)	保持每乘客每英里成本上限 (maintain cost per passenger mile below US $ __)
增长/退出 (growth/exit)	（稳健）成长模型 (growth model)	强调符合商业模式的增长机会 (emphasis on growth opportunities that are consistent with business model)	有管理的增长率 (managed rate of growth)

资料来源：Morris M，Schindehutte M，Allen J. The entrepreneur's business model：Toward a unified perspective［J］. Journal of Business Research，2005，58（6）：726－735.

资料来源：

［1］美国西南航空公司官网，https：//www. swamedia. com/pages/corporate－fact－sheet.

［2］朱蒂·吉泰尔. 美国西南航空之谜［J］. 商学院，2004（3）：58－63.

［3］Morris M，Schindehutte M，Allen J. The entrepreneur's business model：Toward a unified perspective［J］. Journal of Business Research，2005，58（6）：726－735.

［4］Voigt K I，Buliga O，Michl K. Pioneer in the Skies：The Case of Southwest Airlines［M］. Springer International Publishing，2017.

经典案例 2：苹果手机的商业模式（九要素模型）

苹果公司（Apple Inc.）是一家成立于 1976 年的美国高科技公司，在创立之初主要开发和销售个人电脑，截至 2014 年，开始致力于设计、开发和销售消费电子、计算机软件、在线服务和个人计算机。苹果的 Apple Ⅱ 于 20 世纪 70 年代开启了个人电脑革命，其后的 Macintosh 接力 20 世纪 80 年代持续发展。该公司的硬件产品主要是 Mac 电脑系列、iPod 媒体播放器、iPhone 智能手机和 iPad 平

板电脑；在线服务包括 iCloud、iTunes Store 和 App Store；消费软件包括 OS X 和 iOS 操作系统、iTunes 多媒体浏览器、Safari 网络浏览器，还有 iLife 和 iWork 创意和生产套件。

20 世纪 80 年代起，苹果在个人电脑业务上遇到了新兴的竞争对手，他们之中分量最重的是电脑业的“头号人物”——IBM。1984 年 1 月 24 日，Apple Macintosh 发布，该电脑配有全新的、具有革命性的操作系统，成为计算机工业发展史上的一个里程碑。1985 年，乔布斯获得了由里根总统授予的国家级技术勋章。乔布斯坚持苹果电脑软件与硬件的捆绑销售，致使苹果电脑不能走向大众化之路，加上蓝色巨人 IBM 公司开始醒悟过来，也推出了个人电脑，从而抢占大片市场，使得乔布斯新开发的电脑节节惨败。1985 年 9 月 17 日，乔布斯辞去苹果公司董事长职位。不久，Windows 95 系统诞生，苹果电脑的市场份额一落千丈，几乎处于崩溃的边缘。

1997 年，乔布斯创办的 NeXT Computer 公司被苹果公司收购，并且他再次回到苹果公司担任董事长，再次开启了苹果公司的乔布斯时代。2001 年 iPod 上市，2007 年推出了 iPhone——一个结合了 iPod 和手机功能的科技产品，2010 年 IPad 发售。苹果公司先后推出的“iPod + iTunes”和“iPhone + App Store”组合，让世人见识了商业模式创新重塑行业形态、重新分配价值的颠覆能力（Johnson，2008）。2010 年 5 月，苹果公司的市值超过了软件巨头微软，正式成为了全球第一高科技公司；2014 年 8 月，苹果公司的市值达到 6122 亿美元，排名全球第一。

沿用上述奥斯特瓦德和皮尼厄（2010）提出的商业模式的九要素经典分析框架，来描述苹果手机“终端 + 用户体验 + 内容”商业模式的独到之处，可以更加具体和深刻地认识商业模式的内涵及其构成要素。

价值主张（value proposition）。（1）最好的硬件。以全触屏操作的方式替代了传统手机的键盘操作，实体按键被简化，用户可以自由轻松地通过触控操作手机实现所有功能，iPhone 还率先应用了多触点触控技术、重力感应器、光线传感器甚至三轴陀螺等超过 200 项的专利与技术。（2）最好的软件。苹果的 App Store 是苹果公司于 2008 年 7 月 11 日推出的应用程序商店，消费者可以在商店里找到海量应用程序，以满足照相、游戏、视频、音乐等需求，同时严格的审核也保证了软件的质量。（3）完美的体验。从 iPhone 的硬件设计到操作系统及软件，从 App Store 到在全世界开设的直营店无不体现了苹果商业模式以给客户带来完美体验为中心的理念。

目标客户（target customer segments）。面对数字时代的到来，苹果公司以“参与到消费者的生活之中，与他们一起激动、幻想和创作”为使命定位，将目标群体确定为：（1）追求时尚的年轻人、白领和商务人士；（2）音乐爱好者；

（3）视频爱好者；（4）其他用户。苹果公司改写了传统手机移动通信工具的行业定义。

客户关系（customer relationships）。（1）客户服务。苹果公司以手机为平台，以 Apple Music、iCloud、Apple Pay、App Store 为载体，通过线上和线下的融合，为客户提供良好的售前、售中和售后服务体验。（2）客户参与。“iPhone + App Store”模式本身的理念就是对用户个性化和参与价值创造的高度关注；另外，苹果公司十分重视客户的意见，通过各种渠道了解客户的关注点及诉求，从而对产品和服务进行持续性的创新。（3）客户忠诚。苹果公司通过为客户提供最好的硬件和软件组合以及良好的客户管理建立起消费者的品牌忠诚，一度形成了近乎宗教般的品牌信仰。

分销渠道（distribution channels）。（1）直营店。分为网络官方直营店和在全球开设的实体直营店。网络官方直营店方便消费者购买，令客户享受网购乐趣；实体直营店则可以了解客户需求、信息以及提升客户关系。（2）运营商。苹果公司通过与移动运营商的合作对 iPhone 进行移动终端加移动服务的捆绑式销售。（3）大规模零售商，或称直供商或直供客户。零售商与苹果公司签订直供协议，享受价格优惠和市场支持，接受苹果对他们的要求和管理。

核心能力（core capabilities）。（1）企业文化。苹果的企业文化是鼓励创新、勇于冒险、追求完美、改变世界、客户至上。正如乔布斯所言，苹果的核心优势就是知道如何让复杂的高科技为大众所理解，这也是苹果产品为什么前面都带一个“i”的原因，“i”的目标就是满足客户需求，它已经成为苹果文化的代表符号，这种文化也成为凝聚苹果粉丝的力量之一。（2）产品创新。卓越的技术创新、工艺设计创新再到产品组合创新，构成了其商业模式的核心支撑，苹果新品的发布曾屡次带来颠覆性的效果。（3）独特的营销模式。饥饿营销：苹果公司在正式发布新产品之前通过对产品的保密和间断的信息透露让大众对新品的关注和好奇与日俱增，从而达到在正式发布的时候引爆大众购买欲望的效果。口碑营销：苹果公司经过长时间对消费者文化认同的培养，逐步培育出了上亿高度忠诚的追随者，他们成为苹果产品优质口碑传播的源头，为苹果产品树立良好口碑奠定了坚实的基础。

合作网络（partner network）。（1）与生产供应商的合作。为了实现价值链的最优化，苹果公司将配件、产品组装等业务进行外包。（2）与网络运营商的合作。苹果公司需要从网络和服务角度了解运营状况，还需要在提供多媒体服务和应用时有效利用网络资源，苹果公司与美国最大的三家网络运营商都有合作。（3）与软件供应商和开发者的合作。苹果公司通过提供良好的开发环境和广阔的应用市场，使合作各方获得丰厚的回报。

关键业务和流程（key activities and processes）。上述商业模式的核心要素定位决定了苹果公司将自身的资源集中运用在技术研发、产品设计以及营销等关键活动上。

成本构成（cost structure）。在一般企业运营的成本构成以外，上述商业模式的核心要素定位决定的关键业务和流程进一步决定了苹果手机的主要成本构成：（1）研发设计费用；（2）市场运营费用；（3）在线商店运营费用等。

收益模式（revenue model）。平台化的商业模式决定了多元化的收益来源，主要包括：（1）销售硬件；（2）销售应用软件；（3）运营商的补贴及利润分成；（4）广告及服务费用等。

奥内蒂等（Onetti et al.，2012）曾经对苹果公司的商业模式进行了高度概括：Apple 以关注独特风格和性能的细分市场为目标，以它的 iPods、iTunes、iPhones 和 iPads 向它的消费者提供独特的体验；在价值链中以外包定位，以绑定产品和服务特定化其收益产生机制，构建了包括电信运营商、音乐内容提供商以及其他供应商的生态系统。这一商业模式以平台的方式运行，吸引外部企业投资于增加其价值的活动。

资料来源：

[1] Apple（中国大陆）官方网站，https：//www.apple.com.cn/.

[2] 钟星，张沈伟，刘劲硕．苹果的战略及启示 [R/OL]. https：//wenku.baidu.com/view/2d34f385ec3a87c24028c43f.html.

[3] Onetti A，Zucchella A，Jones M V，et al. Internationalization，innovation and entrepreneurship：business models for new technology-based firms [J]. Journal of Management & Governance，2012，16（3）：337-368.

第二章

商业模式创新：内涵、学理与特征

第一节 商业模式创新的内涵

对于商业模式含义及构成要素的多角度解析，为商业模式创新分析提供了多种思路与视角。早期对商业模式创新的定义多是对具体实践的现象性描述。塔克尔（Tucker，2001）从客户价值出发定义商业模式创新，认为商业模式创新过程就是从客户角度出发，发挥想象力来解决“怎样让事情变得更好”这一问题的过程。西格尔科夫（Siggelkow，2002）从构成企业竞争优势的各要素相匹配的视角，用行动——增大（patching）、巩固（thickening）、删减（trimming）来描述商业模式核心要素的调整过程，他认为当这种调整超过一定限度，便成为了商业模式创新。米切尔和科尔斯（Mitchell & Coles，2003）则认为，商业模式创新的目标是以最合适的方式给客户提供产品或服务，并剔除客户不要的东西；在“Who、What、When、Where、Why、How、How Much”这七个业务要素中，仅某一方面的变化使企业朝好的方向发展只能被称为商业模式改进，商业模式的变革则至少要求四项以上的要素发生改变，而那些指向全新的或行业内未曾应用过的商业模式的变革才构成商业模式创新。哈默（Hammer，2004）则将其称为“运营创新”（operational innovation），并认为这是企业组织的深层变革。在此基础上，后来的研究对商业模式创新的定义越来越趋向于逻辑性、完整性并注重对其本质的揭示，而且不同定义的理论视角分野也变得比较鲜明。

一、多视角的商业模式创新内涵

国内学者王雪冬和董大海（2013）曾对国内外众多商业模式创新的概念进行了梳理，并把这些概念按照研究者的学科背景分为四类：（1）技术创新学视角，

其核心观点立足于商业模式创新是一种技术商业化手段，主要关注的是由于突破性的技术创新而引发商业模式创新的情境。例如，克里斯坦森（Christensen，2002）指出“破坏性的商业模式创新”就是要使商业模式与“破坏性的技术创新相匹配”；切斯布洛（Chesbrough，2006）也提出企业必须创立与其核心技术相匹配的商业模式，商业模式创新是企业建立启发式逻辑，并把技术与其蕴含的潜在经济价值联系起来的过程。（2）战略学视角，将商业模式创新理解为企业的一种战略变革方式，重点关注企业如何改变自己的业务模式以及这种改变所带来的结果。例如，哈默尔（2000）指出商业模式创新是企业层面的一种战略行为，企业之间的竞争在某种程度上就是商业模式竞争，不同企业周而复始的创造性破坏和持续不断的商业模式创新是推动行业发展的一种重要动力；施莱格尔米尔奇（Schlegelmilch，2003）也认为，商业模式创新是一种战略性创新，通过颠覆既有规则和改变竞争性质来重构企业既有的业务模式和市场，在大幅度提升顾客价值的同时，实现企业本身的高速增长。（3）营销学视角，强调企业在发掘潜在需求方面发挥主观能动性的重要性，关注顾客价值创造这一侧面。例如，阿普沙拉等（2011）把商业模式创新定义为“一种重塑既有市场结构、面向消费者潜在需求、实现顾客价值跳跃式增长、设计独一无二的业务系统、开发新渠道或者彻底改变竞争规则的创新”。（4）商业模式本身视角，主要关注商业模式及其构成要素本身，认为商业模式创新就是“商业模式的变革”，奥斯特瓦德等（2005）把商业模式创新看作是一种基于价值主张，涵盖资源、流程等的运营模式以及涉及收入、成本等的盈利模式的设计过程。佐特和阿米特（Zott & Amit，2010）认为，商业模式创新就是企业通过重组其现有资源和合作伙伴来设计新的运营系统或者改良既有运营系统，因此它并不一定需要在研发方面投入大量的资源；这两位学者还认为，商业模式创新就是企业通过跨越产权边界，从根本上改变与顾客、供应商和其他利益相关者进行交易的方式。德米尔和莱科克（2010）把商业模式创新定义为“商业模式内部不同要素之间的互动引发新的选择，促使企业提出新的价值主张、创造新的资源组合，或者驱动组织系统演化，从而使得最终某一环节的变化对其他要素及其构成维度产生影响，进而引发有可能动摇整个行业根基的根本性创新”。

从上述不同视角的内涵界定可以看出，商业模式创新概念有过程性和行为性两个核心特征。一方面，商业模式创新概念具有过程性特征，不同视角下的商业模式创新概念描述了商业模式创新作为一个过程在不同阶段的表现。例如，营销学视角下的商业模式创新概念重点关注这一过程的前端，即对顾客及其价值主张的重新识别和定义；商业模式学视角下的商业模式创新概念则强调这一过程的中间阶段，将商业模式创新理解为商业模式内部构成要素及其相互之间关系发生变化的过程，企业在这一过程中实现了商业模式内部构成要素的系统性变革；战略学视角下的商业模式创新则聚焦于这一过程的后端，将商业模式创新理解为企业实现战略更新的一种变革过程。技术创新学和战略学都注意到了商业模式创新特有的“根本性创新”特征，这反映了商业模式创新的变革程度和力度。另一方面，商业模式创新概念同时具有行为性特征，这些行为性特征又可以分成类别、层次、程度、形式四个子特征。从类别上看，“创新”是“商业模式创新”概念的本质属性，商业模式创新是一种新的创新类别，技术创新学把这种新的创新类别视为思维范式创新、理念创新，而战略学把它理解为一种非常规、长期性特殊战略变革行为；从层次上看，商业模式创新是企业整体的一种战略变革；从程度上看，商业模式创新是一种颠覆性的激进式创新，它通常能改写行业的基本假设和竞争规则，商业模式创新一旦取得成功，企业就能获得快速成长；从形式来看，商业模式创新是一种涉及企业内部构成要素诸多环节的系统性创新行为，而绝不仅仅是某一要素或某一环节的单一创新。

二、商业模式创新的价值视角

随着商业模式研究的深化，商业模式作为一个独立的研究领域逐渐形成了丰富、全面和系统的体系，研究商业模式本身的视角逐渐成为主流，价值创造和价值网络成为研究与分析的主要线索。商业模式创新的概念自出现以来一直都与价值、价值创造、价值链、价值网络相互关联，许多学者从价值升级视角系统性地阐述商业模式创新概念，认为商业模式创新是对价值创造各个过程的优化升级，核心观点是通过提升价值打造企业核心竞争力。例如，阿米特和佐特（Amit & Zott，2001）提出商业模式创新是以全新的方式创造并传递价值同时获得价值的过程。戈尔金等（Gordjin et al.，2001）则指出商业模式创新是企业对现有价值体系的解构和重构过程。玛格丽塔（Magretta，2002）认为商业模式创新是企业对原有价值链各要素的调整和创新。商业模式构建的首要任务是寻找价值链上的合理定位，商业模式创新的本质是企业内部价值链和相关产业链的重构过程。尤其是互联网飞速发展所带来的企业商业模式的变革，使价值网络分析成为商业模式创新分析的基本视野（王琴，2011；江积海，2014；罗珉等，2015）。

上述基于商业模式创新本身的视角，以价值创造升级为立足点的研究，其具体的关注点也有所区别，依此又可以分为模块重组视角、价值链视角和价值网视角（张永安和吴屹然，2015）。（1）模块重组视角的研究者认为商业模式创新是不同的模块或者是模块间不同组合的结果。例如约翰逊（Johnson，2010）和乔治等（George et al.，2011）认为，商业模式的创新要围绕顾客价值主张、关键

资源、关键过程、盈利模型这4个模块的创新实现；奥斯特瓦德等（Osterwalder et al.，2010）从价值主张、客户关系、渠道通路、客户细分、关键业务、核心资源、重要合作、收入来源和成本结构9个价值模块来研究商业模式的创新设计。(2) 价值链视角的研究者强调通过价值链的创新来实现商业模式创新。例如吴海红（2013）依据价值链活动主体与商业模式构成要素的对应关系，从4个方面论述了商业模式的创新路径：基于市场营销和顾客的价值主张创新，基于企业内部业务流程再造的运营模式创新，基于外部价值链的界面模式创新和平台化的盈利模式创新。(3) 价值网视角的研究者主张企业的商业模式可以通过解构和重构价值网络实现多维度的创新。例如王琴（2011）在扩展了狭义价值网络理论的基础上，提出企业可以通过解构和重构价值网络来实现商业模式创新。张兴安（2012）从延伸顾客对象、构建顾客价值创造系统、设计企业价值获取机制3方面构建了互联网商业模式创新路径分析框架。彭苏勉（2012）认为，商业模式的创新是在立体网络中实现多维度的创新，企业可以在价值网节点、价值网链条以及价值网整体3个方面进行商业模式的创新。实际上，商业模式构成模块的分析包含着价值链和价值网的联系与连接分析，例如渠道通路、重要合作、收入来源等。价值链和价值网分析必定是以构造模块为基础的。

综合来看，商业模式创新是企业在对顾客价值主张识别或再识别的基础上，对企业内部结构、流程以及整个价值网络的重新设计和构造；它可以包括顾客价值主张创新、价值创造模式创新、价值传递模式创新、价值网络模式创新中的一个或多个方面；商业模式创新是对企业经营逻辑的系统再思考，它可能起始于对某一构成要素差异化的追求，但商业模式创新最终要通过整个价值网络的系统化变革创造一种结构性差异为企业带来竞争优势（李文莲和夏健明，2013）。可以说，商业模式这一概念就是为表达不同企业之间的这种结构性差异而产生的。

商业模式创新无论在实践中还是在学术研究中都引领我们进入了一种新的思维方式，使人们的眼界从企业本身上升到一个更高的层次——价值网络。商业模式创新的许多经典案例更是让我们感到新奇、惊叹、巧妙，甚至堪称是一种艺术性的设计；但同时，我们也被湮没在众多理论框架、众多要素、众多概念、众多各具特色的精巧构思当中。虽然相关研究成果十分丰富，但很多问题仍然困扰着学术界，关于商业模式创新的驱动机制目前尚未形成一个统一的普适性理论框架，而商业模式创新的分类也呈现出多角度碎片化状态，使相关深度研究的开展缺乏基本的前提条件。因此，揭示商业模式创新的根源，洞悉商业模式创新的精髓，厘清不同类型商业模式创新的区别、特征及其适用条件，是商业模式创新理论与实践进一步发展的基础。

从商业模式创新实践来考察可以发现，对这一概念应该包含两个方面的理解：一是企业突破所属行业传统的商业模式而进行的创新，二是新兴行业出现伴随创造性的商业模式产生。前者的创新是与行业传统的一般意义上的商业模式相比较而言的，后者则是因为新的商业模式而定义了一种新的行业，当然有的创新既有前者的特征也有后者的结果。例如，电子商务既是对传统商务商业模式的变革，同时也使电子商务从传统商业中分离出来成为一种崭新的行业，电子商务、搜索引擎、社交网站、互联网金融等伴随互联网技术而出现的全新的产业都是商业模式创新的结果。对商业模式创新进行内在结构的剖析是对商业模式创新分类以及驱动机制抽象凝练的前提，对商业模式创新的剖析可以沿用以下线索：横向比较——不同的行业具有不同的商业模式，例如互联网行业与传统行业；纵向比较——同一行业在不同的时代背景下也有不同的商业模式，例如零售业、软件音像出版业、餐饮住宿业等业态的变革；个案比较——个别企业创新出不同于自身以往的、不同于行业中其他大多数企业的商业模式，例如苹果“硬件+软件+商业生态”的平台化商业模式。通过大量的案例比较和分析，我们可以发现不同类型商业模式创新的特点和规律性。

第二节　商业模式创新的理论基础

组织的商业模式涉及资源的选择与配置、关系的选择与治理、流程安排、价值链整合及定位、行业界定等诸多方面，由此，商业模式创新能为企业带来竞争优势和更多价值的原因也可以得到来自多重理论的解释：价值链理论、资源基础论、交易成本理论、创造性破坏理论以及战略网络理论等。

一、价值链理论

在众多商业模式创新的定义中，都能看到对价值链（活动、流程、结构、关系、定位）的关注。拉帕（2004）指出商业模式规定了公司在价值链中的位置，并指导其如何赚钱；或者说，商业模式明确了一个公司开展什么样的活动来创造价值、在价值链中如何选取上游和下游伙伴以及与客户达成产生收益的制度安排。托马斯（2001）认为商业模式是开办一项有利可图的业务所涉及的流程、客户、供应商、渠道、资源和能力的总体构造。迪博松等（Dubosson et al.，2010）认为，商业模式是企业为了进行价值创造、价值营销和价值提供所形成的企业结构及其合作伙伴网络，以及产生有利可图且得以维持收益流的客户关系资本。商

业模式创新从价值创造流程的角度分析就是价值链的创新，不过这种价值链是广义的，应该理解为产业价值链或价值体系。

波特（Porter，1985）所提出的价值链概念是指企业所从事的各种活动（例如设计、采购、R&D、生产、营销、储运以及其他支持性活动的集合体），这些活动将投入转化成为消费者购买的产出，它是企业成本发生和价值创造的构成环节。企业的这些价值活动可以分为基本活动（primary activities）和辅助活动（support activities）两类，其中，基本活动包括内部后勤、生产作业、外部后勤、市场和销售、服务；辅助活动包括企业基础设施、人力资源管理、技术开发和采购等。波特（1985）同时指出，企业价值链与上游的供应商价值链、下游的渠道价值链和顾客价值链相连，构成一条完整的产业价值链。高闯和关鑫（2006）曾经形象地从价值链的视角描绘商业模式：如果用 a、b、c、d、e、f、g、h、i 分别代表企业价值链上的 5 个基本活动和 4 个辅助活动，用 J、K、L 分别代表供应商价值链、渠道价值链和顾客价值链上价值活动的集合，那么，由这 12 个元素构成的集合｛a，b，c，d，e，f，g，h，i，J，K，L｝就代表了该产业的价值链。企业商业模式就是企业所选择的价值活动组合所决定的上述集合的一个非空子集。

以价值链分析为基础，企业既可以通过延长自身价值链（例如前向一体化和后向一体化）形成新的商业模式，也可以通过对自身价值链进行分拆、外包来缩短价值链从而形成新的商业模式，还可以通过对企业价值链上的一项或多项价值活动创新和重组来形成新的商业模式。根据顾客需求和竞争焦点的转移，重新界定核心价值活动或非核心价值活动，并重新进行资源的配置与组合，或者通过以上方式的组合实现商业模式创新。企业通过价值链创新改变某些原有的价值活动，并将创新后的价值活动组合成高效的价值模块，最后再把这些价值模块链接成有效的价值系统。价值链延展（横向、纵向、混合）可以使企业获得成本优势、协同优势、范围优势；价值链分拆（外包）可以实现资源优势互补，可以使企业获得敏捷性、柔性；价值活动创新（指价值链上价值活动的创新或优化组合）可以带来差异化和（或）低成本，增强企业核心竞争力，为企业和顾客创造更多的价值。基于价值链分析商业模式创新的本质就是充分挖掘价值链上每一环节或者不同组合的价值创造潜力。

价值链分析的确是企业进行商业模式创新的重要路径，有许多商业模式创新成功的典例呈现出鲜明的价值活动创新的特征，例如戴尔的直销模式，ZARA 以快时尚服装为核心，以供应链全程控制为基础的商业模式系统创新，以及各行业广泛兴起的一体化解决方案模式等。但是，价值链理论的解释也只是反映了商业模式创新的一个侧面。正如默钱特（Merchant，2012）在哈佛商业评论的帖子上所指出的那样：社会时代的崛起是如此深刻地重塑消费者与企业的互动以至于波特的价值链模型不再适用，例如社区设计产品模式形成一种新的研发价值链，它与典型的行业价值链不同，在发明新产品之外也创造了一种新的组织架构。另外，价值链理论主要是解释了价值创造和传递（和实现）方面的商业模式创新，而把既定的顾客价值主张作为商业模式创新的前提和外部条件，然而价值主张创新本身也是商业模式创新的一种情况，而且这一理论也没有涵盖收益模式创新的情况。

二、资源基础论

资源基础理论（RBV）把企业看作是各种资源的集合体，由于各种各样的原因，企业拥有的资源并不相同，具有异质性，这种异质性决定了企业竞争力的差异。企业竞争优势根源于企业的特殊资源，这些特殊资源能够给企业带来经济租金。作为竞争优势源泉的资源应当具备以下四个条件：有价值、稀缺、不能完全被仿制、难以替代。企业的竞争优势能够得以持续往往与以下特征有关：（1）因果关系模糊性。由于环境的不确定性和企业活动的高复杂性，企业租金是企业所有活动综合作用的结果，很难准确界定各项活动与租金的具体对应关系。（2）路径依赖性。企业可能因为远见或者某种偶然机遇拥有了某种资源，占据了某种优势，而其他企业再也不可能获得或者再也不可能以那么低的成本获得这种资源或优势，拥有这种资源或优势的企业则可持续地获得租金。（3）模仿成本。由于环境的不确定性以及模仿成本和风险的存在使其他企业可能不会选择模仿行为。商业模式创新能给企业带来竞争优势的原因可以得到资源基础论观点的解释。

首先，企业的商业模式选择或创新是基于资源和能力的。RBV 理论认为一个企业在价值链中可能的位置是由其资源决定的（Barney，1991），例如一个拥有技术能力优势的企业会采取 R&D 的模式而通过联盟获得其他互补的能力（Chesbrough，2002）。其次，商业模式创新包含对资源内涵与外延的重新界定以及创造性配置，例如对大数据、用户知识与技能等新资源的利用，新的资源获得与配置方式，例如外包、众包等。基于资源和能力优化配置的商业模式创新重在新资源的发掘和利用，或是充分挖掘现有资源的潜在价值，新资源为公司创造新的顾客价值提供了潜力，商业模式创新的意义在于将新资源的潜力释放出来。再次，商业模式本身也构成企业资源和能力的异质性，例如爱彼迎（Airbnb）的民宿短租模式、制造业的大规模定制模式、海尔的“按单聚散”模式等。最后，商业模式创新的理念、思维方式和能力本身也是“异质性”的，例如企业家对机会的把握能力、创造性的认知模式、创新地获取和整合资源的能力、组织的学习能力

等。商业模式创新是一个整合公司内外环境、资源、能力等因素为一体的复杂的过程，它往往难以被外界完全解读；以创新的方式整合资源以获得更低的成本或更好的差异化，把输入的同质性资源转化为异质性输出，从而使公司获得竞争优势，这个过程中依赖的大量隐性知识往往具有公司专属性，从而阻碍了竞争对手的模仿（孙永波和陈柳钦，2011）。

虽然资源基础论可以对商业模式创新作为竞争优势的来源进行令人信服的解释，但是商业模式创新本身也是对资源基础论、能力基础论的挑战。平内宁等（Pynnönen et al.，2012）指出资源基础论本身忽略了外部资源和外部环境（例如需求的变化），这限制了它在价值网络中的直接应用；研究消费者需求的变化如何影响商业模式中资源的价值显然是必需的，把 RBV 的情境扩展到覆盖环境也是必须的，在这一环境中的商品和服务所包含的资源来自多个行动者，而顾客价值与资源价值之间的关系正是商业模式关心的核心问题。

三、创新理论

商业模式创新归根结底也是一种创新，也必然遵循创新的基本原理与规律。国内学者王雪东和董大海（2013）从概念研究最基本的形式逻辑角度澄清了人们对商业模式创新概念的模糊认识，指出：“商业模式”是商业模式创新概念的“种差”，“创新”是商业模式创新概念的“属”，商业模式创新描述的是一种以商业创新为特征的创新行为。商业模式创新作为一种创新其创造价值或者竞争优势的原理，仍然属于创新理论的范畴，企业进行商业模式创新的终极目标就是追求经济租金。创新理论的鼻祖约瑟夫·熊彼特（Schumpeter，1912，1934）把竞争视为“一种创造性破坏的过程”（a process of creative destruction），他认为企业经济租金反映了企业对竞争这种客观存在的市场行为的回应方式。企业通过对包括组织形式在内的五个“生产要素方面的重新组合”① 可以赚取来源于比较利益的“李嘉图租金”（R 租金），也可以获取凭借着企业的市场力量的垄断租金（M 租金）和来源于卖方寡头之间战略协同的“张伯伦租金”（C 租金）。企业经营方面的创新可以实现企业的扩张和市场地位的提高，从而进一步扩大 M 租金，与一般意义的 M 租金不同的是，熊彼特主张通过新商业、新技术、新供应源和新的组织模式的创新来获得企业经济租金，即“熊彼特租金”（简称 S 租金）

① 熊彼特认为，创新就是建立一种新的生产函数，也就是说，把一种从来没有过的关于生产要素和生产条件的“新组合”引入生产体系。这种新组合包括 5 种情况：（1）采用一种新产品或一种产品的新特征；（2）采用一种新的生产方法；（3）开辟一个新市场；（4）掠取或控制原材料或半制成品的一种新的供应来源；（5）实现任何一种工业的新的组织。

(Teece et al., 1997)。一般来说,企业是通过"创造性破坏"(creative destruction)或创新打破现有优势企业的竞争优势来获得这种租金的。因此,这种租金也可以说是由于企业家的创新而产生的经济租金,因而也称为"企业家租金"(entrepreneurial rents,简称E租金)。国内学者罗珉等(2005)通过对经济租金的挖掘论证了获得"S租金"和"L租金"是企业商业模式创新的重要驱动力。"S租金"即熊彼特租金,恰恰是通过基于价值链创新的企业商业模式创新来实现和获得的。企业进行新商业、新技术、新供应源、新渠道、新营销和组织结构的创新,正是价值链创新的一部分内容,也可以说是企业商业模式创新的部分或具体内容。"L租金"是由企业及其员工系统地运用知识创造新知识的能力或能力要素所获得的一种经济租金,具有不可模仿、不易转移和特定化的特征,商业模式创新所依赖的就是能够运用这种知识和能力的创业者特质。

商业模式创新并不是产品创新、技术创新、市场创新、资源配置创新、组织创新(Schumpeter,1934)之外的另一种创新,而是对这些创新的组合、融合、扩展与超越,创新理论是商业模式创新分类、驱动因素及机理、创新绩效研究的主要理论基础。

四、交易成本理论

如果把价值的整个创造和传递过程用一系列的"交易"来界定的话,商业模式创新便是对交易内容、交易结构和交易治理的创新,对这一系列安排的选择依据离不开交易成本理论中的交易价值、交易成本、交易风险分析。交易成本理论对交易(或称契约)形式选择与变化的解释是:为追求交易成本节约,基于不同的交易特征(交易频率、资产专用性和不确定性)在三种典型治理结构(古典、新古典和关系契约)之间的选择(Williamson,1979)。交易成本经济学关于企业边界的观点认为,选择一项交易是否放在企业内部,主要取决于其外部合作伙伴机会主义威胁所造成的成本与内部管理成本的权衡结果。例如一个企业的价值捕获能力取决于如下评估:它是否会通过垂直整合以避免被"绑架",或者特化其少数能力而决定通过联盟来获得其他的能力(Williamson,1985),这都是商业模式创新要回答的问题。

从交易成本的角度看,商业模式创新带来竞争优势源于三个方面:交易成本节约、交易价值提高和交易风险降低。(1)交易成本节约。根据交易的过程,交易成本可以分为搜寻和信息成本、议价和决策成本、监督和执行成本、违约成本等。好的商业模式,可以通过交易结构的设计,降低这三项交易成本中的一项或几项。例如,在以往的银行贷款流程中,中小企业由于固定资产较少,很难拿出

足够的抵押品，银行和中小企业要建立融资交易，其信用审核、跟踪执行等交易成本过高，所以中小企业的贷款需求往往很难得到满足。深圳发展银行创新的“供应链金融”充分利用中小企业的应收账款、大企业信用、存货等存量资源作为担保手段，降低了中小企业融资的交易成本。互联网金融、电商平台商业模式的创新之处都在于交易成本的降低。(2) 交易价值提高。交易成本理论主张，企业的资源和能力固然能够成为竞争优势的来源，但通过交易结构的设计，使具备不同优势资源和能力的利益相关者在同一个交易结构下完美合作，也将大大提升整个商业模式的价值，形成竞争优势。例如国美、苏宁等家电连锁卖场，把家电价值链的销售环节独立出来规模化运营，使家电制造商、顾客和自身共同获益，再例如商业生态圈模式、共享模式都使多方在交易中获得更多利益，这就是商业模式本身创造了价值。(3) 交易风险降低。通过交易结构的设计，可以让企业拥有对资产的真实价值进行选择的权力（实物期权理论），从而降低交易风险并提升企业价值。例如，苹果公司为无数的独立软件开发商提供开发工具，鼓励他们把应用软件上传到 App Store，这些软件有的成功、有的失败，对那些成功的应用软件，苹果公司为其提供广告和技术支持；对那些失败的应用软件，可不予以关注。这样一来，苹果公司并不需要自己开发应用软件，却能够保留对应用软件的真实价值进行选择的权力，大大降低了交易风险。

一种创新型的商业模式是否经得起实践的考验，能否历经迭代创新、发展演化而成为行业的主导商业模式，取决于这一商业模式的多方利益相关者（参与者）基于交易价值、交易成本和交易风险考量所作出的选择。交易成本理论为商业模式创新提供了深层的价值驱动分析工具，但这一理论至今仍存在的难以量化的局限性使其在解决现实问题上缺乏具体的指引。

五、价值网络理论

网络理论是用以识别与焦点企业线性和非线性连接的参与者和角色的理论（Gulati et al.，2000）。价值网络理论从实质上说是对价值链理论的扩展，它突破价值链理论的线性思维，使价值创造组织向网状结构发展，在考察价值创造的过程中，被纳入视野的不仅包括上游的供应商、下游的合作者、渠道，也包括互补商品的提供者、第三方和消费者。价值网络思想的开创性主要表现在：(1) 从组织间单纯的合作或竞争转向关注复杂的竞争与合作，注重网络成员共同价值创造，合作在一个更大的网络范围内展开，而且是一个动态配置和组合过程；(2) 从只关心顾客转向关心价值的共同创造者，把顾客也看作是价值创造体系的重要组成部分，合作者在价值创造过程中的功能和定位日趋丰富化和多元化；(3) 从单一产品价值思维转向网络价值思维，产品价值多元化而且往往具有外部性，单一产品并不是实现价值的唯一载体，利用组合价值、交叉价值满足网络成员各方的利益需求从而产生价值倍增效应；（4）从企业战略思维转向网络战略思维，企业在制定战略时必须置身于其所处的价值网络或价值生态中，将之作为一个整体来考虑，以实现网络价值最大化（Hearn & Pace，2006；王琴，2011）。

也有学者从生态角度把这种构造称为商业生态系统。商业生态系统，是借助网络平台（连接），对系统内企业内外部资源和能力进行协同管理的经济群落（王茜，2011）。网络协同是构建商业生态系统，形成以协同和双赢为目标的新商业运作模式的基础。据美国 Gartner 公司调查显示，一个实施网络协同商务的企业，其开发成本可降低 25%，交易成本可降低 30% ~70%，库存成本可降低 25% ~40%。例如，利丰集团的服装供应链管理就是通过信息共享和业务流程的无缝衔接构建网络协同平台，实现跨行业上下游各方的横向一体化的商业模式，是利用网络协同取得成功的典型。

另外，近期出现的价值星系（value constellation）概念的基本思想与价值网络和商业生态系统也是基本一致的。所谓价值星系是一个企业间的虚拟组织，是一个以企业引力集合起来的价值创造系统（孙永波和陈柳钦，2011）。这个系统的成员，包括作为“恒星”的焦点企业、模块生产企业、供应商、经销商、合伙人、顾客等，通过角色与关系的塑造共同创造价值。而互联网的快速发展成为这一管理思想变革的“使能技术”（enabling-technology）。像思科、戴尔、苹果、耐克、宜家等公司，都已经构建了自己的价值星系。价值星系是一种网络协作与系统化的（collaborative and systemic）新商业模式，其资源配置方式是市场“价格机制”和科层“命令机制”的混合，其成本也是交易成本和组织成本的混合，借助柔性契约、虚拟网络与顾客选择形成战略优势。最为典型的思科公司，它采取“外部资源生产法”——委托设计、委托制造、委托销售，它利用网络使设计者、供货商看起来就像是自己的一个部门，这样无须建立新工厂就可将生产能力迅速扩大，使得新产品推向市场的时间缩短，资源占用减少、运营效率提高，每年节省开支可达 5 亿美元。构建包含独特联系的价值网络，会给企业带来难以模仿的竞争优势，成为商业模式创新的重要思路（孙永波和陈柳钦，2011）。

价值网络理论是形成商业模式创新开放性视野的理论源泉和基础。

六、商业模式创新理论的多元包容性

除了上述理论之外，佐特和阿米特（Zott & Amit，2009）还从活动系统视角提出商业模式创新可以定位于新奇性、效率性、锁定和互补，这是给企业带来竞

争优势、创造价值的源泉，这四种定位实质上分属于不同的理论范畴。新奇性是指成功的商业模式应该是与众不同、难以模仿的，例如独特的市场定位、独特的价值主张、独特的收入模式等，属于基本竞争战略中差异化的范畴；效率性是指成功的商业模式可以实现产品相关、参与者相关多方面效率的提高或者成本的降低，属于基本竞争战略中差异化的范畴；锁定性是指成功的商业模式对于顾客具有强大的吸引力，能够通过较高的转换成本留住顾客，这仍然属于交易成本理论的范畴；互补性属于资源基础论的资源配置和利用的问题。由此可见，活动系统理论最终可以归结为商业模式创新是对差异化、低成本、交易成本（转换成本和客户黏性的提高）、优化资源配置的追求。

可以看出，众多理论都可以对商业模式创新的原理进行解释。借用亨利·明茨伯格等（2006）对战略管理众多流派进行回顾时所用到的一句话——“战略管理这头大象”，商业模式创新也可以被看作是“一头大象”；上述每一种理论观点仅仅揭示了商业模式创新的某个侧面，或者某种情形，或者回答了需要解决的某一个问题：怎么看？——价值网络视野；怎么想？——创新思维；靠什么？——资源和能力的整合；做什么？——价值链重构；结果如何？——价值、竞争优势的获得。商业模式创新理论基础的多元性也从一个侧面反映了商业模式创新的多层次性和多样性，这也是由商业模式概念的整合性特性所决定的。商业模式创新是对多种理论和原理的多元化、综合运用，以创造一种结构化差异，也正是由于这种原因使得它从企业的诸多创新中脱颖而出，登上战略与创新管理的中心舞台。正如在波特的世界中，竞争成功的关键是差异化，但是这种差异化是相当宽泛的，差异化不仅仅意味着把你的产品同其他提供者的产品区别开来，它还包括了企业所做的所有的事情：定义它的市场、顾客基础、它的产品带来某种竞争优势的方式（途径）——一种其他企业难以模仿的捕获价值的独特方式。可见，商业模式创新正是能够涵盖与表达这种宽泛意义上创新的、具有多元包容性的概念范畴。

第三节　商业模式创新的特征

商业模式创新除了具有上述理论上的多元包容性以外，在创新机制、思维视野、行动逻辑、价值诉求、实现方式与结果上都呈现出鲜明的特征和优势，因而在理论与实践领域都备受关注。

一、商业模式创新的系统性和复杂性

商业模式是由互相之间存在紧密逻辑关系的价值主张、价值创造方式、价值实现方式等要素构成的复杂结构系统。商业模式创新——商业模式的改变，可以起始于任何一个构成要素，然后引起其他构成要素的相应调整与重新设计。商业模式本身的结构特征决定了商业模式创新的系统性和复杂性。

（一）商业模式创新要求系统性变革

与运营层面的流程设计相对，商业模式在战略层面定义了公司的整体业务逻辑。一个运作良好的商业模式要由几个要素融入一个连贯的整体（Chesbrough，2006），这就意味着，商业模式创新无论来自哪种驱动、无论以哪一种要素的变革为起点，其他的要素都要做匹配性的调整，其宗旨就是追求一种整体性的设计以实现差异化。

商业模式创新可以以任何一个构造模块为起点，以任何一个构造模块为起点的创新都会由于模块之间存在的多重双向影响与决定关系而引发整个商业模式系统的改变。例如任天堂的 Wii 游戏机改变了以少数专业、狂热的发烧友为目标市场，转而面对数量庞大的休闲游戏玩家，那么游戏机的性能特征所要满足的用户诉求（即价值主张）也就发生了变化，增加了运动控制的“趣味因素”，同时这样的价值主张和客户细分也决定了这种商业模式的运行所依赖的关键流程、核心资源和能力也发生了变化，那就是不再对投入昂贵的专利和最新型的技术高度依赖，这也就决定企业获得了较低的成本结构和水平，改变了此前游戏机靠游戏开发收益补贴硬件亏损的收益结构模式，从而获得双边收益。再例如英特尔的赛扬微处理器（Celeron microprocessor），其创新的目的是用以抵挡中低端产品破坏性创新者的入侵，在公司的主体业务追求一系列突破性创新的情况下，这个分公司追求制造效率、降低成本、面对低端价格敏感客户，但是事实证明这一新的商业模式必须依赖设计理念、技术架构、价值主张的相应改变才能取得成功。雀巢咖啡做高端产品的商业模式创新来自其对原先未占领细分市场进行拓展的驱动，但是其价值主张、品牌传播、渠道都要发生相应变化。戴尔的独特价值主张创新——客户驱动的按订单生产商业模式（a customer-driven build-to-order business model）必须依赖独特的渠道关系；道康宁 XIAMETER 的低价、标准化价值主张必须依托于互联网在线采购这种新的渠道设计；塔塔汽车创造价格 2500 美元汽车的价值主张必须以零配件全球采购方式和新的制造流程设计为支撑；软件行业向在线服务转型的商业模式创新，使整个行业的收益模式、关键业务和流程都发

生了变革；新兴的互联网金融商业模式创新来自对通路障碍、技术障碍的消除，这一新模式还需要解决信用风险评估由谁负责、风险由谁承担、利益如何分配等问题。商业模式创新正是由于它的系统性才给企业带来持续的竞争优势，从而成为一种更高层次的差异化。当今时代能给公司带来差异化的并不是哪一种单独的资源或流程，还包括他们之间的匹配关系。不同的企业拥有的关键资源和能力的种类、特征并不相同，这就决定了它们在设计商业模式时选择了不同的参与者、不同的合作方式、不同的治理方式等。没有核心资源（和/或能力）作为支撑的商业模式创新，无论其设计多么巧妙、多么新奇终究是不可持续的，即使具有创造价值的能力，也不可能为企业捕获价值。国内服装行业商业模式创新的先行者批批吉（PPG）公司的失败就是一个很好例证①。

发源于欧洲"格式塔"心理学（gestalt psychology）的战略一致性理论认为环境、组织和战略等多元素变量在变动时，整体上会呈现某种有组织的模式，并称这种动态一致的适应性变动模式为战略"格式塔"。也就是说，当多种元素变量之一发生改变时，组织内部往往会通过寻求某种程度的平衡，要求其他元素变量也进行相应的调整，并且是持续和共同的调整。大量研究也表明：环境、组织结构、战略等元素之间的协调一致会导致好的组织绩效。战略性差异随着时间的推移而出现，它不仅仅依赖于商业实践中某一种特定创新，而是更多地依赖连续创新、构建一个所有事情都相互匹配的价值链的能力（Porter，2001）。商业模式创新需要整理不同的资源和流程，不同于技术创新由研发部门主导，商业模式创新需要跨功能的机制从而能为用户创造新价值；商业模式创新不仅仅以组织因素和特征为基础，组织嵌入其中的环境因素也应该考虑。商业模式创新需要系统化管理。国内学者孙永波和陈柳钦（2011）也曾论述过商业模式创新对系统分析的要求：商业模式创新是通过对各种资源的优化配置来创造更大的价值，通过对目标顾客需求和市场竞争状况的分析，区分已满足的需求、未满足的需求和潜在的需求；通过对企业内部价值链的分析，明确企业进行创造价值的内部核心资源能力；通过对供应链的分析，把握与企业价值创造和价值转换有关的外部资源能力。在这四个方面分析的基础上，以顾客需求的变化为中心，找出创新的可能区域，进而优化整合各种资源来实现价值活动的创新。

---

① PPG公司成立于2005年，针对国内服装行业存在的生产能力过剩、零售渠道效率低、库存成本高等问题，提出"轻公司直销模式"——无厂房、无设备、无门店，只有市场部、设计部、呼叫中心及仓库。PPG只负责供应链和呼叫中心管理，其他活动都外包出去，消费者通过广告和邮件目录获得产品信息，然后通过无店铺的在线直销和呼叫中心订购产品。这种商业模式必须具备三个核心能力：过硬的产品体系、品牌壁垒、快速有效的供应链响应；然而PPG在这三个方面都差强人意，于2009年底遭遇惨败。PPG的失败，并不是商业模式的失败，而是核心能力缺失造成的失败。（参考资料：吴晓波，白旭波．从PPG到VANCL网络服装销售的商业模式演进［J］．管理案例研究与评论，2010（5）：403-410.）

可以说，商业模式创新的系统性要求构成它的典型特征，是商业模式创新以独特的方式居于创新中心舞台的原因之一。而且，商业模式创新过程不总是严格线性的和按顺序的，经常是混乱的和迭代的，特别是破坏性创新（Bucherer et al.，2012）。可见，商业模式创新既有其概念内涵的系统性和复杂性，也有其创新活动过程的系统性和复杂性。

（二）商业模式创新一般以核心要素为思维起点

商业模式创新的思维起点是商业模式创新研究与实践的关键问题。根据前述商业模式的结构特点及其创新对系统性匹配的要求，商业模式创新可以由任何一个构造模块的变化而引发；但是，由于每个要素在价值创造过程中所起到的作用和要素之间的相互影响的不同，其重要性也有优先等级：有时改变单个要素就能引起企业的重大变革，有时又需要创新多要素来适应变化。一般而言，核心要素的改变才构成商业模式创新，尤其是对那些更加强调商业模式创新的颠覆性和非连续性的立场和观点而言。

卡瓦尔坎特等（Cavalcante et al.，2011）认为，对商业模式核心要素的识别能够提供关于一个企业的真实业务（例如它的真正目的）的透彻的理解。巴登—富勒和海富里热（Baden - Fuller & Haefliger，2013）曾这样描述：商业模式创新的思想火花经常是先于技术设计与产品构思的，一个极端的情况是商业模式的开创甚至可以是十分简单的事情，形成于开创者自己的偏好（例如关心谁是消费者，消费者介入的方法），它或许是由公司现有的信仰系统驱动的；另一个极端的情况是，创新的执行者或许具有一个十分丰富和自由的关于世界的意识流（a very rich and free-flowing view of the world），这是深受他（们）对社会和技术的可能性的知识和理解影响的，而且没有为当前的偏见所支配；商业模式创新构思的直接来源从表面上看起来可能五花八门，但是从更深层次的思维逻辑起点来看，都是来自对客户（潜在客户）问题解决的关注。现实社会中阻碍人们完成特定任务（或解决特定问题）的四个最普遍的障碍是：财富障碍（insufficient wealth）、通路障碍（access）、技术障碍（skill）、时间障碍（time），商业模式创新的创意起点应该是谋求对这些障碍的消除。例如财捷（Intuit）公司提供会计业务外包服务，就是为了打破没有受过专门训练的小公司的所有者无法使用比较复杂的会计软件包的技术障碍；一分钟诊所（Minute Clinic），一个基于药店的基础保健服务提供者，通过无预约执业护士服务使人们从因小病看医生的时间障碍中解脱出来。就像大多数商业模式创新企业所做的，商业模式创新起始于识别一个真正的顾客需要解决的真正问题，所以顾客价值主张（customer value proposition）是商业模式创新的关键起点。例如，施乐公司在其初创时期，由于高效率

的施乐复印机价格昂贵，阻碍了这种崭新技术的商业化，施乐公司创新性地采取了租赁的方式，按照基本的工作量和超额工作量，采取结构性的定价，不仅解决了新复印机的市场拓展问题，而且还给公司带来了源源不断的现金流。表面上看起来这一商业模式创新是由技术创新引发的，但实际上其商业模式设计思想的真正起源是为客户解决财富障碍。

许多商业模式创新成功的案例也表明，商业模式创新往往起始于一个伟大的消费者价值主张，其成功来自发现了存在一个现实问题等待解决（want to get a real job done）的真正的顾客；商业模式创新就是要找到为顾客提供更好解决方案的方法（a way to help customers get an important job done）（Johnson et al.，2008）。当印度塔塔集团的时任董事长拉坦·塔塔（Ratan Tata）在孟买大街上看到一个载着四五口人家庭的摩托车在混乱的车流中穿行的时候，他就决心要为这些家庭提供一种安全的、价格可以承受的汽车，“Tata Nano car”这一新的商业模式就来自这个新的价值主张。阿里巴巴以“让天下没有难做的生意”的使命驱动开创的电商平台商业模式也是如此。感受顾客真实需求这一深度事实、构建满足顾客未被满足的需要的能力或许是商业模式创新最重要的驱动（Sako，2012）。平内宁等（Pynnönen et al.，2012）指出商业模式的终极目标是给企业提供它能为其顾客提供更多、更好价值的竞争性方法，因为顾客忠诚和锁定都是相对的，关键还是取决于消费者对于价值的衡量。商业模式创新的关键要素排在第一位的就是：顾客支付意愿。

总的来看，商业模式创新是围绕价值创造的全方位创新，为顾客创造新的价值或者以新的方法创造价值是商业模式创新的真谛。

二、商业模式创新是一种范式的创新

商业模式创新与产品创新、流程创新等传统类型的创新不同，它是一种全新的范式创新；范式创新反映的是影响企业业务的潜在思维方式和逻辑的变化，它源自新进入者对问题和游戏规则的重新定义和重构（Tidd & Bessant，2011）。例如特斯拉基于IT技术的新概念电动汽车，是对汽车这一概念的重新定义，也是对整个汽车行业价值创造基础与流程的颠覆；再例如智能手机对手机这一概念的重新定义，改变了其传统的通讯工具的基本设定，使手机行业进入一个新的生命周期的高速成长阶段。商业模式创新对传统创新范式的突破主要表现在以下方面：

第一，商业模式创新理念是向“以消费者为中心”本源的切实回归（Magretta，2002）。商业模式创新的逻辑思维起点是消费者需求——更确切地说，是如何依据消费者的真实需要有效地满足他们。这一点与许多技术方面的创新有很大的区别，技术创新往往是向前的、线性的、增量的，而商业模式创新可以是向后的、非线性的、减量的。许多例证都表明了商业模式创新在这一方面比单纯的技术创新所具有的优势，例如，国际商业机器公司（IBM）“追求卓越”“精益求精”造就了它曾经的辉煌；英特尔（Intel）广为称道的成功之路是“用最好的芯片设计团队、最新的生产线为用户持续不断地提供性能最佳的处理器，从而获得最佳的商业回报”。但这些技术创新至上的典范在面对变化了的需求特征时都曾经或者正在遭遇挑战，IBM 在“随需应变”“顾客第一”新的理念下进行了信息技术和业务解决方案提供商的商业模式转型，使其走出危机并创造了新的辉煌；Intel 用“够用就好”的理念创建了赛扬事业部，成功抵御了低端破坏者对市场的侵蚀。或者说，商业模式创新思想真正实现了向满足消费者真实需求导向的回归。

第二，商业模式创新对企业和商业世界的影响是系统性的和根本性的。商业模式创新不仅仅是某一单一要素的改变，还是贯穿企业整个业务流程的，涉及相关的所有方面，包括资源获取与利用模式、研发模式、生产模式、市场系统和环境系统，往往涉及组织的重大调整；它往往能产生出一种全新的商业逻辑，甚至造就一个全新的产业领域。例如制造业的服务化转型，企业的平台化、网络化、虚拟化转型，都不是传统的单一创新能够涵盖的变革，而是系统性、根本性的商业模式变革；电子商务、互联网金融、网络社交平台、搜索引擎、共享平台、产业互联网平台等新型商业模式更是代表着一系列全新的产业领域的出现。

第三，商业模式创新是超越企业边界的，是更高、更广的价值网络视野下的创新。学者们对竞争优势形成基础的认识先后经历了产品、产业和商业生态系统三个层次，企业实施成本领先战略或差异化战略是把企业的竞争优势建立在产品层次上，实施多元化战略或者产业链上下游一体化集团战略是把竞争优势建立在产业层次上，而实施商业模式创新则是把竞争优势建立在生态系统层次上，旨在构建一个以自己为核心的商业生态系统（王雪东和董大海，2013）。商业模式创新关乎上下游的生存及机会（Gambardella & McGahan，2010），大部分的商业模式创新对行业上下游生存与发展有很大的影响，许多成功商业模式创新涉及基本服务的外包或解构；下游企业可以利用上游企业创新所创造的机会，反之亦然。例如谷歌（Google）、苹果、阿里巴巴等都形成了庞大的生态系统，它们的创新给系统内其他成员带来了新的发展机会，而商业生态系统内部形成共生、互生、再生的机制也给核心企业的竞争优势带来强有力的支撑。可见，商业模式创新虽然是以公司创造和捕获价值为中心的，但是它伴随着许多跨越企业边界的思想。

总之，商业模式创新作为一种新的创新思想与实践呈现出一系列鲜明的特

征。开放式创新思维——跨越企业边界、资源边界，重构价值创造流程、结构，分享和共演新的思想；系统思考——价值创造与获取的匹配、协调设计机制；顾客真实需求导向——以为顾客创造更多、更好的价值为起点和最终归宿，从而为自身和生态系统成员实现更多的价值；商业模式创新在战略与行动之间架起桥梁，实现了战略的高远、全局性与行动的具体、执行性的结合。

附录：商业模式创新案例——新零售

新零售（new retailing），即以互联网为依托，通过大数据、人工智能等先进技术手段的应用，对商品的生产、流通与销售过程进行升级改造，重塑业态结构与生态圈，并对线上服务、线下体验以及现代物流进行深度融合的零售新模式。"新零售"的核心要义是线上线下一体化，旨在使线上的互联网力量和线下的实体店终端优势形成合力，实现商业业态的优化升级①。

一、新零售的萌生

新零售的诞生契机及推动因素主要来自以下方面：（1）线上零售遭遇天花板。虽然线上零售一段时期以来对传统零售的替代态势凶猛，但是线上零售因其固有的局限性，当前来看流量红利已见顶；与此同时线下实体零售进入变革创新的关键期，线下渠道的价值正在面临重估、重构与整合。（2）移动支付、大数据、虚拟现实等新技术推动了线下零售场景智能终端的普及，进一步开拓了线下场景和消费社交的应用，消减了线下消费的时间和空间制约。（3）新中产阶级崛起，社会进入消费升级时代。对新中产阶级的一般描述如下：在人群特征上，是指80后、90后，接受过高等教育，有不菲的收入、体面的工作，伴随常态化的压力、不安与焦虑，学习与自我提升是其最普遍的需求；在消费观上，理性化倾向明显，更在意质量以及性价比，而不是价格；愿意为情怀和精神买单，对健康十分重视，更加注重体验消费，普遍接受无现金的消费模式。新中产阶级成为消费主流，他们对生活品质、对自我生命本身和生活体验的更高要求形成了当今时代社会消费升级的基本商业背景②。在这样的背景下，新零售业态开始萌生，例如以超级物种和盒马鲜生为代表的生鲜新零售、以便利蜂为代表的便利店新零售

---

① 杜睿云，蒋侃．新零售：内涵、发展动因与关键问题［J］．价格理论与实践，2017，000（2）：139－141.

② 宜信．2018年新零售行业发展趋势研究报告［EB/OL］．http：//www.100ec.Cn/detail－6442878.html．［2018－03－29］．

体、以言几又为代表的创意生活体验一体店、以居然之家为代表的高端综合性零售服务集团等。

二、新零售的模式（业态）特征

新零售作为当今零售商业模式创新的主体趋势，虽然在不同的领域其具体的价值主张丰富多彩，但其商业逻辑存在一定的共性。

（1）生态性。“新零售”的商业生态一般涵盖网上页面、实体店面、支付终端、数据体系、物流平台、营销路径等诸多方面，并嵌入购物、娱乐、阅读、学习等多元化功能，进而推动企业线上服务、线下体验、金融支持、物流支撑等能力的全面提升，使消费者对购物过程便利性与舒适性的要求能够得到更好满足，并由此增加用户黏性。这种借鉴自然生态系统思想而构建的商业生态系统由主体企业、共生企业群、消费者以及其他利益相关者共同组成，且在这些参与者之间表现为一种联系紧密、动态平衡、互为依赖的状态。

（2）无界化。企业通过线上与线下平台、有形与无形资源、内部资源与生态圈资源的整合，以“全渠道”方式打通各零售渠道间的种种壁垒、模糊经营过程中各个主体的既有界限，打破过去传统经营模式下所存在的时空边界、产品边界等现实阻隔，促成人员、资金、信息、技术、商品等的高效顺畅流动，进而实现整个商业生态链的互联与共享。依托这种“无界化”零售体系，消费者的购物入口变得非常分散、灵活、可变与多元，人们可以在任意时间、地点以任意的可能方式，随心尽兴地通过诸如实体店铺、网上商城、电视营销中心、自媒体平台甚至智能家居等一系列丰富多样的渠道，与企业或者其他消费者进行全方位的咨询互动、交流讨论、产品体验、情境模拟以及购买商品和服务。

（3）智慧化。新零售商业模式不断涌现并表现出鲜明的活力和吸引力，是源于它通过“智慧”新技术的应用满足了人们对购物过程个性化、即时化、便利化、互动化、精准化、碎片化等的要求。在产品升级、渠道融合、客户至上的时代，智慧化是包括商业模式创新在内的所有创新的必由之路。未来，智能试装、隔空感应、拍照搜索、语音购物、VR 逛店、无人物流、自助结算、虚拟助理等在消费者生活、购物、消费场景中会得以更大范围的应用与普及。

（4）体验式。随着人们消费观念的转变，购物体验的好坏愈发成为影响消费者决策的关键性因素。新零售模式打破了之前线上和线下的封闭状态，线上线下得以相互融合、取长补短且相互依赖；线上更多履行信息、交易与支付的职能，线下通常作为筛选与体验的平台，高效物流则将线上线下相连接并与之协同形成商业闭环。消费者既能获得传统线下零售的真实购物体验，又能享受到线上的低价和便利，各种新兴科技对人们购物全过程的不断渗透使得企业提供的商品与服务融入更多的智慧因子，而“体验式”的经营方式通过线下实体店面，将产品嵌

入所创设的各种真实生活场景之中，赋予消费者直接、全面、深入了解商品和服务的机会，从而触发消费者视觉、听觉、味觉、情感等方面的综合反馈。在新零售模式下，智能、高效、快捷、平价、愉悦的购物场景，可以使消费者的购物体验获得大幅提升，更好地契合了消费升级的要求；在增进人们参与感与获得感的同时，也使线下平台的价值得到进一步发掘①。

三、新零售的运营特征

新零售价值主张、价值创造、价值传递与获取要依赖线上、线下、物流等全方位资源与活动的科学配置、高效运营与协同来实现。

（1）线上运营特征。线上资源与经营活动在新零售生态体系中肩负着商家与消费者双方信息收集、整理、反馈与决策等重要职能，同时也承担了支付、交流等渠道功能，扮演着优化交易过程的重要角色。企业实施新零售战略的主要目标之一，就在于为顾客提供能够尽可能摆脱特定时间、空间和形式约束的全新购物方式，实现在不同购买渠道和支付手段下都能获得一致性的价格、服务与权益，满足顾客在整个消费过程中购买、社交、休闲、娱乐等各种需求。上述目标的达成主要依赖于企业线上经营模式和技术应用的设计与创新。

（2）线下运营特征。线下资源与经营活动是支撑新零售生态体系的基础性平台，扮演着优化体验过程的重要角色，商家围绕提升消费者购物体验来设计和实施一系列的经营项目和举措。线下实体店铺被赋予了更多的消费体验功能，对于用户而言，线下远比线上更加真实和生动。“产品＋服务＋场景＋体验”四位一体的线下平台会为消费者呈现出一幅“产品个性化、服务精细化、场景多样化、体验内容化”的全新购物图景。新零售将“人”这个因素置于核心与关键位置，商品与服务的经营被看作是价值创造和传递的载体。通过对线下经营平台的升级改造，将传统零售单一孤立的销售方式嵌入多维立体的消费场景之中，构建以真实生活场景为入口的零售生态体系。

（3）物流运营特征。无论在传统零售业生态构架内还是在新零售生态体系中，物流运营在各交易主体业务活动中都承担着商品存储与流转的重要职能，是形成竞争优势的重要来源。从消费者角度看，物流的好坏在很大程度上直接影响着消费者的购物体验和购物决策；从企业角度看，新零售商业模式要求的线上线下一体化必须有高效、智能、精确、协同、环保的智慧化物流解决方案作为支撑，从而达到提高商品配送效率、降低运营成本以及减少甚至消灭库存的理想状态。公开透明、精准可溯、信息共享、标准统一的物流平台是实现新零售优质、高效、低成本、良好体验的根本支撑。

---

① 杜睿云，蒋侃．新零售的特征、影响因素与实施维度［J］．商业经济研究，2018，743（4）：7－9.

四、新零售的价值优势

在以价值消费为主的新时代，依托于大数据、物联网、人工智能、高精度地图定位等新兴智慧化技术的全方位创新与应用，实现了线上线下相互交融，消费者在线下店面体验、在线上平台下单，所购买的商品依托智慧物流体系完成快速精准送达，整个购物过程的各个环节实现信息同步、资源共享、无缝衔接、高效协同①。新零售的总体特征可以概括为人性化、数据化、无边界、可视化、全渠道。

在人工智能深度学习的帮助下，用户行为视频分析技术能在线下门店进行用户进店路径抓取、货架前交互行为分析等，形成用户标签，并结合线上数据优化用户画像，同时可进行异常行为警报等辅助管理。新零售的创新价值依赖于对消费者的全方位解读，而以大数据、人工智能为技术支撑则能够帮助企业进行精准营销和定位。一些已经在产业链上布局的企业通过记录各个环节数据，使消费者能够追溯商品出厂、运输、配送的全过程，让购物变得更加安心。

从价值链优化的角度看，在传统供应链下，商品平均搬运次数为 7 次，新零售供应链下，一些不创造价值或附加值较低的中间环节被取消，搬运次数减少为 2 次，由工厂到仓库再直接到零售店。多级分仓布局，即围绕各地零售店增设不同的仓库，让消费者可以在最短的时间内获得所需商品，既提升了用户体验，还节约了运输过程成本，预计 2022 年整个市场规模将达到 18000 亿元。

五、生鲜零售新模式——盒马鲜生和超级物种

在零售商品的品类中，生鲜产品在日常生活中有其特殊的地位、消费场景和需求特征，由于其本身的高损耗、高配送质量与时限要求等特性，生鲜零售经营模式的创新与改进一直是传统零售与新零售都在努力的方向。

生鲜新零售的代表非盒马鲜生和超级物种莫属。这种新商业模式的基本逻辑是“零售 + 餐饮 + 互联网”，企业由产品经营转向顾客经营，企业基于顾客的生活和消费细节，构造一个或多个与顾客内心契合的消费场景，赋予顾客基于情感的感知和体验价值，产生价值倍增效应②。“产品 + 产品”（P + P）是指不同类型产品之间的组合。在服务主导逻辑下，产品充当价值传递的媒介，产品创新和跨界使顾客能够享受到更全面的体验和服务，从而产生协同效应以及需求方的范围经济。“产品 + 场景”（P + C），“以人为中心”实现产品与不同顾客消费场景的耦合。从顾客不同的生活细节和消费场景出发进行产品设计和重新组合③，在实

---

① 杜睿云，蒋侃．新零售的特征、影响因素与实施维度［J］．商业经济研究，2018，743（4）：7 – 9.

② 江积海，王若瑾．新零售业态商业模式中的价值倍增动因及创造机理——永辉超级物种的案例研究［J］．管理评论，2020，32（8）：327 – 338.

③ 江积海，廖芮．商业模式创新中场景价值共创动因及作用机理研究［J］．科技进步与对策，2017，34（8）：20 – 28.

现价值创造的同时提升顾客剩余。“产品 + 数据”（P + D），实体产品被成功数字化，产品和产品之间、产品和顾客之间、企业和顾客之间通过各种连接实现互动[①]，带给顾客全新的数字化体验，使企业与顾客之间产生连接红利。

（一）永辉超级物种的商业模式

永辉超市成立于2001年，是中国大陆首批将生鲜农产品引进现代超市的流通企业之一，2010年在A股上市。近年来，永辉在实体零售业取得了非常大的进步的基础上，于2015年6月成立了子公司永辉云创，尝试转型互联网，以满足用户多场景消费需求为导向，发力品牌年轻化，旨在营造好逛、好玩的新型门店，并推动线上线下一体化，打造“手机里的永辉”，为用户提供安全、健康、高性价比的生鲜食品。超级物种是云创于2017年1月1日推出的“优质生鲜餐饮 + 零售 + 体验式消费”的零售新物种，代表着实体零售向新零售的战略布局和探索。超级物种全国范围内已在北京、上海、深圳、厦门等十余个核心城市布局，开设门店80余家（截至2019年9月）[②]。

超级物种定位品质生鲜食材体验店，依托全球生鲜供应链的深厚积累，以优质供应链引进全球高品质生鲜食材，打造功能丰富、强体验感的线下零售场景，并以门店为中心提供三公里半径的配送到家服务。超级物种拥有鲑鱼、盒牛、波龙三大核心工坊，结合生鲜商品零售，融合特色合作物种，致力于满足新中产人群及家庭用户在生鲜领域的消费升级需求，提供更高品质、更高性价比的生鲜消费体验[③]。

作为实体零售企业，永辉为超级物种提供了平台支撑，给予其一定的品牌及资源优势，使得超级物种主打线下业务，辅之以线上业务，通过线下门店向线上引流。在线下业务方面，超级物种实体店按照场景进行布局，打造场景式消费。消费者既可直接购买新鲜食材，也可在店内享受即烹即食服务。在线上业务方面，超级物种以永辉生活App为主体，同步链接微信小程序、扫码购等入口，接入第三方配送平台饿了么。同时，超级物种门店实现了数字化：采用电子价格标签，更加方便地调节价格；多种支付方式供消费者选择，无须排队支付。超级物种利用线上平台技术提高线下运行效率，进一步接近线上线下一体化的目标。

运用奥斯特瓦德和皮尼厄（2010）提出的商业模式九模块框架，超级物种的

---

① 杨德明，刘泳文．“互联网 +”为什么加出了业绩［J］．中国工业经济，2018（5）：80－97.

② 消费日报网．超级物种“波龙节”上海开启，持续夯实全球原产地直采优势［EB/OL］. http://www.xfrb.com.cn/article/stjj－qyzx/15182007634731.html? tdsourcetag = s_pcqq_aiomsg.［2019－09－18］.

③ 李伟，彭迅一，刘振艳．生鲜超市新零售商业模式研究——以盒马鲜生和超级物种为例［J］．中国商论，2020，822（23）：18－20.

商业模式可以描述如下①：

（1）价值主张。以实惠的价格迎合消费者对高端生鲜食材的需求，为消费者提供高品质的食材和餐饮体验。超级物种的商品定位是新鲜、健康、高端、精致，并且承诺所有食材均不过夜；通过不同工坊的组合增加店面的设计感，打造情景式消费，营造温馨舒适的购物环境；在消费者进店、咨询、选购、支付到用餐都配备专业服务人员，并辅助电子设备（例如电子叫号器、自动收银系统），极大缩短消费者排队等待的时间，为消费者带来极致的服务体验；打造永辉私厨专业研发团队，基于完备的生鲜供应链能力，培育各类商品“新物种”，并根据进驻城市的消费水平及口味习惯与商圈特点，引入多个网红合作新物种，物种自行组合、持续迭代创新，满足用户不断变化的消费需求。门店支持微信支付、小程序扫码购物，并提供线上 App/小程序下单，最快 30 分钟送货上门的服务。

（2）客户细分。超级物种以“轻时尚和轻奢侈”为定位，以“80/90 后”等新消费群体为目标客户。“超市 + 餐饮 + 互联网”的模式，更加重视娱乐、互动、体验，将超市极大程度地融入娱乐和艺术主题中，提供场景式消费，打造不一样的超市、未来的超市，满足新一代消费群体猎奇和“体验为王”的心理。

（3）客户关系。超级物种的客户关系建立在私人服务、自助服务和自动化服务基础上。在线下实体店中，针对不同消费者提供两种不同类型的服务：对于希望获取咨询帮助和需要在实体店内享用食物的消费者提供私人服务，例如向消费者介绍同类产品的区别、为消费者烹饪食物；对于希望自助购物的消费者，为其提供一切自助服务所需要的渠道，例如各种支付方式。在线上平台运行中，永辉生活 App、超级物种小程序通过对客户资料、购买行为的分析，提供自动化服务，推荐用户感兴趣的产品。

（4）渠道通路。超级物种的渠道整合线下实体店和线上平台，融合自有渠道和合作方运营平台。线下实体店直接连接企业和消费者，并且在此基础上为永辉生活 App 引入更多客流量。除了自有渠道，超级物种还通过“饿了么”和腾讯小程序等入口吸引消费者。通过实体店、传统网店、移动终端和社交媒体等渠道尽可能多地与顾客互动，从而实现全渠道零售。

（5）收入来源。超级物种的收入主要来源于零售销售收入、自有品牌获得的收入和烹饪食物收取的加工费。主要围绕“轻奢餐饮”主题精选 SKU② 获取收入，在每个工坊通过烹饪食物来获取的加工费也构成收入来源的一部分，与餐饮企业相比，超级物种主要是通过销售原材料获取利润，加工费占的比重较小。

① 史清越．永辉超级物种的商业模式研究——基于商业模式画布模型［J］．商业经济研究，2018（16）：23－25.

② SKU（Stock Keeping Unit）是指最小存货单位。

（6）核心资源。在供应链方面，超级物种得到永辉超市强大供应链的支持。在永辉供应链的基础上进一步优化筛选，获得更高效、优质的供应，截至2019年9月，永辉已在海外拥有近30个直采基地，遍布数10个源头产地国，与永辉超市形成联动，共享多家生鲜直采基地及物流仓储基础设施；引进各区域特色的生鲜食品商品，满足用户多场景的品质生鲜消费需求[①]。在人才方面，永辉拥有遍布全国的“专业买手”团队，为超级物种提供物美价廉的货源。在组织体制方面，超级物种的各个工坊采用合伙人模式，使得超级物种的各个工坊成为年轻人的创业平台，他们可以在此实践创新想法、积累创新经验。此外，超级物种还设有两个独立的人力资源培训部门，永辉学院负责运营、文化和管理培训，超级研习社负责产品和技能培训，两者共同构筑了超级物种未来发展的人才支持。

（7）关键业务。超级物种的关键业务是供应链管理、成本控制和线上线下一体化运营。在供应链管理方面，已初步形成链接全球优质源头、直采全国特色生鲜、灵活引入区域个性化商品的供应链网络；在成本控制方面，高效供应链系统极大降低了成本；对于生鲜食物损耗管理的难点，利用永辉十几年的实体零售经验制订的内部流程手册，借助商品的陈列、现场管理等手段，降低生鲜产品销售时的损耗。在线上线下一体化运营方面，主要利用实体零售店极致的体验为线上平台吸引一定的客流量。

（8）重要合作。超级物种的合作商有遍布全球的生鲜源头生产商、制造商和林芝腾讯科技有限公司。超级物种依赖供应商供应的生鲜和快消产品来实现其零售功能。2017年林芝腾讯入股超级物种，为其提供多方位、多层次的技术支持；腾讯的小程序、扫码购等渠道为超级物种带来更多消费群体，进一步拓宽了零售渠道。

（9）成本结构。除了一般的基础设施建设成本、人力成本和存货成本，由于“生鲜+餐饮+互联网”的运营模式，超级物种还有生鲜损耗成本和线上平台运营成本。

（二）盒马鲜生的商业模式

盒马鲜生是阿里巴巴集团旗下以数据和技术驱动的新零售平台。盒马鲜生创立于2016年，为阿里巴巴集团自有的生鲜食品及日用品零售连锁品牌，旨在创造线上和线下消费场景融合的新消费体验；利用实体店面作为线上订单的仓库，并实现送货上门，同时又为消费者提供丰富且有趣的到店购物体验。截至2020年3月31日，阿里巴巴有207家盒马鲜生自营门店，主要分布在中国的一线和

① 消费日报网. 超级物种“波龙节”上海开启，持续夯实全球原产地直采优势［EB/OL］. http://www.xfrb.com.cn/article/stjj-qyzx/15182007634731.html? tdsourcetag=s_pcqq_aiomsg.［2019-09-18］.

二线城市。盒马鲜生希望为消费者打造社区化的一站式新零售体验中心，用科技和人情味带给人们“鲜美生活”①。

盒马鲜生在阿里集团内的战略定位是“阿里新零售模式探索的先头部队”，为支付宝渗透线下零售业提供助力；从“生鲜超市＋餐饮”新业态进行探索，将线下门店顾客导入线上平台，将线上客户导入线下合作门店②。基于上述定位，盒马鲜生商业模式的核心要素可描述如下：

（1）目标客户。主要目标消费群是“80/90/00后”，当前消费群体以中高收入的80后顾客为主，24～45岁女性是其最主要的消费群体。其旨在满足目标消费群体消费需求的新变化——更关注商品服务“好”，价格其次；对时间非常敏感，非常在意“快”。

（2）价值主张。盒马鲜生价值主张的独特性可以概括为：“好”——高端海鲜/新鲜水果蔬菜日配，时尚新潮/现场观摩；“快”——门店堂食（约十几分钟），在线下单配送约30分钟送达；“省”——海鲜堂食定价远低于餐厅，免费配送到家；“多”——以吃为核心，覆盖日用高频消费品类③。

（3）渠道通路。线下门店运营：“超市＋餐饮＋仓储＋分拣配送”，线下实体店是流量转化中心，现场体验让顾客更放心；开放式动线布局，关联性陈列导流，品类场景化，线上线下一体化运营。在线订购：商品线上线下统一，品质相同，价格相同；App下单，30分钟送货到家，限制在门店周边5公里内。

（4）客户关系。电子价签：全面采用电子价签，用盒马App扫码可查看商品详情和评价，员工使用PAD绑定商品和电子价签，绑定后运营后台修改价格，电子价签自动变价。客户服务：出示盒马App即可开具发票，根据购物金额可免2～3小时停车费，礼品卡中心购卡后可绑定到盒马App；无条件退货，App发起退货，配送员上门取货。门店支付：收银台支付，会员只能用支付宝结账，积累客户门店消费数据，形成营销价值；新用户引导、新人优惠券等促销手段。

（5）核心能力与优势。①商品结构：围绕“大厨房”概念，SKU总量约7800个（生鲜15%，百货25%，食品60%），以吃为核心，包括肉类、水产、干货、水果、蔬菜、奶制品、饮料等，熟食半成品占比很高，生鲜高品质低价格（中高端、进口商品较多），优质大众商品较全（参考了淘宝线上大众商品结构），根据城市订制商品结构（例如上海专属盒马小龙虾月饼），快速迭代现有商品结构。②爆品运营：将线上运营理念用到线下，“少就是多”——海报和电

① 阿里巴巴集团官网. https://alibabagroup.com/cn/about/businesses.［2021－04－13］.

② ［美］孤星泪. 盒马鲜生商业模式与运营策略全面剖析［EB/OL］. http://www.360doc.com/content/20/1211/10/40105776_950779818.shtml.［2020－12－11］.

③ 不同的城市有29元、39元、49元不同的免运费门槛（资料来源：盒马鲜生官网：http://www.freshhema.com）。

子屏推广最多3屏；陈列即广告——座位挨着酒水饮料奶制品；服务理念传达——改变方圆3公里的生活方式；重视会员流量和复购，不同区域相互导流；重视趣味化，年轻化网络语言，塑造家庭氛围。③供应链：高档海鲜直接从海外进货，价格相比对手要低。④库存周转率：标品大于7天，日日鲜和活鲜1天，其他生鲜类不超过3天；商品动销率：蔬果动销率在95%[①]；结款账期一般为7天/15天/30天。⑤门店运营：在商场内开店，门店发货仓储成本较低，匹配年轻人的购物习惯；采用商场超市业态，租金优惠，大面积货仓和大比例线上单有利于人效和平效。

（6）关键活动与流程。①循环补货：应用PDA（personal digital assistant）和传送带等设备实现高效拣货、合单、取货、补货以及货架真实商品数量矫正。②分拣配送：生鲜食品前场拣货+后仓百货拣货+后仓合单，拣货不超过10分钟，半小时送达，及时率超过90%，支持无条件退货上门取货，配送人员采用“全职+第三方”模式。③人力资源：线上产品运营人员主要来自阿里系和海鲜生、闪电购等成员；供应链物流人员主要来自京东系；门店运营人员主要来自百联、物美、永辉等知名零售企业，店长要对线上线下同时进行管理以提升人效；店员、产品研发团队年轻化，一般在30岁以下。

（7）重要合作。①供应链：已经形成了全球直采、本地化直采和自有品牌三大供应链模式。全球直采，通过航班、货柜采购欧美、东南亚的果蔬、海鲜和肉品；本地化直采主要体现在日日鲜上，通过在国内生产基地采摘蔬菜直接供应到店内；选品采购强调时尚、潮、差异化、标准化，专业团队产地直采。②门店复制：向轻资产运营模式发展，直营门店主要展现盒马模式的盈利性，积极吸引传统零售企业加盟，输出“平台+供应链+运营能力”。

（8）收入成本模式。①定价策略：海鲜水产价格有明显竞争力，堂食引导客户对比餐厅价格，精品蔬菜水果定价较高，线上和线下商品完全相同。②商品利润：综合毛利率18%～23%，海鲜毛利率25%～30%，牛排自营毛利率52%～55%，联营毛利率20%左右。③人力成本：大半员工是90后，月薪约8000～10000元，综合物流配送成本略高。④商品损耗：主要是水产、蔬果、肉禽蛋等品类。

（三）生鲜新零售商业模式的未来发展

1. 生鲜新零售当前存在的问题[②]

（1）商品质量问题。盒马和超级物种的采购模式是大部分产品直采、小部分

① 商品动销率=（商品累计销售SKU数量÷商品库存SKU数量）×100%。

② 李伟，彭迅一，刘振艳．生鲜超市新零售商业模式研究——以盒马鲜生和超级物种为例［J］．中国商论，2020，822（23）：18－20.

外包，对采购的产品质量进行部分抽检。这样的采购模式可以规避一定的风险，但也存在一定的问题。例如在上海的盒马门店多次因为违反了《中华人民共和国食品安全法》而接受了市场监管部门的查处，后续更是爆出了韭菜农药残留含量超标的“韭菜门”、员工违规换标签的“标签门”事件，虽然没有造成太多的恶劣影响，但是给消费者留下了存在食品质量问题的印记。

（2）服务体验问题。盒马鲜生和超级物种线下门店在蓬勃发展的过程中，其配套的人员服务并没有到位，于是在运营的过程中就出现了购物现场混乱、无人疏导或疏导不畅、海鲜产品加工时间过长导致顾客产生厌烦情绪，节假日以及用餐高峰期消费者的体验度还会随着等待用餐的时间而降低。这些不良的体验在顾客购物结束后会分享到线上平台，导致企业的潜在客户流失，不利于企业的品牌形象。

（3）运营成本问题。“店仓一体”的运营模式导致了前期阶段投入过高，所以后续会直接将该成本体现在商品价格上，提升了竞争压力。另外，前期投入如此巨大的门店却只能辐射三公里范围内的住宅区，需要较长时间收回成本，不利于新店的拓展。三公里配送也是成本居高不下的原因之一，如果下单客户较少，送货员需单独往来门店与顾客居住地之间，单程费用较高，若将配送成本转嫁给消费者，会导致用户购买欲下降，不利于忠实顾客的培养。

2. 生鲜新零售商业模式的持续创新与改进

（1）现有模式的优化与提升。①强化运营管理。提升日常工作管理的信息化和自动化水平，减轻管理团队运行的压力和成本，并将更多的精力投入产品质量保障方面。在商品采购方面，严格规避有风险的食材原产地和合作方，加大抽查检测的力度，严格保证食物产出、运输等方面的安全卫生。②提升消费者的购物体验。线上方面，优化 App 的操作性和互动性，让购物更加便利；利用好网络的交互性，收集顾客的消费轨迹并在顾客下一次浏览时进行精准的产品组合推送，以节约消费者的选购时间；优质的线上售后服务和退换货也会让顾客更加放心进行商品选购。线下方面，要着重于服务质量，严格进行员工培训，加快各岗位的工作效率，减少顾客排队时间；在门店内增加引导服务人员的数量，杜绝购物混乱等事件的发生；在饮食区增加保洁人员，缩短顾客等位时间，保障顾客的用餐体验。③渠道拓展和运营模式优化。通过人工智能、先进算法的应用，优化配送路线、配送方案，以节约配送成本。另外，在门店覆盖 3 公里以外的地区，建立部分中心货仓，实行中心货仓和门店货仓并行制度。中心货仓通过快速调配货物，减轻门店货仓的仓储压力，更多地专注于货物流转。中心货仓还可以承担起进行线上订单配送的任务，辐射到更广的地区。

（2）业务模式的再创新。面对生鲜电商日益激烈的竞争，解决生鲜电商领域

原本就存在的产业链长、供应链仓储履约成本高、行业渗透率低、信息流/物流/资金流中间环节效率低、门店精细化运营配置难等问题，以及满足商业生态发展的需要，必须对业务模式进行再创新。例如拓展与工厂、品牌商的合作或联动，使产品更加多样化，充分满足顾客对一站式购物的需求，并可以快速提高收入来源；除了C端之外，还要寻找新的业务突破口，发展B端业务。阿里巴巴副总裁、盒马鲜生创始人兼CEO侯毅在一次演讲中表示，盒马鲜生将推出现购自运（Cash & Carry）业态，为酒店、团餐、餐饮三大业态提供批发业务。如果想降低成本并提供优质服务，必须紧抓供应链的改造与优化等。阿里巴巴数字农业事业部的战略部署即是尝试实现农业全链路的数字化升级，提高了生鲜商品的品质和流通效率。如今，阿里数字农业产地仓初现规模，位于广西、云南的数字农业集运加工中心（即“产地仓”）已全面运转；2020年，阿里巴巴在四川、陕西、山东建设三个产地仓，形成全国农产品五大集运枢纽，并在多个省会城市打造20余个销地仓①。

据预测，生鲜电商未来面对的是万亿级的市场规模，当互联网流量红利逐渐消退，这一领域也进入群雄环伺的形势，盒马、永辉、海底捞、麦德龙、企业美菜等都在加强供应链的优化与布局，都是基于对消费升级、体验、场景化的关注，解决生鲜农产品供应链存在的问题，利用互联网、大数据、智能化物流等新技术，攻克消费场景最复杂领域的商业模式创新。模式创新背后是危与机的并存。

资料来源：

［1］阿里巴巴集团官网．https：//alibabagroup. com/cn/about/businesses.［2021－04－13］.

［2］杜睿云，蒋侃．新零售的特征、影响因素与实施维度［J］．商业经济研究，2018，743（4）：7－9.

［3］杜睿云，蒋侃．新零售：内涵、发展动因与关键问题［J］．价格理论与实践，2017，000（2）：139－141.

［4］［美］孤星泪．盒马鲜生商业模式与运营策略全面剖析［EB/OL］. http：//www. 360doc. com/content/20/1211/10/40105776_950779818. shtml.［2020－12－11］.

［5］江积海，廖芮．商业模式创新中场景价值共创动因及作用机理研究

① 科技说说．盒马鲜生“破圈”［EB/OL］. https：//baijiahao. baidu. Com/s? id＝1671449609472362747&wfr＝spider&for＝pc.［2020－07－06］.

[J]. 科技进步与对策, 2017, 34 (8): 20 -28.

[6] 江积海, 王若瑾. 新零售业态商业模式中的价值倍增动因及创造机理——永辉超级物种的案例研究 [J]. 管理评论, 2020, 32 (8): 327 -338.

[7] 科技说说. 盒马鲜生"破圈" [EB/OL]. https: //baijiahao. baidu. Com/s? id = 1671449609472362747&wfr = spider&for = pc. [2020 -07 -06].

[8] 李伟, 彭迅一, 刘振艳. 生鲜超市新零售商业模式研究——以盒马鲜生和超级物种为例 [J]. 中国商论, 2020, 822 (23): 18 -20.

[9] 史清越. 永辉超级物种的商业模式研究——基于商业模式画布模型 [J]. 商业经济研究, 2018 (16): 23 -25.

[10] 消费日报网. 超级物种"波龙节"上海开启, 持续夯实全球原产地直采优势 [EB/OL]. http: //www. xfrb. com. cn/article/stjj - qyzx/15182007634731. html? tdsourcetag = s_pcqq_aiomsg. [2019 -09 -18].

[11] 杨德明, 刘泳文. "互联网 +"为什么加出了业绩 [J]. 中国工业经济, 2018 (5): 80 -97.

[12] 宜信. 2018 年新零售行业发展趋势研究报告 [EB/OL]. http: //www. 100ec. Cn/detail -6442878. html. [2018 -03 -29].

第三章

商业模式创新的类型

第一节 商业模式创新分类的多角度解析

商业模式创新类型（business model innovation typology）的划分与界定是进行商业模式创新研究的前提，并可以为商业模式创新实践探索提供指引。当前的创新类型学——包括区分诸如渐进性/根本性（Wheelwright & Clark，1992）、持续（或维持）性/破坏性（Christensen，1997）或者开发性/探索性（March，1991），不足以解释当今的商业模式创新现象。与商业模式概念以及商业模式构成要素存在多角度分析相似，学者们对商业模式创新的分类方法和结果也呈现出纷繁复杂的状态。

一、创新导向和驱动视角

创新导向代表着创新主体进行创新行为的基本动机及追求，它决定了创新的方向和结果。美国麻省理工学院哈克斯教授和他的团队（Hax et al.，1999）调查了美国上百家公司，提出组织商业模式设计的三个方向（也可以认为是商业模式创新导向的三种选择）：（1）最佳产品模式导向，该模式的设计思路是基于波特的低成本和产品差异化的战略选择理论，企业通过简化生产过程、扩大销售量来获得成本领先地位，或通过技术创新、品牌或特殊服务来强化产品某一方面的特性，以此来增加顾客价值。（2）客户解决方案模式导向，该模式的设计出发点是强调经营战略定位的重心从产品向客户转移，强调客户价值以及客户学习效应，通过一系列产品和服务的组合，最大程度地满足客户的完整需求，其实施手段是学习和定制化。（3）系统锁定模式导向，该视角突破产品和客户的范围，考虑整个价值创造系统的所有要素，通过联合互补品厂商一起锁定客户，提高顾客转换成本，把竞争对手挡在门外。这种分类以竞争优势为着眼点，即这三种不同的导向反映了企业想要通过商业模式创新建立何种竞争优势。

与上述分类情况有类似之处，佐特和阿米特（2001，2009）从创新的产出或结果提出四种主题的商业模式设计：效率（efficiency）、新奇（novelty）、锁定（lock-in）和互补（complementarities）。从创新主体的角度讲，这也可以认为是商业模式创新的追求或导向。在2007年的研究中，两位作者对以效率为中心的商业模式（efficiency-centered business model）、以新奇为中心的商业模式（novelty-centered business model）与不同的市场竞争战略之间的匹配关系对企业绩效的影响进行了实证研究，这一分类对后来的研究产生了比较广泛的影响。

国内学者刁玉柱（2012）从商业模式创新驱动的角度，结合具体案例提出商业模式创新的几种类型：海尔的战略规划拉动型商业模式创新，“山寨”企业的创新要素推动型商业模式创新，微软的收入模式实现型商业模式创新，微软与英特尔商业模式创新系统之间互动形成的商业模式创新。

二、创新强度和范围视角

创新的强度和所涉及的范围一直是对创新类型进行划分的基本依据，前述渐进性创新和根本性创新（Wheelwright & Clark，1992）、维持型创新和破坏性创新（Christensen，1997）、开发性创新和探索性创新（March，1991）的划分方法基本上都是以此为依据的，商业模式创新当然也不例外。林德等（2000）根据创新的强度和范围由小到大提出四种商业模式创新类型：一是实现模式（realization model），即在不改变商业模式本质的前提下，挖掘现有商业模式的潜力，以实现收入最大化。例如通过流程和管理优化降低成本、提高产品和服务质量来创造和实现更大的价值，典型的如沃尔玛对大数据分析和全球配送系统的利用。二是更新模式（renewal model），即通过改变产品或服务、品牌形象、成本结构和技术基础来调整企业的核心技能，从而改变企业在价值曲线上的位置。例如通过新的产品设计满足传统业务未能满足的需求，典型的如美国西南航空公司开创的低价、短途、点对点航空模式。三是扩张模式（extension model），即将公司的商业逻辑扩展到新的领域，典型的例如亚马逊从网上图书向全线产品以及阅读器业务的扩展。四是旅行模式（journey model），即采取一种全新的商业模式，为企业引入一种全新的商业逻辑，例如传统制造业向服务业、互联网、平台转型等。后两种模式的主要区别在于，扩张模式是对原有模式进行补充和延伸，而旅行模式是对原有模式的替代。

三、价值主张定位视角

商业模式创新无论其起点如何、具体表现形式如何，归根结底都绕不开对企业价值定位或顾客价值主张的重新思考。由此，科恩等（Koen et al.，2011）基于技术、价值网络和最低投资回报率三个维度变革状况的不同组合，创建了一种商业模式创新类型学（BMIT），提出了三种基于（顾客）价值主张的商业模式创新类型：（1）（改变）最低投资回报率门槛的商业模式创新（financial hurdle business model innovations），就是改变项目预期投资回报率与最低投资回报率之间的关系，在改变（主要是指降低的情况）成本结构的基础上，提供给顾客更能够承担得起的价格水平的商品。例如英特尔的赛扬事业部，在公司的主体业务追求一系列突破性创新的情况下，这个分公司追求制造效率、降低成本，这种创新所倡导的企业市场形象发生了很大的变化，同时也抵御了低端破坏者的冲击。（2）提供新价值，吸引还没有成为公司顾客的潜在顾客的商业模式创新（new value network business model innovations targeting existing consumers），也就是提供新价值定位的商品，吸引被原有业务排除在外的潜在顾客或者满足未被满足的需求。例如雀巢咖啡发展的奈斯派索（Nespresso）专营店开展面向高端市场的业务，乐购（Tesco Direct）突破传统杂货产品提供书、CD等食物以外的商品；再例如道康宁（Dow Corning）旗下的XIAMETER，基于互联网在线采购，把目标顾客定位为价格敏感的大众客户，而非公司原来针对的技术敏感的主流客户，这一模式与以往提供“高价创新产品+复杂的技术服务捆绑”的企业主体商业模式大相径庭，从而使其占据了更广阔的市场。（3）以非消费者为目标的新价值网络商业模式创新（new value network business model innovations targeting non-consumers），例如Tata集团运用一种全新的商业模式以谋求为低收入家庭提供价格100000卢比（或2500美元）的汽车；再例如服装行业（红领、大杨创世、雅戈尔等）借助C2M模式、柔性生产和人工智能的应用实现私人定制大众化，使定制服装这种曾经小众、昂贵、高端的服务在依然保持了高品质、奢华、专享、个性等特征的情况下在价格上实现亲民。

四、价值链和价值网络视角

商业模式创新往往会改变企业在价值链或价值网络中的角色和定位，国内学者从这个视角也提出了多种分类方法。高闯和关鑫（2006）基于价值链分析把商业模式创新分为：价值链延展型（包括横向、纵向、混合延展），价值链分拆型

（剥离、外包等），价值创新型（创新价值活动）和混合型。孙永波（2011）根据企业在商业模式功能模块上创新点的选择把商业模式创新分为：价值主张模式创新、价值创造模式创新、价值传递模式创新和价值网络模式创新。王琴（2011）提出几种基于价值网络重构的商业模式创新类型：组合价值让渡推动的商业模式创新、附加产品/增值产品推动的商业模式创新、顾客分类（付费 + 免费）实现的商业模式创新、第三方市场下的（双边或多边平台）商业模式创新，逆向收入源推动的商业模式创新。王茜（2011）从关键资源利用的角度将商业模式创新分为：以产品、服务与 IT 融合为驱动，实现完整解决方案的商业模式创新；以网络化能力为驱动，实现产品高附加值的商业模式创新；以网络协同为驱动，实现商业生态系统的商业模式创新。国内学者的这些分类基本上都是基于案例分析的，根据商业模式创新活动的外在表现特征进行梳理与总结，比较直观、具体，但理论抽象性稍显不足，难以用于对商业模式创新的通用性分类。

五、创新性质视角

如果把商业模式看作相关利益者之间一系列的交易契约的话，商业模式创新就是对这些交易关系的改变，交易关系的改变既是交易性质的改变。由此，阿米特和佐特（Amit & Zott，2009）又根据创新的性质把商业模式创新分为：（1）内容创新，即改变业务的基本提供物或增加新奇的业务活动。例如 IBM 启动战略咨询等新活动，从一个硬件供应商转变为一个服务商；再例如亚马逊提供云计算业务，阿里巴巴提供支付中介、金融、大数据分析业务等，这都使得商业模式交易的内容发生了跨界的变化。（2）结构创新，即以新的方式连接业务活动，引入新的价值网络参与者或者减除传统的交易参与者。例如苹果的“iPod + iTunes”“iPhone + App Store”模式引入与音乐、软件相关的诸多新参与者。P2P 模式去除传统的线下交易中介引入互联网平台中介。（3）机制创新，即改变参与者之间的交往关系或者激励与约束机制。例如特许专营模式、虚拟网络组织模式、平台模式、共享模式、生态圈模式，改变了传统的双方、单纯买卖关系的交易机制，形成多方共享、互补、嵌入、网络、协同等机制。

综上所述，从某一个角度或分类依据出发对商业模式创新进行分类的方法众多，分类的结果——商业模式创新的类型描述也是十分丰富的。从研究方法上来看，这些结论基本上都是对案例进行分析、提炼、归类的结果，所以很难做到对分类穷尽性的要求，而现实中的商业模式创新往往都是多角度创新的交叉，是在立体网络中实现的多维度的创新（彭苏勉，2012），按某一单一标准划分的类型很难体现特定商业模式创新的全面特征，这种情况也是当前实证研究对于商业模

式创新类型变量的界定缺乏严谨性而难以有效进行的原因。商业模式创新分类是学术界一项迫切而艰巨的任务。不过，从商业模式发生学角度进行分类，也许是一种新的尝试，这就要求探求商业模式创新的根源、演进，寻找新商业模式形成与差别化的决定因素，通过对创新本质的揭示才能更好地抓住商业模式创新的特征。

第二节 商业模式创新的三维分类

巴登—富勒和哈弗利格（2013）指出为了理解创新，分类是极其必要的，因为只有这样才能展开对商业模式创新匹配性（适用性和有效性）的研究，我们才能评价哪种创新是更具意义和价值的。商业模式创新分类迄今仍是商业模式研究中的一个难点问题，其困难在于：第一，商业模式创新的系统性和复杂性决定了其涉及的构成要素较多，而研究者在对商业模式创新进行分类的时候，要通盘考虑所有的因素是非常困难的。第二，商业模式本身的分类至今并没有取得公认的标准，以商业模式为基础的商业模式创新分类当然也相当困难。商业模式创新的个性和偶然性都相当强，对其抽象提炼难度相当大。威尔和维塔莱（Weill & Vitale，2008）指出，要做到商业模式创新分类方法在具体和抽象之间保持某种平衡，关键在于分类维度及其内容的确定。分类维度要从商业模式创新关键要素中选取，以保证商业模式创新类型的普遍性和通用性；另外，分类维度及其内容数目要恰当，太多了可能过于具体，无法实现分类研究的目的；太少了可能就过于抽象，掩盖了一些重要的个性特征。第三，分类维度之间及维度内容之间要尽可能相互独立，以真正体现不同类型商业模式创新的鲜明特征。

从前文关于商业模式创新分类研究的回顾可以看出，商业模式创新分类的多角度性，包括了创新的范围和强度、创新的性质、创新点的选择、创新的实现方式（活动、行动）、创新的驱动或依赖的重要基础，有的分类方式十分具体、对实践有很强的说明和借鉴意义，例如基于价值链分拆、整合活动的创新类型，基于网络重构活动的创新类型，但是这些分类方法的穷尽性值得怀疑；按照创新的性质进行分类的方法具有普适性，但是难免过于抽象，对现实的指导意义不大。可以说，任何单一维度的创新分类都不能全面、清晰地展示特定商业模式创新的多重特征。

福斯和萨比（2017）在对商业模式创新 15 年研究历程的回顾中提出了一种二维分类方法，考虑的两个维度分别是：范围（scope），以结构和模块变化的数量来衡量；新奇性（novelty），考虑的是对企业新奇还是对行业新奇。以此将商业模式创新分为四种类型（见表3-1）。

表3-1　　福斯和萨比（2017）对商业模式创新的分类（BMIT）

维度		范围（scope）	
		模块（modular）	结构（architectural）
新奇（novelty）	企业层面新奇（new to firm）	进化型商业模式创新（Evolutionary BMI）	适应型商业模式创新（Adaptive BMI）
	行业层面新奇（new to industry）	聚焦型商业模式创新（Focused BMI）	复杂型商业模式创新（Complex BMI）

资料来源：Foss N J，Saebi T. Fifteen Years of Research on Business Model Innovation：How Far Have We Come，and Where Should We Go？［J］. Journal of Management，2017，43（1）：200-227.

进化型商业模式创新（Evolutionary BMI）类似于商业模式某个独立组成部分的"一个涉及自愿和紧急变化的微调过程"（Demil & Lecocq，2010），通常随时间自然而然发生。适应型商业模式创新（Adaptive BMI）涉及商业模式的整体变化，这些变化对公司来说是新的，但对行业来说不一定是新的（Saebi et al.，2016）。发生的情况是公司根据外部环境的变化调整其业务模式结构，例如面对行业中新商业模式的竞争（Teece，2010）。聚焦型商业模式创新（Focused BMI）是指公司在商业模式的一个方面进行的创新，比如瞄准一个被竞争对手忽视的新的细分市场；因此，公司创造了一个新市场，同时保持其价值主张、价值交付和价值捕获机制不变。与聚焦型商业模式创新仅限于公司业务模式一个模块的变革相反，复杂型商业模式创新（Complex BMI）会影响整个商业模式，例如传统的实体公司转向成为在线平台。

福斯和萨比（2017）的二维分类能够包容的创新特征显然比单一维度的类型划分丰富了很多，但是考虑到对商业模式创新进行新颖性和效率性的划分是学术界普遍认同的观点，而且同样是商业模式构造模块范畴内的变化，其特征和性质也不能一概而论。借鉴创新分类的一般标准和前人对于商业模式创新范围和强度的划分，以及创新点选择的划分等，考虑到与一般研究问题的相关性，本书构建了商业模式创新三维分类模型。

商业模式创新对于实践而言最重要的是企业如何进行商业模式创新，即要对以下几个问题进行选择：创新的基本导向（目标追求）如何？创新的思维起点是什么或者说创新围绕哪个核心要素展开？企业在哪个层次上进行商业模式创新？商业模式创新的分类应该要能解决这三个层面的问题。创新导向、定位与强度是三个最重要的维度，导向提供了动机、动力和动因，定位界定了创新的具体内

容、活动和性质，强度反映了创新给组织带来的变化、成效和结果。也就是说，商业模式创新除了需要确定创新的追求或导向之外，还要确定在哪些构成要素上创新以及创新的强度，否则无法表达一个具体创新活动的特征。以创新导向、创新起点和创新层面为依据的商业模式创新三维分类方法能够基本满足上述对分类依据的科学性、分类结果的完备性和适用性的要求。

一、以目标导向为依据的商业模式创新分类

阿米特和佐特（2001）提出电子商务（e-business）商业模式创造价值的四种来源：新奇（novelty）、互补（complementarities）、锁定（lock-in）、效率（efficiency），在后来的研究中又把它们称为四种商业模式设计主题（Zott & Amit，2009）。（1）新奇。以新奇为中心的商业模式活动系统设计包括采用新的活动（内容），以及（或）链接活动的新的方式（结构），和（或）治理活动的新方式（治理机制）。在这三个方面都有明显表现的一个典型的例子是 Apple 公司——一个曾经把注意力放在创新性硬件产品（例如个人计算机）上的公司，通过开发 iPod 和相关的音乐下载业务 iTunes，成为第一个把音乐分销纳入业务活动的电子产品公司（属于内容新奇的范畴），并且把这一业务同 iPod 硬件和软件的开发相连接（属于结构新奇的范畴），而业务数字化又推动了许多针对消费者合法下载音乐的衍生活动（属于治理机制新奇的范畴）。可见，新奇可以具体表现在三个方面：内容新奇，结构新奇，治理新奇。（2）锁定。锁定的威力在于能保持各方参与者被吸引而愿意持续作为此商业模式的参与者。锁定效应来自商业模式活动系统的内容、结构、治理给参与者带来的转换成本（switching costs）或者网络外部性（network externalities）。例如，在 eBay、闲鱼、转转等类似的二手交易平台商业模式活动系统中，大多数的营销活动（例如拍摄和描述出售的物品）由消费者（也是卖家）来执行，把他们吸引到平台上并激励他们执行这些活动并阻止他们转换到其他服务提供者那里去的一个非常重要的因素是这种商业模式所固有的正的网络外部性。因为拥有一个庞大的潜在买方基础，卖方知道他们在这些平台上比在其他的地方更有可能以比较适当的价格做成生意，而庞大的潜在买方基础又得益于平台所吸引的丰富、充足的卖方商品供应。相同的效应也发生在社交网站上，例如 Facebook、微信、微博等，在这些平台上，基于网络外部性，参与者除了能享受便利的社交、友谊与情感沟通，参与者通常还会投入相当可观的时间和精力使他们的网页更加个性化或者形成自己的独特资产和资源，这些投入形成了强大的转换成本，从而被锁定。（3）互补。当在一个系统提供中绑定活动的价值超过单独运行某种活动的价值之和时，互补性就表现出来了。例如，在

商业银行，与贷款业务活动互补的存款业务活动是贷款基金的一个重要来源，银行如果失去基金来源将陷入严重的流动性危机；在汽车销售行业，4S店一般都同时经营维修保养、保险代理服务等相关业务，从而实现互补与协同效应；在钻石行业，把加工和分销整合在一个商业模式中是比较有优势的，因为这样可以使企业获得为每一个细分市场量身定做产品的额外价值。（4）效率。以效率为中心的商业模式设计是指公司如何运用它们的业务活动系统消减交易相关成本以获得高的效率。例如，焦点公司①可以通过垂直一体化以减少被交易伙伴绑架的危险以减少交易成本，或者相反，一个公司可以努力实现系统中活动之间界面的标准化，从而可以把一些活动外包给第三方以提高效率或降低成本，这些都是发生在交易结构和交易治理方面，也可以通过业务活动系统内容和结构上的创新减低交易成本，比如一些低成本航空公司利用完全标准化的航班服务降低业务活动标准（例如机上餐饮和座位分配），以及改变活动的执行方式和连接方式（例如网上订票、值机等）等。以上这四种设计主题从商业模式创新的角度来看，也可以看作是商业模式创新的四种导向或追求。

商业模式创新作为一种创新，其追求也必然是某种竞争优势的获得或维持，其创新的实质也并没有脱离波特所提出的差异化和低成本是竞争优势基本来源的理论范畴。而且，从以上这四个主题的逻辑关系及案例的具体呈现来看，“互补”和“锁定”最终也可以归结为新奇或者效率，锁定是新奇的价值主张或效率所带来的利益的结果，互补则是对资源的重新思考与优化配置，体现在价值网络或流程再造中，其导向也是对新奇与效率的追求。在佐特和阿米特（2008）两位学者的实证研究中也只把商业模式划分成以新奇为中心的商业模式（novelty-centered business models）和以效率为中心的商业模式（efficiency-centered business models）两种类型。而且，商业模式创新是一个持续不断的过程，采用商业模式创新导向（或所追求的目标）对商业模式创新进行分类能够体现企业在特定时期持续进行的商业模式创新的基本特征和竞争的主导逻辑。由此，在创新导向这一维度上，可以把商业模式创新分为以下两种类型：（1）新奇性的商业模式创新（或以新奇为导向的商业模式创新），包括新的顾客价值主张、新的交易参与者、新的连接方式（契约关系）、新的交易机制等；（2）效率性的商业模式创新（或以效率为导向的商业模式创新），它包括产出本身效率的提高和交易成本的降低，前者来自价值创造模式的创新，后者来自与交易有关的不确定性、复杂性、信息不对称性的减低，以及合作成本和合作风险的减少。

---

① 焦点公司一般是指进行商业模式研究所立足的公司，或者一个商业生态系统中起主导作用的公司，例如谷歌、苹果、阿里巴巴、海尔等。

二、以落点定位为依据的商业模式创新分类

所谓落点定位就是“创新什么”或“在企业的哪个（些）方面进行创新”的问题。迈克尔·波特（1997）曾提出差异化可以通过两种途径实现：做完全不同于竞争者的事情或者以完全不同的方式做相同的事情。商业模式创新落点定位也可以从这两个方面出发，对应到商业模式的范畴中，就是价值主张创新和价值创造模式创新。

切斯布洛（Chesbrough，2007）指出，企业商业模式有价值创造和价值获取两大作用，价值创造反映了商业模式的本质，是企业经营系统和战略的构建基础。谢德荪（2012）也指出商业模式创新的意义不在于创造新科技、新产品或新服务，而在于创造新价值，即通过实施新的理念来产生或完善对人们日常生活或工作有价值的活动。对市场、行业、消费者的新认识与新理念（新的价值主张）是商业模式创新的源头和出发点，商业模式创新从深层次来看并非源于技术发明本身，而是源于对顾客需求的深刻洞察、对价值主张的重新定义。价值分析是商业模式创新研究的最基本视角，价值主张和价值创造方式是商业模式的两个核心要素。所谓核心要素就是指与组织的许多现有因素或未来因素发生交互影响的要素（Siggelkow，2002），价值主张和价值创造方式在商业模式系统中就是作为核心要素的角色出现的，其他要素都直接或间接的受其影响甚至由其决定。

基于以上分析，遵循价值这一核心线索对商业模式创新落点定位进行分类，可把商业模式创新分为价值主张创新和价值创造（包括传递）模式创新。价值主张创新主要是指价值主张的差异化，包括客户细分差异化、最佳产品模式、满足个性化需求和客户问题解决方案模式等。价值创造模式创新主要是指内部流程再造（资源的重新界定与配置）、外部关系网络与价值网络重构（渠道的重新设计与组织、合作关系、结构与机制的改变）等。另外，案例分析发现，收益模式创新也主要是由价值主张创新和价值创造和传递方式创新引发的，仍然属于问题解决性的创新，可以归为价值主张创新或价值创造、传递模式创新，例如免费平台模式、一次性支付转变为“微支付”模式等。这种分类方式与蒂德（Tidd，2001）所提出的创新的两种基本形式（一是产品创新，改变企业提供的产品或服务；二是流程创新，改变创造和交付产品或服务的方式）是一致的，产品创新（广义的）基本对应价值主张创新，流程创新（广义的）基本对应价值创造方式创新。

三、以变革层面为依据的商业模式创新分类

创新的分类还有一个非常重要的标准，那就是创新的强度，创新依据这一标准被分为渐进的（或增量的，incremental）和激进的（或突变的、根本性的，radical）（Tidd，2001）。关于商业模式创新是连续的、渐进的还是间断式、激进的这一问题的认识是有分歧的，一些学者认为商业模式创新一般倾向于是根本性的或者说破坏性的（Markides，2006；Comes & Berniker，2008），而其他一些学者认为商业模式创新可以是根本性的也可以是渐进性的（Zott & Amit，2002；Mitchell & Coles，2004）。大量的案例研究基本侧重于其突变性，因为这样的案例典型而鲜明；定量研究则倾向于其渐进性，是为了便于测量指标量化和大样本检验。从商业模式创新实践来看，虽然被人们津津乐道的商业模式创新的典范往往是颠覆性的；但是，如果从单个企业纵向考察，突变性商业模式创新是很少发生的，从横向截面来看虽然看似存在相当数量的案例，但是从整体来说比例还是相当小的。所以，从人们对商业模式创新的普遍认知和客观实践来看，可以认为：商业模式创新可以是破坏性的（或颠覆性的，game-changing），例如电商平台、共享平台、开放性虚拟柔性组织这些新型的商业模式，它们改变了行业的游戏规则甚至造就了一个全新的行业；商业模式创新也可以是渐进的，正如阿米特和佐特（Amit & Zott，2012）指出的那样，商业模式设计的改变可以是微妙的，即便它们没有颠覆行业的潜力，却仍然能给创新者带来重大的利益，例如塔克钟（Taco Bell），一个提供墨西哥风味快餐的连锁餐厅，在20世纪80年代末决定把餐厅的厨房转变成加热和装配部门，大多数的烹饪和清洁工作被转移到公司总部，食物的半成品被封装后配送到餐馆，在那里可以被加热、装盘、提供。这一渐进的商业模式创新并没有改变快餐行业的游戏规则，但是它使塔克钟实现了规模经济、提高了效率和质量控制，同时为顾客在餐馆中提供了更多的空间（Santos et al.，2009）。再例如在很多行业兴起的个性化定制模式，也并不是颠覆性的行业游戏规则的改变，而只是更好、更准确地满足了用户的需求而已。

连续性是判断创新强度的主要指标，比舍雷等（Bucherer et al.，2012）借鉴产品创新分类的两个维度——技术连续性和市场连续性，提出商业模式创新强度分类的两个标准：行业连续性和市场连续性；行业代表由内而外或者企业的视角，行业不连续是指创新使企业超越原来的行业范围；市场代表由外而内或者说顾客视角，市场不连续是指创新使企业超越原来服务的顾客范围。不连续可能会发生在行业或者市场或者同时两个维度上，据此商业模式创新可以被归为四个象限：渐进（incremental）、行业突破（industry breakthrough）、市场突破（market

breakthrough）、根本性创新（radical innovations）。渐进式创新是指与旧的商业模式有差别，但不连续性在两个维度上都没有发生；例如乐高工厂的在线组装玩具对于企业和消费者都是新颖的，但它只是运用新的技术能力和额外的服务在原来的商业模式上增加了量身定做这一特征，其行业和市场都没有发生根本性的变化。行业突破是指对于相关行业中的企业而言，创新是不连续性的，冲击是根本性的，然而，对相关市场的消费者而言，这种变化是渐进的。例如道康宁 XIAMETER 在 2002 年采用的双战略方法（the dual strategy approach），对于硅胶行业是一个根本性的变化，然而对于消费者而言它所提供的商品仍然是比较相似的。市场突破是指对于受影响的市场中的消费者是不连续的，但是对于相关行业或企业而言，变化仍然是渐进的。一个典型的例子是德国安联保险公司提供的面对底层人群的微保险（micro-insurance），对于原来那些从来不能获得保险的人而言，这种保险是首次提供，变化是根本性的，然而对于保险公司而言这只是原来商业模式面对新的细分市场的一种扩展。而根本性创新的结果是对行业和市场都是不连续的，例如苹果的商业模式创新对于行业的冲击是根本性的，对于消费者而言它的提供物也是前所未有的。

上述商业模式创新的分类方法值得借鉴，但是创新的连续与不连续的判断仍然是模糊的，难以在商业模式创新的过程中具体化；从前述分析中可以看出，商业模式创新可以发生在企业层面、价值链层面和跨越行业的价值网络层面，而不同层面商业模式创新的结果也呈现为企业在三个层面上的变革，这种变革反映了商业模式创新的强度、影响和后果。基于此，在这一维度上商业模式创新可分成三个层次：第一，行业层面商业模式创新。引发行业层面变革的商业模式创新主要表现为三种情况：（1）商业模式创新导致一个全新行业的出现或者致使一个行业从其原生行业中分离出来、形成一种独立的有重大影响力的行业，例如互联网企业（社交网络、搜索引擎等）的出现、电子商务从传统商业中分离出来、互联网金融从传统金融分离出来等；（2）跨行业的商业模式形成，主要是指企业通过商业模式创新形成涉足多个行业的经营模式，这种创新主要来自以核心资源和能力为基础的跨界扩张，例如 Google 做可穿戴设备、无人驾驶汽车，阿里巴巴做金融、大数据分析、教育、农业，亚马逊做云计算等；（3）企业通过商业模式创新从一个行业跃迁到另一个行业，例如 IBM 从制造业向服务业的转型、喜利得（Hilti）从一个建筑设备制造商向租赁服务商的转型、立思辰从办公设备代理商（商贸）向办公一体化服务（IT）再向教育服务的转型、美盈森从一个包装生产商向包装一体化设备服务商的转型等。第二，价值链层面商业模式创新。从价值链层面来看，不同的商业模式主要是指企业在价值链上的不同角色和定位。企业着眼于价值链层面的商业模式创新包括在价值链上的重新定位（例如制造定位转变为研发设计定位）、价值链的延展（例如上下游一体化）、分拆（例如外包）、创新（指以新的方式完成价值链上的某项活动，例如互联网金融、供应链金融）以及以上几种方式的混合（高闯和关鑫，2006）。第三，企业层面商业模式创新。这种商业模式创新的视野以传统的企业范围为限，主要表现为内部的改变，是指在不改变企业基本提供物和价值网络关系的情况下进行的改进，例如产品质量或性能的改进、增加新产品线、提供全新的产品、成本消减、流程改造等①。

实践中的特定商业模式创新行动以这三种规定性来共同描述基本能反映其全貌（见表3－2）。按照上述三维分类方法，实践中的商业模式创新可以被归为：新奇——价值主张——行业层面、新奇——价值主张——价值链层面、新奇——价值主张——企业层面、新奇——价值创造模式——行业层面、新奇——价值创造模式——价值链层面、新奇——价值创造模式——企业层面、效率——价值主张——行业层面、效率——价值主张——价值链层面、效率——价值主张——企业层面、效率——价值创造模式——行业层面、效率——价值创造模式——价值链层面创新、效率——价值创造模式——企业层面创新，这12种商业模式创新类型，如图3－1和图3－2所示（为了表达清晰，没有采用三维立体模型来展示类型的划分，而是在首先划分新奇与效率创新类型的基础上，采用了其他两个维度组合的矩阵形式）。

表3－2　　企业商业模式创新具体表现的三维归类示例

具体创新表现	创新层面	创新落点定位	创新导向
扩展业务范围谋求进军新的行业	行业层面	价值主张	新奇
创新使企业的业务性质发生变化	行业层面	价值主张	新奇
扩展业务范围谋求价值链的延伸	价值链层面	价值主张、价值创造	新奇
创新以谋求在价值链上的重新定位	价值链层面	价值主张、价值创造	新奇
创新以实现为客户提供一体化完整解决方案	行业层面、价值链层面、企业特征层面	价值主张、客户关系	新奇

① 在某些学者的观点看来，这种创新不属于商业模式创新；但是从某些实践情形来看，也具有商业模式创新的特征，所以不能完全排除在商业模式创新之外。

续表

具体创新表现	创新层面	创新落点定位	创新导向
创新以提供产品、服务、信息的新组合	行业层面、价值链层面、企业特征层面	价值主张	新奇
产品（服务）的质量、性能不断创新	企业特征层面	价值主张	新奇
创新以适应新的顾客群体的需求	企业特征层面	客户细分、价值主张	新奇
不断挖掘顾客的真实需求，提出新的价值主张	企业特征层面	价值主张	新奇
创新性地发展合作网络并强调共赢	价值链层面	价值网络、价值创造、传递模式	新奇
从合作网络中获得新信息、资源和市场	价值链层面、企业特征层面	价值网络、核心资源	新奇
创新交易结构把新参与者聚合在一起	行业层面、价值链层面	价值网络、价值创造、传递模式	新奇
企业谋求以新的方式把交易参与者联系起来	价值链层面、企业特征层面	价值创造、传递模式创新、客户关系	新奇
参与者之间关系的质量和深度得以提高	价值链层面、企业特征层面	价值网络、客户关系	新奇
通过流程创新给顾客提供新颖的产品或服务	企业特征层面	价值创造、传递模式	新奇
通过新的渠道和方式传递商品（或服务）	价值链层面、企业特征层面	价值传递模式	新奇
接触和维系顾客的方式富有创新性	企业特征层面	客户关系、价值传递	新奇
创新收益模式（收费对象、方式、价格结构）	企业特征层面	收益模式	新奇
在交易中以新的方式激励各方参与者	价值链层面	价值网络、收益模式	新奇
通过流程创新谋求产品相关成本费用最小化	企业特征层面	价值创造	效率
创新以努力实现用户角度上的交易简单化	企业特征层面	价值创造、价值传递	效率

续表

具体创新表现	创新层面	创新落点定位	创新导向
创新以降低交易成本（营销、交易流程、沟通成本）	企业特征层面	价值创造	效率
创新以谋求降低各方参与者存货成本	价值链层面	价值创造	效率
业务模式的新设计谋求交易执行中极少发生失误	企业特征层面	价值创造	效率
业务模式创新以使参与者能够做出知情、明智的决策	价值链层面	价值创造	效率
交易中货物、服务、信息轨迹可以被查清	企业特征层面	价值创造、价值传递	效率
作为交易的一部分，商品信息被提供给参与者各方	价值链层面	价值创造	效率
参与者本身的信息得以互相提供	价值链层面	价值创造	效率

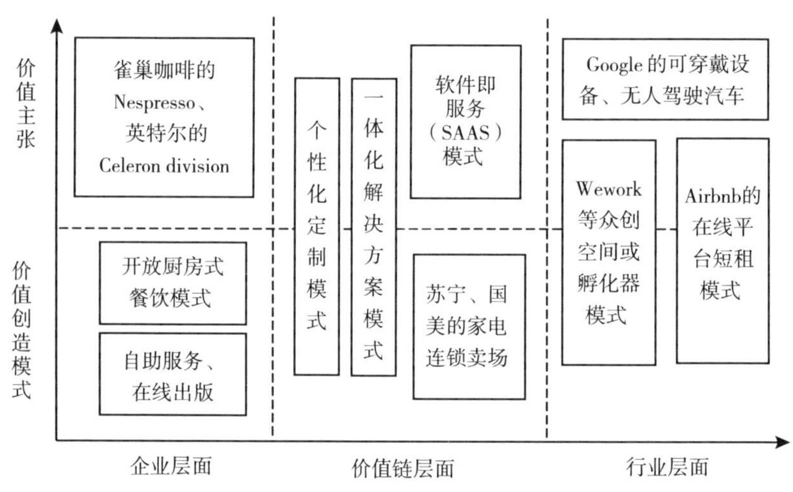

图3-1　新奇导向的商业模式创新类型

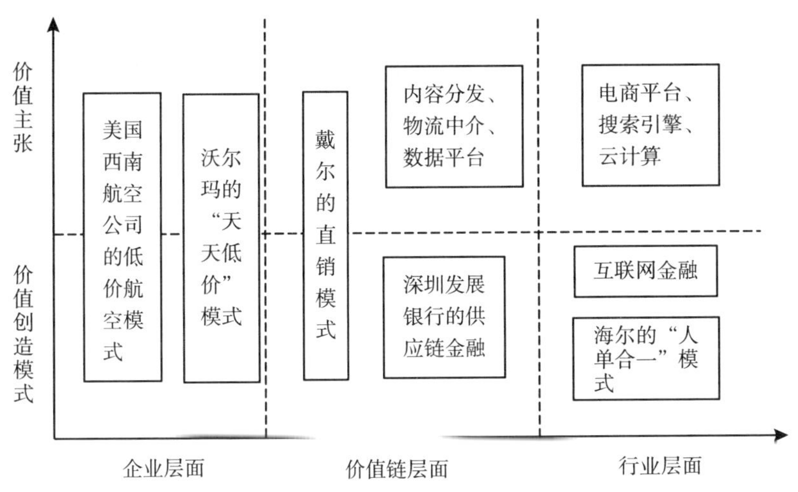

图 3-2　效率导向的商业模式创新类型

通过对商业模式创新现实情况的分析可以发现，创新性的价值主张无论是新奇导向的还是效率导向的，一般都要依赖于价值创造模式的创新才能实现；而价值创造模式的创新往往也会引发价值主张的改变，这是由商业模式创新本身的特性决定的。图中所示跨两个区域的案例就属于这种情况，而独立出现的价值主张创新和价值创造模式创新案例只是在某一方面的创新更加鲜明罢了。基于此可以看出，由于商业模式创新的高环境依赖性、复杂性和系统性，使得商业模式创新活动呈现多维度性和多样性，图 3-1 和图 3-2 中所列举的在当今大变革时代背景下涌现出的诸多商业模式创新实践都清晰地体现出这些特性。

不同类型的商业模式创新其思维的起点、驱动力、创新的原理以及结果都有一定的差异，只有在上述三个维度上对特定商业模式创新案例进行清晰的梳理与界定，才能准确揭示其发生发展特征及规律性。

附录：万物互联时代的行业创新——智能驾驶汽车

驾驶自动化（driving automation）技术是国际公认的未来汽车行业发展的方向和关注焦点，是城市智能交通系统的重要环节，是构建绿色汽车社会的核心要素。其意义不仅在于汽车产品与技术的升级，更有可能带来汽车全业态和价值链体系的重塑——全新商业模式的出现。

驾驶自动化的高级层级是无人驾驶，无人驾驶汽车也被称为“轮式移动机器人”，通过车载传感系统感知道路环境，并根据感知所获得的道路、车辆位置和障碍物信息自动规划行车路线并控制车辆的转向和速度，从而使车辆能够安全、可靠到达预定目的地。它集自动控制、体系结构、人工智能、视觉计算等众多技术于一体，是计算机科学、模式识别和智能控制技术高度发展的产物。据理论推测，无人驾驶由于避免了产生于驾驶人驾驶技能和其他个人原因的不确定性和不稳定性，可减少90%的交通事故，降低80%以上的传统保费。其高度智能互联能够有效提升行车效率，降低通勤所耗时间，解除人们因驾驶车辆和持有车辆而带来的诸多麻烦和困扰；能使汽车数量减少90%，缓解交通拥堵；使能源消耗减少90%，每年能够减少3亿吨汽车二氧化碳排放量。无人驾驶汽车被认为是全球产业的风口，是影响三个十万亿市场（汽车、出行、社会效益）的革命性产业。

随着5G技术和人工智能技术的不断突破，驾驶将更加智能化，颠覆人们的驾驶方式和生活方式，而智能化、网联化的无人驾驶技术无疑会掀起汽车产业的剧烈变革，实现汽车产业的升级，同时给汽车经济的扩张打开更大的空间。2020年2月24日，“关于印发《智能汽车创新发展战略》的通知”指出，到2025年，实现有条件自动驾驶的智能汽车达到规模化生产，实现高度自动驾驶的智能汽车在特定环境下市场化应用。我国新基建政策的出台和实施，为智能驾驶带来诸多利好；突如其来的新冠肺炎疫情，更是让全社会对“智能”和“无人”的需求大幅提升。中国拥有世界上最庞大的汽车消费群体，根据《2021～2026年中国无人驾驶汽车行业发展前景预测与投资战略规划分析报告》，2021年全球无人驾驶汽车市场规模达70.3亿美元；到2035年，预计全球无人驾驶汽车销量将达2100万辆；中国有望成为最大的无人驾驶市场。

一、汽车驾驶自动化技术的发展

2020年3月9日，工业和信息化部发布《汽车驾驶自动化分级》推荐性国家标准报批公示，并于2021年1月1日起实施。这个标准的实施，标志着2021年成为中国自动驾驶汽车商品化元年。与SAE（美国汽车工程师学会）分级标准中的L0－L5类似，《汽车驾驶自动化分级》也将自动驾驶分为0～5级，共6个级别。分级是基于驾驶自动化系统能够完成动态驾驶任务的程度，在执行动态驾驶任务中的角色分配以及有无设计运行范围（条件）限制。

0级驾驶自动化（应急辅助）。驾驶自动化系统不能持续执行动态驾驶任务①

① 动态驾驶任务（dynamic driving task），指完成车辆驾驶所需的感知、决策和执行等行为，包括但不限于：车辆横向运动控制；车辆纵向运动控制；目标和事件探测与响应；驾驶决策；车辆照明及信号装置控制。动态驾驶任务包括所有实时操作和决策功能，不包括导航功能，例如行程计划，目的地和路径的选择等任务。

中的车辆横向或纵向运动控制，但具备持续执行动态驾驶任务中的部分目标和事件探测与响应的能力。需要指出的是，0 级驾驶自动化不是无驾驶自动化，0 级驾驶自动化可感知环境，并提供报警、辅助或短暂介入以辅助驾驶员①（例如车道偏离预警、前碰撞预警、自动紧急制动等应急辅助功能）。此外，不具备目标和事件探测与响应能力的功能（例如定速巡航、电子稳定性控制等），不在驾驶自动化考虑的范围内。

1 级驾驶自动化（部分驾驶辅助）。驾驶自动化系统在其设计运行条件内持续地执行动态驾驶任务中的车辆横向或纵向运动控制，且具备与所执行的车辆横向或纵向运动控制相适应的部分目标和事件探测与响应的能力。对于 1 级驾驶自动化，驾驶员和驾驶自动化系统共同执行动态驾驶任务，并监管驾驶自动化系统的行为和执行适当的响应或操作。

2 级驾驶自动化（驾驶辅助）。驾驶自动化系统在其设计运行条件内持续地执行动态驾驶任务中的车辆横向和纵向运动控制，且具备与所执行的车辆横向和纵向运动控制相适应的部分目标和事件探测与响应的能力。对于 2 级驾驶自动化，驾驶员和驾驶自动化系统共同执行动态驾驶任务，并监管驾驶自动化系统的行为和执行适当的响应或操作。

3 级驾驶自动化（有条件自动驾驶）。驾驶自动化系统在其设计运行条件内持续地执行全部动态驾驶任务。对于 3 级驾驶自动化，动态驾驶任务接管用户应以适当的方式执行动态驾驶任务接管（dynamic driving task fallback）②。

4 级驾驶自动化（高度自动驾驶）。驾驶自动化系统在其设计运行条件内持续地执行全部动态驾驶任务和执行动态驾驶任务接管。对于 4 级驾驶自动化，乘客③无须对驾驶自动化系统发出的接管请求④进行响应，系统应具备自动达到最小风险状态的能力。

5 级驾驶自动化（完全自动驾驶）。驾驶自动化系统在任何可行驶条件下持续地执行全部动态驾驶任务和执行动态驾驶任务接管。对于 5 级驾驶自动化，乘

① 驾驶员（driver），对于某个具体的车辆，实时执行部分或全部动态驾驶任务和/或动态驾驶任务接管的用户。传统驾驶员（conventional driver），指在驾驶座位上、以人工方式直接操作车辆制动、加速、转向和换挡等操纵装置对车辆进行控制的驾驶员。远程驾驶员（remote driver），指不在可以手动直接操作车辆制动、加速、转向和换挡等操纵装置的驾驶座位上，仍可以实时操纵车辆的驾驶员；远程驾驶员可以是车内的用户、车辆在其视野范围内的用户或车辆在其视野范围外的用户。

② 动态驾驶任务接管，当发生动态驾驶任务相关的系统失效或即将超出设计运行范围时，由用户执行动态驾驶任务或由驾驶自动化系统达到最小风险状态的响应。最小风险状态（minimal risk condition），当无法完成预定的行程时，由用户或驾驶自动化系统执行动态驾驶任务接管，并最终将事故风险降到最低的状态。设计运行范围（operational design domain），设计时确定的驾驶自动化功能的运行条件（例如道路、交通、速度、时间等）。

③ 乘客（passenger），在车内，但不承担任何动态驾驶任务和动态驾驶任务接管的用户。

④ 接管请求（request to intervene），指驾驶自动化系统请求动态驾驶任务接管用户立即执行动态驾驶任务接管的通知。

客不需对驾驶自动化系统发出的接管请求进行响应，系统应具备自动达到最小风险状态的能力；在满足商业和法规前提下，应在所有行驶环境中具备熟练传统驾驶员的能力。

二、智能驾驶汽车在我国的发展与应用进程

无人驾驶技术被认为是未来人工智能发展的重要突破口，我国也将无人驾驶划入重点战略规划。2015 年 5 月国务院印发《中国制造 2025》，明确将智能网联汽车列入未来十年国家智能制造发展的重点领域。2016 年 6 月，工信部批准建设的国内首个“国家智能网联汽车（上海）试点示范区”封闭测试区在嘉定上海国际汽车城正式运营，开展智能网联汽车测试验证和智慧交通示范。2017 年 4 月，在工业和信息化部等三部门联合发布的《汽车产业中长期发展规划》中，将自动驾驶汽车列为重点任务之一，并提出要加快推进自动驾驶汽车法规体系建设。2017 年 7 月，国务院印发《新一代人工智能发展规划》，将自动驾驶汽车列为重点培育的八大智能产品的首位。2018 年 4 月，工信部等三部门发布《智能网联汽车道路测试管理规范（试行)》，明确测试主体、测试驾驶人以及测试车辆应具备的条件。由此，全国众多城市陆续出台本地自动驾驶汽车道路测试管理方案。2018 年 12 月，工信部发布《车联网（智能网联汽车）产业发展行动计划》，表示将加快构建智能网联汽车测试评价体系，建立健全智能网联汽车生产准入管理制度，为大规模测试示范和商业化应用提供政策和制度保障。

自动驾驶汽车的研发最早发源于美国，美国军方起初希望通过拨款、举办赛事等方式开发出无人驾驶汽车以应用于军事领域，最终由于种种原因军方并未投入使用，但这为自动驾驶技术的发展奠定了基础，也引发了谷歌、苹果、特斯拉等的研发热情。早期美国的自动驾驶路测也游走于灰色地带。2010 年谷歌研发出了 7 辆“自动驾驶汽车”并在加利福尼亚的公路上进行路测，但彼时加州并未出台相关法律文件。直到 2011 年，谷歌自动驾驶汽车在进行路测时发生意外，由此引发了舆论轰动，内华达州很快颁发了 511 法案，督促机动车辆管理部门制定和推出有关在内华达州高速公路上操控自动驾驶车辆的规定。第二年，加州州长签署了允许自动驾驶汽车合法上路的 SB1298 法案，认可了自动驾驶路测的合法性。由于美国自动驾驶汽车产业的发展走在中国之前，因此许多国内自动驾驶企业、智能汽车企业都将研发中心设置在了美国，同样，路测也是在美国进行的。直到 2017 年底，我国自动驾驶路测政策得以松绑，北京市率先发文宣布开放自动驾驶路测，随后半年内，上海、重庆、长沙、长春、平潭等多个城市也出台了相关政策。2018 年 4 月全国性政策出台，工信部、公安部、交通运输部三部委联合印发《智能网联汽车道路测试管理规范（试行)》，对测试主体、测试申请及审核程序、交通违法和事故处理等进行了具体的规范。国内许多城市开始尝

试发放自动驾驶路测牌照。2019 年 9 月 16 日，上海颁布国内首批智能网联汽车载人示范应用牌照，标志着国内先行企业探索无人驾驶汽车商业化运营的开端，获得牌照的企业包括上汽、宝马、滴滴。获得该牌照的企业，不仅可以在城市道路上展开测试，还能进行商业化试运营，也就是说，获得牌照的企业可以进行载人、载货以及特种作业的测试。

2020 年 4 月 16 日，工信部发布了《2020 年智能网联汽车标准化工作要点》，指出要形成支持驾驶辅助和低级别自动驾驶的智能网联汽车标准体系，建立智能网联汽车标准制定和实施评估机制，技术标准体系、智能驾驶路测逐步规范化。自动驾驶道路测试进程逐步加快，据不完全统计，截至 2020 年 9 月，中国已经有 20 个城市发放了自动驾驶路测牌照，总计超过 200 张，测试车辆总数已超过 500 台。

随着无人驾驶概念的不断升温，行业巨头加快了无人驾驶的布局。2020 年 5 月 26 日，百度宣布其位于北京亦庄经济开发区的 Apollo Park 已建造完成。Apollo Park 是目前全球最大的自动驾驶和车路协同应用测试基地。该基地的建成将加速推进 Apollo 自动驾驶、车路协同技术产品的成熟和应用。2020 年 6 月初，滴滴自动驾驶公司成立安全工作管理委员会，系统化、标准化进行自动驾驶研发、测试、运营各阶段安全管理。2020 年 6 月 12 日，国内首款完全自主研发的 L4 级 5G 自动驾驶汽车——东风 Sharing - VAN 正式量产下线。政策方面，无人驾驶领域相关政策法规陆续发布；标准方面，2020 年 8 月，《自动驾驶出租车运营规范与安全管理要求》团体标准已经立项，包括滴滴、百度、博世、北汽、腾讯、初速度等国内企业、相关监管部门、专家及政策研究机构等已经开始进行相关商讨，这也是全球首个自动驾驶的商业化规则。从技术探索，再到市场化和商业化试运营，政策也从顶层设计到细化落地，无人驾驶汽车距离我们日常生活已经越来越近。

三、智能驾驶汽车产业发展当前面临的问题

按照智能网联的发展规划，到 2025 年中国智能汽车将达到 4 级别，这不仅要求车企加快研发、尽早落地，也推动了道路等基础设施建设的大量投入。目前市面上所售汽车产品所搭载的包括车道保持、车道偏离预警、并线辅助、主动刹车、自适应巡航等功能多为 2 级或以下驾驶辅助，还不满足工信部《汽车驾驶自动化分级》对于 3 级及以上“自动驾驶”的定义。有关专家表示，想要实现 L3，冗余的硬件、可控的成本、成熟的法规三者缺一不可。

作为汽车技术未来发展的风口，无人驾驶汽车已成为众多企业重点关注的领域。目前具有自动驾驶测试牌照的企业既有像百度、腾讯、阿里巴巴这样的互联网巨头，也有北汽、上汽、宝马、奥迪、一汽、广汽、吉利、东风此类传统汽车制造企业；既有滴滴这种互联网出行公司，也有文远知行与小马智行等科创公

司。为了抢占新一轮技术变革的先机，各企业均积极参与无人驾驶技术的研发和汽车道路测验。

自动避让行人、虚线变道超车、保持安全车距、处置复杂突发路况……这些过去需要人小心完成的“驾驶动作”，如今智能网联汽车也能“自动”实现。2020 年 4 月 20 日，百度公司宣布旗下无人驾驶出租车服务 Apollo RoboTaxi 全面向长沙市民免费开放试乘。这些白色的纯电动智能网联汽车由百度阿波罗与中国一汽红旗联合研发，可在长沙梅溪湖国际文化艺术中心周边的街区行驶接客。当前无人驾驶车辆并非完全意义的“无人”——在每辆车的前排，会配备 1 名安全员和 1 名测试员，负责处理沿途的突发意外状况。百度在长沙提供无人驾驶试乘服务的 Apollo RoboTaxi 有 45 辆，每辆车限载 2 人，且所有乘车用户须进行实名登记，乘客年龄须在 18 ~ 65 岁。Apollo RoboTaxi 行驶路线比较固定，不能中途更改；试乘路线共 135 公里，主要分布在长沙市岳麓区梅溪湖区域，共有 50 多个站点，覆盖了商业区、学校、住宅区等。事实上，无人驾驶技术离真正走进日常生活还有一段不小的距离，其中既包括技术瓶颈，也有法律法规的限制。我国无人驾驶行业目前面临的现状可以说是：产业发展前景广阔，机遇与挑战并存。

首先，安全问题是限制无人驾驶汽车广泛应用的最大障碍。作为无人驾驶领域的巨头特斯拉，几次发生由于自动辅助驾驶系统故障而导致的车祸，不得不让人对无人驾驶目前的安全性产生担忧和质疑。在这一方面，尚须加强人工智能算法与环境感知技术研究，加强人、车、路、后台联网技术研究，努力推进加密算法和技术研究。

其次，国家目前出台的相关政策基本上都是纲领性文件，仅涉及无人驾驶的战略规划以及相关法律法规体系的建设目标，尚未触碰《中华人民共和国道路交通安全法》等法律层面的实质性修订和撰写。无人驾驶汽车上路运行目前只能限制在封闭道路区域和智能网联路测专用道中，而且当前国内的政策法规还没有开放 L3 级自动驾驶车型上路行驶。无人驾驶法律法规的完善和修订、相关伦理规范的界定也充满了挑战。

再次，无人驾驶汽车还面临着投入高、回报周期长、产业链长、盈利难等困境。在行业协同方面，无人驾驶涉及人工智能、地图定位、芯片制造、车辆制造等领域的共同、协同开发。

最后，相应的道路等配套基础设施也尚未大规模启动建设。虽然目前国内无人驾驶封闭场景在逐步落地，但专家表示，无人驾驶距离实现大规模开放道路的商业化，要走的路还很长。

可以说，无人驾驶汽车的应用来到了一个关键的瓶颈期，在进步和发展之中又蕴含着一个又一个难关。想实现大规模商业化应用，光有技术还不够，专家认

为，想达到这个目标，起码要同时满足5个条件——技术成熟、社会基础完善、法律法规同步、成本下降、社会接受度良好。当前，国内多家主流车企和互联网企业跨界融合，把人工智能和硬件设施结合，共同开发无人驾驶汽车，自主钻研核心技术，寻找最合适的盈利模式和应用场景。各有关方都在积极推动无人驾驶汽车的路测和普及应用，完善我国无人驾驶汽车相关法律法规。

四、智能网联汽车（交通出行）商业模式构想

驾驶自动化不仅仅是一种技术创新，它要求并将带来一种系统变革，会从观念、模式、方式上给交通出行相关行业和领域的诸多方面带来颠覆性影响。智能化、网联化、车路协同将带动传统汽车产业实现三大转变：（1）汽车（交通出行或移动工具）从机械产品向电子信息智能产品转变；（2）从交通工具向智能移动空间和应用终端转变；（3）从单一制造业向多产业（汽车制造业、电子产业、互联网产业、信息通信业、交通产业）融合转变。同时，它将影响相关行业的未来发展与运营模式，例如急救、保险、交通、司机、驾驶培训、加油站等。与无人驾驶汽车相关的产业，例如智慧交通、5G通信、物联网、车联网、大数据、人工智能、生物识别等，都将迎来新的发展和应用空间。

颠覆性的技术或产品需要创新性的商业模式来实现，智能驾驶的商业化和产业化需要商业模式创新的支持，即要为其寻找和设计最合适的应用场景和盈利模式。从驾驶自动化目前的发展水平来看，支持驾驶辅助和低级别自动驾驶的智能网联汽车主要适合于标准化或封闭场景运行。适合的应用领域诸如：物流领域，例如货运、无人驾驶集装箱卡车、自动导引运输车设备应用；工程机械行业，例如压路机、无人驾驶挖掘机；矿山领域，例如矿井机车；无人驾驶在军事领域的发展应用，包括军用战术轮式车辆、无人驾驶的远程操控应用、无人驾驶海军舰艇、无人驾驶坦克；无人驾驶技术在其他领域的商业化应用，包括航空飞船、轨道交通、环境清洁，无人驾驶出租车、校车、救护车、公交车、货车等。

从商业模式的视角来看，智能网联汽车在价值主张、客户细分、客户关系、关键资源与流程、重要合作等方面都将重新设计，收入与成本的结构也会随之而改变。传统汽车（conventional ICE）的商业模式可以描述为：汽车制造商以自己生产的汽车为全球范围的主流客户服务。这些企业聚焦于运用大批量产出设备生产多用途汽车，与零配件供应商和竞争者进行合作开发与生产，以整车销售或租赁获得收入。未来汽车行业商业模式会发生的最鲜明的变化包括：从基于产品的商业模式转变为基于服务的商业模式（Bohnsack et al.，2014）；汽车实体的概念将被弱化，其价值本质凸显——总体移动解决方案；传统汽车的驾驶快感、掌控感、外观和传统性能的个性化将弱化，出行工具化、公共交通化倾向更强等。未来智能网联汽车商业模式创新的方向设计和设想如图3-3所示。

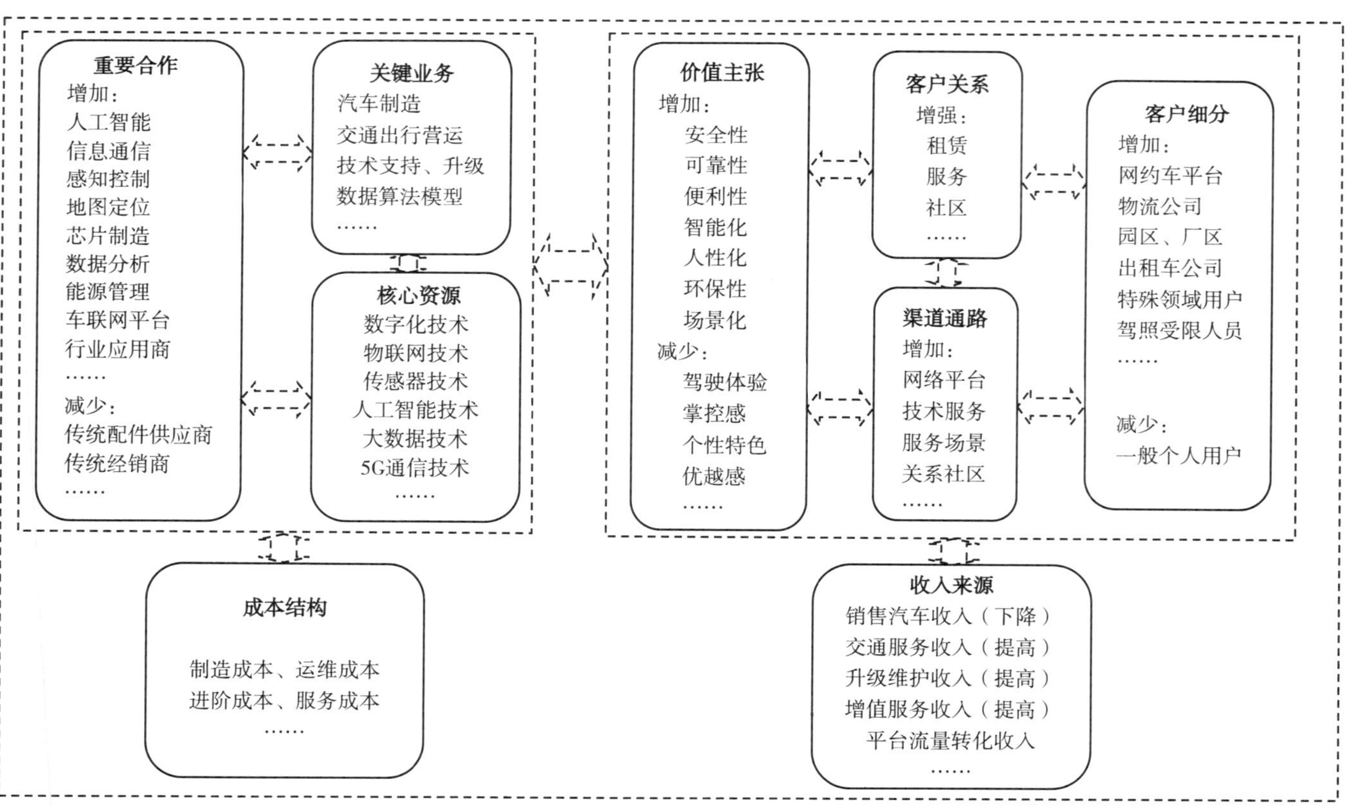

图3–3　智能网联汽车未来商业模式构想

资料来源：

[1] 胡静，邓俊泳．标准《汽车驾驶自动化分级》（报批稿）解析［J］．环境技术，2020（3）：25－33.

[2] 搜狐网．20 城，超 200 张牌照，中国自动驾驶路测迎来“黄金时代”?［EB/OL］. https：//www. sohu. com/a/418552955_120171983.［2020－09－15］.

[3] 搜狐网．4 个月 100 张牌照，中国自动驾驶路测迎来“黄金时代”?［EB/OL］. https：//www. sohu. com/a/344742717_324615.［2019－10－02］.

[4] 延边广播电视台官方百家号．无人驾驶，距离载人上路还有多远?［EB/OL］. https：//baijiahao. baidu. com/s? id = 1674541820444874186&wfr = spider&for = pc.［2020－08－09］.

[5] 中投产业研究院．《2020－2024 年中国无人驾驶汽车行业深度调研及投资前景预测报告》［EB/OL］. http：//www. ocn. com. cn/reports/1888wurenjiashiqiche. shtml? Origin = baidu _ sosuo&renqun _ youhua = 448401&bd _ vid = 11567360903202352648.

[6] Bohnsack R，Pinkse J，Kolk A. Business models for sustainable technologies：Exploring business model evolution in the case of electric vehicles［J］. Research Policy，Elsevier，2014，43（2）：284－300.

第四章

商业模式创新的理论地位

第一节　商业模式在组织分析中的角色

商业模式分析包括模式选择分析与模式状态特征分析。与模式选择分析相近的组织分析概念是企业战略选择；与模式状态特征分析相近的企业分析概念是生态位分析。由于商业模式在内涵与外延上与上述这些概念范畴之间存在一定程度的交叉、重叠与模糊，学者们因此对商业模式及其创新提出很多质疑。厘清商业模式分析在企业战略管理领域的逻辑地位，要解决的主要问题就是要厘清商业模式与企业战略之间以及商业模式与企业生态位之间的关系。

一、商业模式与企业战略的关系

商业模式与企业战略之间的关系是一个颇具争议的话题。企业战略是指企业在激烈竞争的市场环境中，为求得生存和发展而做出的长远性、全局性的规划以及为实现这些规划和企业使命而采取的竞争行为和管理方案。具体地讲，企业战略就是要确定企业与外部环境的关系，规划企业所要从事的经营范围、成长方向和竞争对策，合理地组织企业结构和分配企业的资源，从而获得某种竞争优势。上述定义中所包含的业务范围、组织结构、资源配置等选择与决策问题与商业模式设计所包含的某些要素是十分相近的。它们之间的关系如何？关于这一问题，目前基本上存在三种观点。

（一）商业模式是战略的具体化、工具化和深化

从概念表述上来看，战略更倾向于宏观的长期规划，而商业模式则更倾向于具体价值创造规则和方式的制定，所以一些学者认为商业模式是战略的一种具体

表现和实现工具。埃利奥特（Elliot，2002）分析认为，战略能指导商业模式在外部市场上实现差异化，使企业表现出独特的竞争能力。塞登和弗里曼（Seddon & Freeman，2004）指出，虽然大多使用这两个概念的学者认为商业模式与战略的意思大致是相同的，但是事实上“商业模式”发挥着与战略明显不同的潜在作用；企业商业模式应该被看作是波特提出的竞争战略的一种缩影，它描述了企业以其各种利益相关者的价值主张为目标并为客户创造和提供价值的活动系统的基本细节。

另一类实用主义观点强调商业模式的工具性质，视其为战略或商业实践的工具。例如，多加诺娃和埃克姆—雷诺（Doganova & Eyquem - Renault，2009）把商业模式作为定性与定量相结合的计算工具和对第三方沟通的叙事工具；麦格拉斯（McGrath，2010）把商业模式作为“发现驱动型战略思维”（discovery driven strategic thinking）的工具；莫里斯（Morris，2011）认为，战略是一个为达到既定目标所做的计划，创新是一种战略工具，用以创造战略所规划的未来。巴登—富勒和锰马汀（Baden - Fuller & Mangematin，2013）则强调商业模式的现实描绘和分类认知作用。由于这种看法对评价企业如何在战略指导下运用商业模式盈利非常有启发性，因此，商业模式是战略的一种具体反映的观点得到了广泛的使用（吕鸿江和刘洪，2011）。

还有一些学者聚焦于战略理论所未深入的方面，他们并不声称商业模式独立于战略，而是以商业模式为工具，对战略核心议题予以深化。他们在合法性较强的基础战略理论框架下，聚焦于特定研究主题。例如，福斯和萨比（Foss & Saebi，2017）清晰地表达了自身的立场：商业模式把大家的注意力吸引到一个战略理论的根本性问题上，该问题在战略理论发展早期被提出，却在后来学科专业化中被淡忘了。这个问题是：活动本位观下价值链配置如何保持内部一致性。尽管战略研究也强调内部一致性（Rumelt et al.，1991），但商业模式概念提供了一个更全面的视角。这种观点在商业模式文献里并不新鲜（例如Teece，2010；Zott & Amit，2013），其特色在于对这一观点的深化。

（二）商业模式是战略研究的整合

部分学者基于战略和商业模式所涵盖的分析范围和理论依据，提出商业模式是战略研究的整合。商业模式被视为同时关注价值创造和价值捕获（Amit & Zott，2012，2015；Seppänen & Mäkinen，2005；Zott & Amit，2013），被认为是对竞争优势更全面的解释——既可以来自资源也可以来自活动，既可以来自供给侧也可来自需求侧（Massa et al.，2017）。阿米特和佐特（2001）曾点评了五种理论，认为每一种理论都部分而无法充分解释商业模式现象，建议用一个超越公司和产业边界的新分析单元以更好地整合各种理论。普莱等（Plé et al.，2010）则指出，解释一个战略变化时，经典理论通常限定于某个层面（例如波特的产业定位或 RBV 的内部能力），而商业模式则考虑价值主张和内外部组织的具体变化，从而使得商业模式分析比经典战略理论更具创造性和自由度。

切斯布洛和罗森布鲁姆（Chesbrough & Rosenbloom，2002）讨论了商业模式作为技术输入和经济结果之间中介性框架的角色。佐特和阿米特（2010，2013）也多次提到商业模式作为要素市场和产品市场的桥梁。考虑到 RBV 和定位学派的理论分别建立在对要素市场和产品市场的关注上（Barney，1986），那么这种桥梁就具有了整合的功能。战略学者普里姆等（Priem et al.，2018）提出商业模式是需求侧和供给侧之间的整合桥梁，需求侧强调价值主张的异质性和用户参与价值创造，供给侧强调资源的整合优化以提供更好的产出。

也有一些学者从商业模式分析的视野提出，商业模式反映了更为广泛的价值创造逻辑，它不仅涉及企业自身，还包含整个价值链（甚至价值网络）中的每个利益相关者的价值创造与获取，所以商业模式的范围比战略更宽泛，它包括了战略。莫里斯等（2005）从创业的视角提出，商业模式是由创业战略、企业架构和经济要素等一组决定变量相互联系构成的。商业模式在特定的市场上创造可持续竞争优势，涵盖战略、创业范围、组织结构以及市场细分、价值链、运营管理和可持续竞争优势等内容。

（三）商业模式与战略是互补的

克里斯坦森（Christensen，2001）认为商业模式是一种区别于产品市场战略的竞争优势的源泉。玛格丽塔（2002）也指出战略和商业模式是两个完全不同的概念，商业模式与战略之间是无法替代、互补共生的关系，这种互补是建立在二者之间一定差异基础上的。

（1）商业模式与战略基于价值创造与价值捕获的不同侧重而互补，商业模式强调价值创造而战略强调价值捕获。商业模式相对较少考虑竞争和差异化从而区分于战略的观点（Magretta，2002），得到了大多数商业模式学者的认同。切斯布洛（2006）具体分析了商业模式与战略之间存在的差异性和互补性：首先，商业模式起始于为顾客创造价值，并围绕价值线索来构建，而战略则不仅关注企业的价值获取还关注企业的可持续发展；其次，战略比商业模式更关注当前或潜在竞争对手对企业的竞争威胁；最后，商业模式与战略的不同还表现在它不太注重为谁创造价值这一问题，更关注如何创造价值。战略，更准确地说是指业务竞争战略，是从价值捕获角度解释企业绩效差异的。无论是定位学派还是资源基础学派都强调企业要在竞争中建立可以持续捕获价值的机制。正是基于此，传统战略理

论因而被诟病，无法解释价值捕获的前提——价值创造问题（Priem，2018）。相反，商业模式把价值创造作为研究的出发点和重点（Chesbrough & Rosenbloom，2002）。普莱等（2010）认为商业模式研究建立在以下假设之上从而区别于战略：一是组织致力于为广义的客户即利益相关者创造价值；二是组织通过多种收入来源捕获价值；三是在解释价值创造和捕获时，同时关注焦点企业和其生态系统；四是产业、服务与运营活动是不可分的；五是企业家的决策具有一定随机性。进而指出，相对于追求竞争优势的成熟公司，商业模式可能更适合关注如何实现其价值主张并创造收入的创业公司。正如乔治和博克（2011）强调的，商业模式是机遇导向，战略是竞争导向。

（2）商业模式与战略基于活动执行与产品市场选择互补，商业模式强调活动执行而战略强调市场/产品选择。大多数商业模式研究和战略研究一样，都关注持续业务绩效差异，但商业模式更强调执行。一些研究者强调商业模式主要关注how 的问题（Santos et al.，2015），认为它能触发行动（Mason & Spring，2011）、整合战略与运营的相关要素（Plé et al.，2010）、衔接战略与业务流程（Aldebei & Avison，2010）。相对而言，无论是强调产业分析的定位学派还是强调能力匹配的资源基础论，战略似乎更强调市场和产品的选择，而对于如何做的问题关注不够。不少商业模式研究者认为，商业模式捕捉到了战略理论定位学派和资源基础学派所未能反映的战略动态。定位学派和资源基础学派分别假设战略选择体现在定位和资源的变化上，而商业模式更强调价值主张以及内外部活动组织方式的变化。因此，在定位和资源不改变的情况下，完全可以通过商业模式的变化获取不同的绩效。上述观点通常引证佐特和阿米特（2008）的实证研究，该研究通过定性与定量相结合的方法，考察了企业产品市场战略与商业模式的匹配关系，发现商业模式与市场竞争战略不是相互替代而是互补匹配关系，并详细比较了两者之间的区别（见表4－1），指出市场竞争战略不同于商业模式主要是因为它更侧重于企业面对竞争对手的定位，而商业模式是一个集中于企业与外部参与者经济交换模式的结构化构念；证明了新奇性商业模式可以同时与成本领先和差异化战略互补以创造更好的业绩。所以，战略与商业模式反应的是企业经营的两个不同侧面，相互之间是互补而非替代的关系。

表4－1　　商业模式和市场竞争战略的比较

对比角度	商业模式	市场竞争战略
定义	结构模板，它描绘了焦点企业与其所有外部涉众关于要素和产品市场交易的组织方式	管理行为模式，用以解释一个企业如何通过在产品市场上定位获得和保持竞争优势

续表

对比角度	商业模式	市场竞争战略
涉及的主要问题	如何与产品和要素市场连接？要把哪些参与者联系到一起以开发商业机会？如何把他们与焦点企业相联系以完成交易（例如采取什么交易机制）？在参与者之间传递什么信息和货物？运用什么资源和能力以实现交易？如何控制参与者之间的交易？采取什么激励方式？	采取什么定位以应对竞争者？ 采取哪种基本竞争战略（成本领先、差异化）？ 什么时候进入市场？ 销售什么产品？ 服务什么顾客？ 涉足哪些地域市场？
分析单元	目标企业和它的交易伙伴	企业及其竞争者
聚焦点	外部导向：重视与其他企业的交易	内部或外部导向：重视竞争方面的活动和行为

资料来源：Zott C，Amit R. The fit between product market strategy and business model：implications for firm performance [J]. Strategic Management Journal，2008（29）：1-26.

关于企业商业模式与战略之间关系的上述三种观点如图 4-1 所示。

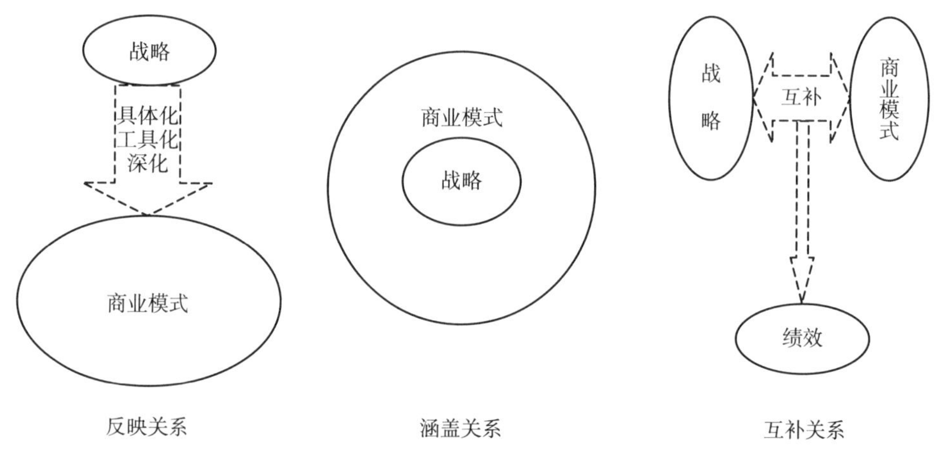

图 4-1　关于商业模式与战略之间关系三种观点的比较

虽然商业模式与企业战略之间的关系存在争议，但无论是哪一种关系，商业模式与企业战略之间都是存在密切关联的。它们的变革受到一些共同的因素驱动，它们所关注的问题也存在很多交叉重叠，例如目标市场选择、竞争优势定位、外部合作等，这也是造成二者之间关系比较模糊的原因。扎耶克等（Zajac et al.，2000）曾指出战略变化的时机、方向和幅度是基于环境压力和组织资源的，评价一个战略的优劣可以被定义为它与企业所面对的环境和组织情景的匹配

程度。企业战略的变革与商业模式创新一样都是基于环境情境（包括顾客偏好转移、政府政策变化、竞争者的行动、技术的变化等）和组织情境（例如资源和能力状况）的。但是如前所述，商业模式定义了一系列关键要素和关系并且把它们纳入一个创造和捕获价值的系统，而战略关心的是组织如何超越竞争对手保持竞争优势（Osterwalder & Pigneur，2009；Teece，2010）。所以，关于商业模式与战略二者之间的关系，笔者的基本观点是：商业模式与企业战略是两个不同的概念，但商业模式创新是从属于战略创新范畴或者说是为企业总体战略所框定的。企业高层次战略的具体实施以商业模式的形式发生（Pynnönen et al.，2012），战略定义了企业与其环境的关系，而商业模式则更多的是一种战略实施工具。商业模式是为了拓展传统经营战略框架而产生的概念，目的是应对商业的多样化、复杂化、网络化。这一逻辑定位与国内学者高金余等（2008）的阐述比较一致，他们认为，企业规划与运作由企业战略、商业模式、业务活动与流程、资源与能力四个层次构成；其中，企业战略的主要职能是分析企业的现状、确定目标、制定规划方案；商业模式是在概念上和结构上对企业战略的实现，同时它也为业务活动和流程的设计提供框架和基础；业务活动和流程在逻辑上实现企业战略和商业模式的要求；资源与能力为上述活动提供支持和物理上的实现。这一逻辑关系如图4－2所示。

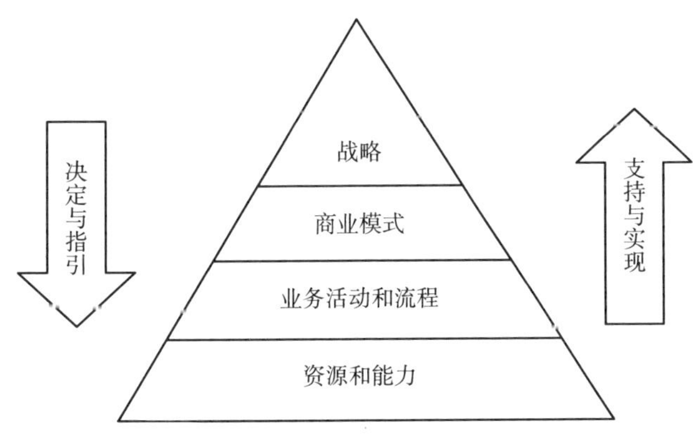

图4－2　商业模式在战略管理中的逻辑地位

在设计商业模式时，企业经营者总要权衡商业模式与企业战略的匹配程度，甚至很多情况下，企业进行商业模式创新往往就是为企业战略变革所驱动。企业以战略为导向，对自身的价值创造活动、运管方式以及管理流程等进行再思考，通过自身资源的扩张、产业边界的跨越和产业间的融合，最终突破原有的商业模式，形成更具盈利能力和竞争能力的新的商业模式。因而，笔者在后续研究中把企业战略也纳入商业模式创新的驱动与影响因素之一，当然，这里所说的战略需要区分企业总体战略和市场竞争战略，因为它们对商业模式创新驱动与影响的机理并不相同（后述）。

二、商业模式与企业生态位的关系

与商业模式十分相近的另外一个组织分析概念是企业生态位。企业生态位的概念，是组织生态学从自然生态学中引进的。在生态学中，生态位（niche）是指一个生态系统中的物种在其种群和相应的生态系统中的分布单元（distribution unit），即某一生物物种同其他物种和环境之间形成的相对地位、位置和生态系统功能（Levins，1968）。生态位既表示生存空间的特性，也包括生活在其中的生物的特性，特别是它与其他物种的营养关系。企业成长理论中的生物学类比理论认为，企业本身具有一定的固有属性，这些性质主要表现为企业自身的生态结构、资源特征、产品性质、生产能力、客户对象等；同时，企业所处的环境则具有一定的资源空间特征，例如需求状况、资源状况、技术状态、制度等。企业存在于环境之中，并且与环境保持着某种互动关系，由此也就形成了一定的关系状态，这种关系状态被称作企业的生态位（enterprise ecological niche）（钱辉，2006）。管理学大师彼得·德鲁克也认为“企业之间的生存发展就如同自然界中各种生物物种之间的生存与发展，他们均是一种生态关系”（杨凤阁，2010）。

（一）企业生态位的表征

生态位是企业在资源需求和生产能力方面的特性，是企业与环境互动匹配后所处的状态（Baum & Singh，1994），是企业在特定时期、特定生态环境里能动地与环境及其他企业相互作用过程中所形成的相对地位与功能。企业生态位既反映企业在特定时期、特定环境中的生存位置，也反映企业在该环境中对自然资源、社会资源、经济资源等占有上的梯度位置，还反映企业在物质、资金、人力、技术和信息流动过程中扮演的角色（闫安和达庆利，2005）。

从概念描述可以看出企业生态位主要反映企业以下三个方面的特征：（1）企业承担的系统功能。企业的功能是为用户提供价值，任何企业都难以完成某个市场系统的全部功能，往往只能承担部分子功能。企业的系统功能是企业在价值网络中的地位，它包括企业处于哪些价值链的节点或在一条价值链的哪个位置。（2）企业的位置（或地位）。包括企业所处的地点、时间以及企业的规模和生命周期等。（3）企业控制的资源。这主要是指：消费者资源（包括客户、市场份额和品牌忠诚度等）；供应链资源（包括供应商、供应品、服务以及与供应商的

关系等）；知识信息资源（包括人力资源、知识、信息、企业文化等）；物质资本资源（包括设备、土地、厂房、资金等）（许芳和李建华，2005）。综合表征企业生态位状况的指标被学者们称为生态位参数，较为常用的指标主要有三个：生态位宽度、生态位适宜度和生态位重叠度。（1）生态位宽度（niche breadth）是指在资源有限的多维空间中，资源被一物种或一群落所利用的比例（Valen，1965），或被一个有机体单位所利用的各种资源的总和（Pianka，1981）。李德志等（2006）将生态位宽度定义为物种或种群适应环境和利用资源的实际幅度或潜在能力。依据上述定义，企业生态位宽度可以看作是一个企业所利用的各种市场环境资源的总和，即对市场环境资源适应的多样化程度；一个企业的生态位越窄，该企业的特化程度就越高；一个企业的生态位越宽，该企业的泛化程度就越高。（2）生态位适宜度（或生态位深度，niche deepth）是指企业在资源需求和生产能力方面与环境相匹配后所处的状态（侯杰等，2011），反映了资源现状对企业发展的适宜性程度，也反映了企业与处于相同生态位的企业相比的竞争实力与竞争地位（郝书池和姜燕宁，2010）。（3）生态位重叠是指两个或两个以上生态位相似的物种生活于同一空间时分享或竞争共同资源的现象（杨凤阁，2010）。在资源状况既定的情况下，生态位重叠度越高，互相之间的竞争越激烈。

（二）商业模式要素与生态位表征的内在关联

企业生态位所表达的企业属性与构成商业模式的要素特征之间存在很多同一性。商业模式决定了一个公司以什么方式嵌入自己的商业生态系统（Zott & Amit，2009），而这种嵌入系统的状态就是用企业生态位来表示的。如果把商业模式的九个构造模块放在企业生态系统的范畴里进行阐释，可以发现它们恰好反映了企业生态位不同方面的表现：客户细分、价值主张反映了企业的资源利用和核心生态功能，即企业对生态圈输出的对象及内容；渠道通路反映了企业与外界环境以及其他生态系统成员互动的媒介、途径以及对外部资源的要求；客户关系反映了企业与外界环境以及其他生态系统成员互动的形式及状态；收入来源则反映了企业的竞争优势、生存方式与潜力；核心资源、关键业务代表了企业自身肌体的素质、能量与生命力；重要合作反映了企业的共生环境及其相互依存性；成本结构反映其竞争优势与输入特征。可以说，企业在整个生态系统中的位置是由其自身的功能和价值所决定的，而商业模式正是这种功能和价值的反映（杨凤阁，2010）。

企业在商业模式的选择过程中，首先要考虑的是定位，即企业将向社会提供什么产品和服务、目标顾客是谁、进入行业价值链的哪个环节、选择哪种经营活动、拥有哪些关键性资源、与哪些合作伙伴建立合作关系、如何利用外部效应等。这些选择决定了一个企业在整个行业和市场生态系统中所处的位置；进而，企业在这一位置上对生态资源的占有和利用的广度和深度决定了企业生态位的宽度和适宜度；这一位置与其他企业所占据位置的相对关系则反映了生态位的重叠程度；企业采用了独特的商业模式就意味着选择了良好的生态位，降低了与其他成员生态位的重叠程度。因此，可以说，生态位范畴把企业的自身特征要素与环境中的关键要素同时纳入研究框架，来分析它们之间的匹配变化情况，并以此研究企业与环境的互动规律，这种互动的外在表现形式就是企业的商业模式。

（三）企业生态位变迁与商业模式创新

演化理论认为，企业演化的实质是处在环境中的企业从一种状态向另一种状态的变化，企业演化的过程就是生态位重新形成的过程（钱辉，2006）。这一过程往往具有商业模式创新的属性，或者说企业发生了商业模式创新。

学者们已经关注到了企业生态位及其变迁和商业模式及其创新之间的关联。(1）关于企业生态环境对商业模式创新的作用。阿德纳（Adner，2006）以HDTV行业的发展为例论证了商业生态对新的商业模式成败的决定作用，建议企业在进行商业模式创新以前首先要对商业生态进行描绘和评估；金和莫博涅(Kim & Mauborgne，2010)、哈格尔等（Hagel et al.，2008）等从不同角度、不同背景提出环境中的新规则（例如网络化交往方式、合作规则等）将孕育着大量新的商业模式；李飞（2011）认为企业的商业模式是由其自身的功能和所处的环境及进化阶段决定的。(2）关于商业模式创新对企业生态位的影响。王帅和杨雪峰（2011）认为商业模式创新会改变企业的功能和价值生态位，商业模式影响企业生态位的宽度和重叠程度；沈永言（2011）认为企业商业模式创新中的一个关键环节是要选择能够发挥自身优势、充分利用商业生态系统资源、促进商业生态系统健康发展的生态位，尽可能谋求企业在商业生态系统中的领导地位；李东等(2010）提出商业模式创新价值的一个重要体现就是对传统产业领域中环境的重塑。(3）关于商业模式创新研究与实践方法论的生态位视角。多西等（Dosi et al.，2003）指出生态系统视角对创新有很大的帮助，因为它把注意力集中在系统集成者如何形成关于与构成模块和子系统匹配的科学预期；即使在界面边界未开放的创新中，供应商也需要了解他们的销售所面对的技术和组织环境并与之相连接。对于管理者而言，生态系统视角以开放和更宽广的创业和协作空间为前提，这个空间使一项新技术为商业模式的成功提供了更多的机会（Baden - Fuller & Haefliger，2013)。可以看出，企业对生态位宽度以及输出输入关系的选择其实就是商业模式创新关注的核心问题。

为了更清晰地揭示企业生态位变迁与商业模式创新之间的关系，有必要在生

态位变迁的具体情形与商业模式创新的具体表现之间建立起联系。侯杰等(2011)认为组织变异的动力来自生态位重叠和生态位的异化，变异的结果是生态位的移动或跃迁。企业生态位的变动，即企业运营规则、占据的资源和向环境提供的功能发生变化，概括起来就是生态位宽度（包括位置）的变化和生态位适宜度的变化。通过典型案例分析，借鉴前人关于生态位变迁的描述，可以归纳出企业生态位变迁的几种具体情形。(1）企业生态位压缩，是指企业对环境资源占有和利用的种类或范围变窄。对应商业模式创新，则表现为放弃宽泛的消费者市场而专注于一个或几个细分市场，或者放弃不具有特别优势的宽泛的产品提供，而专注于少数特色产品，或者剥离非核心业务而专注于核心业务，从而使企业对输入资源的种类和范围也发生收缩。一般而言，企业放弃宽的生态位是为了谋求生态位适宜度更强，关注核心业务或以利基者形象出现，也就是生态位的特化(specialization)［见图4－3（a)］。(2）生态位宽度扩张，是指以原来的生态位为基础，使企业的生态位变宽，或者说对外部环境资源占有和利用的种类或范围增大，实现生态位的泛化（generalization)［见图4－3（b)］；在商业模式创新上则表现为细分市场覆盖范围的扩张、业务多元化、产品提供种类的增加、价值链的延伸等，上下游一体化、多元化就是比较典型的生态位宽度扩张。(3）生态位适宜度提高，是指不改变生态位的位置及宽度，而是通过自身的优化使企业在既定的生态位上对既定资源占有并利用数量的扩张或匹配度的提高，来提高企业对环境变化的抵抗能力、适应能力。在商业模式创新上主要表现为：在细分市场、价值主张不变的情况下通过外部交往方式、规则、内部流程的优化实现更高的市场地位、更强的竞争力［见图4－3（c)］。(4）生态位转移，是指生态位位置发生变化，或者说主营业务重心的偏移［见图4－3（d)］。在商业模式创新上则表现为价值主张的创新、价值链定位的改变，例如以制造为中心向以服务为中心转移、以硬件生产为中心向软件开发为中心的转移等。(5）生态位的跃迁，是指企业从一个生态位跃迁到另一个生态位，这种情况与生态位转移的区别在于变化的剧烈程度和不连续性，生态位转移一般是指基于原来生态位的渐进式转移，而生态位的跃迁是直接跨越到一个与原先业务不相关的领域，这种情况在实践中并不多见，也可以认为它是生态位不断转移的最后结果［见图4－3（e)］。例如一汽集团的下属公司“启明信息”做汽车业管理软件与汽车电子产品研发、制造与服务业务，成都工益冶金股份有限公司2002年变身为现在的“鹏博士”——从无缝钢管生产到电信增值业务、安防监控、网络传媒的转变，这种跨越式的发展可以称为生态位的跃迁。图4－3列示了生态位变迁的五种基本情况，现实当中的生态位变迁也可以是以上几种基本情形的组合。

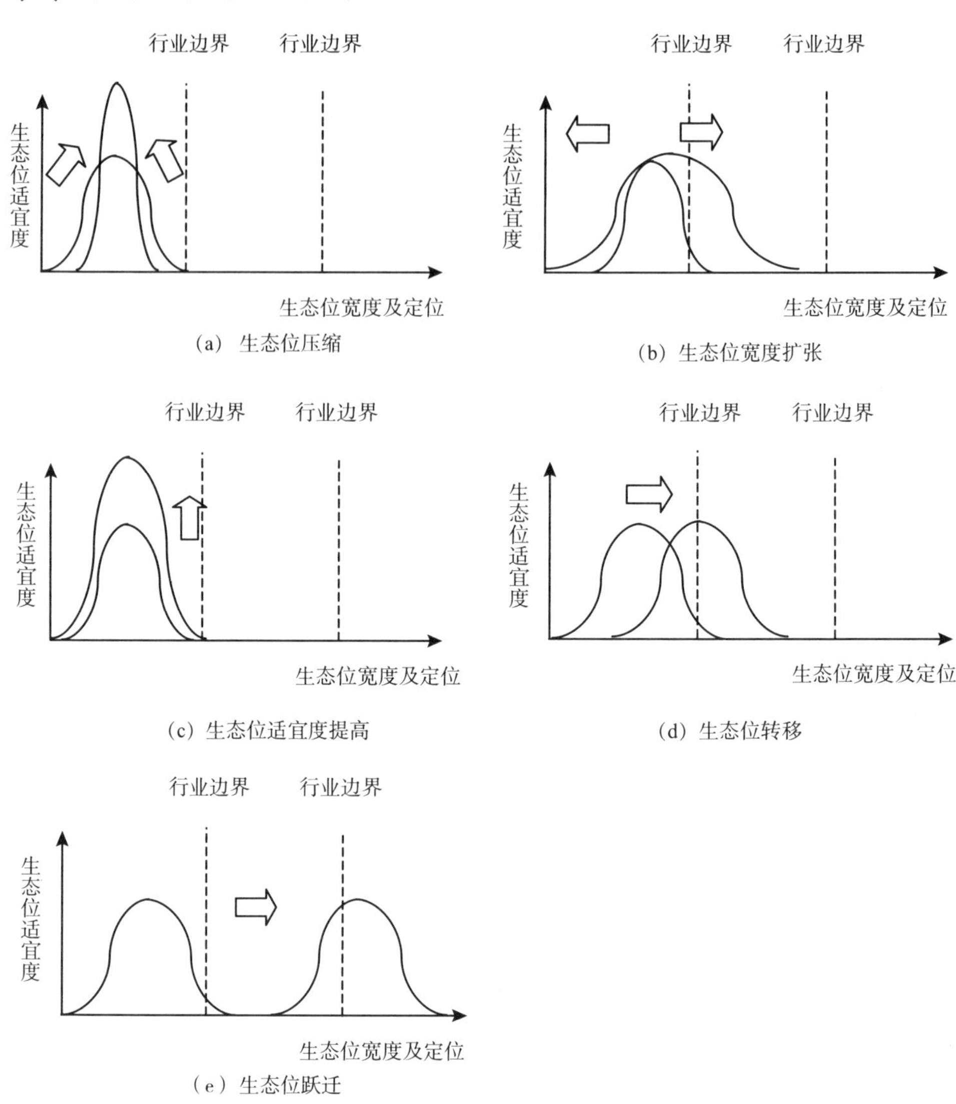

图4－3　企业生态位变迁的基本情形

从企业生态位变迁的表现可以看出它与商业模式创新涉及许多共同的范畴，例如目标市场选择、资源范围与利用、竞争优势定位等。另外，商业模式创新还会引发整个商业生态系统的变化，例如苹果公司的商业模式创新所引发的 PC、手机行业的重新定义，使整个商业生态系统的边界、内部生境、物质与能量的交换关系都发生了巨大的变化；而商业模式创新本身所倡导的理念——合作代替竞争、共生效应、协同进化等也使它具备了影响整个商业生态系统的潜能。

从商业模式创新的分类来看，新奇性商业模式创新基本对应生态位的特化和异化，效率性商业模式创新基本对应着生态位的泛化或适宜度的提高。创新起点的选择——价值主张和价值创造方式的改变，代表着企业与外部资源交换关系性质的改变以及交换方式的改变（对资源利用范围、利用方式的改变）。不同层面的商业模式创新对应着生态占位改变或移动的方式和幅度的大小。可见，商业模式创新过程也是企业对自身生态位的重新选择过程，是生态位异化、演化的过程。从静态来看，企业总是从一定的生态位出发进行适应性的商业模式创新，具有不同生态位的企业商业模式创新的选择会有所不同；从动态来看，企业在发展演化过程中通过商业模式的创新，从一个生态位变迁到另一个生态位，商业模式创新的不同选择最终表现为不同的企业成长和演化路径。

综上所述，企业生态位分析以商业生态系统为视野，运用生态学的话语，重在描述企业在生态系统中的存在、角色、地位、互动（或交换）关系的状态；而商业模式分析则以价值为线索，重在描述包括价值目标、活动、流程和交易关系的企业运营模式。可以说，商业模式是企业在生态系统中存在状态的外化和概念化，商业模式创新就是企业从生态位现状出发，谋求对这种状态的改变，商业模式创新结果的鲜明表现是企业生态位的变迁。

可以看出，商业模式创新的不同选择可以使企业在生态位宽度和定位、生态位适宜度两个方向上发生变化，同一企业在不同的状态下在两个变化方向上的选择会有差异，不同企业从自己的原始生态位出发，在两个变化方向上的选择也会有所不同。从一个比较长的时期来考察，商业模式的不断创新使企业的生态位不断发生变迁，不同的企业呈现出不同的变迁路径，这种变迁路径也是企业成长和演化方式的直观反映。许多知名企业的成长历程都展现出了这种关系，例如IBM、海尔、立思辰等（参见：本章附录“IBM商业模式创新与生态位变迁”；第五章附录A“立思辰公司商业模式创新历程”；第六章附录“环境变迁、资源和能力积累、战略导向与商业模式创新——海尔”）。

三、竞争战略、生态位与商业模式的整合——生态优势

在今天，核心竞争力的刚性和单一性问题成了企业适应动态环境实现可持续成长的主要矛盾和问题。一方面，市场上整合性的需求提高了，消费者不再满足于单一的产品功能，而是希望通过简单、极致的交互，从极小的接触点上获得一揽子的个性化解决方案；另一方面，越来越盛行的行业跨界增加了竞争的不确定性。移动互联网的飞速发展，使得行业环境进一步变得复杂和模糊。对于身处其间的企业来说，竞争对手和合作伙伴可能来自意想不到的跨界领域，它们必须时

刻准备进入陌生领域、应对跨界颠覆者的挑战。产业的融合和动荡、消费者的需求升级也迫使企业必须保持开放、灵活。显然，经典理论的适用条件发生了变化，企业必须重新思考新的时代背景下企业竞争优势的来源。“生态优势”的概念应运而生，这里的“生态”或称“生态圈”（ecospheres）是指具有异质性的组织、企业、个人在相互依赖和互惠的基础上形成的具有共生、互生和再生机制的价值循环系统。企业的优势不仅仅来源于内部价值链活动的优化和资源能力的积累，还来源于对外部资源的有效利用，也就是企业组合商业生态圈元素，协调、优化生态圈伙伴关系的能力。与内生的竞争优势相反，生态优势强调的是“外部关系”，不仅仅关注自身的价值链，还要重新定义和优化价值网上的活动，管理好不拥有的资源。竞争的视野从企业之间上升到生态圈之间（廖建文和崔之瑜，2016）。

在经典战略框架下，企业通过占有和控制有价值的、稀缺的、难以模仿和无法替代的资源培养核心竞争力，从而持续地提供成本领先或具有差异化的产品。在生态视角下，企业则应不断地增加生态圈内伙伴的异质性、嵌入性和互惠性。异质性对应了“共生”，是指生态圈成员之间异质性资源的互补配合能够使得生态圈的功能更加丰富多元，能够更好地满足交易对象的需求；嵌入性对应了“互生”，是指生态圈形成的约束与激励机制使得生态伙伴之间彼此高度依赖、相互扶持，形成高度的信任与忠诚，从而保证了生态圈的稳定性；互惠性则对应了“再生”，是整个生态系统建立起一种在个体与集体、当前与未来利益之间的平衡和放大机制，促进生态圈的持续繁荣。异质性、嵌入性和互惠性高的生态圈具有适应能力和放大效应，能够灵活地组合不同企业的核心竞争力、适应不断变化的环境，并形成协同和放大的竞争优势。

当今的企业很难脱离生态圈而独立生存并发展壮大，或者说任何企业都处于自己特定的生态圈当中。企业之间的关系已经超越了单纯的竞争抑或是上下游合作关系，企业与消费者之间的关系甚至也不仅仅是交易关系，而是一种基于生态圈的复杂、多层次、多重关系。实践中，企业战略的分析框架已经将产业分析、资源、能力、价值链分析融合为生态系统的分析，其创新性的视野及理念，正是商业模式创新思想的精髓，以此为指引产生了众多的创新性的商业模式，生态圈的建立本身就是当今商业模式创新的一种重要形式，而商业模式这一整合性的概念正是对企业在生态圈中地位与角色以及特定生态圈在更大的生态系统中定位的表述与描述。

就商业模式在组织分析与战略管理理论中的地位和角色来看，商业模式被视为引导企业进化和适应其环境的工具（Demil & Lecocq，2010；McGrath，2010），作为传递反馈并连接战略和战术层面的关系系统（Casadesus - Masanell & Ricart，

2010)，影响着价值结构的变化过程，从而带来新的执行者和机构（Teece，2010；Gambardella & McGahan，2010）。

第二节　技术创新、制度创新与商业模式创新

自从1912年著名经济学家熊彼特（Schumpter，1912，1934）在《经济发展理论》中提出“创新理论”以来，围绕“创新”，理论研究与实践探索互相推动，创新形式和创新观念不断演化，作为推动人类社会进步、经济发展、企业成长的关键力量，创新一直是学术界历久弥新的研究主题。

一、技术创新与制度创新的关系之争

熊彼特（1934）认为，创新就是建立一种新的生产函数，即把一种从未有过的关于生产要素和生产条件的“新组合”引入生产体系；这种新组合包括：采用一种新产品或产品的新特征、采用一种新生产方法、开辟一个新市场、掠取或控制原材料或半成品的新的供应来源、实现一种工业新组织。在当时的社会实践水平和认知水平背景下，创新理论关注的重点是技术创新，虽然这一概念包含了后来陆续引发人们关注的各种创新形式，但早期的创新概念基本上等同于技术创新（technical innovation）。1973年，道格拉斯·诺斯和罗伯特·托马斯（1989）的《西方世界的兴起：新经济史》一书把产权和交易费用理论引入对制度形成和制度变迁的分析中，形成了制度创新（institution innovation）理论；他们对以往的“技术创新决定论”提出挑战，指出：与技术创新相比，制度创新对经济增长的作用更具决定性。从此，创新研究沿着技术创新与制度创新（广义）两条路径发展。

技术创新与制度创新关系的争论一直没有停止过：孰轻孰重？谁主导谁？关于技术创新与制度创新关系的观点基本上可以归结为：“技术决定论”“制度决定论”和“协同演化理论”。但是，这些观点并不像看起来那么绝对对立，“技术决定论”不能否定制度的反作用，“制度决定论”也并不否认技术创新对制度创新的重要作用。演化经济学则把这种共生、共存、互相作用称为“协同演化”，还有一些学者使用了折中的提法，例如“互不决定论”“互相决定论”等。当商业模式创新成为一种越来越重要的创新形式，这种关系之争便进入了一个新的阶段。商业模式创新是基于价值主张的，涵盖资源、流程、关系等的运营模式以及收入、成本等盈利模式的设计或再设计过程（Osterwalder & Pigneur，2011）。那

么，在技术创新和制度创新之外，商业模式创新的位置又在哪里呢？

二、技术创新与商业模式创新的关系之争

技术创新和商业模式创新都受到外部环境的影响，并且自身也都包含着相互关联的子系统，都是复杂、动态和非线性的系统（阳双梅和孙锐，2013）。关于技术创新和商业模式创新之间的关系，存在一些不同的认识。

部分学者认为技术创新引致商业模式创新，即技术创新决定商业模式创新，因为新技术为新的商业模式创造机会，适当的商业模式对于技术的成功商业化是必须的。帕特利和贾格利斯（Pateli & Giaglis，2005）提出商业模式创新是从识别技术创新影响开始的，它包括识别一个可能的技术解决方案带给商业模式关键要素（例如目标市场、价值主张、收入模式等）的影响和冲击，以及受这些影响下的当前商业模式的可能变革。克里斯坦森等（2004）也指出，技术创新、特别是颠覆性技术创新往往开始于有限的市场，但当新技术进一步完善并得到一定程度推广后，将会替代当前技术和产品，从而重塑企业的价值主张。卡利亚等（Calia et al.，2007）发现，从企业外部来看，技术创新与商业模式创新因创新网络而连接起来：创新网络不仅可以为企业提供具有竞争性的产品技术，也可以为企业提供必要的资源去创新商业模式；从内部来看，技术创新可以激发公司在商业运营活动上的变化，继而导致商业模式革新。蒂斯（2010）也指出，技术创新本身不会自动成功，每一个新产品的开发努力都应该伴随相应的商业模式创新。阿米特和佐特（2012）总结为："商业模式创新是技术创新的结果，技术创新决定了商业模式创新的类型。"国内学者后士香和王翔（2014）提出，技术创业企业的技术和互补资源独占性高低影响着商业模式设计中授权或整合导向的选择。

也有学者认为商业模式创新和技术创新之间并不是"引致"和"决定"的关系，而是匹配关系，商业模式创新和技术创新相互匹配才会给企业带来竞争优势和良好的绩效。商业模式有利于技术在企业价值创造中发挥作用，从而引导技术向适合其商业模式的方向创新。切斯布洛和罗森布鲁姆（2002）认为商业模式是企业为了从技术中获取价值而构建的合理收益架构，它们以施乐公司为案例进行研究，发现企业倾向于对适合其商业模式的技术进行投资。技术只有与合适的商业模式结合，才能体现出价值（Chesbrough & Rosenbloom，2002；朱武祥和魏炜，2007）。国内学者胡保亮（2012）对商业模式创新与技术创新对企业绩效的共同作用进行了探索，结果发现商业模式创新与技术创新是互补关系。

但是，企业创新实践的一些例证却表明，商业模式创新是独立于技术创新

的，也就是说，即便没有新颖的技术，商业模式本身也能成为保证业务成功的核心。例如20世纪80年代发生在日本的准时制（just in time）生产系统创新，戴尔的供应链和分销系统创新；再例如苹果公司，它在20世纪90年代初在打印机、扫描仪和掌上电脑的开发上耗费了大量资源却并不成功，乔布斯重返苹果之后，开始专注于产品组合和资源整合，基于对终端用户的深入了解、完美的客户体验、直观的用户界面、精心打造的产品设计以及品牌塑造的商业模式创新改写了整个行业的游戏规则。

笔者认为，二者之间的关系上之所以存在模糊的认识甚至冲突，关键是没有对技术创新进行结构化分解，并分别进行分析。因为发生在行业核心技术上的外部技术创新、作为社会生产基础条件的外部技术创新、内部突破性技术创新、内部渐进式技术创新对商业模式创新影响的机理和效果并不相同，而且企业核心技术的可扩展性和输出的复杂性（商品的技术复杂性所决定的客户在使用商品过程中的难易程度）对商业模式创新也有重大的影响，只有厘清它们之间的不同驱动机理，才能使技术创新与商业模式创新之间的关系变得清晰起来。笔者认为，商业模式创新不是与技术创新和制度创新相并列的另外一种创新，而是技术创新和制度创新的协同演化形式，是一种更高认知水平上的创新思维、理念与分析框架。

三、商业模式创新是技术创新和制度创新的协同演化形式

学者们已经发现企业的创新活动是全面的、协同的、演化的（许庆瑞等，2003；郑刚等，2008；陈劲，2008），在商业模式创新进入人们的思维和视野之前，这些特征主要局限于对技术创新与制度创新之间关系的描述，商业模式创新的出现使对这种关系的思考突破了“谁决定（主导）谁”的思维定式，或者从某种角度上说给出了这 问题的另一个答案。

商业模式是一个高度凝练的概念，用以表达在既定市场上，一组相互关联的决策变量如何设置以产生持续的竞争优势（Michael et al.，2013）。从这个定义出发，这些决策变量（构造模块）本身的改变以及它们之间关系的改变都构成商业模式创新。这些改变或者是由技术创新、制度创新引致的，或者本身就是技术创新或制度创新，或者要依托于技术创新或制度创新来实现。商业模式分析为企业选择创新方式提供了思考和行动框架（见图4-4）。

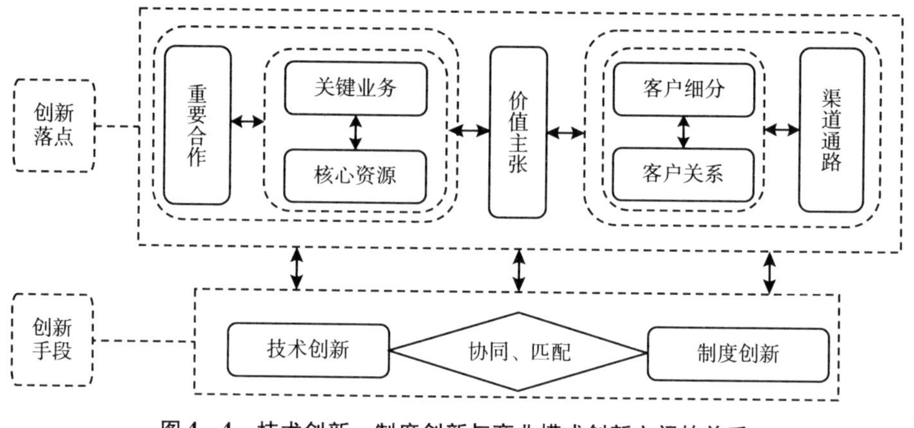

图 4-4　技术创新、制度创新与商业模式创新之间的关系

一方面，技术创新会引致商业模式变革——企业为了从技术中获取价值而构建合理的收益架构。例如施乐公司为“静电复印技术”而创新的租赁服务商业模式，百度为其搜索引擎技术创新的“百度推广”模式（按效果付费的网络推广方式）。反过来，企业倾向于对适合其商业模式的技术进行创新，例如沃尔玛、亚马逊对信息技术的开发与运用。另一方面，有很多商业模式创新从其实现方式来看，其主体就是技术创新，例如电子商务、智能手机、网络语音通信、搜索引擎、基于基因的个性化医疗等；而企业创新实践的另外一些例证也表明，商业模式创新在很多情况下主要是基于制度创新的，例如准时制生产系统创新、客户驱动的按订单生产商业模式（customer-driven build-to-order business model）、众包等。如果把上述这些创新单纯地界定为技术创新或者制度创新，实际上只是对其创新起点或主体（主导）创新的描述，而把它们界定为商业模式创新则体现了在更高层次上对创新的系统思考和设计。

如前所述，商业模式创新可以起始于任何一个构造模块，然后引起其他构造模块的相应调整与设计，商业模式创新的系统性要求构成它的典型特征。商业模式创新的行动逻辑是：从洞察客户最核心的诉求出发，寻找解决问题的最佳途径。这种途径可能是技术创新或者制度创新，但更多的是二者相互匹配的创新。理查德·纳尔逊和悉尼·温特（1997）曾指出，技术和制度应该被理解为共同演化，因为技术进步的速度和特征受到支撑它的制度结构的影响，制度创新也是强烈地以新技术在经济体系中是否和怎样被接受为条件的。商业模式创新的思维和行动框架就体现了对这种共同演化的追求。

商业模式创新是对企业主导创新与辅助创新、创新结果与实现路径进行选择的思考和行动框架，而这个选择的出发点已经突破了技术创新和制度创新范畴内

的思考，而是对技术创新和制度创新以及它们之间关系的选择，这种选择决定了二者之间协同演化的具体形式，而选择的判断标准就是商业模式创新的核心——价值创造（详见“第七章第一节——以价值增进为内核的商业模式创新思维框架”）。

第三节 商业模式创新的时代进步性

如今，还有很多学者质疑：商业模式研究有理论吗？将商业模式作为独立研究领域，在未来可能也并不乐观。但是，从企业的视角来看，商业模式创新是创新认知与思维方式的进步，它能给创新主体带来竞争优势和商业价值，这已经得到实践的证实，也是学术界的共识；而站在社会的视角，商业模式创新中所蕴含的社会意义和价值是值得肯定的，其历史进步性有诸多方面的表现。

一、创新性的理念与思维方式

创新是主体（人）改造外部世界与自身精神状态的统一。商业模式创新不仅是一种新的创新实践，它更是一种思维范式和理念的创新。思维范式和理念的创新反映的是影响企业业务选择的潜在思维方式的变化，它源自创新者对问题和游戏规则的重新定义和重构（Tidd & Bessant，2011），其意义已经超越了创新本身。商业模式创新在创新理念与思维方式上的改变被称为“挑战传统智慧”。

（一）挑战企业研究的基本假设

在商务领域，创新是立足于企业立场的，其基本假设是：企业是以营利为目的的独立实体；而社会企业这种新的商业模式的出现则挑战了这一基本假设。诺贝尔和平奖获得者、著名社会企业孟加拉乡村银行（Grameen Bank）创办者穆罕默德·尤努斯这样描绘社会企业：一个自给自足的公司用销售产品或服务偿还其所有者的投资，但其主要目的是服务社会、使大多数穷人的生活得以改善（Yunus et al.，2010）。英国政府对社会企业的定义是：“一个社会企业是一个商业组织，它的主要目标是社会目标，而它的利润应主要用于对社会目标的支持性投资或直接投资到社区当中，而不是为了股东和所有人的利益最大化。[①]”总之，社会企业的基本规定性是用商业的规则去解决社会问题，这种介于非营利组织与营

① Office to the Third Sector［UK］. Social enterprise action plan：scaling，new heights［Z］. 2006，10.

利组织之间的商业模式被认为将在解决政府与市场同时失灵问题领域发挥极大的作用（Santos，2012）。

（二）挑战行业的主导逻辑

商业模式创新是对价值创造和实现逻辑的重新思考，它往往是价值载体、价值创造和实现方式的质变，而不仅仅是量变。也就是说，它是价值载体的变化，而不仅仅是价值大小的变化；它是价值创造方式的变化，而不仅仅是价值创造效率的变化。如果价值载体本质不变，所包含的价值大小发生变化，比如质量提高、辅助（非核心）功能增加等，这种创新的思维是线性的，那么这种创新便属于技术创新基础上的产品创新，例如智能手机屏幕越来越大、分辨率越来越高、处理器更快、机身更薄等；而通信手机变革为智能手机则属于商业模式创新，是因为价值附加于其上的根本载体发生了变化，核心功能发生了转移。通常意义上的技术创新，是技术的线性演进，而逆向的、非主流的破坏性技术创新则属于商业模式创新；技术创新方式的转变也属于商业模式创新，例如众包、开源社区等。从价值创造与实现的组织安排来看，内部管理方法的改进、管理效率的提高属于一般意义上的管理创新；但是流程再造、价值网络的再设计属于商业模式创新，因为它改变了价值创造和实现的基本逻辑；一体化、多元化、国际化等属于战略创新，但提供完整解决方案则属于商业模式创新，这是因为其满足的消费者的基本诉求发生了变化。

商业模式创新的火花往往出自逆向思维、非线性思维，这是对特定行业主导逻辑的挑战。逆向思维，是从相反方向思考问题的方法，例如免费模式、顾客参与价值创造、虚拟企业、低端市场破坏、制造业的服务化都是这种思维方式的结果。非线性思维，是在看似毫无关系（没有显而易见联系）的事物之间建立起联系。把跨行业的商业逻辑进行嫁接是商业模式创新一种重要的行为方式，例如亚马逊做云计算、苹果手机的平台化，这些都是对行业基本游戏规则的挑战。前文提到的社会企业先驱孟加拉乡村银行商业模式就挑战了“穷人缺乏信用”“无恒产者无恒心”“贷大不贷小”等传统银行经营观念，这种商业模式利用集体的支持、同伴的压力、借款人自身的利益和动机确保了很高的还款率。

（三）挑战企业自身成功的惯例

商业模式创新的根本性往往体现在它是对组织心智模式的改变，涉及企业深层次惯例的变革，例如经营哲学、价值观、企业文化等，许多企业进行商业模式创新表现为对自身的挑战和超越。“追求卓越”（“精益求精”）曾经是 IBM 的核

心文化，也造就了它曾经的辉煌，在20世纪90年代初郭士纳接手IBM时这已经变成了对于完美的固执迷恋，这也使蓝色巨人深陷危机。郭士纳（2015）提出，信息革命即将发生，但前提是电脑行业要停止崇拜单纯的技术，并开始注重技术对于客户的真正价值。在“随需应变”“顾客第一”指引下，IBM实现了从制造商向一体化解决方案提供商的转变。Intel的成功之路可以简单地描述为：用最好的芯片设计团队、最新的生产线为用户持续不断地提供性能最佳的处理器，从而获得最佳的商业回报。这个技术创新至上的典范面对今天变化了的需求特征，也以“够用就好”的理念在主体业务之外建立了赛扬事业部（Celeron division）开展新的商业模式。

二、创新性的商业伦理

无论是面对顾客、竞争者还是合作者，商业模式创新都是消费者价值导向而非竞争导向，这是一种创新伦理甚至是企业伦理的提升。

（一）商业模式创新以价值创造为导向

与传统创新范畴如影随形的概念是“竞争”，而贯穿商业模式创新始终的是“价值”，正因如此，商业模式构成要素被高度提炼为价值主张、价值网络和收益模式（Rene et al.，2014）。虽然商业模式对焦点企业绩效的影响来自创造总价值以及分配价值这两种效应，但是，商业模式的独特性在于价值创造而不是价值分配（Zott & Amit，2011），它是通过提高顾客的支付意愿或者通过降低供应商和伙伴的机会成本而使总价值得以提高（Zott & Amit，2007）。商业模式创新的思维促进企业开发独特的、为顾客创造价值的新方式，从而建立阻止竞争对手模仿的壁垒，创造顾客价值和企业价值。

（二）商业模式创新以价值网络为视野

商业模式创新的视野已经超越企业边界，上升到价值网络层面。企业对竞争优势的思考已经从产品、产业扩展到商业生态系统，企业实施商业模式创新就是把竞争优势建立在生态系统层次上。商业模式创新往往关乎上下游的生存及机会（Gambardella & McGahan，2010），大部分的商业模式创新对行业上下游生存与发展有很大的影响。可见，商业模式创新是以包涵顾客、核心企业、合作伙伴、互补者等的价值网络为分析单位的，它更多关注整个价值网络总价值的创造，而非仅仅关注价值的分配，这给企业间的合作建立起了可持续的基础。正如佐特和阿米特（Zott & Amit，2013）所认为，与聚焦企业自身价值创造的波特价值链理论不同，商业模式聚焦总价值创造。因此企业只有在做大价值“蛋糕”的基础上，才可能分好价值“蛋糕”，即按照帕累托改进的原则，确保没有任何一方利益相关者的现有福利水平因企业的商业模式创新而降低。

（三）商业模式创新关注的是消费者的真实需求

商业社会严酷的竞争使企业的许多创新偏离了消费者的真实需求，使消费者迷失在各种炫目的新产品中，不仅消费者为此付出超额的代价，还带来许多环境和社会问题。商业模式创新的思维起点实现了向消费者真实需求的回归。感受顾客真实需求、满足顾客未被满足的需要是商业模式创新最重要的驱动（Sako，2012）。在商业模式设计中，价值创新的分析方法被称为“四项行动架构”：删除——哪种被行业认为是理所当然的因素应该被去除，减少——哪种因素应该被降低到行业标准以下，增加——哪种因素应该被提升到行业的标准之上，创造——哪种行业中没有的因素应该被创造出来；消费者真实需求就是这些行动的根本依据。“够用就好”“问题解决方案”等体现的就是对消费者真实需求的关注。

（四）商业模式创新关注非主流客户的需求

一直以来，在规模经济理论的指引下，企业一般以经营畅销品、服务主流客户作为业务选择的基本准则。当今社会需求特征和技术背景的变化使长尾经济出现，基于长尾理论的商业模式创新就是企业从面向主流用户销售少数拳头产品向销售庞大数量的利基产品的转变，把被现有技术和经济系统排除在外的非消费群体作为目标客户，例如为金字塔底层（bottom of pyramid）的群体提供商品（如塔塔汽车、孟加拉乡村银行）、关注不曾被关注的群体（小众）、经营品类繁多但不畅销的产品、满足少量个性化需求等。这种创新的实质就是将潜藏在以往统一而单一市场下的大量个性化需求释放出来，使原来不曾经营的商品具有商业价值，使原来不曾服务的客户成为新的客户。这种创新不仅满足了以往未被满足的需求，减少了重复投资造成的资源浪费，增进了社会的福利，而且缓解了企业之间的竞争。与商业模式创新相比较，技术创新虽然也有来自满足用户未被满足需要的驱动，但是它往往是在特定技术不断提高的框架内的思考，缺乏用户价值立场上对要不要进行技术创新和如何创新的考量。商业模式创新即使涉及技术，也多与技术所蕴涵的经济价值及经济可行性有关，而不是纯粹的技术特性。

三、创新性的实现方式

（一）开放性的资源配置

商业模式创新是突破企业资源边界、市场边界和契约边界的开放式创新，无论对于企业本身还是社会，都提高了资源的配置效率。最能体现这种开放性的创新有几种典型的形式：（1）众包，众包是指把传统上由指定代理人（通常是雇员）完成的任务以公开选拔的形式外包给大量不特定的个人去做的行为（Howe，2006），众包模式的实质是对离散社会资源的有效利用，企业借助网络平台以众包方式解决技术、创意、设计等原来完全由内部流程和资源完成的活动。（2）共同创造，共同创造是把消费者、供应链成员、其他相关产品提供者纳入产品价值网络的思维方式，例如用户自生成内容、用户 DIY、全供应链设计合作等。

（二）创新的机会均等性

阿米特和佐特（2012）在阐述商业模式创新为什么备受关注的原因时指出：技术创新和产品创新往往是费用高昂并且耗费时间的，因为这需要可观的前期投资用于研发、资源特定化、新的工厂和设备，甚至要构建整个新的业务单位，而且这两种创新是有很强的路径依赖性的；虽然商业模式创新也表现出一定的能力和路径依赖性，但是由于商业模式创新层次、方向、类型、路径的多样性，相比较而言，商业模式创新对资源投入一般没有特别的要求或者不依赖于特定资源的投入（特别是有形资源）；从这个角度讲，它对于不同层次、不同实力的企业来说是机会公平的创新，这也就是为什么我们会看到无论是世界顶级的大公司还是名不见经传的小公司都可以进行商业模式创新并取得巨大的成功。

四、创新结果的社会影响

由于商业模式创新不拘泥于企业边界、行业边界，有的时候一种新的商业模式出现也就代表着一个新的行业出现。回顾以往给我们生活带来巨大改变的创新，有很多都属于商业模式创新的范畴：超级市场、快餐、电子商务……特别是互联网、大数据与传统行业日益融合的今天，传统的行业界限模糊了，出现了许多提供崭新价值主张的行业，这些行业的影响力足以改变世界的平台式商业模式、跨界模式，例如谷歌、亚马逊、阿里巴巴、海尔……；也有存在于我们周围的微小行业，例如团购网站、外卖、上门厨师、家庭服务集成商等。这些创新性行业（商业模式）的出现改变了人类社会的生产生活方式，解决了社会问题，提高了人类对于时间和空间的利用和掌控能力，推动了社会的进步。

从人类漫长的创新认知与实践的演化发展过程来看，人们从专注于技术创新、关注制度创新发展到对全面协同创新的重视；从企业的发展历史来看，在不同的发展阶段，在不同的情境中，企业在技术创新和制度创新及其之间的关系上进行着选择取舍；从不同企业的对比来看，它们的创新导向、方式也不相同；这些构成了创新演化的一般特征。商业模式创新作为一种理论框架，能够对这些发展演化现象做出解释；而商业模式创新作为一种具体实践，则是这种协同演化的表现形式。可以说，商业模式创新是对技术创新、市场创新、管理创新等传统创新方式的包容与超越，是建立在思维范式变革基础上的创新。

创新作为人类最重要的实践活动，既包含着合规律性的认识要求，也包含着合目的性的价值取向要求；商业模式创新的出现正是这两种力量共同作用的结果，它使创新活动更具科学性，从而能为创新主体带来更大的价值。商业模式创新中又包含着伦理价值和社会价值的设计，无论从创新理念还是客观结果来看，它在对社会价值的诉求上又前进了一步，而且它使企业社会责任行为内涵化，在消费者社会责任意识觉醒的今天，使企业更具合法性，从而使个体价值与社会价值更加统一，或者说从一定程度上解决了二者之间的冲突。从这个意义上说，商业模式创新是“作为道德进步的负责任的创新”（于雪，2013），是一种绿色创新。

附录：IBM 商业模式创新与生态位变迁

IBM 成立于 1911 年[①]，至今已有 110 年的历史。IBM 的历史可以说是现代计算机的发展史，也可以说是一个个危机促使下，由几代传奇 CEO 推动的转型变革史。图 4 – 5 描绘了 IBM 在 20 世纪 90 年代以后成长的不同阶段由商业模式创新的不同选择所带来的生态位的变迁过程。

① 1911 年国际时间记录公司、计算尺公司和制表机器公司三家公司合并，成立了计算 – 制表 – 记录公司（Computing – Tabulating – Recording Company，即 CTR 公司），IBM 公司官方认定这个时间为该公司发展的起点。如果再追溯这三家公司成立的时间，历史还要往前推二十多年。1917 年，CTR 公司以国际商用机器有限责任公司（International Business Machines Co.，Limited）的名义进入加拿大市场。这是 IBM 这个名字第一次出现，随即又在 1919 年进入欧洲市场。1924 年，CTR 公司正式改名为国际商用机器公司，即我们现在熟知的 IBM 公司。

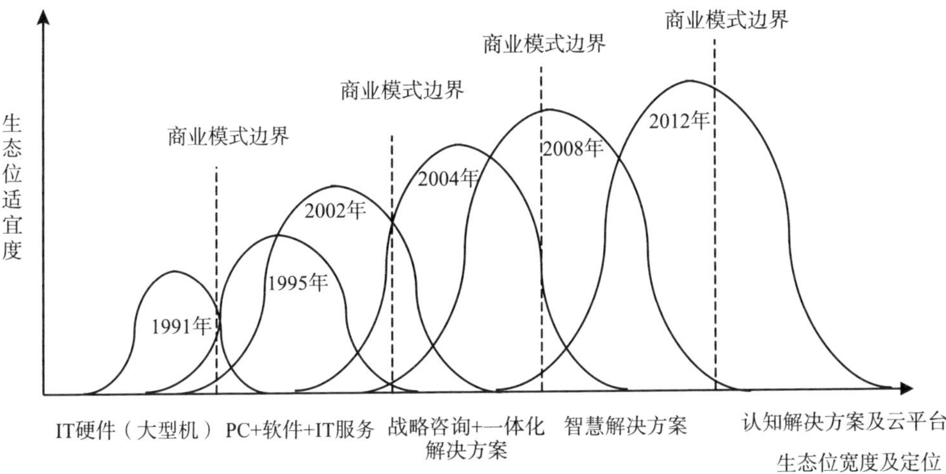

图 4-5 IBM 商业模式创新与生态位变迁过程

1956 年，IBM 从一家穿孔卡片公司转型为大型计算机公司；进入 20 世纪 90 年代以后，IBM 的主要财源大型主机业务遭到接连不断的打击，由于个人电脑和工作站的功能越来越强大，大型主机需求量剧减，IBM 公司走进泥潭，从 1990 年到 1993 年连年亏损，世界上最大、最老、曾经最成功的跨国电脑公司面临土崩瓦解。1993 年 4 月 1 日，由路易斯·郭士纳（L. Gerstner）接任董事长兼首席执行总裁。1994 年，IBM 开始从大型计算机向包括个人电脑在内的分布式计算系统转型。1995 年，郭士纳首次提出"以网络为中心的计算"（简称 NCC），大力投资软件和服务。1995 年 IBM 斥巨资 35 亿美元强行收购了莲花（Lotus）软件公司。从 1993 年到 2002 年，郭士纳帮助 IBM 的股价翻了约 9 倍。

2000 年，互联网泡沫爆发；2002 年，郭士纳功成身退。2002 年第一季度，IBM 连续三季度出现利润及营收下滑，下滑幅度达到十年之最。这一年，彭明盛（Samuel Palmisano）接替郭士纳担任 IBM 的 CEO。上任后，彭明盛提出要全面进入知识服务、软件和顾问等服务市场，向客户提供任何需求的任意解决方案。2002 年，IBM 以 39 亿美元高价收购了普华永道咨询公司，又用 21 亿美元收购了瑞理（Rational）软件公司。这让 IBM 拥有了为客户提供咨询等多种后台服务，而不是局限于 IT 产品服务。此举标志着 IBM 从硬件科学技术进军到提供信息系统服务、企业管理和运营咨询服务的领域。IBM 在深入咨询、软件和技术服务的同时，也借此进一步增强全球执行能力，明确了以软件、硬件、IT 服务和咨询服务四轮驱动的高价值业务模式。2004 年，彭明盛决定将个人电脑业务卖给中国的联想集团，提出"随需应变"的战略：退出 PC 硬件业，向为客户提供从战略咨询到解决方案的一体化服务公司转变。

面对“大数据”时代的到来，应对“感知化、互联化、智能化”的科技大趋势（Weed，2012），彭明盛在2008年对外发布了新的战略方向：全球化的人类社会将复杂的自然系统转化为复杂的商业和社会系统，而这个系统基于统一的智能全球基础设施。为此，IBM推出了著名的“智慧地球”战略，并开始部署自己的“大数据”战略，通过收购Cognos、ILOG、Netezza、SPSS、Coremetrics等使公司的业务涵盖主机、操作系统、数据库、中间件、基本应用软件、系统建设、IT治理、组织流程梳理和企业的文化战略咨询等，实现了向服务模式的转型。这个战略的提出，可以说比较准确地把握了物联网、云计算、大数据、移动互联网的科技发展脉络，为IT产业的发展指出了新的方向。由此带动了几个产业链的发展，比如智慧城市、智慧医疗、智慧能源、智慧交通等。为了实质性推动“智慧地球”的战略，IBM又连续推出以创办人老沃森为名——史上第一台听懂人类自然语言的超级计算机“沃森”（Watson）。沃森在美国老牌知识问答电视节目“危险边缘”中击败了两位人类冠军，被誉为21世纪计算机科学和人工智能方面的伟大突破。由此，“人工智能”一词才开始大面积进入人们的视野。

2012年，IBM已经是美国雇员最多的公司，全球拥有345000名员工。同时在这一年，以系统工程师的身份加入IBM公司20年之久的吉尼·罗睿兰（Virginia C. Rometty）开始担任公司董事长、总裁兼CEO。她是IBM历史上第一位女性CEO兼董事长。她接过上任的旗帜，转型方向是要让IBM从一家传统硬件、软件和服务公司转向向客户提供认知解决方案及云平台的公司。在她看来，“认知计算是改变一切的技术”。IBM重新定义了企业的业务核心，包括Cloud（云计算）、Analytics（大数据分析）、Mobile（移动）、Social（社交）、Security（安全）五个战略组成，合称“CAMSS”，取代了之前的SMAC（社交、移动、大数据分析、云计算）。

资料来源：

[1] 郭士纳．谁说大象不能跳舞？（纪念版）[M]．张秀琴，音正权译．北京：中信出版社，2015.

[2] 李璐．IBM提出“认知商业”在华启动战略转型 [J]．通信世界，2016（6）：30-31.

[3] 刘国华．百年IBM：值得全球商界研究的转型变革典范 [EB/OL]. https：//baijiahao. baidu. com/s？ id = 1625496505246192175&wfr = spider&for = pc. [19-02-15].

第二篇

商业模式创新驱动论
（DRIVERS）

第五章

商业模式创新的驱动与影响因素

第一节　商业模式创新的驱动与影响因素概述

企业实施商业模式变革的过程是对自身价值模型进行解构和重构的过程，商业模式变革既可以由供应链驱动，例如通过运用新科技或者新方法来创造新价值，同时也可以由需求链驱动，例如发现新的顾客需求并设计一定的方式来满足它们；商业模式创新可以来自内部因素的驱动，也可以来自外部因素的驱动（Gordijn & Akkermans，2001）。以往研究所提出的商业模式创新的驱动与影响因素大体涉及以下几个方面。

一、社会技术变革

自古至今，人类社会的历次技术大变革都推动了生产方式的大变革。商业模式这一概念备受关注就是由互联网技术的发展直接推动的，许多新的商业模式的产生都与当今互联网技术的发展存在直接或间接的关联。众多国外学者的研究表明，在广泛的ICT领域，产业数字化、产业模块化和产业融合等技术的变化推动了美国、欧洲和日本相关企业商业模式的创新，而且商业模式创新有助于企业在更大程度上获得技术创新所带来的收益（王鑫鑫和王宗军，2009）。国内学者王茜（2011）也认为，利用IT建立完备的信息支撑体系和业务协同网络已成为成功商业模式的鲜明特征。基于IT的数据信息共享平台可以有效、实时获得客户的相关数据，挖掘客户的真实需求，整合客户信息资源，形成满足客户需求的整体解决方案。IT为柔性化、模块化、快速响应客户独特需求、跨越企业边界完成流程协同提供支撑。社会基础技术进步对商业模式创新的推动在多个领域得到了证实，例如谷歌、百度等就是基于互联网搜索技术创新而建立起来的新型商业模式。新零售模式实现的每一个环节都离不开新一代网络、数字、智能技术的应用，而集数字、互联、智能为一体的3D打印技术正在推动整个社会制造模式的变革等。除了代表时代特征的ICT技术变革之外，其他领域技术的突破也引发了相关行业的商业模式创新，例如基因技术引发的个性化医疗、预防医疗模式，蓄电、充电技术突破引发的电动汽车相关商业模式创新等。

二、需求变异

德勤咨询公司在对多家企业的商业模式创新进行研究后发现，推动商业模式创新的主要动力往往不是大家通常认为的技术、法规等社会经济变化，而是企业为满足消费者长期存在但被忽视或未得到满足的需求而进行的努力；例如，美国西南航空公司提供的廉价短途航空旅行服务，星巴克提供给消费者的休闲、放松、交谈及参与聚会场所的独特价值等。消费者的价值诉求（也是行业竞争的焦点）是随行业成熟度而转移的。约翰逊（2010）指出，行业都是通过一种可预期的程序走向成熟的，在这一过程中，竞争的焦点（即消费者为之愿意付出溢价的东西）在不断发生变化；当一个行业还很年轻时，竞争的焦点是功效，顾客愿意为一些小功能的增加而多出钱，企业会通过产品功能创新进行回应；当企业能够创造出更好地满足消费者想要的所有事情的商品时，竞争焦点转移到可靠性上，此时，消费者愿意为持续时间最长或者故障最少的附加值付出溢价，公司可以通过流程创新应对这种挑战；最终，竞争的焦点将再次转移为顾客化和便利性，顾客愿意为这样的商品付出溢价——这种商品比较容易获得或接近，或者是为消费者自己的需求量身定做的，这时企业需要进行商业模式创新。实践中，以消费者需求为导向的典型商业模式创新例如长尾模式、大规模定制、生产型服务模式等即反映了需求变异对商业模式创新的驱动。

三、竞争压力

IBM（2008）对世界范围内765个CEO进行了调查，结果发现，大约40%的公司高管担心竞争对手的商业模式创新有可能从根本上改变行业前景，因此，他们希望自己的公司能够参与和掌控这种创新。约翰逊（2010）也指出商业模式创新主要来自两种威胁：第一种是行业产品商业化过程中竞争焦点的转移，第二种是破坏者入侵，例如小钢铁厂对大钢铁厂的威胁就来自正好够用（good—enough）行业理念的改变，实体商店发展在线渠道来自电子商务的巨大冲击，传统电信、纸媒、银行业务的变革是为了应对网络社交平台、新媒体和第三方支付

平台等的跨界竞争。虽然商业模式创新的着眼点是价值创造而非竞争，但是一切创新（包括商业模式创新）都是发生在竞争的大背景之下的，都是为了让企业在竞争中能够脱颖而出，或者能够避开竞争。波特和赫佩尔曼（Porter & Heppelmann，2015）指出，当传统的竞争战略难以确保企业业绩的持续性时，跳出竞争景框的限制、寻求有利于自身的产业环境就成为一种必然，这就是商业模式创新。

四、企业技术创新

许多公司的商业模式创新起始于一项技术发明。切斯布洛等（2002）从"一个好的商业模式应能发掘出技术的潜在价值"这一命题出发，把商业模式视为从投入的技术领域到产出的社会领域的映射，认为商业模式是联系技术及其经济价值的桥梁。佐特和阿米特（2011）在综述技术管理与商业模式创新的关系时指出：许多公司都是通过商业模式创新使他们的创新想法和技术商业化，商业模式的一个重要角色是它可以释放隐含于新技术中的潜在价值并把它们转化为市场产出。

为了使新技术成功商业化而进行商业模式创新的经典案例就是施乐公司为914型号复印机而设计新的商业模式：当时使用了"静电复印"新技术的914型号复印机在各种性能上都远远优于当时基于两种成熟技术的复印机（例如复印质量很高而且使用方便，不像湿法复印技术那样会在复印品上弄上脏手印，也不像热干法那样使用的热敏纸会慢慢变黄甚至卷曲起来），但是设备价格昂贵，很难打开市场。为了克服这一问题，Haloid公司（后来不久就改名为施乐公司）于1959年9月26日开始以提供租赁服务的方式将914号复印机推向了市场。消费者每个月只需支付95美元就能得到一台复印机，在每个月内如果复印的张数不超过2000的话，则不需要再支付任何其他费用，超过2000张以后，每张再支付4美分；Haloid公司则同时提供所有必需的服务和技术支持；令人难以置信的是，用户一旦安装了914型号复印机后，每天而不是每个月都要复印2000张以上，复印机每多复印一张，就可以为哈洛德（Haloid）公司带来额外的收入。在随后的十几年里，这种模式使公司的收入增长率一直保持在40%以上，其股权回报率（ROE）也一直长期稳定在20%左右。到了1972年，原本一家资本规模仅有3000万美元的小公司已经变成了年收入高达25亿美元的商业巨头——施乐公司！

当前被许多公司看作未来竞争焦点的5G（甚至6G）技术、智能驾驶技术和3D打印技术等都在探索商业化应用的新模式，率先为这些新技术找到恰当应用场景和商业模式的公司将能获得技术创新的巨大价值，并成为这些新领域里的领先企业。

五、企业自主变革动力

除了上述内外部客观因素的推动以外，企业主观上追求变革与成长也是商业模式创新的重要驱动力。企业自主变革的动力主要来自以下几个方面：（1）战略创新。企业进行商业模式创新往往是由于自身战略创新的驱动，例如IBM从硬件到软件再到企业业务解决方案提供商的转型，苹果公司的平台化转型，阿里巴巴向大数据、金融业务的转型都是发展战略引导下的商业模式创新。企业以战略为导向，对价值创造活动、方式以及流程等进行再思考，通过内外部资源的整合与扩展应用、产业边界跨越和产业间融合，最终突破原有商业模式，形成更具盈利能力和竞争优势的新商业模式，实现企业成长的目标。（2）企业家精神。具有强烈创新精神的企业家能够快速准确地识别资源的价值，深刻洞察市场需求的走向，将市场机会演变成商业概念，并根据商业概念形成对资本、生产要素的资源配置规划，通过资源的有效整合创造顾客价值。林德和康特雷尔（2000）对70名企业家的研究表明，企业家是推动商业模式创新的主要动力。例如马云创建电商平台、扎克伯格（Zuckerberg）创建Facebook等。（3）知识、资源、能力积累。罗珉等（2005）认为企业商业模式创新的内因是企业知识或能力要素的积累，如专利、核心技术、市场拓展能力、资源整合能力等。例如，亚马逊为支持其网络电子商务业务而建立起强大的IT基础设施和数据处理能力，从而可以向云计算业务拓展；互联网公司利用业务活动所积累起来的海量数据为其他企业提供咨询服务等，都属于这一驱动类型。（4）企业成长的动态性。企业在成长的不同阶段，由于其资源能力状况、市场地位、战略导向的不同，在商业模式的三个方面——价值定位、价值创造和收益模式上也是动态变化的。

大量商业模式创新案例表明，除了上述因素外，商业模式创新还可能来源于：合法性驱动，即企业追求企业组织形式、经营方式的合法性、社会认可性等；预算（资源）约束；危机应对等。可以看出，商业模式创新的发生是由多种不同的因素驱动的。驱动与影响商业模式创新的因素可以从外部和内部来考察，也可以从变革的主动性与被动性来考察。创新既体现了企业成长与变革的环境适应性、路径依赖性，也体现了基于自身状态的主动选择性。实践中，特定企业商业模式创新的驱动力可能来自企业内外多重因素的交织，是它们共同作用的结果。

从当前商业模式创新驱动与影响因素的研究现状来看，来自抽象逻辑推理的描述，往往更多体现创新的一般性而掩盖了商业模式创新的个性化特征，来自案

例研究的描述往往局限于个案、偶然、特定情境。而且上述因素的作用在研究中大多都是分立的，并没有把它们放到一个系统性的框架中来解释商业模式创新的发生，从而使得它们在指导企业商业模式创新实践中的作用十分有限。基于此，需要一个能够包容这些因素的整合性分析框架来厘清它们之间相互关联的驱动作用，并在创新驱动因素及其组合特征与多样化的创新结果之间建立起联系，以反映商业模式创新机理的独特性。

第二节　开放性创新生态系统中的商业模式创新

自美籍奥地利经济学家约瑟夫·阿洛伊斯·熊彼特（Joseph Alois Schumpeter）在其 1912 年出版的《经济发展理论》中提出创新概念和创新理论以来，尤其是 20 世纪 50 年代以后，关于创新与创新管理的研究，一直作为企业管理特别是战略与组织变革管理的中心议题而备受关注，从而持续发展而且历久弥新。布沃（Bouwer，2017）结合时间顺序和研究范式两个维度，梳理了创新管理发展与演变的基本脉络和趋势，揭示了当今学术领域对于企业创新发生规律的主流认知与共识，这些观点为商业模式创新驱动整合性框架的建立，提供了基础性的理论依据和支持（见表 5－1）。

表 5－1　创新管理研究的理论演进

时期	主要研究主题或主流观点
1970 年代	作为创新源泉的公司研发部门将技术推向市场
1980 年代	市场部通过促销活动来刺激需求产生市场吸引力
1990 年代	能够整合协调两种努力的平衡“推—拉”创新系统
2000 年代	包含自我驱动的公司创新系统和与周围环境互动的创新生态系统
2010 年代	来自数字通信和数字平台的强大影响，进一步将现代创新理论整合进开放的数字化创新生态系统

资料来源：Louis Bouwer. The Innovation Management Theory Evolution Map. 7 April，2017：https：//www.researchgate.net/publication/316153609.

一、开放性创新生态系统是商业模式创新的嵌入背景

从创新管理理论发展的时间脉络来看，进入 21 世纪以来，学者们在研究视野与主题上开始聚焦于“包含自我驱动的公司创新系统和与周围环境互动的创新

生态系统”，这体现了学术与实践领域对创新管理认知的深化与进步，更重要的是，这是对时代变革影响下企业创新现实的准确反应。

从研究的范式来看，企业创新管理理论大体上可以作如下划分：

（1）公司（内部）竞争力和能力（corporate or in-firm competencies and capabilities）。这一理论范式主要聚焦于创新的关键成功因素（critical success factors），包括核心能力理论（Prahalad & Hamel，1990）、动态能力理论（Teece & Pisano，1994）以及后来整合发展形成的全面创新管理理论（total innovation management）（许庆瑞，2007）和能力驱动的创新管理框架（the capabilities-driven innovation management framework）（Bouwer，2015）。

（2）价值创新（或战略发展）（value innovation or strategy development）。这一理论范式从新技术在市场上发布、交付和增长的战略性计划逐渐发展到聚焦于产品和服务提供的竞争性价值增长，包括安索夫矩阵（Ansoff，1957）、五力模型和竞争优势理论（Porter，1979）、定位理论（Ries & Trout，1981；Adner et al.，2014），以及后来演化发展出的蓝海战略（Kim & Mauborgne，2004）、待解决的问题（“jobs-to-be-done”）等（Christensen et al.，2016；Ulwick & Osterwalder，2016）。

（3）创新扩散（或战略执行）（diffusion of innovation or strategy execution）。这一理论范式聚焦于在特定因果条件下一项新技术被引进市场时可能会经历的风险或成功。以埃弗雷特·罗杰斯（Everett Rogers）教授的创新扩散理论（Rogers，1962）为起点，并得到弗兰克·贝斯（Frank Bass）教授数学理论的支持，包括后来发展出的创新鸿沟理论（Moore，1991）、技术S曲线（Foster，1986）、新产品和流程发展管理（Clark & Wheelwright，1993），以及对上述理论进行了很好整合的著名的破坏性创新理论（Bower & Christensen，1995；Christensen，1997；Christensen et al.，2015）。

（4）创新作为一个系统（或发动机）（innovation as a system or engine）。该理论范式强调组成创新系统的多方面的资源和能力之间持续的相互作用所产生的机制优势（mechanical advantage），并且为了保证创新系统的迅速、高效、精益，必须持续地运用工业和系统工程的方法进行系统的再设计和完善，以保持适当的自动、优化、协调、合作和沟通。这些思想观点可见于德鲁克（1985）、许庆瑞（2007）、泰勒和瓦格纳（Taylor & Wagner，2014）、鲍尔（2017）等学者的研究中。

（5）开放性创新生态系统（open innovation ecosystems）。这一理论范式主要是面对全球产业竞争的激化、动态而动荡的市场、快速变化的世界和股东及消费

者的需求而产生的。起源于自然生态系统[①]的企业生态系统是一个有边界的、具有一定自我平衡和自我维护机能的体系，它专注于企业能力（知识、技能和资源）之间的流动和交互作用，从而产生竞争优势、品牌知名度、财富和增长的结果。开放性创新生态系统范式主要体现在以下四种创新管理研究方向中：①开放创新（open innovation）（Chesbrough，2006，2015，2017；West et al.，2014）；②创新生态系统（innovation ecosystems）（Adner，2014，2017）；③商业模式创新（business model innovation）（Osterwalder，2015）；④产出驱动的创新（outcome-driven innovation）（Ulwick，2005）。

（6）开放的数字化创新平台生态系统（open digital innovation platform ecosystems）。数字化平台引起创新管理研究者的强烈关注起因于数字与传输技术（包括大数据、云计算、人工智能、物联网机器人、增材制造等）的飞速发展与越来越广泛而深入的产业应用。数字化平台理论是开放性生态系统范式的延伸，引领开放创新和创新生态系统的研究者们正在把数字化平台与他们的理论进行整合，包括阿德纳（2010，2015，2016）、波特和赫佩尔曼（Porter & Heppelmann，2015）、帕克等（Parker et al.，2016，2017）、范·阿尔斯特恩等（Van Alstyne et al.，2016），他们将数字化平台和数字化生态加于开放性创新生态系统上，揭示这些新的环境要素对企业创新的影响。

需要指出的是，虽然“开放的数字化创新平台生态系统”在鲍尔（2017）的研究中被作为一种单独的范式，但是从其基本的理论本质来看仍然属于“开放性创新生态系统”这一范式，因为数字化只不过是生态系统中一个特殊的技术要素状态，而平台则是生态系统的一种典型构成形态，所以应该说“开放性创新生态系统”仍然是当今创新管理研究的主导范式。

可以看出，商业模式创新研究与实践的兴起与21世纪开放性创新生态系统研究范式的发展是相伴而生的；前述（第二章和第四章）商业模式创新的系统性和开放性特征与开放性创新生态系统的观点内核是完全一致的。所以，商业模式创新作为创新的一种，既是创新理论与实践在这一时期的新发展共同作用的结果，也是最能代表在开放性创新生态系统理论背景中产生出来的典型的创新形式。以企业所处的开放性创新生态系统所涵盖的要素及其组合关系作为商业模式创新驱动整合性框架构建的基石，能够满足理论的严谨性与实践的客观性要求。

① 生态系统的概念是由英国生态学家坦斯利（Tansley A G，1871～1955）在1935年提出来的，是指在一定的空间和时间范围内，在各种生物之间以及生物群落与其无机环境之间，通过能量流动和物质循环而相互作用的一个统一整体；生态系统具有一定的自我协调和维护功能。（https://baike.baidu.com/item/%E7%94%9F%E6%80%81%E7%B3%BB%E7%BB%9F/15623302?fr=aladdin）

二、商业模式创新驱动整合性框架来自权变理论的支持

从大量各具特色的商业模式创新实践来看，同一行业的不同企业采取不同的商业模式创新形式都有可能取得成功，例如服装行业的快时尚模式和私人定制模式；而在不同产业领域、不同企业或企业不同的发展阶段采取相同的商业模式创新形式，则有的可能会成功，而有的可能会失败，例如共享模式在民宿短租 Airbnb 的成功对比 SnapGoods 的失败以及中国共享单车的快起快落。所以，商业模式创新是符合权变理论基本思想的。权变理论的主要观点是匹配一致性（fit or consistent），强调组织的结构、规模、技术和它对环境的要求应该是相匹配的（Tidd，2001）。没有任何单一的组织结构在所有的环境中都是有效的，相反，存在一个最适合一个特定情境的最优组织结构；环境的不确定性及复杂性影响创新的数量，也影响创新的性质。权变理论提出的影响创新的三层情境因素包括：（1）行业因素，主要是指行业技术的不确定性和复杂性。行业技术的不确定性是技术和产品市场变化速度的函数，高技术不确定性的行业要求企业进行高水平的内部研发并且要建立与外部科学基础的紧密连接；行业技术的复杂性是指行业所使用技术的数量和它们之间相互关系的函数，高技术复杂性要求企业嵌入一个组织协作网络。（2）组织因素，是指公司内部组织以及与其他组织联系的必要性。公司内部组织是指公司内部各组成部分之间的功能性联系、基于产品—市场关系的业务部门划分等。与其他组织联系的必要性主要是指组织对外部合作的依赖性。（3）外部联系，主要是指企业需要与什么样的外部组织建立关系以及关系的性质（信息流动和分享、参与者定位、力量和控制），建立什么样的外部联系取决于共同特定化（co-specialization）、共同基础设施和标准的分享以及其他网络外部性的利益与网络治理和维持成本的比较。

基于以上分析，可以看出有必要对影响与驱动商业模式创新的诸多因素进行探索、分析、整合，把影响企业商业模式创新的外生因素与内生因素相结合，形成能够反映企业创新环境全貌的分析框架，以体现商业模式创新系统思考的要求，并可以包容以往研究中商业模式创新驱动的多角度分析，突破商业模式创新研究成果碎片化的局限性，提升其理论性和系统性。

第三节　商业模式创新的驱动和影响因子探索

在借鉴前人关于商业模式创新驱动与影响因素研究成果的基础上，初步把这

些因素分为企业（外部）环境因子和企业自身因子。企业环境因子又包括技术因子（包括技术波动性、技术复杂性等）、资源因子（包括资源丰裕度、上游行业的竞争情况等）、需求因子（包括需求异质性、市场容量、增长率等）；企业自身因子又包括反映企业静态特征的企业规模、市场地位、技术创新能力、内部运营能力、价值链角色（即对上下游行业的依赖性）和反映企业动态特征（或者说进取性、成长性特征）的核心能力可扩展性以及成长战略等。考虑到技术因子影响的广泛性和多层次性，研究对技术因子进行了分解和细化，不仅考虑了行业技术总体特征（技术创新速度、技术密集度、技术创新的影响强度等），还考虑了企业输入技术复杂性和输出技术复杂性。

一、调研设计与过程

这一部分的调研过程分成两个阶段。

第一阶段，半结构化访谈（semi-structured interview）。即在访谈之前，先设计一系列开放式问题，进行有目的性的访谈，避免所讨论的问题偏离研究的主题。这一调研过程主要是在2013年7月和8月展开的，访谈的对象是来自北京、上海、广州、青岛的六家企业高管（2名总经理、2名技术总监、2名市场总监），他们分别来自大型制造业、建材、食品、软件、玩具制造、电子元器件行业。访谈的主题有两个方面：一是对企业经营环境中的主要影响因素的调研，问题主要包括：企业在竞争中所处的位置主要是由哪些因素决定的？企业选择创新方向主要考虑哪些因素？这些问题主要是针对创新生态系统以及创新方向的；二是关于企业对商业模式创新问题的认知与理解以及商业模式创新方向选择所考虑的主要因素。调查的目的是初步探索生态系统因子与商业模式创新之间可能存在的基本逻辑关系（这一调查为后续的主体研究理论框架的形成提供了基本的思路）。结合调查的主题及目的，笔者首先设计了一份有关企业创新生态系统和商业模式创新的访谈提纲（见表5-2）。

表5-2 访谈提纲

围绕的主题	主要调研目标
1. 影响企业经营的外部环境因素主要有哪些？ 2. 企业在竞争中所处的位置主要是由哪些因素决定的？ 3. 企业比较关注哪些方面的创新？ 4. 企业创新方向的选择主要考虑哪些因素？	探索决定企业创新方向的关键因素

续表

围绕的主题	主要调研目标
1. 您对商业模式的理解是什么？您对贵公司商业模式的描述是什么？ 2. 您认为商业模式创新的重要性如何？ 3. 贵公司打算在哪些方面进行创新？这些创新的诱因是什么？ 4. 您认为决定企业成长方向的最关键因素是什么？	探索商业模式创新的驱动及方向选择

第二阶段，问卷调查阶段。笔者在第一阶段调研结果的基础上，对企业创新生态系统因子的测量设计了30个题项；借鉴佐特和阿密特（2008）测量商业模式创新的26个题项，根据研究的目的对其进行了修正和补充，最后关于商业模式创新共设计了32个题项，采用李克特（Likert）5点量表法进行测量（“创新生态系统与商业模式创新调查问卷”见附录B）。一部分问卷（43份）由研究团队成员在调研的过程中直接发放给调研对象填写，其他问卷主要通过私人联系，以电子邮件或信件的方式送达。这一阶段的调研过程主要在2013年9～11月进行，被调研企业的地域分布主要是上海、山东（青岛、烟台、威海、东营）、河南，共发放问卷203份，回收180份，回收率88.67%，剔除填写不完整以及有明显问题的问卷，最后有效问卷为171份。问卷填写者的职位情况是：高层管理者占51.5%、中层管理者占41.5%、基层管理者7%，基本满足问卷所设计内容对受访者知识层次的要求。

二、探索性因子分析

本书使用SPSS进行探索性因子分析。样本企业行业分类如表5－3所示，在企业的所有制性质方面，国有独资或控股企业（23家）占13.5%、外商独资或合资企业（20家）占11.7%、私营企业（128家）占74.9%。行业分布主要集中于制造业（57.9%）、社会服务业（19.9%）以及其他行业（合计占22.2%）。样本企业的所有制分布和行业分布与国民经济部门结构比例相吻合，这说明本研究样本的选取不存在偏向性，并且具有较强的代表性。

表5－3　样本企业行业分布描述

行业代码	频率	占比（%）	行业名称	行业代码	频率	占比（%）	行业名称
A	4	2.3	农、林、牧、渔业	C	99	57.9	制造业
B	1	0.6	采掘业	D	2	1.2	电力、煤气、热水的生产和供应业

续表

行业代码	频率	占比（%）	行业名称	行业代码	频率	占比（%）	行业名称
E	5	2.9	建筑业	I	1	0.6	金融、保险业
F	3	1.75	交通运输、仓储业	J	5	2.9	房地产业
G	3	1.75	邮电通信业	K	34	19.9	社会服务业
H	9	5.3	批发和零售贸易	L	5	2.9	信息与文化产业
合计	171	100					

在进行了初步的探索性因子分析的基础上，删除掉了因子载荷低于0.5的题项，包括产品生命周期、企业外购额占产品（服务）成本的比重、政策优惠、技术标准等，最后的因子分析结果如表5－4所示。因子分析共提取了8个因子，累计已解方差达到81.728%，但是没有任何一个因子解释方差超过25%，因子载荷最小值为0.702，信度系数Cronbach's α值最小为0.801，说明量表有比较好的信度和效度。分析结果与预设维度的一个比较大的差异出现在技术波动因子与需求波动因子合并为一个因子，笔者认为，在当今时代，技术不确定性和复杂性越高的行业，创新的速度越快，需求的变化速度越快，两者具有高度一致性，这一结果与乌兹库尔特等（Uzkurt et al.，2012）关于环境不确定性的测量相吻合，他们主要从技术波动性、竞争强度和需求不确定性三个方面进行测量。

表5－4　　　　创新生态系统因子分析与信度分析结果

题项	因子							
	1	2	3	4	5	6	7	8
需求变化速度	0.788							
技术创新速度	0.863							
技术创新影响		0.782						
技术密集度		0.767						
供应链依赖		0.806						
核心技术多用途性			0.865					
核心能力多用途性			0.922					
对手比较				0.936				

续表

题项	因子							
	1	2	3	4	5	6	7	8
行业地位				0.911				
客户势力					0.895			
客户依赖					0.902			
研发强度						0.862		
创新程度						0.839		
行业竞争							0.858	
进入壁垒							0.869	
运营效率								0.706
管理水平								0.800
特征值	3.153	2.817	2.089	1.953	1.697	1.277	1.212	1.030
累计已解方差（%）	13.557	23.991	35.113	45.695	56.203	66.137	74.333	81.728
量表信度（Cronbach alpha）	0.910	0.901	0.883	0.856	0.809	0.830	0.831	0.801
总量表信度（Cronbach alpha）：0.877								

注：提取方法，主成分分析法；旋转法，具有 Kaiser 标准化的正交旋转法。

基于此，本书根据所对应题项的含义所指向的管理学概念，把这些因子分别命名为环境波动、产业输入特征、核心能力可拓展性、竞争地位、价值链地位、技术创新能力、竞争强度、运营能力；另外，产业成长性、输出特征、差异化战略和成长战略在调研问卷中都设计为单题项选择，表中并未列示。这样，企业外部环境因子就包括了环境波动、产业成长性、产业输入特征（复杂性）和竞争强度，企业自身静态因子就包括了运营能力、竞争地位、价值链地位、技术创新能力、市场竞争（差异化/低成本）战略和输出特征（复杂性），企业自身动态因子包括了核心能力可扩展性和成长战略。后续研究对商业模式创新驱动因素的测量将建立在这一基础之上，这一结果为整个研究提供了基本的前提条件。

梳理以往研究所提出的商业模式驱动与影响因素（见本章第一节），可以建立起开放性创新生态系统因子与这些驱动与影响因素之间的对应关系（见图 5-1）。产业技术波动、竞争强度、需求波动、输入特征因子分别对应外部技术变革、竞争压力、需求变异、资源约束等，上述外部环境因子都可能引发企业危机，从而迫使企业进行技术创新、商业模式创新以应对危机。内部技术创新驱动来自企业

技术创新能力；自主变革动力来自企业对自身实力、竞争地位、输出特征、运营能力、价值链地位、核心能力的考量以及战略导向特征；企业的资源约束包括外部的市场需求容量、供应状况、企业内部资源状况，它是对环境机会、竞争强度、企业竞争和市场地位的反映。可以看到，这些因子基本涵盖了以往研究所提出的驱动与影响因素，而且这一多维结构实现了多层级、内外、静动组合的完备性，与开放性创新生态系统范式下的核心能力理论、动态能力理论、能力驱动的创新管理理论和全面创新管理理论框架的构成要素存在高度一致性。所以它们的组合基本能够反映商业模式创新所嵌入的开放性创新生态系统的全貌，并且实现了驱动与影响因素的更加具体化和明晰化，可以跟商业模式创新的具体类型建立起清晰的联系。这些因子将用于后续商业模式创新前因、影响机理与结果的进一步研究。

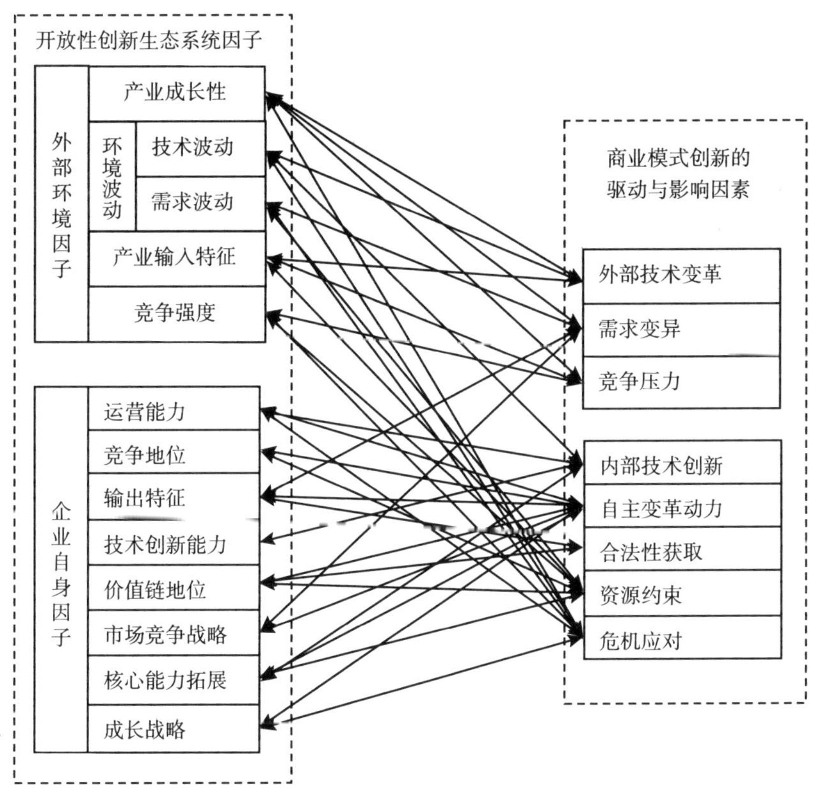

图5－1　开放性创新生态系统因子和商业模式创新驱动与影响因素的对应关系

第四节　商业模式创新的驱动与影响机理

创新是组织应对环境复杂性的一种重要反应（Christensen，1997）。一个企业的创新导向是嵌入其内部和外部环境情境当中的（Levinthal & March，1993；Adner & Levinthal，2009）。商业模式创新作为一种创新，同其他创新一样也是企业基于自身资源和能力状况对外部环境变化的一种适应性调整。影响企业创新行为的外部环境因素主要是指环境的不确定性和复杂性，反映环境复杂性和不确定性的三个最重要的因素是企业面对的竞争、市场和需求的变化以及企业可利用的技术解决方案范围的变化。组织中影响创新的决定因素包括集中化、规范化、规模、资源冗余、专业化、功能分化、管理、技术知识资源、对外交流和垂直差异化等（Damanpour & Schneider，2006）。当今时代，把企业嵌入生态系统中进行考虑的研究视角能更好地反映这些要素的整体性影响。如果把企业看成是生态系统中的一个子系统的话，那么企业所处的生态环境决定了其输入特征，企业自身状态可以认为是一种转换特征，企业的产品、服务、关系合作可以认为是企业向生态系统中的输出，它们的性质及状态可以认为是企业的输出特征，前述开放性创新生态系统就是对这些特征的概括性描述，企业要不要创新、进行什么类型的创新应该是由这些特征决定的；而商业模式创新的结果又会使这些特征发生改变（见图5－2）。

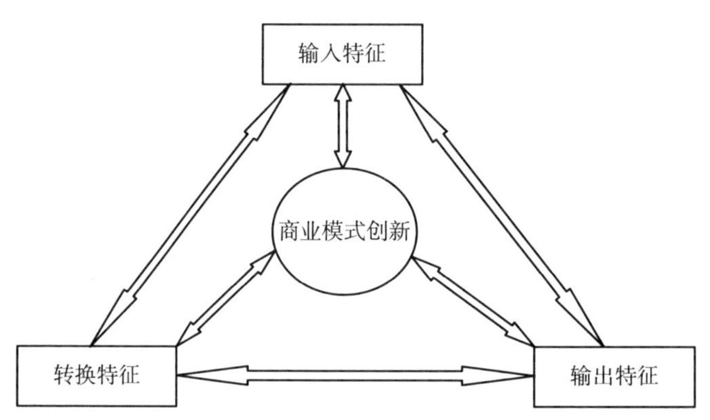

图5－2　嵌入开放性创新生态系统中的商业模式创新

商业模式创新抉择包含对以下问题的回答（见图5－3）：（1）企业要不要进行商业模式创新？也就是企业进行商业模式创新的动力、压力或冲动的强度，在

这里我们使用了商业模式创新倾向这个概念来表达。(2) 企业要进行什么类型的创新？导向选择——是新奇还是效率？创新的具体落点定位——价值主张还是价值创造与传递模式？强度如何？即发生在哪个层次上——行业、价值链还是企业(内部)层面？这些选择决定了企业商业模式创新的最终结果，也决定了企业发展和成长的走向。前述开放性创新生态系统因子驱动与影响商业模式创新选择的机理如何呢？

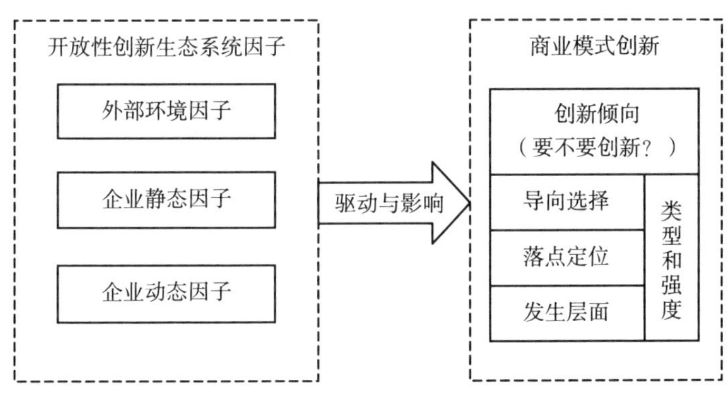

图5-3 商业模式创新驱动与影响因素的整合性分析框架

一、商业模式创新的总体驱动与影响

(一) 环境因子对商业模式创新倾向的驱动与影响

乌兹库尔特等(2012)指出，环境要求组织不断调整以适应环境的不确定性和变化的威胁以保持竞争性、成长性，从而引发企业进行改变其产品、结构和流程等的各种形式创新。大量研究表明，环境不确定性会影响所有类型的组织创新；当环境复杂性和不确定性提高时，企业的创新倾向水平也会提高(Damanpour，1996)。环境的不确定性是技术和产品市场变化速度的函数，这种不确定性主要体现为需求的波动性(或者说需求变化的速度)和技术的波动性；市场(或需求)的波动性(market/demand turbulence)与企业所面对的市场和顾客的不稳定性和不确定性的程度和步伐相关(Helfat et al.，2007)，一个以市场波动为特征的环境表现出顾客及其偏好的混合变化，高的市场波动性以迅速变化的需求类型、模式和不断缩短的产品生命周期为特征。技术波动性是指与产品和流程相关的技术的变化程度和速度，包括技术的复杂性和技术的不确定性。技术的复杂性是组织运用的技术数量和它们之间相互关系的函数，它反映了组织对技术和外部组织的依赖性（前文因子探索是以技术创新影响、技术密集度和供应链依赖来反映的），技术复杂性越高，就越要求企业嵌入一个组织协作网络。巴登—富勒和哈弗利格（2013）曾指出，一项技术很难不依赖于其他技术而独立运行，为了创造所追求的价值，互通性（interoperability）是必须的，其实这种关系早已被广泛认知，只是由于先进的信息技术和平台技术的应用，才使得这种互通性变得越来越强烈、动态、不确定，技术的相互依赖性越强，商业模式创新的必要性越强。一般而言，在高技术行业的企业倾向于在技术上配置更多的资源以应对技术变化所产生的不确定性（Slater & Narver，1994），所以，在以技术波动性为特征的环境中企业倾向于技术导向以保持创新性和竞争优势，技术创新的速度因此会被加速。技术创新速度越快，对商业模式创新的要求就越高，因为不断缩短的产品生命周期意味着再强大的技术如果不能被商品化也不能获得满意的利润（Chesbrough，2007）。从商业模式与技术相匹配的角度来看，技术的破坏性潜力越大，对商业模式创新的要求就越高（Sainio & Puumalainen，2007）。从另外一个角度看，为需求迅速变化的顾客创造价值需要柔性和快速反应，而外部商业网络在提供柔性和快速反应能力上是具有优势的，因为与企业自身相比，价值网络拥有一系列不同的战略流程而且其组成结构更具动态性，这种能够动态连接资产和资源的能力正是商业模式创新所能提供的。

从不同行业的比较来看，低不确定性、低复杂性行业，例如快消品领域，产品和服务差异化是关键问题，营销能力是最根本的；高不确定性、低复杂性行业，例如医药行业，科研和技术能力是最关键的；低不确定性、高复杂性行业，例如建筑行业，项目管理能力是最关键的；高不确定性、高复杂性行业，例如软件应用行业，需要一系列的能力，包括柔性、适应性、学习、虚拟价值网络与外部合作，商业模式创新能力是最关键的。通过案例分析以及样本企业的直接观察就可以看出，ICT 相关行业商业模式创新的总体强度是最高的。

考虑到环境不确定性所带来的机会与威胁的两面性（转化性），可以用环境机会来代表创新系统中的环境不确定性和复杂性特征，它主要包括需求变化速度、技术创新速度、技术创新在行业发展中的地位、技术密集度、输入技术复杂性和供应链依赖等几个方面。需要特别指出的是，技术的复杂性主要是指技术的关联性，这一概念又可以分解为生产过程复杂性和输出复杂性。前者是指企业生产（或提供服务）所需技术的相互依赖和关联性（以输入技术复杂性、技术密集度和供应链依赖来反映，被包含在环境机会当中）；后者是指企业提供物在用户使用过程中所需知识或技能的复杂性。之所以做这种区分，是因为输出复杂性与输出特征有关而与环境机会没有直接的关联，这两种特征影响商业模式创新的机理并不相同。因为商业模式创新主要是由为顾客创造价值的动力驱动的，所以

对于技术复杂性的讨论不能仅仅考察企业生产所利用的技术复杂性，更要考虑客户使用企业所提供商品或服务过程中的技术复杂性。例如，手机行业属于生产技术复杂性高的行业，但是其使用过程的复杂性并不高，这一行业的创新更倾向于价值创造模式创新以降低成本或者增加新颖的功能。而软件行业生产过程的复杂性和使用复杂性都较高，例如需要不断升级、与其他软件或硬件集成、需要长期合作提供服务或培训等，所以这一行业更倾向于价值主张创新，比如提供完整解决方案是这类企业商业模式创新的典型方式。在做了这种区分以后，环境机会中并不包含输出复杂性，输出复杂性应该与商业模式创新的类型选择有关，而与商业模式创新总体倾向的关系并不明显。

推论 1A：环境机会是商业模式创新的主要驱动因素，环境机会对商业模式创新的总体倾向有正向的影响；越是环境高度不确定的行业，商业模式创新的倾向越强。

除了技术和需求本身的波动，行业竞争也是构成环境不确定性的重要方面，竞争状况一方面会影响技术和需求的波动，另一方面竞争互动本身也是企业需要面对的不确定性之一。竞争强度是企业面对的来自本行业内部或者相关竞争性行业企业竞争的激烈程度，是影响创新强度的重要因素。利希滕塔勒（Lichtenthaler，2009）的研究表明，环境背景尤其是竞争强度对开放式创新有正向影响，而商业模式创新是典型的开放式创新。行业竞争越激烈，意味着企业在原来的生态位上与其他企业的重叠度越高，企业通过商业模式创新优化生存空间的动力和压力越强；竞争越激烈，越需要企业通过价值网的重构快速建立起自己的竞争优势。

推论 1B：行业竞争越激烈，商业模式创新的倾向越强。

（二）企业经营实力对商业模式创新倾向的驱动与影响

商业模式创新必须依托一定的核心资源和能力。蒂德（2005）强调创新是由洞察联系、发现机会、并且利用他们的能力驱动的。从商业模式创新活动本身的特征来看，企业进行商业模式创新必须具备跨功能整合的能力（包括技术、知识产权管理、营销、采购、财务等）（Sako，2012）。商业模式创新之所以成为当今关键的竞争优势新来源，一个重要的原因是：商业化技能（商业模式创新能力）不同于技术创新技能，它需要特质的理解力、洞悉市场关联的能力，有时甚至需要对人性研究的能力。当今世界，技术的通用化和模块化所带来的中间技术市场的繁荣使得把技术商业化的技能变得相对稀缺。从另外一个角度看，新商业模式的生命力在于能够成功地给顾客和所有相关参与者创造超额价值（与传统商业模式相比），而企业拥有的某种特殊资源或能力恰恰是获取这种超额价值所不可缺少的，也正是这种特殊的资源或能力提供了能使众多要素得以整合并协调运转的吸引力和凝聚力。这种资源有可能是资本、人才、无形资产、技术创新能力，也有可能是生产制造能力、流程管理能力、资源整合能力等，最关键的问题是如何设计一个新的商业模式使它们的价值得以充分发挥。

甘巴德拉和麦加汉（Gambardella & McGahan，2010）指出，在一些高科技行业，例如生物医药、半导体、纳米材料等，许多小公司不再自己把新的技术商业化，而是把它们转让给大公司，仅依赖技术的快速创新能力获得利润，取得了很大的成功，因为这些小公司本身并不具备新技术商业化所需的资源和能力，而大公司在界面设计、零售分销、售后服务、商誉运作和市场营销等方面拥有丰富的经验。这些小公司的成功不仅仅是基于技术研发积累的竞争优势，而在于为这一竞争优势找到了一个好的商业模式。三星电子就是依靠强大的资源整合能力成功地实现了手机业务的突破性发展。三星进入手机领域时，诺基亚、摩托罗拉、索尼、爱立信等几大品牌已经占领了绝大部分市场，为实现自己的战略目标，三星以资源整合为出发点，建立起自己独特的商业模式。它整合外部资源，通过购买半导体专利技术，并在此基础上研发、改进，建立先进的技术基础；然后以手机外观设计为突破口，建立庞大的设计和研发中心，并在企业内部对生产半导体、显示器、相机镜头和显示晶片的四家公司进行了垂直整合，建立了一套垂直整合与横向专业化生产并存的商业模式，并最终获得了成功。再例如戴尔公司，为了向顾客提供质优价廉的电脑，采用了与其他电脑厂商不同的流程设计和管理，即通过向顾客提供零部件报价单，让顾客自己选择电脑的配置，根据订单组装电脑，并根据这一流程的需要，整合企业内外部资源。

商业模式创新不仅关注价值创造，还关注价值捕获，正如佐特和阿米特（2009）所说，企业在一种商业模式中能分享到的利益多少取决于整体价值创造能力和谈判的力量（取决于资源、能力和吸引力），一个企业在一个价值创造系统中所能获得的利益取决于它所拥有的资源或能力在这一商业模式中的重要程度和稀缺程度。一个企业的核心能力决定着企业在价值网络中的位置，进而影响企业对价值网络的主导能力和资源获取能力，从而影响企业在价值网络竞争中的战略选择，而企业的战略选择又会影响企业的创新行为（黄永春，2015）。一般而言，经营实力（以运营能力和行业地位来代表）越强的企业，拥有越多商业模式创新所需依托的稀缺资源和能力，而且在商业模式创新中获得的利益越多，其创新的动力越强。

推论1C：企业的运营能力和行业地位为商业模式创新的成功提供基础支撑；经营实力越强的企业，商业模式创新的倾向越强。

（三）技术创新能力对商业模式创新倾向的驱动与影响

商业模式创新和技术创新经常是交织在一起的，但是商业模式创新也会在没有技术创新的情境下发生，所以商业模式创新与技术创新可以是独立的。在开放性的创新生态系统中，不同层次的技术创新对商业模式创新的影响并不相同，可以从以下几个层次来考察：第一，为整个社会生产提供共同技术基础的技术创新，它是以实现工具或手段的方式推动全社会、各行业进行各种类型的商业模式创新的。巴登—富勒和哈弗利格（2013）指出，技术的发展可以使新的商业模式得以实现，历史上最典型的例子是蒸汽机的发明与发展促成了大规模生产商业模式的出现。今天，电子交易平台、网络社区、搜索引擎等的出现都是基于迅速发展的共同社会技术基础——ICT。第二，发生在行业核心技术层面上的外部技术创新对于企业而言，它既提供了商业模式创新的机会，也是一种威胁，会引起行业竞争焦点的转移、核心资源和能力的转换、企业竞争优势的此消彼长；同时也会促使企业改变价值主张、价值创造方式、价值实现方式、价值网络等，例如移动互联网技术在整个 ICT 相关行业引发的商业模式创新。第三，企业内部技术创新，内部技术创新引发商业模式创新主要表现为新技术的商业化。切斯布洛和罗森布鲁姆（2002）认为商业模式是技术与经济价值之间的媒介构念，一项技术的内在价值在其以某种方式商业化之前是潜在的，一个成功的商业模式就是创造一种连接技术潜力与经济价值实现的启发式逻辑。一个典型的案例是谷歌在 2003 年开创的双边动态搜索引擎，它既是一次技术的飞跃也是一次商业模式的飞跃，谷歌运用关键词广告（Adwords）为广告客户（双边平台中的一边）提供了一个界面，广告客户的选择行为通过这个界面会直接影响平台另一边用户的搜索体验，而另外一边的搜索体验又会影响平台参与者的数量与搜索频率，进而影响广告客户的广告效果。谷歌可以说是规模化动态双边平台模式（scalable dynamic two-sided platform）的首创者，它的新奇性在于以一种持续变化的方式把两边连接起来从而实现较高的顾客满意度和平台各方参与者的较高收益。当然这一创新性商业模式必须依赖搜索引擎技术的不断创新与发展。然而，在企业进行技术创新时，有的创新是与现存的商业模式匹配的，而有的则不是。一般来说，只有当旧的商业模式与新技术不匹配的时候，技术创新才会引发商业模式创新，例如云计算、云存储对传统 IT 产业结构的改变，数字数码技术对传统光学相机产业模式的改变。企业技术创新是否必然会导致商业模式创新关键要看创新的强度，引发商业模式创新的一般是破坏性技术创新，或者技术飞跃，而企业内部的渐进式创新可能改变的只是现有产品的质量、性能或者成本，对商业模式创新的驱动并不明显。

不连续创新或破坏性创新才需要进行商业模式创新，技术创新驱动商业模式创新的前提是技术上的飞跃，而这种情况实际上并不经常发生，在案例分析中可以发现除了几个典型的顶级创新先驱（例如谷歌、亚马逊、阿里巴巴、施乐等）可以被归为技术驱动的商业模式创新外，大多数公司更多的是利用渐进式的技术和商业模式创新满足不断提升的消费需求；而某些商业模式创新很难说清楚是技术驱动还是市场驱动，例如苹果的商业模式创新。在所研究的案例中，经过最初的资料分析发现突破性创新在所观察的时间期间是少有发生的，几乎没有商业模式创新是单纯起源于一项先导性技术的，或者是为一项先导性技术寻找商业化方式的，大部分是新价值网络构建和渐进式技术创新的结合，比较少的是把新价值网络和建构性的或根本性的技术创新相匹配。更何况在现实中，如果企业具有强大的延续（维持）性技术创新能力，企业对技术创新的关注和投入以及技术优势的形成反而可能会弱化商业模式创新的压力和动力。

推论1D：企业技术创新能力对商业模式创新的影响是复杂的，其影响效应还取决于创新的具体情境以及与其他因素的匹配与结合。

（四）核心能力可拓展性对商业模式创新倾向的驱动与影响

核心能力具有提供组织进入新市场的潜力（Prahalad & Hamel，1990），即具有衍生出成群新产品或服务的可拓展性。当企业拥有了一定的核心资源与能力，企业对核心资源或能力的运用基本上可划分为能力深化（capabilities-deepening）和能力拓展（capabilities-broadening）两种导向。能力深化即在既定的产品和市场领域把核心资源与能力发挥到极致，谋求创造更多更好的价值；能力拓展即谋求将核心资源与能力应用到新产品或新市场中去。能力深化所带来的创新价值取决于能力的应用和发展水平，如本节“（二）企业经营实力对商业模式创新倾向的驱动与影响”所述；而能力扩展可能带来的创新价值还取决于能力的性质。以核心技术为例，技术扩展应用的可能性是技术的一种重要属性，钱德勒和希基诺（Chandler & Hikino，2009）把这种属性称为技术的范围（scope），并据此把技术分为可扩展技术（extensible technologies）和不可扩展技术（non-extensible technologies），前一种情况例如化学行业技术可以扩展到纺织、医药等行业，电子技术可以扩展到消费电子、机器设备等行业，这种技术的多用途可能性将导致多元化、M型组织（multidivisional structure）；后一种情况例如钢铁行业技术很难运用到其他领域，这种行业的创新一般只能集中于成本消减和产品改进。国内学者周江华等（2012）也指出技术的结构属性和功能属性决定了该技术的破坏性潜力，影响企业商业模式的不同要素，并导致商业模式结构的改变。

一个典型的可扩展性技术应用引发商业模式不断变革的例子：Yogitech是一

个成立于2000年的意大利半导体公司，刚开始是一个软件模拟器（用以在实体原型组装前检验芯片功能）生产商，通过一个通用化的创新突破，Yogitech随后开发出了一种名为Fault－Robust的技术可以识别汽车电子设备、医疗以及其他领域设备存在的问题，而后逐渐发展成为一家整合电路功能安全分析解决方案提供商；在此基础上，Yogitech专注为机器人和无人驾驶汽车开发芯片。这些应用的扩展得自其技术背后的基础科学。

与技术相似，企业其他方面的核心能力也表现出可扩展性程度的不同，相比较而言，品牌优势、资源整合能力具有比较高的可扩展性，而生产能力优势、成本优势则具有比较低的可扩展性。核心能力可拓展性为商业模式创新提供了可能的空间，而要不要进行拓展或拓展的范围如何，还取决于企业的成长战略姿态，也就是商业模式创新的主动性。

推论1E：企业的核心能力可拓展性越强，商业模式创新的机会越多；核心能力可拓展性与成长战略姿态的交互决定了商业模式创新倾向的强度。

（五）成长战略姿态对商业模式创新倾向的驱动与影响

从前文（第四章）的分析中可以看出，关于商业模式与企业战略二者之间的逻辑关系，一些学者把两者看成同一概念（Hedman & Kalling，2003；Casadesus－Masanell & Ricart，2010），而另外一些学者认为他们是不同的概念（Timmers，1998；Magretta，2002；Chesbrough，2010）。笔者认同后者的观点，并且认为商业模式创新是企业战略调整的具体实施或表现，企业战略姿态为商业模式创新提供基本的指引。关于战略对商业模式创新的指引与驱动，曼斯菲尔德和福瑞（Mansfield & Fourie，2004）提出，为了使商业模式适应顾客价值，企业应该有一种战略以支持提供这些创新的可重复的创新流程。伊普（Yip，2004）也指出，常规的战略能够改变企业的市场定位、适当提高企业的市场份额。但环境变化引起的激进战略变革能够使商业模式发生根本性的变化，这种激进的战略变革能够在以下一个或几个方面促成商业模式的创新：价值主张、投入特征、产出特征、垂直和水平边界、地理范围、客户的本质、如何组织企业及业务活动。莫里斯（2011）指出，创新者一定要理解哪些创新是与战略相匹配的而哪些不是。在设计商业模式时，企业经营者总要权衡商业模式与企业战略的匹配程度。一个经典的例子就是戴尔电脑，在创建初期，戴尔就意识到要迅速崛起必须要以低成本战略取胜，而实现低成本战略，就必须采取与当时行业领导者不同的商业模式。在低成本战略思维的驱动下，戴尔最终实施了后来使其一举成名的直销模式。通过这种模式，戴尔的电脑库存、销售成本大幅度降低，再加上减少了中间环节，使戴尔电脑具有十分明显的价格优势。可以看出，适应战略和所处环境的商业模式能够给企业带来竞争优势，反之，与战略和所处环境不匹配的商业模式会妨碍企业的进一步发展。

商业模式创新的核心要素之一是价值主张，价值主张定位也是市场竞争战略的核心。商业模式创新涉及对企业内外部资源的界定、获取、整合以及组织外部价值网络的重构，这也是企业成长战略所指向目标的实现途径。可见，商业模式创新与企业市场竞争战略和成长战略存在密切的联系，但是企业在这两个层次上的战略导向对商业模式创新的作用机制是有差别的。商业模式要不要创新的总体倾向主要受到成长战略的影响，而市场竞争战略主要影响商业模式创新类型的选择（后述）。现实中，成长战略的制定同商业模式创新的设计往往是交织在一起的，推动商业模式创新的可能并不是已经形成的战略本身，而是公司（高管团队）基于环境认知与知识而形成的战略导向。为了体现驱动商业模式创新的这种成长战略的导向性和动态性，在此使用成长战略姿态这一概念来表示企业的扩张冲动、成长追求和努力程度，依其强度依次分为五种：集中一点做大做强、上下游一体化、技术相关多元化、市场（用户）相关多元化、非相关多元化。依照这五种战略姿态的顺序，它们的实现需要在价值主张方面、资源整合方面、价值网络合作方面的变革程度是越来越高的；扩张主动性和努力进取会引发更高的商业模式创新倾向或者更高层次的创新。

推论 1F：成长战略姿态，代表了企业的主动进取性；它与环境机会、企业能力与实力的交互作用与配合决定着商业模式创新的强度。

基于以上推论，形成了创新生态系统因子对商业模式创新总体倾向的驱动与影响模型（见图 5 -4）。除了上述因子外，创新生态系统中的其他因子如差异化战略、价值链地位、输出复杂性等主要影响商业模式创新类型的选择，对商业模式创新总体倾向的影响应该是不明显的或不直接的。

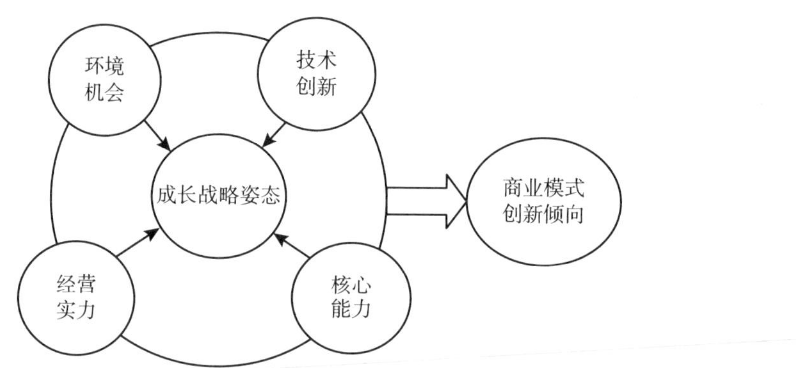

图 5 -4　创新生态系统因子对商业模式创新总体倾向的驱动与影响

二、创新生态系统因子对商业模式创新类型选择的影响

商业模式创新除了要解决要不要创新的问题，还要解决如何创新的问题，也就是选择什么类型创新的问题。具体创新类型或方向的选择，其驱动力量除了包含前述创新总体倾向的驱动因子之外，还会由于创新的不同特性会分别受到一些特殊因子的影响，例如差异化市场竞争战略、输出复杂性等。

（一）创新生态系统因子对商业模式创新导向选择的影响

根据第三章第二节“商业模式创新的三维分类”，在创新导向这一维度上把商业模式创新分为两种类型：（1）新奇性的商业模式创新，包括新的顾客价值主张、新的交易参与者、新的连接方式（契约关系）、新的交易机制等；（2）效率性的商业模式创新，包括产出本身效率的提高和交易成本的降低，前者来自价值创造模式的创新，后者来自与交易有关的不确定性、复杂性、信息不对称性的减低，以及合作成本和合作风险的减少。企业商业模式创新的导向与企业的市场竞争战略必须是相匹配的；新奇性的商业模式创新创造超额价值并给企业带来竞争优势的基础是差异化，效率性商业模式创新创造超额价值并给企业带来竞争优势的基础是低成本，商业模式创新导向的选择是从属于企业市场竞争战略的。

佐特和阿米特（2008）详细地比较了商业模式和市场竞争战略的区别，认为它们最大的区别在于立足点的不同。虽然商业模式与市场竞争战略是不同的概念，但它们二者之间存在紧密的联系。差异化战略追求提供的商品或服务要与竞争对手的商品或服务相区别，而更宽泛的差异化则还包括企业的结构化差异。作为竞争优势的来源，这种差异化对顾客而言必须是新奇的、有吸引力的，差异化战略为商业模式创新指明了方向，新奇性商业模式创新的结果在市场竞争中则表现为差异化战略的具体实施，所以差异化的竞争战略要通过新奇的价值主张、价值创造方式和传递方式来实现。实施差异化战略的企业比较注重独特资源和能力的积累，例如技术创新能力、品牌影响力等，从而具有较高的核心能力可扩展性，差异化战略通过核心能力可扩展性的提升影响创新的新奇性。除了差异化战略之外，其他创新生态系统因子，诸如环境机会、运营能力、成长战略姿态和核心能力可扩展性，它们对新奇性商业模式创新的影响机制与对商业模式创新总体倾向的影响机制基本一致。

推论 2A：除了环境机会、经营实力、核心能力可拓展性、成长战略姿态以外，商业模式创新导向的选择还受到市场竞争战略的强烈影响；采取差异化战略的企业，新奇性商业模式创新倾向更强。

效率性的商业模式创新主要通过企业运营能力提高、市场影响力深化、学习曲线等使成本降低、交易费用减少、流程简化等为客户及参与各方创造更多的价值，从而获得竞争优势，它的创新导向与新奇性是相左的，这种创新主要基于能力的深化而非扩张，所以其内向倾向比较明显。因此，差异化竞争战略不构成效率性商业模式创新的驱动，环境机会、成长战略姿态以及核心能力可扩展性等对效率导向的商业模式创新会产生一般性的驱动效应。

推论 2B：效率性商业模式创新主要受环境机会、成长战略姿态以及核心能力可扩展性的驱动与影响。

创新生态系统因子对商业模式创新导向选择的驱动与影响模型如图 5 –5 所示。

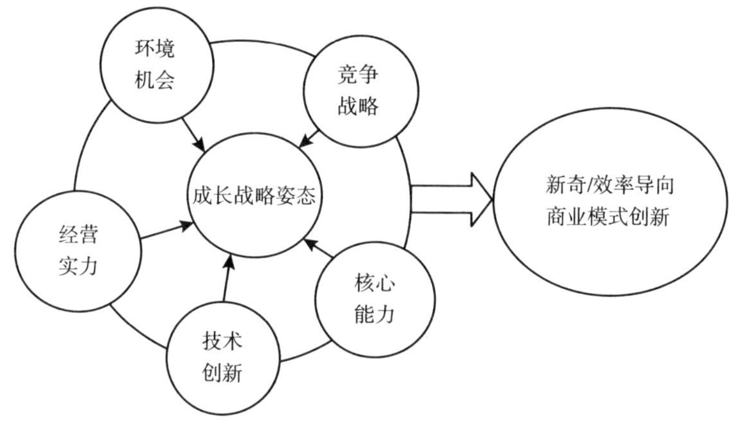

图 5 –5　创新生态系统因子对商业模式创新导向选择的驱动与影响

（二）创新生态系统因子对商业模式创新落点定位的影响

根据第三章第二节“商业模式创新的三维分类”，在商业模式创新落点定位这一维度上，商业模式创新可分为价值主张创新和价值创造模式（包括收益模式）创新。价值主张创新主要是指价值主张的差异化，包括客户细分差异化、最佳产品模式、满足个性化需求和客户问题解决方案模式等，价值主张创新一般都具有新奇性的特征。价值创造模式创新主要是指内部流程再造（资源的重新界定与配置）、外部关系网络与价值网络重构（渠道的重新设计与组织、交易结构与机制的改变等）等。可以看出，价值主张定位的商业模式创新主要是客户需求导

向的，这种创新与企业的输出特征有密切的关系，而价值创造模式定位的商业模式创新主要是资源配置和流程导向的，主要与企业的内部运营能力有关。

价值主张创新的机会除了与消费者需求特征的变化有关，还与企业输出产品的特征有关。巴登—富勒和哈弗利格（2013）区分了两种产品提供类型：基于项目的产品（project-based offerings）和基于既定设计的产品（pre-designed/scale based offerings），它们分别可以被形象地描述为“出租车模式”和“公共汽车模式”，前者（例如咨询公司）依赖与特定顾客的互动以解决特殊的问题来创造价值，后者（例如汽车装配、快餐行业）运用标准化、大批量重复生产模式提供通用（one-size-fits-all）的商品或服务来创造价值。基于项目的产品提供以客户定制、需求响应为特征，这种复杂的非惯例任务的执行需要持续的组织结构重组、响应柔性以及多元化知识的整合（Hobday，2000）。相反，基于既定设计的产品提供以使用规模化的机器和流水线生产系统为特征，对不可预期的客户需求的响应柔性是有限的。由此可见，具有前一种产出特征的企业进行商业模式创新特别是价值主张创新的动力和能力都要强于后者。

企业输出特征还有另一方面的表现，就是企业所提供的商品或服务在消费者使用过程中的复杂性，对于一些商品提供，客户可以直接使用，不需要任何特别的知识和能力，例如供给普通消费者的药品、服装等，工业一般投入品、原材料等；有的需要简单的技术或与其他投入品相配合，例如食品加工原料、化工原料等；有的则需要专门的技术或复杂的组合，例如零配件、电子元器件等；有的商品，比如生产设备等，就需要专门的服务、培训、维修等；而软件、IT应用服务等则需要专业知识和操作技能，并且要求不断升级或者多种高技术产品的配合，其使用复杂性是最高的。企业产品提供的这种特征可以用输出复杂性来描述。

可以看出，企业输出的复杂性越高，价值主张创新的机会越多；复杂性越高，商品的定制化程度越高，对一体化问题解决方案价值主张的要求越高，从而推动企业以价值主张为定位的商业模式创新。

另外，行业内技术创新能力强的企业往往是行业新技术的引领者，其技术创新的突破性更强，该类企业往往是新消费理念的引导者，也是新价值主张的开创者。所以，行业中技术创新能力强的企业进行价值主张创新的必要性和可能性都比较大。

其他生态系统因子，诸如环境机会、经营实力、成长战略姿态和核心能力可拓展性，它们对商业模式创新落点定位选择的影响与在商业模式创新总体倾向模型中的表现基本一致。

推论3A：除了环境机会、经营实力、核心能力可拓展性、成长战略姿态以外，价值主张定位的商业模式创新还受到企业输出复杂性、技术领先性的强烈影响；实施差异化战略的企业、企业输出复杂性强的企业、技术创新能力强的企业，价值主张定位的商业模式创新倾向较强。

通过前文的分析可以看出价值创造定位商业模式创新驱动与价值主张定位商业模式创新驱动的差异主要表现在：前者与输出复杂性和差异化战略无关，而与企业核心能力有很大的关系。

推论3B：价值创造定位的商业模式创新较多地受到核心能力的驱动与影响。

创新生态系统因子对商业模式创新落点定位的驱动与影响模型如图5－6所示。

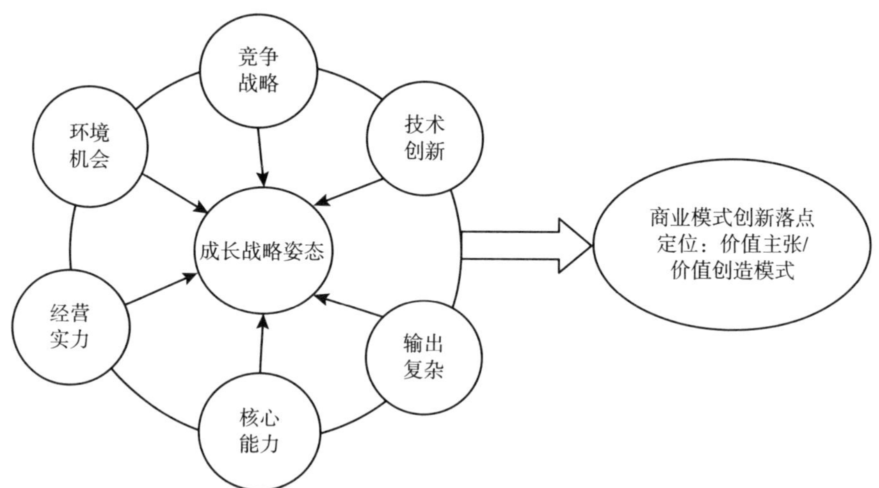

图5－6　创新生态系统因子对商业模式创新落点定位选择的驱动与影响

（三）创新生态系统因子对商业模式创新层面选择的驱动与影响

根据第三章第二节“商业模式创新的三维分类”，在商业模式创新的强度以及由此引发的变革层面上，可以把商业模式创新分为行业层面商业模式创新、价值链层面商业模式创新和企业层面商业模式创新。

行业层面的商业模式创新主要表现为以下几种情况：扩展业务范围进军新的行业（例如“美盈森”公司由一家传统的包装生产企业转化为包装一体化服务提供商）；创新使企业的业务性质发生变化（例如阿里巴巴的“余额宝”业务，其性质已经不再是支付中介，而变成了金融服务）；由提供单一的产品或服务转变成为客户提供一体化完整解决方案（例如立思辰公司由办公设备代理商转变为办公一体化问题解决方案提供商）……站在企业自身的角度来看，除了企业对环

境机会的把握和对环境威胁的规避以外，行业层面商业模式创新一般都是对核心能力的扩展性应用。如前所述，不同核心能力的可扩展性是有差别的，就核心技术而言，其可扩展性是指企业核心技术可以应用于其他行业或产品生产的可能性，或者说生产机会集合的大小（productive opportunity set），根据这种规定性技术可以分为可扩展技术和不可扩展技术。企业基于前者的创新更倾向于核心能力的多元化运用，从而引发行业层面的商业模式创新，属于能力扩展型；基于后者的创新更侧重于产品质量的改进或者成本的降低，以实现业务的规模扩张，从而引发价值创造方式的创新，这种创新主要发生在企业层面，属于能力深化型。

从企业输出特征的角度来看，行业层面的商业模式创新往往是基于企业所提供的商品具有使用过程的复杂性，从而需要多种商品或服务的配合，或者需要专业化的知识或能力，客户对于完整解决方案的需求是驱动企业进行行业层面商业模式创新的主要动因。可见，行业层面的商业模式创新主要受到核心能力可扩展性和输出复杂性的驱动。与其他创新类似，行业层面商业模式创新还受到环境机会、企业运营能力、成长战略姿态等生态系统因子的影响。

推论4A：行业层面的商业模式创新是强度最高的创新，除了环境机会、企业经营实力、成长战略姿态以外，这种创新受到企业的核心能力可扩展性、输出复杂性的强烈驱动与影响；企业输出复杂性、核心能力可扩展性越强的企业，行业层面商业模式创新的倾向越强。

价值链（包括价值网络）方面的商业模式创新主要表现为：扩展业务范围谋求价值链的延伸，创新以谋求在价值链上的重新定位，创新以实现为客户提供一体化完整解决方案，创新以提供产品、服务、信息的新组合等。企业输入复杂性（是指企业生产或提供服务所需技术的相互依赖和关联性，以输入技术复杂性和产品的技术密集度等来反映）越高、企业输出复杂性越高，越需要整合不同的资源和能力，重视价值链和价值网络的构建就成为必然，价值链层面创新的动力就越强。企业对价值链或价值网络的依赖性越强，这一层面的商业模式创新倾向就越强。

推论4B：企业输入复杂性、输出复杂性越高，价值链层面商业模式创新倾向越强。

企业层面的商业模式创新主要表现为：产品（服务）质量、性能不断改进以适应顾客需求的升级或者新顾客群体的需求，不断挖掘顾客的真实需求，提出新的价值主张或者改进创造价值的方式。这一层面的创新除了受到上述诸多因素的普遍影响之外，输出复杂性和技术创新能力是最主要的驱动与影响因素。内部技术创新无论是渐进性的（incremental）、建构性的（architectural）还是根本性的

(radical)，一般都属于维持性创新①，它们引发的商业模式创新一般都是企业层面的，不带有颠覆性（subversive）。一般来说，发生在企业层面（内部）的创新，其强度相对是较弱的，而且这种创新主要体现为能力深化，而不体现为能力扩张。

推论4C：输出复杂性和技术创新能力对企业层面商业模式创新具有较强的驱动与影响。

创新生态系统因子对不同层面商业模式创新的驱动与影响模型如图5－7所示。

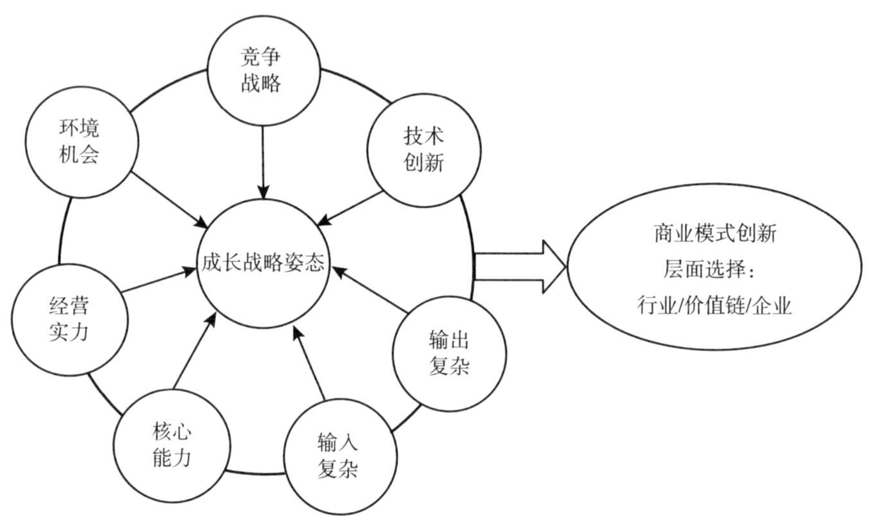

图5－7　生态位因子对商业模式创新层面选择的驱动与影响

时代的发展伴随着企业管理理念的进步，使得企业必须将自身置于开放性的生态系统当中来思考和实施创新行动，商业模式创新呈现多层面、多样性是多重驱动与影响因素共同作用的结果。环境变化是驱动商业模式创新的主要因素（Wirtz et al.，2016）；资源、能力和组织特征是商业模式成功的关键要素（Demil & Lecocq，2010）；高层领导者通过强调、积极参与和资源支持推动企业商业模式创新的实现（冯雪飞和董大海；2015）。这些因素及其组合驱动效应的大小强弱、充分必要性尚须进一步的实证检验。

① 破坏性（disruptive）技术创新在较短的考察期限内是比较罕见的，或者发生在企业外部。

附录 A：立思辰公司商业模式创新历程

北京立思辰科技股份有限公司[①]创立于 1999 年，其前身是创始人——清华大学的几名学生于 1988 年开展勤工俭学在校内开办的一家复印社，当时他们唯一的资产是一台价值 1000 元的二手复印机。在业务经营过程中积累起对办公设备的了解并且与办公设备制造商建立起联系，以此为依托成立了北京立思辰办公设备有限公司，经营办公设备代理业务。由于国内办公设备市场竞争加剧，设备销售毛利率逐步下降。经过市场调研，公司认为随着信息的日益丰富与复杂化、社会分工深化以及 IT 与网络技术的迅猛发展，在未来的 10 ~ 20 年内，中国办公市场将从传统设备销售模式向新型服务模式转变。公司利用在文件设备销售业务中积累的经验，以及与客户和供应商的多年合作关系，以降低客户的复印、打印成本为新的价值追求，将“设备销售 + 零件耗材销售 + 后续维修保养”的传统业务模式转化为“整合设计、专业外包、长期服务”的新型业务模式，转型为文件管理外包服务商业模式。2004 年，公司业务转型成功到位，确立了公司在中国文件管理外包服务本土市场的领先地位。同时，公司与腾博等国际一流视频通信供应商开展合作，为跨国公司、政府机构、大型企业、金融机构等用户提供专业的企业级视频会议解决方案，发展成为腾博亚太区最大的合作伙伴，以及中国区唯一的 GDS（全球支援计划）服务商。

2005 年，企业开始进行业务整合、能力提升。经过前期的发展，公司在行业经验、技术能力、团队建设、客户基础等方面都有所积累，业务模式日趋成熟。公司在文件管理外包服务以及企业级视频会议解决方案及管理外包服务领域的能力已经获得了较大的提升；在硬件设备方面，公司不断丰富产品组合，除长期合作的腾博、东芝外，引入了惠普、理光等业内领先的设备供应商，并结成稳固的合作伙伴关系；在应用软件方面，公司认识到应用软件在办公信息系统中的价值，开始启动文件管理软件和视音频管理软件的研发；在服务方面，公司重视服务体系建设，针对高端企业级客户的需求，不断提高服务管理水平。作为解决方案及服务的设计者和实施者，公司逐步形成了集“硬件、软件、服务”于一体的业务整合能力，并在此基础上形成公司的核心竞争力。此时，国内高端客户开始接受文件管理外包服务这一新型服务模式，公司与政府、行业大型客户签署长

① 2020 年 8 月更名为豆神教育科技（北京）股份有限公司。

期服务合同。在企业级视频会议解决方案及服务领域，视频技术由“标清”逐步向“高清”转变，大型客户的视频会议系统开始更新，并在原有视频会议系统的基础上增加了音频等多媒体应用，公司开始为电力等行业的大型客户提供视音频整体解决方案及增值服务。

2007 年以来，公司的业务模式得到市场认可，在部分行业中形成了成熟的行业解决方案，并具备了行业复制能力。文件管理外包服务在国际学校和中介服务机构等行业得到复制。视音频解决方案及服务抓住“高清”和“融合通信”的发展潮流，向客户提供包括视音频会议、视频显示及摄像跟踪、电子发言、集中控制、数字存储等在内的“高清”视音频整体解决方案，业务持续快速增长；同时，公司开始在客户中推动包含长期运行、维护、管理等服务在内的视音频管理外包服务模式。2007 年，公司改制设立北京立思辰科技股份有限公司。2008 年，公司以文件生命周期管理系统为代表的自主知识产权软件研发取得了重大突破，在文件管理外包服务市场和视音频管理外包服务市场形成了强大的领先优势。

2009 年，为了提高公司的社会嵌入性，公司启用新的 VI（visual identity）系统，把“绿色办公，整合服务”作为企业目标，为政府机构及大中型企事业单位提供包括文件管理外包服务及视音频管理外包服务在内的办公信息系统解决方案与服务，发展以“为客户降低办公成本，提高办公效率，建立节约、高效、环保、健康的办公环境”为核心价值的商业模式，使公司能够与供应商、客户、社会和环境等各利益相关者保持利益一致，以实现多方共赢。公司开始进入新商业模式的高速成长阶段。2009 年 10 月，立思辰凭借先进的新型商业模式、高成长性以及持续创新能力，成为中国创业板首批企业之一，在深交所发行上市（300010）。

2010 年，借助资本市场的助推，立思辰在北京、广州、苏州建立三大区域平台，在全国近二十个城市设有分支机构及营销服务团队，实现跨越式发展。公司的文档打印复印安全监控与审计系统获得军用信息安全产品认证，成为公司正式进军军工行业的标志。2011 年，完成文档全生命周期产品线调整，成为国内少数几家具有文档全生命周期管理能力的本土企业之一。2012 年，公司启用新的企业文化，致力于成为中国最具绿色与安全价值的内容管理系统服务商，把“创享人类工作方式”作为企业的神圣使命。公司通过自主研发推出了“优教学—教学 & 资源人人通平台”产品，开始进军教育信息化。自此，企业进入快速扩张阶段，接连并购多家公司。立思辰于 2012 年并购上海友网科技，2014 年并购从兴科技，2015 年并购江南信安，投资谷神星，布局工控安全和工业互联网安全。

在公司快速扩张的过程中，立思辰不断扫描寻找新的市场发展机会，于2013年开始新的业务转型，涉足教育领域。2015年，立思辰收购康邦科技，布局教育科技服务与智慧教育领域，并与多地教育部门及机构签署合作协议，构建教育服务信息平台；2016年并购“留学360”；2018年，立思辰斥资近13亿元收购中文未来100%的股权，推出立思辰大语文品牌，并对公司业务进行重新定位。正如立思辰董事长所言：大语文之于立思辰，相当于英语之于新东方、奥数之于好未来。为了让教育转型、大语文转型更为彻底，2018年10月，立思辰作价5.1亿元分拆信息安全业务，转型为教育业务占比八成的单一主业上市公司。同年，投资“清帆远航”，布局教育AI，形成了以大语文教育、新高考服务以及智慧教育为核心的多板块业务布局，成为包括大语文培训业务、学业规划及升学指导、留学及留学后服务等诸多面向C端的个性化的学习/升学服务，以及智慧校园顶层设计、智慧校园综合解决方案、区域教育云平台建设与运营、教育生态运营、K12学科应用、基于AI技术所实现的全面快速全自动课堂行为分析、师资培训等诸多面向B端的智慧教育业务等多个方向的综合性教育企业。

2020年，在新冠肺炎疫情的影响下，豆神大语文线下业务遭遇困境，“豆神”又在大语文之外，新增IP业务“豆神魔法世界”，甚至还规划了一座实体主题公园。2020年8月公司正式将名称“北京立思辰科技股份有限公司”更名为“豆神教育科技（北京）股份有限公司”，确立了“用科技和人文改变教育”的使命定位，利用科技手段打通校内校外、线上线下、国内国外的学习场景，最终实现“激发·成就亿万青少年”的愿景。

2021年7月24日，中共中央办公厅、国务院办公厅印发《关于进一步减轻义务教育阶段学生作业负担和校外培训负担的意见》（以下简称“双减”政策）。“双减”政策的贯彻与落实将逐渐扭转义务教育阶段当前存在的一些问题甚至扭曲现象，校内外教育中的某些做法、模式和理念都将发生改变。面对教育市场环境的新变化，“豆神”需要对自己的商业模式进行重新的审视与持续的创新。

企业生态环境的动态性驱动企业进行战略调整和商业模式创新，企业通过创新可以在一定时期内保持某种竞争优势，从而使企业不断成长壮大并积累和培育起某种核心能力，而核心能力的形成又成为企业进行新一轮战略调整的基础和推动力，环境的变迁、核心能力的演化使企业在不同的成长阶段选择不同的成长战略和商业模式创新类型，从而使企业的成长呈现非线性特征，有时表现为内涵式成长，有时表现为外延式成长，有时选择能力的强化、深化，而有时可能选择能力的扩张与转移。梳理和分析立思辰公司商业模式创新历程（见图5-8），可以清晰看出，在动态、开放的创新生态系统中，环境机会、企业核心能力积累、战略导向的动态变化对商业模式创新的交替、交互驱动与影响。

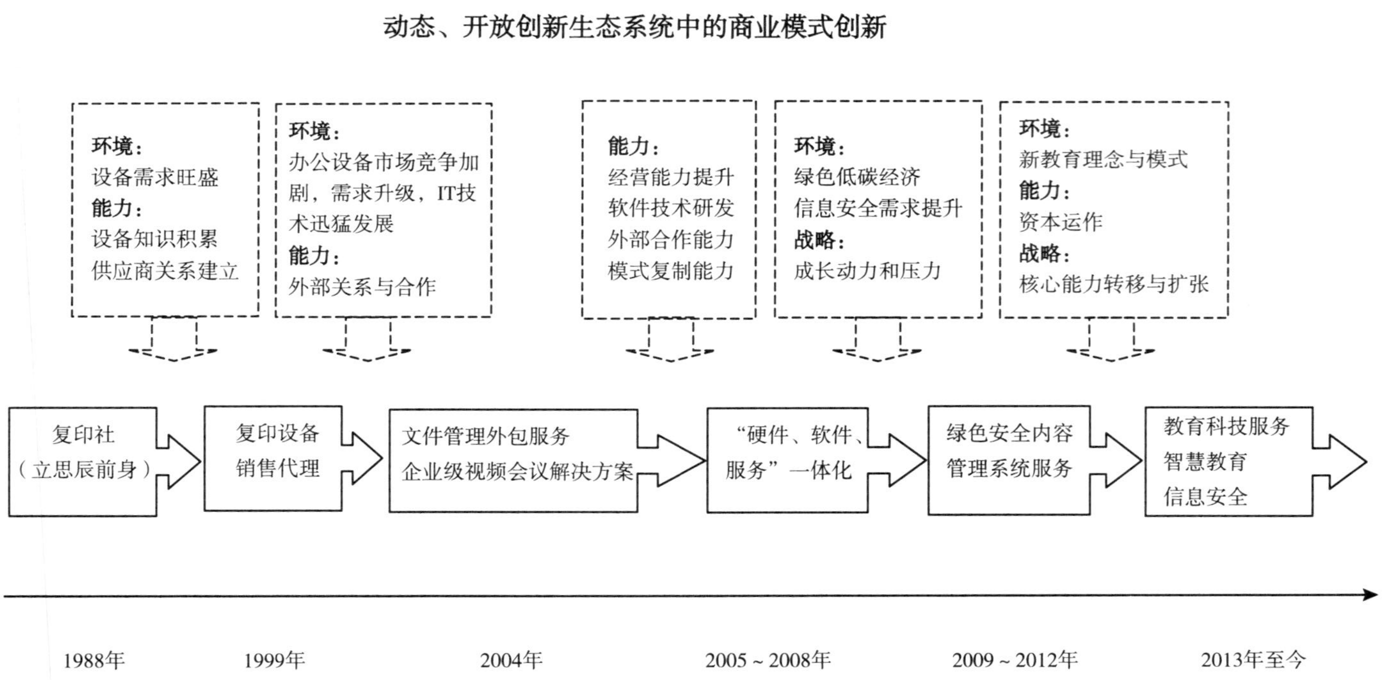

图5-8 “立思辰”商业模式创新历程

资料来源：

[1] 百度百科 . https：//baike. baidu. com/item/% E7% AB% 8B% E6% 80% 9D% E8% BE% B0/7854705？ fr = Aladdin.

[2] 北京立思辰科技股份有限公司官网 . http：//www. lanxum. com/.

[3] 界面新闻 . 立思辰变形记：走向大语文，进一步 IP 化，双头共治 [EB/OL]. http：//news. shdjt. com/gpnews. asp？ newsid = 300010 – 20200814114200 – doc – iivhvpwy0988970.

[4] 荆浩，贾建锋 . 中小企业动态商业模式创新——基于创业板立思辰的案例研究 [J]. 科学学与科学技术管理，2011 (1)：67 – 72.

附录 B：创新生态系统与商业模式创新调查问卷

NO. ________

尊敬的先生/女士：

十分感谢您对此次调查的支持！本问卷只为学术研究之用，不涉及您及贵企业的隐私及商业秘密，不会用于任何商业目的，请针对您所在的企业放心并客观地回答。

一、企业基本信息

101. 企业所在省市____，企业（包括其前身）成立于____年；注册资本约____万元；目前员工人数约____人。

102. 企业近三年年销售额（营业额）平均约为（以人民币计）____万元。

103. 企业的所有制性质为____。

A. 国有或国有控股　B. 外资或合资　C. 民营　D. 其他

104. 企业主营业务所属行业为____。

A. 农、林、牧、渔业

B. 采掘业（煤炭、石油和天然气、金属等）

C. 制造业（食品、纺织、化工、医药、冶炼、机械、交运设备、电气、电子信息设备、仪器仪表、轻工业等）

D. 电力、热力、燃气和水供应

E. 建筑

F. 运输、仓储
G. 邮电、通信
H. 批发和零售住宿和餐饮
I. 金融、保险
J. 房地产
K. 社会服务业（公共设施、计算机应用、专业科研服务等）
L. 信息与文化产业
M. 其他（请说明）____________________
105. 企业主营产品或业务可以描述为____________________。

二、企业经营环境

201. 贵企业所处行业属于____。
A. 传统行业　B. 新兴行业
202. 贵企业的产业特征是____密集型。
A. 劳动　B. 资本　C. 技术　D. 土地　E. 人才　F. 其他（请说明）____
203. 客户在使用贵企业产品（或服务）的过程中需要（多选）____。
A. 专业知识或技能　B. 多技术组合　C. 多产品组合　D. 后续服务
E. 专门定制
204. 贵企业所处行业的技术创新速度____。
A. 缓慢　B. 较慢　C. 一般　D. 较快　E. 很快
205. 贵企业主导产品的生命周期（从研发上市到退出的时间）大约____。
A. 5 年以上　B. 3～5 年　C. 1～2 年　D. 半年左右　E. 1～3 个月
206. 本行业客户（消费者）的需求特征变化速度____。
A. 缓慢　B. 较慢　C. 一般　D. 较快　E. 很快
207. 企业的上游行业（原材料、零配件、服务提供等）竞争情况____。
A. 少数几家企业垄断　B. 企业较多但规模都很大　C. 一般
D. 竞争较充分　E. 完全竞争
208. 企业供应商的地域分布为____。
A. 全球分布　B. 全国分布　C. 本省为主　D. 本地　E. 自己生产
209. 企业对外采购额占产品（服务）成本的比重大约为____。
A. 90% 左右　B. 70%～80%　C. 50%～60%　D. 30%～40%
E. 30% 以下
210. 企业对一家或少数几家主要供应商的依赖情况____。
A. 十分依赖　B. 比较依赖　C. 一般　D. 基本不依赖　E. 完全没有依赖
211. 企业的销售或服务对象是____。

A. 一般消费者　B. 其他厂商、机构或组织　C. 都有

212. 在业务交往中，客户的讨价还价能力____。

A. 很强　B. 较强　C. 一般　D. 较弱　E. 很弱

213. 企业对一家或少数几个重要客户的依赖程度____。

A. 十分依赖　B. 比较依赖　C. 一般　D. 基本不依赖　E. 完全没有依赖

214. 企业所处行业的竞争情况____。

A. 少数几家企业垄断　B. 企业较多但规模都很大　C. 一般

D. 竞争较充分　E. 完全竞争

215. 您认为新企业进入本行业的主要壁垒是（可多选可添加）____。

A. 资金　B. 技术　C. 人才　D. 声誉　E. 市场准入　F. 在位者优势

216. 企业在行业中的地位是____。

A. 领导者　B. 挑战者　C. 追随者　D. 利基者（夹缝中求生存）

217. 企业与主要竞争对手的关系是____。

A. 完全的竞争关系　B. 竞争与合作关系

218. 企业享受过以下哪些优惠政策（可多选可添加）____。

A. 税收　B. 土地　C. 融资　D. 人才　E. 技术支持

如果这些优惠取消，对企业净利润的影响____。

A. 很大　B. 较大　C. 一般　D. 不大　E. 几乎没有

三、企业经营状态

301. 企业主营产品的主要销售市场为____。

A. 本市　B. 本省　C. 国内部分省份　D. 全国　E. 国内和国际

若有出口，出口销售额所占的比重约为____。

302. 企业主营产品的主要销售渠道为（可多选可添加）____。

A. 直销　B. 经销　C. 连锁　D. 加盟　E. 互联网

303. 企业主营业务在以下方面的竞争优势如何（请逐项选择）。

（A. 非常明显　B. 明显　C. 一般　D. 稍差　E. 差距很大）

1. 成本____　2. 质量____　3. 运营____　4. 品牌____　5. 技术____

6. 管理____

贵企业上述竞争优势在企业扩张中的辐射能力____。

A. 非常大　B. 较大　C. 一般　D. 较小　E. 几乎不能

304. 近三年，贵企业主营业务的市场份额约为：占国内____%，占国际____%；变动情况为：____。

A. 上升　B. 持平　C. 下降

与本行业最强的其他竞争企业相比，贵企业的市场份额____其市场份额。

A. 远高于　B. 高于　C. 接近　D. 低于　E. 远低于

305. 企业自主品牌的注册时间为____年；该品牌目前所获得的最高荣誉是____。

A. 国际级　B. 国家级　C. 省级　D. 市级　E. 正在争取中

306. 企业的品牌定位（满足消费者的哪种诉求）是____。

A. 技术领先、新颖时尚、独特、高档等　B. 适用、实用、经济、低价等

C. 几种特点交叉　D. 没有明显的特征

307. 企业在竞争中的制胜武器是（可多选可添加）____。

A. 低成本　B. 差异化的产品　C. 专注核心业务　D. 抢先进入

308. 您感觉贵企业所面临的竞争压力____。

A. 非常大　B. 较大　C. 一般　D. 较小　E. 很小

309. 在面临竞争压力时，贵企业拟采取的策略有（可多选可添加）____。

A. 设备更新　B. 采取新技术、新工艺降低成本　C. 研发新产品

D. 增加产品附加值　E. 加强内部管理　F. 加强营销、拓展市场

G. 精简产品种类，退出部分市场　H. 进入新行业

四、企业技术创新

401. 您认为技术创新对贵企业的重要性____。

A. 极其重要　B. 比较重要　C. 一般　D. 不太重要　E. 不重要

402. 企业主要产品的技术水平为____。

A. 比较落后　B. 一般水平　C. 国内先进　D. 国内领先　E. 国际先进

403. 企业主要设备（或服务设施）的技术水平为：____。

A. 比较落后　B. 一般水平　C. 国内先进　D. 国内领先　E. 国际先进

404. 企业是否设有专门的研发机构____。

A. 有　B. 没有

目前贵企业的技术研发人员约____人。

405. 贵企业核心技术的创新层次属于（可多选可添加）____。

A. 原始创新　B. 集成创新　C. 购买、模仿、创新　D. 购买、模仿　E. 购买

406. 贵企业研发费用占同期销售收入的比重约为（可填写具体数字）____。

A. 1%以下　B. 1%~2%　C. 3%~5%　D. 5%~10%　E. 10%~30%

407. 贵企业核心技术多行业应用的可能性____。

A. 非常大　B. 较大　C. 一般　D. 较小　E. 几乎不能

五、商业模式创新

（注释：商业模式是指企业有关交易内容、交易结构、交易机制的系统设计；商业模式创新是企业对自身资源、结构、流程以及整个外部交易网络的重新设计

与构造；它包括顾客价值主张创新、价值创造模式创新、价值传递模式创新、收益模式创新中的一个或多个方面。）

请选择贵企业在以下方面的创新强度：	从 1 到 5 表示强度由低到高				
501. 扩展业务范围谋求进军新的行业。	1	2	3	4	5
502. 创新使企业的业务性质发生变化。	1	2	3	4	5
503. 扩展业务范围谋求价值链的延伸。	1	2	3	4	5
504. 创新以谋求在价值链上的重新定位。	1	2	3	4	5
505. 创新以实现为客户提供一体化完整解决方案。	1	2	3	4	5
506. 创新以提供产品、服务、信息的新组合。	1	2	3	4	5
507. 产品（服务）的质量、性能不断创新。	1	2	3	4	5
508. 创新以适应新的顾客群体的需求。	1	2	3	4	5
509. 不断挖掘顾客的真实需求，提出新的价值主张。	1	2	3	4	5
510. 创新性地发展合作网络并强调共赢。	1	2	3	4	5
511. 从合作网络中获得新信息、资源和市场。	1	2	3	4	5
512. 创新交易结构把新参与者聚合在一起。	1	2	3	4	5
513. 企业谋求以新的方式把交易参与者联系起来。	1	2	3	4	5
514. 参与者之间关系的质量和深度得以提高。	1	2	3	4	5
515. 通过流程创新给顾客提供新颖的产品或服务。	1	2	3	4	5
516. 通过新的渠道和方式传递商品（或服务）。	1	2	3	4	5
517. 公司接触和维系顾客的方式富有创新性。	1	2	3	4	5
518. 创新收益模式（收费对象、方式、价格结构）。	1	2	3	4	5
519. 在交易中以新的方式激励各方参与者。	1	2	3	4	5
520. 总体来讲，公司的商业模式是新奇的。	1	2	3	4	5
521. 通过流程创新谋求产品相关成本费用最小化。	1	2	3	4	5
522. 创新以努力实现用户角度上的交易简单化。	1	2	3	4	5

523. 创新以降低交易成本（营销、交易流程、沟通）。	1	2	3	4	5
524. 创新以谋求降低各方参与者存货成本。	1	2	3	4	5
525. 业务模式的新设计谋求交易执行中极少发生失误。	1	2	3	4	5
526. 业务模式创新以使参与者能够做出知情明智的决策。	1	2	3	4	5
527. 交易中货物、服务、信息轨迹可以被查清。	1	2	3	4	5
528. 作为交易的一部分，商品信息被提供给参与者各方。	1	2	3	4	5
529. 参与者本身的信息得以互相提供。	1	2	3	4	5
530. 总体来说，模式创新是为了提高交易效率。	1	2	3	4	5
531. 公司是新业务模式的先驱。	1	2	3	4	5
532. 公司持续不断地在商业模式中引进创新。	1	2	3	4	5

六、企业战略规划

601. 贵企业的成长战略可表达为（可多选可添加）____。

A. 集中一点做大做强　B. 上下游一体化　C. 技术相关多元化

D. 市场相关多元化　E. 非相关多元化

602. 贵企业在今后三至五年内发展的重点依次为（可多选可添加）____。

A. 规模　B. 竞争力　C. 效益　D. 市场拓展　E. 品牌声誉

603. 您在贵公司的职位是____。

A. 高层管理者　B. 中层管理者　C. 基层管理者　D. 一般员工

对您的支持表示诚挚的感谢！

第六章

机会/能力/战略导向的组态驱动与影响

第一节 机会/能力/战略导向组态驱动模型的构建

从以往研究成果以及对企业创新实践的分析推理可以看出，商业模式创新的发生可以得到多重理论的解释——环境依赖理论、路径依赖理论、资源基础论、创新理论、演化理论等。不同的创新形式与结果可能来自不同因素的组合影响，而同一创新形式和结果也可能来自多种因素的多种组合效应。这样的问题特征决定了运用组态分析方法对其进行实证检验的适用性，并且能够对企业商业模式创新的原动力与路径进行比较清晰的解析，研究结果也能更好地反映和指导商业模式创新的实践。

一、商业模式创新是机会/能力契合与选择的结果

商业模式创新是企业基于环境机会的洞察，通过资源、结构、流程以及整个价值网络的重新设计与构造，改变价值主张、价值创造、传递、收益模式及其组合方式的一个或多个方面。商业模式创新的核心行动要素是洞察（sensing）、捕获（seizing）和配置（reconfiguring），成功的商业模式必须实现环境机会与内部资源与能力的高度契合，实现这种契合必须进行“面向内”与“面向外”的双向思考与选择。

（一）环境机会与威胁

基于外部环境视角的商业模式创新研究成果是异常丰富的，这些研究大多以特定行业或特定企业为研究对象，揭示它们面对的新的环境机会，描述它们选择

新商业模式的依据与行动方案。以往研究中涉及较多的行业包括互联网、手机、电动汽车、医疗、金融、媒体等；特定企业研究的典型例如苹果、戴尔、亚马逊、Google、eBay、沃尔玛、Facebook、海尔、万达、春秋航空、携程、阿里巴巴、腾讯等。这些研究对企业如何进行商业模式创新“面向外”的思考极具启发性和引导性。值得一提的是，即使这些研究主要以环境机会的利用为立足点，其中也必然隐含着对环境机会与组织能力契合的分析。

（二）企业资源与能力

以企业资源和能力为着眼点的研究是商业模式创新研究中的另一个重要分支。这一分支形成的关于商业模式创新如何发生的基本观点包括：（1）企业商业模式选择或创新是基于资源和能力的。特定的商业模式是建立在一定的资源和能力基础之上的（Zott & Amit，2010；Chesbrough，2002）；（2）商业模式创新的核心行动要素是资源的选择和整合（Zott & Amit，2010；George & Bock，2011；Mezger，2014）。商业模式创新包涵对资源的重新界定和创造性配置，基于资源和能力优化配置的商业模式创新的意义在于将（新）资源的潜力释放出来；（3）商业模式创新的理念、思维方式和能力本身也是“异质性”的能力。这些研究结论主要从静态和内生的视角对商业模式创新作为竞争优势新来源进行了解释，当然，基于资源和能力的商业模式创新分析也离不开对外部环境变化的关注。

（三）组织认知与选择

研究企业所拥有（或可利用）的资源与能力如何影响企业对环境机会的捕获、环境机会的变化如何影响企业资源的商业模式价值显然是必需的。在二者之间能否建立起联系或者建立起什么样的联系就是企业的认知和选择问题了，这种认知特征和选择能力在战略管理领域有很多表达范畴。从能力的本源上来看，例如管理者（或 TMT）的特征和动机；从行为表现上来看，例如企业家机会洞察能力、创造性认知模式、注意力、创新性获取和整合资源的能力等；从组织特征来看，例如主导逻辑、学习能力、动态能力；从组织产出表现来看，例如战略导向、战略柔性、战略姿态等。为了厘清这些表述之间的关系，关于上述概念和理论范畴对商业模式创新的驱动和影响机制，在此择其要点进行分析①。

管理者特征和动机视角下的企业变革与创新研究强调，在不同组织或环境要素情境下，管理者特征和动机经由管理者行为会对企业适应外部环境变化作出差

① 部分范畴对商业模式创新的驱动与影响将在“第十章　商业模式及创新的动态演化”中展开论述。

异性反应，这一视角下的企业变革与创新研究的理论基础主要包括高层梯队理论和管理者理性。高层梯队理论认为，管理者的认知结构和价值观影响了其对相关信息的解释能力，因此管理者特质会影响其战略选择，进而对企业行为产生影响。当管理者特质通过管理者行为表现出来时，会在组织和环境背景下对利益相关者、组织结构和体系以及战略内容的改变产生影响。因此，基于高层梯队理论的研究者强调，管理者行为对变革与创新的影响取决于管理者对组织或环境要素变化的认知，尤其是企业高管的认知。

近年来，注意力基础观作为企业战略、创新行为研究的一个新视角开始得到关注。从注意力视角探讨企业行为问题最早源于1947年西蒙（Simon，1947）对组织管理行为的论述，他抛弃了当时占主流地位的“理性选择”理论，强调人在决策过程中的“有限理性”，并在此基础上将影响组织行为或决策过程的因素拓展到一个新的视角——注意力。奥卡西奥（Ocasio，1997）综合前人的研究，将基于注意力视角的组织管理行为从决策者个体拓展到一个由个体、组织和环境共同塑造的多层级注意力配置过程，即注意力基础观（Attention-based view），并创造性地提出3个步骤或原则展示企业作为注意力配置系统的基本决策过程。（1）注意力聚焦过程——决策者的行为取决于他们所关注的问题和可能的解决方案，这体现了个体认知的作用；（2）注意力情境化过程——决策者关注什么问题和解决方案以及可能采取的行动，取决于他们对自身所处特定情境的理解，这体现了决策环境的重要性；（3）注意力配置过程——决策者如何理解自身所处的特定情境以及如何应对，取决于企业制度、能力、资源和社会关系等如何将问题、解决方案、决策者与行为、联系、程序配置在一起，这体现了组织认知的作用。注意力基础观主要包含了以下理论阐释视角：（1）企业行为理论。企业行为理论视组织为问题解决的实体和冲突系统，其能力的有限性和多重目标的竞争性，都对组织注意力的配置产生重要的影响。例如，组织从已有的决策和注意力规则中获取到的经验会塑造组织的注意力方向；组织期望水平的落空会触发注意力投入，导致本地搜索和组织学习。（2）高层梯队（TMT）理论。高层梯队理论本质上是一种信息处理理论，它试图从高层管理者的特征（包括人口统计学特征和心理特征）来解释和预测企业行为。通过受限的洞察力、选择性认识和诠释三个步骤的信息筛选过程从而进行战略选择和高层行为。实际上，注意力基础观是对高层梯队理论的进一步深化和补充（Soulitaris & Maestro，2010），注意力基础观丰富和拓展了高层管理者影响企业行为和结果的作用机制。（3）学习理论。学习理论通过揭示企业在不同的外部知识上投入多少精力从而补充了注意力基础观（Sapienza et al.，2005）。（4）制度理论。制度逻辑是一种能够塑造行为主体认知和行为的文化信念和规则（Thornton，2004）。制度逻辑有助于理解注意力的配置，具有不同制度逻辑的企业或管理者，其注意力的配置方向和对象也会表现出差异，从而引发不同的企业行为和结果（郑莹等，2015）。组织主导逻辑（dominant logic）的本质是一种认知模式，是管理者对所在行业的看法、对业务的概念界定及相关关键资源配置决策方式的集合（苏敬勤和单国栋，2017）。

柔性概念在管理领域的较早应用是指生产系统应对环境变化所造成的不确定性的能力，以此引申到组织和战略层面。战略柔性是面对环境变化组织重新利用和分配资源的能力（Sanchez，1995），这种应对能力的高低主要来源于两个方面（万伦来和达庆利，2003）：（1）企业资源，即企业用于生产或提供服务所需的有形或无形资产，包括人力、物力、财力等。企业资源可以支持企业完成多样的任务目标，可以认为是战略柔性的物质载体以及基础条件；（2）企业能力，是指企业是否能够科学合理、机动灵活地配置企业资源，这是战略柔性的保障。随着网络信息技术发展以及产品更新加快，企业运营环境的不确定性越来越大，在这种情况下，具有较高“柔性”的企业往往表现出更强的竞争力（Celuch et al.，2007）。

通过上述分析可以看出，对认知与选择逻辑进行分析的不同理论视角所提出的概念和范畴，其影响实际上分别发生在作用机制的不同层次上，例如从管理者特征和动机到注意力、学习、主导逻辑再到战略导向；它们与组织资源和能力又是相互交织在一起的（或者说本身也构成组织资源和能力的一个方面），因为资源柔性、能力柔性（以注意力、学习、主导逻辑为基础）共同构成战略柔性的基础；而战略柔性本身也可以看作是当面临环境变化时，企业可以迅速调整对不同任务目标的注意力，并实现与注意力配置更相匹配的企业行为的能力（谢家平等，2017）。战略导向和姿态是上述以不同范畴表达的组织属性相互交织作用的输出结果和表现，可以将其作为组织认知与选择逻辑的代表范畴用于后续的实证研究。

环境机会既是认知与选择的背景，也对认知与选择逻辑施加影响，因为企业拥有的制度逻辑并非一成不变，在对外部关键事件关注以及对环境意会后，企业可能会改变当前占主导的制度逻辑并采用新的制度逻辑（Nigam & Ocasio，2010）。

二、机会/能力/战略导向对商业模式创新的组态驱动模型

通过上述分析可以看出，环境机会、企业资源与能力、认知与选择（以战略导向来代表）对商业模式创新的驱动与影响是交互的、复杂的。从静态来看，在面对相同市场机会的情况下，具有不同资源与能力、战略导向的企业可能会选择

不同的商业模式创新方向；从动态来看，企业在不同发展阶段，面对不同的环境机会、内部资源与能力的变化与转移、高管团队注意力的转移、主导逻辑的变异，商业模式创新的方向或类型也会发生变化，这是能力/机会双向契合关系动态调整与演化的结果。对于不同的企业而言，相同的商业模式创新结果也可能来自上述驱动与影响因素的不同组合与路径。

关于商业模式创新前因及其驱动与影响效应的定量研究，早期多采用线性回归的方法（见表6－1），这些研究所涉及的商业模式创新的前置因素（变量）基本囊括了环境（机会、动态性、不确定性）、组织资源与能力（社会资本、关系、资源整合、竞争能力、经营能力、动态能力）、认知与选择（管理者特征与注意力、组织学习、主导逻辑等），为揭示和探索商业模式创新发生的原理与规律提供了强有力的支撑。但是，近几年学者们也逐渐认识到这种线性因果关系模型对商业模式创新现实解释力的不足。（1）线性回归结果对多因素间联合效应的反映与解释不足（Fiss，2007）。这些变量与商业模式创新之间不仅存在单纯的因果逻辑关系，还存在普遍的交互影响与组合匹配关系。部分研究中虽然有对调节或交互效应的验证，例如环境动态性与变革型领导（阎婧等，2016）、环境不确定性与创业机会（夏清华等，2016），但是，三重交互已经达到了回归分析的可解释边界（Fiss，2007），对于广泛存在的多变量之间的匹配与交互效应的反映显然是力不从心的。（2）综合不同研究的结论来看，商业模式创新与这些前置变量之间存在着因果循环。例如动态能力、知识搜索、资源整合等与商业模式创新之间的关系，商业模式创新作为这些变量与企业绩效之间的中介，这些变量作为商业模式创新与企业绩效之间的中介，正反两个方向的因果关系都得到了来自不少研究的检验和证实。显然，任何单向因果关系的结论都是不完备的。（3）同一变量的影响效应（是发挥主效应、调节效应还是中介效应?）在不同研究的结论中存在差异甚至矛盾。同一变量在不同的研究中，影响效应的量级与性质也由于其他不同变量的加入或者仅仅由于不同的研究而存在很大的差异；这使得商业模式创新驱动与影响因素的实证检验结论由于缺乏一致性从而也丧失了可信性。

表6－1　　商业模式创新前置因素线性回归研究结果示例

前因变量	维度	文献来源
高管团队异质性	任期、职能	肖挺等（2013）；庞学卿（2016）；刘刚等（2017）
企业家背景特征	教育、专业、职能	郭韬等（2017）
企业家精神	创业、冒险	李巍、丁超（2016）；王利等（2017）

续表

前因变量	维度	文献来源
变革型领导		阎婧等（2016）
制度环境/包容性		郭韬等（2017）；郭海和沈睿（2012）
环境动态性	行业、本土、技术、消费者需求、资本市场	庞学卿（2016）；阎婧等（2016）；吴增源等（2018）；王利等（2017）；翟淑萍（2015）；夏清华等（2016）
需求不确定性		郭海和沈睿（2012）
竞争强度		郭海和沈睿（2012）；周敏等（2013）
网络关系能力	导向、构建、管理	刘亚军和陈进（2016）；王伟等（2017）
网络嵌入性/开放度	关系、结构	张春雨等（2018）；孟迪云（2018）；王丽平和赵飞跃（2016）
资源整合能力/拼凑		庞长伟等（2015）；孙锐和周飞（2017）；周飞等（2019）
社会联系/资本	政治、商业、研发	孙锐和周飞（2017）；李巍等（2018）
供应链、企业合作		周敏等（2013）
竞争能力		周敏等（2013）
经营能力		文亮等（2012）
战略导向	市场、技术、创业	李巍等（2017）；周琪等（2020）
战略柔性		周敏等（2013）
动态能力	组织学习、资源整合、资源重构、组织创新战略隔绝机制	戴亦兰和张卫国（2018）
市场导向	反应型、先动型	周飞等（2019）
创业导向/组织忘记		孟迪云（2018）；王丽平和赵飞跃（2016）
企业资源（社会资本、人力资本、知识、经验、管理团队、企业声誉等）	政策优势、融资渠道、人力资源、员工素质、资源配置情况	刘刚等（2017）
创业资本结构		王丽（2016）
创业资源	环境、机会、能力	文亮等（2012）；夏清华等（2016）；郭海和沈睿（2012）
战略谋划复杂度		庞学卿（2016）
认知结构		庞学卿（2016）

续表

前因变量	维度	文献来源
知识搜索		胡保亮（2013）；吴增源等（2018）
组织学习/关系学习		吴增源等（2018）；王丽平和赵飞跃（2016）
团队进化		王利等（2017）
企业文化		王利等（2017）
管理注意力		吴增源等（2018）
内外部因素综合	文化、决策层素质、技术、团队创造力、战略、外部环境、竞争者、合作伙伴、顾客需求	王通（2015）

正如切斯特等（Chester et al.，2019）所提出的那样，所有这些前因构成了商业生态圈，决定了新商业模式发展的有效性，但结果并不是简单地由这些前因的净效应合成的（就像在线性回归模型中所呈现的那样）；相反，这些效应是具有等价结果的构型。从这一认识出发，他们的研究检验了这些前因的多种组合替代结构如何解释商业模式创新的结果。该研究用复杂性范式假设了一组可导致商业模式创新结果和绩效的先行条件配置，并证实了这些假设。研究解释了着眼于当代网络连接主义的思想——情景驱动理论和组态复杂性，在这种思想中，商业模式追求的是集合的绩效结果，远非单个模型构成组件（要素、部分）能力和贡献的简单加总。研究表明：商业模式创新和先行因素之间的因果关系是匹配式构造的（configurationally constructed），即单个前因 X_i 未必显示其对 Y 的影响，而是 X_i 的一组配置；这些关系在结构上发生了变化，仍然可能导致相同的结果，这是一种等效现象（Ragin，2008）。这种关系的大小也不是对称锚定的，即在不同的配置中相同的 X_i 可以与 Y 相关——正向地、负向地，甚至根本不相关。此研究运用访谈脚本的内容分析作为“行为—事件”数据的获取方法（a content analysis of interview scripts as “behavioral-event” data method），采用 fsQCA——一种集合论分析技术，分析的情境前因包括价值创造生态网络（value creation eco-networks）、商业参与者的行为取向（business actors’ behavioral orientations）、对技术的掌握（mastery of technology）、商业生态系统规则和治理（business ecosystem rules and governance）以及复杂性（complexity），证明了所有这些因素的多种组合都可以决定商业模式创新的潜力和有效性。

国内学者也开始运用组态分析方法来研究商业模式创新问题，例如王炳成等（2020）以战略性新兴产业为研究对象，运用 QCA 方法检验了环境不确定性（包括市场不确定性和技术不确定性）与组织学习（包括内部学习、技术学习、管理学习及其组合）的组和匹配关系对商业模式创新的驱动效应。

基于此，在前期调研与分析（见第五章）的基础上，笔者构建了一个商业模式创新驱动与影响因素的整合模型（见图6－1）。这一模型在视角（外部、内部，理论基础）层面、构念层面、变量维度层面比较全面地涵盖了以往研究所涉及的概念和范畴，在梳理、归类、分层的基础上实现了比较清晰的逻辑关系表达，并在开放性创新生态系统因子与以往研究的理论、概念和范畴之间建立起连接，在一定程度上弥合了当今关于商业模式创新理论研究、实证研究与实践之间彼此隔绝与自说自话的问题。本书后续将运用调研数据对这一模型进行检验。

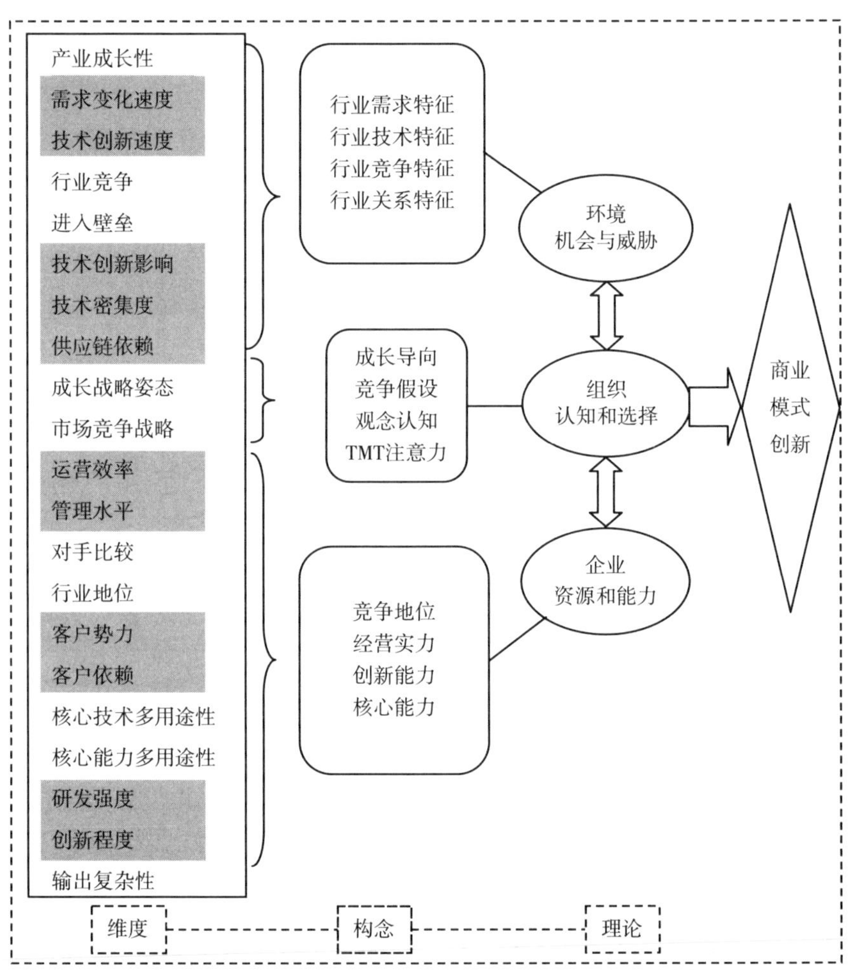

图6－1　商业模式创新机会/能力/战略导向的组态驱动模型

事实上，拉贾戈帕兰和斯普雷泽（Rajagopalan & Spreitzer，1997）在回顾过去20年战略变革研究的基础之上，就曾提出了一个多视角、系统性的战略变革整合框架，并强调战略变革是环境条件、组织条件、管理者认知和行动因素共同作用的结果（张明等，2020）。“商业模式创新机会/能力/战略导向的组态驱动模型”可以看作是这一整合框架在商业模式创新研究领域的应用与检验。

第二节　组态驱动研究设计与过程

研究将环境机会与威胁、企业资源和能力、战略导向（组织认知与选择）作为基本前因变量，探究它们对商业模式创新的组态驱动效应，基于模糊集定性比较分析方法（fsQCA），构建不同前因变量与结果变量的非线性路径组合，探索驱动企业商业模式创新的关键因素与内在机理，检验前述定性研究与逻辑推演的假设（见第五章第三节）。

一、QCA相关理论及在研究中的应用

定性比较分析法（qualitative comparative analysis，QCA）出现于20世纪80年代的美国，由社会学家拉金（Ragin，1987）开发。这是一种衍生于集合论并将“案例导向”定性分析和“数量导向”定量分析相结合的研究方法。目前，主流的QCA方法主要包括清晰集定性比较分析法（csQCA）、多值集定性比较分析法（mvQCA）、模糊集定性比较分析法（fsQCA）及时差型定性比较分析（tsQCA）等。

传统定量研究方法，例如回归分析，是在控制其他影响因素的基础上，分析自变量对因变量的边际“净效应”（Meyer et al.，1993）。这种方法需要将可能对结果变量产生影响的自变量统统纳入模型，并需要一系列严苛的假设条件：自变量相互独立、因果对称性和单向线性关系。当多个原因同时出现时，单个原因对结果有其各自独立的影响。但是从严格的意义上来讲，这种假设是违背现实情境的，现实中虽然确实有很多对称性的相关关系，但是非对称性的集合关系也是大量存在的。QCA技术关注跨案例的并发因果关系，这意味着要素的不同组合可能产生同样的结果，也就是“多重并发因果关系”。其中，“多重”是指路径的数量，而“并发”则意味着每条路径都是由不同的条件组合所构成的；并且，一个给定的原因组合可能并不是产生某个特定结果的唯一路径，其他组合可能也会产生同样的结果。总之，相较于传统定性分析或者定量分析，定性比较分析方法

（QCA）具备如下特征：首先，QCA 把待研究的课题抽象成不同因素的组合，利用集合论思想，判定因素所属集合的隶属关系；其次，集合论思想下的隶属关系，是非对称关系，一个结果可以对应多个路径；最后，它是传统定性研究的升级版，对定性分析加入了科学的统计验证。

定性比较分析方法较早主要应用在心理学、社会学、情报学及传播学等领域的研究中，近年来，管理学领域也日渐意识到需要突破传统相关性理论和方法的局限，基于组态视角和定性比较分析法发展新的管理研究范式（杜运周和贾良定，2017）。这一方法已在数字转型和信息系统、战略管理、营销管理、创业研究、商业模式、营商环境生态系统、创新生态系统、人力资源、国际商务、公司治理等多个管理学领域得到广泛应用（杜运周等，2021）。

QCA 方法的分析逻辑是：凭借一定数量的跨案例比较，归纳出不同集合之间的普遍隶属性。在方法论思维上，QCA 融合了定性研究可以提供理论佐证以及定量研究能够提供实证支持的优点，在很大程度上克服了传统定量分析方法与定性分析方法的劣势，更适合于组织或制度层面的研究（Chester et al.，2019）。从初步的理论和案例分析来看，商业模式创新前因研究，比较符合 QCA 方法的应用情境。

二、基于 QCA 方法的研究设计与过程

（一）变量的界定与测量

前期研究对开放性创新生态系统中商业模式创新驱动与影响因素进行了定性和定量的分析与梳理，并将这些因素与战略管理、创新管理、商业模式创新的基础理论以及已有实践检验研究的结论进行了对接，构建了“商业模式创新机会/能力/战略导向的组态驱动模型”，根据这一模型所代表的现实意义对相关变量进行界定与测量。

（1）结果变量。基于第三章的分析可知，商业模式创新的具体形式是极其复杂而多样的，为了使这一变量的测量更加科学和准确，研究借鉴了佐特和阿密特（2008）测量商业模式创新新奇性与效率性的 26 个题项，同时参考了国内几位学者（胡宝亮，2012；程愚等，2012）关于商业模式创新测量的指标，并对研究中所搜集到的所有商业模式创新案例的创新情况进行分析归类，总共汇总出能反映商业模式创新的 32 种情况，这 32 种情况虽然不能百分之百囊括所有商业模式创新的表现，但是已经具有相当强的代表性，可作为判断各样本企业在每一个方面商业模式创新程度的标准（题项列表见第五章附录 B，创新归类情况见表 3－2）。评

分1~5分别表示强度由低到高。根据前述理论框架中对于商业模式创新类型的分析和界定，把所属各题项得分分类汇总求和，作为下述变量的测量值：

①商业模式创新倾向（cxqx）（反应总的商业模式创新程度）。

②新奇性商业模式创新（xqcx）。

③效率性商业模式创新（xlcx）。

④价值主张创新（jzzz）。

⑤价值创造模式创新（jzcz）。

⑥行业层面创新（hycm）。

⑦价值链层面创新（jzlcm）。

⑧企业层面创新（qycm）。

（2）条件（前因）变量。依据第四章对开放性创新生态系统因子探索性分析的结果，研究者对各自变量所包含的题项进行逐项评分，然后求平均值，作为这一变量的测量值。

①环境机会。包括反应环境机会、威胁和不确定性状况的四个变量：环境波动性（hjbd），以行业技术创新速度、需求变化速度来测量；产业成长性（hygm），以公开资料给出的行业市场规模年增长率来衡量；行业竞争（hyjz），主要以行业竞争强度和行业进入壁垒的高低来衡量；输入复杂性（hjfz），主要由技术密集度（主要以行业研发投入强度衡量）、供应链依赖来测量。

②核心能力可扩展性（hxnl）：主要包括两个方面，一是核心技术多行业应用的可能性，二是企业核心能力（例如品牌优势、管理优势等）的辐射能力。

③经营实力（jynl）：主要包括运营效率、管理水平、行业地位、价值链地位等方面。

④技术创新能力（jscx）：技术创新能力主要包括研发投入强度（以研发费用营业收入占比划分为5个级别，按级别由低到高评分）和创新程度（主要以企业专利中发明专利占比划分为5个级别评分，因为发明专利创新程度最高，代表原始创新，其他依次为集成创新、消化吸收再创新、模仿、购买）两个方面。

⑤成长战略姿态（czzl）：这一变量主要测量企业追求快速成长的倾向，依次分为5种：集中一点做大做强、上下游一体化、技术相关多元化、市场（客户需求）相关多元化、非相关多元化。

⑥市场竞争战略（或差异化战略，jzzl）：企业实施差异化战略的程度。

⑦输出复杂性（scfz）：这一变量主要测量企业所输出的产品或服务在使用过程中的特性，主要以使用过程中是否需要专业知识和技能、多技术组合、多产品组合、后续服务（或人员培训），是否是定制品（与通用品相对）来衡量，每个选项1分，选项累积得分作为这一变量的测量值。

除了产业成长性之外，其他变量均采用5分值进行测量（评分依据描述见第五章附录B）。

（二）样本选择及数据来源

（1）样本案例的选取。在样本选择方面，佐特和阿米特（2008）从1996年4月到2000年5月上市的来自欧洲和美国的300家企业中，选择了170家商业模式创新倾向明显的企业作为样本。国内学者胡宝亮（2012）对商业模式创新与技术创新匹配效应的研究选择了2009年在创业板上市的58家企业作为研究对象，主要考虑创业板上市企业大多在商业模式上具有较强的创新性。以往的案例研究大都是选取知名企业、高科技企业或者互联网相关的企业，由于研究问题的不同，本书的样本选择没有这种倾向性，样本包括了2009年在沪、深上市的110家公司，包括创业板58家和普通板52家，选取的样本具有一般性（样本企业的行业分布见表6－2）。借鉴佐特和阿米特（2007，2008）关于商业模式创新研究所采用的方法，运用样本企业（2011年或前后）的公开资料，包括IPO招股说明书（主要来源）、年报、投资分析师报告、公司网站信息、行业统计报告等，对相关变量采用专家评分的方法进行研究。

表6－2　样本企业行业分布描述

代码	频数	名称	代码	频数	名称
a	3	农、林、牧、渔业	g	2	邮电通信业
c	67	制造业	h	5	批发和零售贸易
d	1	电力、煤气、热水的生产和供应业	i	1	金融、保险业
e	3	建筑业	k	23	社会服务业
f	2	交通运输、仓储业	l	3	信息与文化产业
合计	110				

（2）数据来源。在战略管理研究领域，专家评分法（或小组成员法，panelist）得到越来越多的运用（Zott & Amit，2007）。佐特和阿密特（2007，2008）两位作者在研究创业企业商业模式创新绩效和产品市场战略与商业模式创新匹配关系时，均采用了这一方法。借鉴其做法，研究将团队成员（一名教授、三名副教授、三名讲师、三名研究生）分成四个小组，其中，两个组负责对样本前因变量各指标进行评分，另两组负责对样本企业商业模式创新情况进行评分。评分之

前，研究者首先根据前一阶段调研的情况共同讨论了每个题项的详细评分标准，在讨论的过程中互相学习并形成共识，避免随意性。前期首先进行了试验性的评分，主要是验证所收集资料是否能够提供足够的信息以满足评分的要求，并要求，在评分过程中如果出现模糊的问题则运用多元资料相互验证的方法。第一轮评分分别由两个组背对背分别进行，第一轮打分结束后进行两组之间评分结果的一致性和完整性检查，对于两个组就同一企业的同一问项评分不同的情况，则由两个小组各自说明给出相应分数的具体资料支持，共同讨论决定最后的得分；仍然不能解决的分歧由整个研究团队共同讨论。这一过程从 2013 年 12 月一直持续到 2014 年 8 月结束。由于结果变量和条件变量的打分来自不同的组，从而避免了同源偏差的问题。

（三）模型检验过程

研究所使用的方法是模糊集定性比较分析（fsQCA）。模糊集定性比较分析背后的基本思想是允许集合分数的刻度化，因此允许部分隶属。模糊集可以被视为一个连续变量，经过“校准”的变量数值指代在一个界定清楚的集合中的隶属程度——“完全隶属”“完全不隶属”和交叉点。采用模糊集定性比较分析方法开展研究的基本步骤包括：提出研究问题并基于理论与现实构建基本模型、提炼前因条件、数据与样本收集、变量选取与校准、生成真值表、充要性分析、实证结果分析。前述已经完成了前三步的工作，后续将进行模型的检验。

第三节 组态驱动研究结果与结论

一、商业模式创新驱动模型的研究结果

在前述研究模型构建与数据和案例收集的基础上，根据 fsQCA 方法的要求，需要对各前因变量和结果变量进行校准，转换为模糊隶属分数，进而进行必要性分析并构建真值表，最后根据中间解和简约解的结果完成组态分析，得出商业模式创新驱动的组态路径。

（一）变量校准

集合论方法通过探索条件与结果之间的集合关系来揭示社会现象的因果复杂性，因此，将原始数据转换为集合隶属分数（set membership scores）则成为集合

分析与运算的必要步骤。给案例和条件赋予集合隶属分数的过程就是校准（calibration）（Schneider & Wagemann，2012；张明等，2020）。分数代表不同案例属于某集合的程度，模糊隶属分数1代表“完全隶属于某一集合”，接近1的分数，例如0.9与0.7，代表的是强隶属关系，但不是完全隶属；如果分数小于0.5但是大于0，则代表样本弱隶属于该集合；如果隶属分数是0，则代表样本完全不隶属于该集合；0.5分位数是指评估案例是否隶属于或者不隶属于某一集合的最大模糊点。

通过模糊集定性比较分析方法（fsQCA）将变量校准为集合隶属分数的过程中，首先需要设定三个锚点：完全不隶属、最大模糊点、完全隶属。参考拉金（2008）等人的研究，第一个锚点可以选择10%分位数、20%分位数、上四分位数等，第二个锚点可以选择平均值、中位数等，第三个锚点可以选择90%分位数、80%分位数、下四分位数等。本研究选取0.9、0.5以及0.1为校准锚点，如表6－3所示。确定各个变量的校准锚点后，对所有原始变量，在fsQCA 3.0软件中执行校准指令，以使每一个变量都转变为隶属度分数，落在0与1之间。

表6－3　各变量校准锚点

变量		锚点		
		完全隶属	交叉点	完全不隶属
条件变量	产业成长性（hygm）%	34	20	9.7
	环境波动性（hjbd）	5	3	2
	行业竞争（hyjz）	5	3	1
	输入复杂性（hjfz）	5	3	2
	经营实力（jynl）	4.25	3.75	3.25
	核心能力可扩展性（hxnl）	4	2	1
	技术创新能力（jscx）	5	4	2
	成长战略姿态（czzl）	4	2	1
	市场竞争战略（jzzl）	4	1.5	1
	输出复杂性（scfz）	4	3	2

续表

变量		锚点		
		完全隶属	交叉点	完全不隶属
结果变量	商业模式创新倾向（cxqx）	74	45	37
	新奇性商业模式创新（xqcx）	54.1	32	25
	效率性商业模式创新（xlcx）	18	11	10
	价值主张创新（jzzz）	27.1	15	10
	价值创造模式创新（jzcz）	48.2	28	24
	行业层面商业模式创新（hycm）	13	6	4
	价值链层面商业模式创新（jzlcm）	14.1	7	4
	企业层面商业模式创新（qycm）	16	9	5

（二）必要条件分析

杜运周（2017）指出在进行模糊集真值表程序分析之前，需要执行检查必要条件的步骤。这一方法主要依靠一致性（consistency）和覆盖度（coverage）两个指标对实证结果进行解释。一致性用来衡量条件或条件组合是否为结果变量的必要条件，覆盖度评估了前因条件或前因条件的组合对结果集合实例的解释程度。覆盖度越高，驱动因素对结果变量的解释力度越强。在进行必要性分析时，若驱动因素的充分性一致率高于0.9时就将该驱动因素认定为结果变量的必要条件。

本书使用fsQCA软件对商业模式创新的驱动因素分别进行必要性分析，具体如表6-4所示，各驱动因素的必要性一致率并未达到0.9，表明这些驱动因素单独都不构成也不近似于构成商业模式创新的必要条件，可以被包含在后续的组态分析过程中。也就是说，案例企业商业模式创新的结果，无法由以上任何单一变量所独立解释。这也初步说明，商业模式创新是由以上多个单变量共同作用的结果。

表 6-4　　必要条件分析结果

变量	解释	高商业模式创新倾向	
		一致性（consistency）	覆盖度（coverage）
~hjbd	低环境波动性	0.466932	0.504303
hjbd	高环境波动性	0.853187	0.674276
~hygm	低产业成长性	0.559163	0.515424
hygm	高产业成长性	0.701793	0.634318
~hyjz	低行业竞争	0.593227	0.515939
hyjz	高行业竞争	0.650996	0.625096
~jynl	低经营实力	0.696613	0.629863
jynl	高经营实力	0.564143	0.519824
~jscx	低技术创新能力	0.566334	0.492124
jscx	高技术创新能力	0.650000	0.624737
~hxnl	低核心能力可扩展性	0.620319	0.576133
hxnl	高核心能力可扩展性	0.686454	0.615907
~czzl	有限扩张战略	0.494622	0.461181
czzl	快速扩张战略	0.734861	0.656873

资料来源：fsQCA 3.0 软件处理结果。

（三）构建真值表

根据菲斯（Fiss，2011）的建议，一致性阈值设置为 0.75 的情况为准入性“最低要求”，一致性阈值设置为 0.8 的情况为“较好”，一致性阈值设置为 0.85 的情况为“很好”。在仔细分析本书所涉样本案例分布特点，计算各个阈值设置情况下落入有效区间案例数是否科学有效的基础上，本书将一致性阈值设置为 0.85，将案例频数阈值设置为 1。案例一致性阈值高于 0.85 时，结果变量被编码为 1，其余编码为 0，所得真值表如表 6-5 所示。

表 6-5　　高商业模式倾向组态驱动真值表

hjbd	hygm	hyjz	jynl	jscx	hxnl	czzl	number	cxqx	raw consist.	PRI consist.	SYM consist.
1	1	0	0	0	1	1	1	1	0.929942	0.792614	0.792614
1	1	1	0	1	1	1	10	1	0.914536	0.835917	0.835917

续表

hjbd	hygm	hyjz	jynl	jscx	hxnl	czzl	number	cxqx	raw consist.	PRI consist.	SYM consist.
1	1	1	0	0	1	1	1	1	0.908366	0.745856	0.745856
1	1	0	0	1	0	1	1	1	0.907907	0.716332	0.716332
1	1	0	0	1	1	1	2	1	0.906455	0.752475	0.752475
1	1	1	1	1	1	1	2	1	0.902439	0.705522	0.705521
1	1	1	1	0	1	1	3	1	0.900739	0.686666	0.727915
0	1	0	0	0	0	1	1	1	0.893762	0.626712	0.626712
1	1	1	0	1	0	1	1	1	0.891538	0.748214	0.748214
1	1	0	1	1	1	1	3	1	0.880000	0.632258	0.632258
1	1	0	1	0	1	1	1	1	0.869797	0.593333	0.593333
1	1	1	1	0	0	1	1	1	0.868763	0.621874	0.621875
1	0	0	0	0	1	1	1	1	0.860166	0.593583	0.593583
0	1	1	0	0	0	1	1	1	0.855780	0.454955	0.454955
1	1	1	0	1	1	0	1	0	0.841213	0.510989	0.510989
……	……	……	……	……	……	……	……	……	……	……	……

资料来源：fsQCA 3.0 软件处理结果。

（四）组态分析

在运用 fsQCA 3.0 软件进行组态分析时，会得到复杂解（complex solution）、中间解（intermediate solution）和简约解（parsimonious solution）三组解。中间解是引入与理论知识相一致的逻辑余项而导出的最小公式，兼具简单解的简约性和复杂解的可靠性，构型覆盖面广，解释力度强，同时会结合理论知识并考虑实际状况，因此中间解是多为研究者采纳的“最优解”。

根据杜运周（2017）的研究，将同时出现在简约解与中间解中的条件变量定义为核心条件，而仅出现在中间解的变量定义为辅助条件。其中，实心黑圈表示该条件出现，大实心圆点●表示核心条件，小实心圆点•表示辅助条件，⊗表示该条件不出现，空白表示可以出现也可以不出现。对 110 个样本商业模式创新倾向组态分析结果如表 6－6 所示。运用同样的步骤，分别对商业模式导向、落点定位、创新层面进行分析的结果如表 6－7、表 6－8、表 6－9 所示。

表 6－6　　高商业模式创新倾向的条件组态方案

驱动因素	组态构型				
	1	2	3	4	5
环境波动性（hjbd）	●	●	●	●	⊗
产业成长性（hygm）	●	●	●		●
行业竞争（hyjz）			•	⊗	
技术创新能力（jscx）	●		⊗	⊗	⊗
经营实力（jynl）	⊗		●	⊗	⊗
核心能力可扩展性（hxnl）		●		●	⊗
成长战略姿态（czzl）	●	●	●	●	●
原始覆盖度（raw coverage）	0. 35828	0. 41839	0. 18332	0. 21716	0. 18670
单一覆盖度（unique coverage）	0. 03106	0. 03742	0. 00040	0. 02428	0. 01871
一致性（consistency）	0. 88365	0. 87656	0. 86969	0. 86725	0. 86055
方案覆盖度（solution coverage）	0. 51931				
方案一致性（solution consistency）	0. 82589				

表 6－7　　新奇性/效率性商业模式创新的条件组态方案

驱动因素	高新奇性创新驱动组态构型					高效率性创新驱动组态构型				
	1	2	3	4	5	1	2	3	4	5
环境波动性（hjbd）	●	⊗	●	●	●	●	●	●	●	●
产业成长性（hygm）	●	●	●	●	●		●	⊗	●	●
行业竞争（hyjz）	●	⊗	⊗			●		⊗	•	⊗
技术创新能力（jscx）	•	⊗		●	⊗	•	●	⊗		⊗
经营实力（jynl）		⊗		⊗		⊗	⊗		•	●
核心能力可扩展性（hxnl）	●	⊗	●	●	●	●	●	●	●	●

续表

驱动因素	高新奇性创新驱动组态构型					高效率性创新驱动组态构型				
	1	2	3	4	5	1	2	3	4	5
成长战略姿态（czzl）	●	●	●	●	●	●	●	●	●	●
市场竞争战略（jzzl）	⊗	●	●		●	⊗	⊗	⊗	⊗	●
原始覆盖度（raw coverage）	0. 16969	0. 15640	0. 23712	0. 30435	0. 20391	0. 19132	0. 42351	0. 13151	0. 19175	0. 13474
唯一覆盖度（unique coverage）	0. 00624	0. 01973	0. 01791	0. 06401	0. 01288	0. 01101	0. 00518	0. 00777	0. 03369	0. 01684
一致性（consistency）	0. 93875	0. 92832	0. 92465	0. 91359	0. 91344	0. 98554	0. 98501	0. 97910	0. 96417	0. 86069
整体方案一致性	0. 900223					0. 904558				
整体方案覆盖度	0. 406804					0. 274239				

表 6-8　价值主张/价值创造定位商业模式创新的条件组态方案

驱动因素	高价值主张定位创新驱动组态构型					高价值创造定位创新驱动组态构型					
	1	2	3	4	5	1	2	3	4	5	6
环境波动性（hjbd）	●	●	●	⊗	●	●	●	●	⊗	●	●
产业成长性（hygm）	●	●	●	⊗	●	●	⊗	●	●	●	●
行业竞争（hyjz）		⊗	•	●			⊗	•	⊗	●	•
技术创新能力（jscx）	•	●	●	⊗	●	●	⊗	●	⊗	⊗	●
经营实力（jynl）	⊗	•	⊗	●	⊗	⊗	⊗		⊗	●	⊗
核心能力可扩展性（hxnl）	●	●	●	⊗	•	•	●	●	⊗	●	●

续表

驱动因素	高价值主张定位创新驱动组态构型					高价值创造定位创新驱动组态构型					
	1	2	3	4	5	1	2	3	4	5	6
成长战略姿态（czzl）	●	●		●	●	●	●	●	●	●	●
市场竞争战略（jzzl）	⊗	⊗	⊗	●	•	●	●	•	⊗		⊗
输出复杂性（scfz）	⊗	●	●	●	●	●	⊗	●	●	⊗	
原始覆盖度（raw coverage）	0. 20270	0. 13514	0. 23712	0. 20626	0. 13442	0. 14634	0. 11278	0. 15512	0. 14088	0. 15220	0. 21346
唯一覆盖度（unique coverage）	0. 04179	0. 01778	0. 01791	0. 03592	0. 00107	0. 00039	0. 00371	0. 01034	0. 02166	0. 02166	0. 06732
一致性（consistency）	0. 97270	0. 97187	0. 92465	0. 96106	0. 95696	0. 94937	0. 94910	0. 94306	0. 92921	0. 91442	0. 90041
整体方案一致性	0. 940513					0. 907285					
整体方案覆盖度	0. 430121					0. 400976					

注：高价值主张定位创新的驱动组态共出现 9 条有效路径，在此只列示了一致性最高的 5 条路径，其中输出复杂性出现的有 7 条；高价值创造定位创新的驱动组态共出现 8 条有效路径，在此只列示了一致性最高的 6 条路径，其中输出复杂性出现的仅有 3 条。

表 6－9　　行业层面/价值链层面/企业层面商业模式创新的条件组态方案

驱动因素	行业层面创新驱动组态构型			价值链层面创新驱动组态构型				企业层面创新驱动组态构型			
	1	2	3	1	2	3	4	1	2	3	4
环境波动性（hjbd）	●	●	●	●	●	●	●	●	●	●	●
产业成长性（hygm）		●	●		●	⊗	●	●		●	●

续表

驱动因素	行业层面创新驱动组态构型			价值链层面创新驱动组态构型				企业层面创新驱动组态构型			
	1	2	3	1	2	3	4	1	2	3	4
行业竞争（hyjz）	●	•	⊗	●	•	●	●	●	•		●
技术创新能力（jscx）	•	⊗	●	•	●	⊗	⊗	⊗	●	●	●
经营实力（jynl）	⊗	●	⊗	⊗	⊗	⊗	●	●		●	●
核心能力可扩展性（hxnl）	●	●	●	●	●	⊗	•	●	●	●	•
成长战略（czzl）	●	●	●	●	●	●	●	●	●	⊗	●
市场竞争战略（jzzl）	●	●	•	●	⊗	•		•	●	•	⊗
输出复杂性（scfz）	●	●	●	●		●	⊗	●	●	●	●
输入复杂性（hjfz）	⊗	⊗	●	⊗	●	●	●	⊗	⊗	⊗	●
原始覆盖度（raw coverage）	0. 13914	0. 11592	0. 09885	0. 12627	0. 11231	0. 10210	0. 15530	0. 10615	0. 12694	0. 13310	0. 13798
唯一覆盖度（unique coverage）	0. 02044	0. 00992	0. 00655	0. 01451	0. 01111	0. 00824	0. 01558	0. 01483	0. 02423	0. 00597	0. 03852
一致性（consistency）	0. 99433	0. 99320	0. 99203	1. 00000	1. 00000	1. 00000	0. 94858	0. 99830	0. 99575	0. 98792	0. 97570
整体方案一致性	0. 96352			0. 96774				0. 97069			
整体方案覆盖度	0. 34081			0. 37077				0. 31736			

注：高行业层面创新的驱动组态共出现 7 条有效路径，在此只列示了一致性最高的 3 条路径，其中输出复杂性出现的有 5 条，核心能力可扩展性出现的有 6 条；高价值链层面创新的驱动组态共出现 13 条有效路径，在此只列示了一致性最高的 4 条路径，其中输出复杂性出现的有 9 条，输入复杂性出现的有 9 条；高企业层面创新的驱动组态共出现 8 条有效路径，在此只列示了一致性最高的 4 条路径，其中技术创新能力出现的有 7 条，每一条路径都包含核心能力可扩展性。

二、商业模式创新组态驱动的研究结论

（一）商业模式创新是机会/能力/战略导向组合驱动的结果

从上述研究结果来看，以上任何单一因素的独立作用都不能导致商业模式创新的结果，几乎所有的驱动组态都包含了环境因素、企业能力和战略导向的不同侧面。其中，环境机会和威胁、不确定性是商业模式创新最强有力的驱动力，所有组态中都包含了环境因素中的一个或多个方面的出现；其中，包含需求变化与技术创新速度的环境波动是商业模式创新的核心驱动因素，其出现的组态占到33/37（表中列示的路径），其次是产业成长性（28/37）。研究结果反映了高速成长、市场和技术迅速变化产业中的企业商业模式创新的倾向最强，这与理论推论、以往研究的结论以及现实表现是完全相符的。追求快速扩张的战略导向也是商业模式创新重要的驱动力量，追求快速扩张的战略姿态出现的组态也占据很高的比例（35/37），说明了商业模式创新在很多情况下都体现了企业主动进取的特征。产业竞争在不同的组态中有出现（18/37）、不出现（9/37）或者可以出现也可以不出现（10/37）的情况，说明竞争激烈并一定会导致商业模式创新的出现；这与夏清华和娄汇阳（2014）提出的竞争威胁对于企业现行商业模式存在“维持”与“打破”双重效应的观点是一致的，而且也进一步验证了商业模式创新是需求和价值导向而非竞争导向的。核心能力可扩展性出现的比例也是很高的（30/37），因为核心能力可扩展性为商业模式创新提供了可能性，核心能力的扩展性应用是多种类型商业模式创新的具体实现形式。经营实力强大在不同的组态中也有出现（11/37）、不出现（19/37）或者可以出现也可以不出现（7/37）的情况，也进一步验证了前述商业模式创新的机会均等性特征。技术创新能力出现（19/37）、不出现（15/37）或者可以出现也可以不出现（3/37）的情况也有力地证明了前述技术创新与商业模式创新之间复杂的关系。

（二）商业模式创新的驱动是多路径、非对称的

从研究结果可以看出，无论是商业模式创新的总体倾向还是各种不同类型的商业模式创新，都存在多条驱动路径，也就是学者们所说的“殊途同归”现象（张明等，2020）。所有在模型中出现的因素都或多或少地存在“不出现”的情况，这说明了这些因素对商业模式创新并不总是发挥正向推动的作用，也就是说这些因素与商业模式创新之间并不是单向的对称的关系。在不同的组合情境中，影响效应不仅仅是量级的不同，甚至可能是相反的。例如在总的商业模式创新倾

向驱动模型的 1 和 3 组态中的技术创新能力和经营实力因素，是以相反的状况出现的——需要一个存在而另外一个不存在，即技术创新能力强的小企业或者技术创新能力弱的大企业商业模式创新的倾向才是强的，两方面都弱也许不能进行商业模式创新，两方面都强可能并不需要或者不关注商业模式创新；再例如价值创造定位创新驱动模型中的 4、5、6 组态，技术创新能力、经营实力和输出复杂性三者之间也存在上述不同时出现的情况。这说明，由于资源、注意力等的有限性以及普遍存在的风险规避、变革抵触现象，技术创新能力强或者经营实力强的企业并不一定有商业模式创新的动力，还要看企业输出特征所决定的创新可能性与必要性。

（三）不同类型商业模式创新的主要驱动因子是存在差异的

虽然所有类型的商业模式创新都普遍受到来自外部环境机会与威胁、不确定性、复杂性的驱动，受到来自内部追求成长和能力积累的驱动，但是不同类型商业模式创新的其他主要驱动因素是存在差异的。新奇导向的商业模式创新还强烈地受到市场竞争战略的影响，实施差异化竞争战略的企业更倾向于新奇导向的商业模式创新，这与佐特和阿密特（2008）等学者的研究结论是一致的。效率导向的商业模式创新一般要求低差异化竞争。价值主张定位的商业模式创新主要受到输出复杂性的影响，因为输出复杂性既为价值主张创新提供了必要性也提供了可能性。价值创造定位的商业模式创新主要受到核心能力可扩展性的驱动，即通过创新更好地发挥核心能力的价值创造作用。行业层面商业模式创新的主要驱动因素是核心能力可扩展性和企业输出特征，即利用核心能力进行行业外扩展，发展输出相关的新业务。价值链层面的商业模式创新受到输入复杂性与输出复杂性的强烈驱动，即需要运用商业模式创新进行价值链的优化与重新定位；企业层面的商业模式创新主要与技术创新能力、经营实力、输出复杂性有关，重视利用技术、经营能力进行企业内部创新以优化产出结构与水平。

总体来看，上述研究结果很好地支持了第五章第二节“开放性创新生态系统中的商业模式创新”所提出的命题和观点。

附录：环境变迁、资源和能力积累、战略导向与商业模式创新——海尔

2019 年 12 月 26 日，在海尔集团创业 35 周年纪念活动上，海尔集团创始人、

董事局主席、首席执行官张瑞敏宣布：海尔集团进入“生态品牌战略”阶段，这一阶段的海尔精神为“诚信生态、共赢进化”，海尔作风为“人单合一，链群合约”。这是海尔继名牌、多元化、国际化、全球化品牌、网络化五个战略阶段后的第六个战略阶段。35 年变革基因之下，海尔从制造家电产品的企业发展成为孵化创客的平台，已成为全球领先的美好生活解决方案服务商。回顾海尔的战略发展（成长）史，可以清晰地看到环境变迁、企业资源与能力积累、战略导向、商业模式创新与企业成长变革之间的内在联系（见图 6A－1）。

（1）名牌战略阶段（1984～1991 年）。这一阶段海尔以“高品质的产品，出自高素质的人”为理念，以产品质量为核心，只做冰箱一种产品，探索并积累先进的企业管理经验，进行文化塑造与品牌塑造，为今后的发展奠定了坚实的基础，并总结出一套可移植的管理模式。

（2）多元化战略阶段（1991～1998 年）。这一阶段海尔以“盘活资产，先盘活人”为理念，以提供“星级服务”为核心，从单一产品向多个产品发展（1984 年只生产冰箱，1998 年时已经有几十种产品），从白色家电进入黑色家电领域，以“吃休克鱼”的方式进行资本运营，以无形资产（海尔文化）盘活有形资产，在最短的时间里以最低的成本把规模做大，把企业做强。

（3）国际化战略阶段（1998～2005 年）。这一阶段海尔以“欲创国际化品牌，先创人的国际化”的理念，以顾客化、快速响应为核心，以“先难后易”的策略，将产品打入全球主要区域市场，建立自己的海外研发、生产基地、经销商网络与售后服务网络，形成品牌的知名度、信誉度与美誉度。

（4）全球化品牌战略阶段（2005～2012 年）。这一阶段的理念为“以海尔人的本土化创全球化本土品牌”，以本土化为核心，进行全球品牌运作。国际化战略和全球化品牌战略的区别是：国际化战略阶段是以中国为基地，向全世界辐射；全球化品牌战略则是在每一个国家的市场创造本土化的海尔品牌。提升产品竞争力和企业运营实力，与分供方、客户、用户实现双赢，从单一文化转变为多元文化，实现持续发展。

（5）网络化战略发展阶段（2012～2019 年）。这一阶段海尔的理念为“以链群（生态链小微群）创用户体验场景”，以大规模定制为核心，实施“人单合一、按单聚散”的网络化、平台化转型。实现企业平台化、员工创客化、用户个性化，使企业从科层制转变为网络化组织，从“出产品”的企业转变为“出创客”的平台。

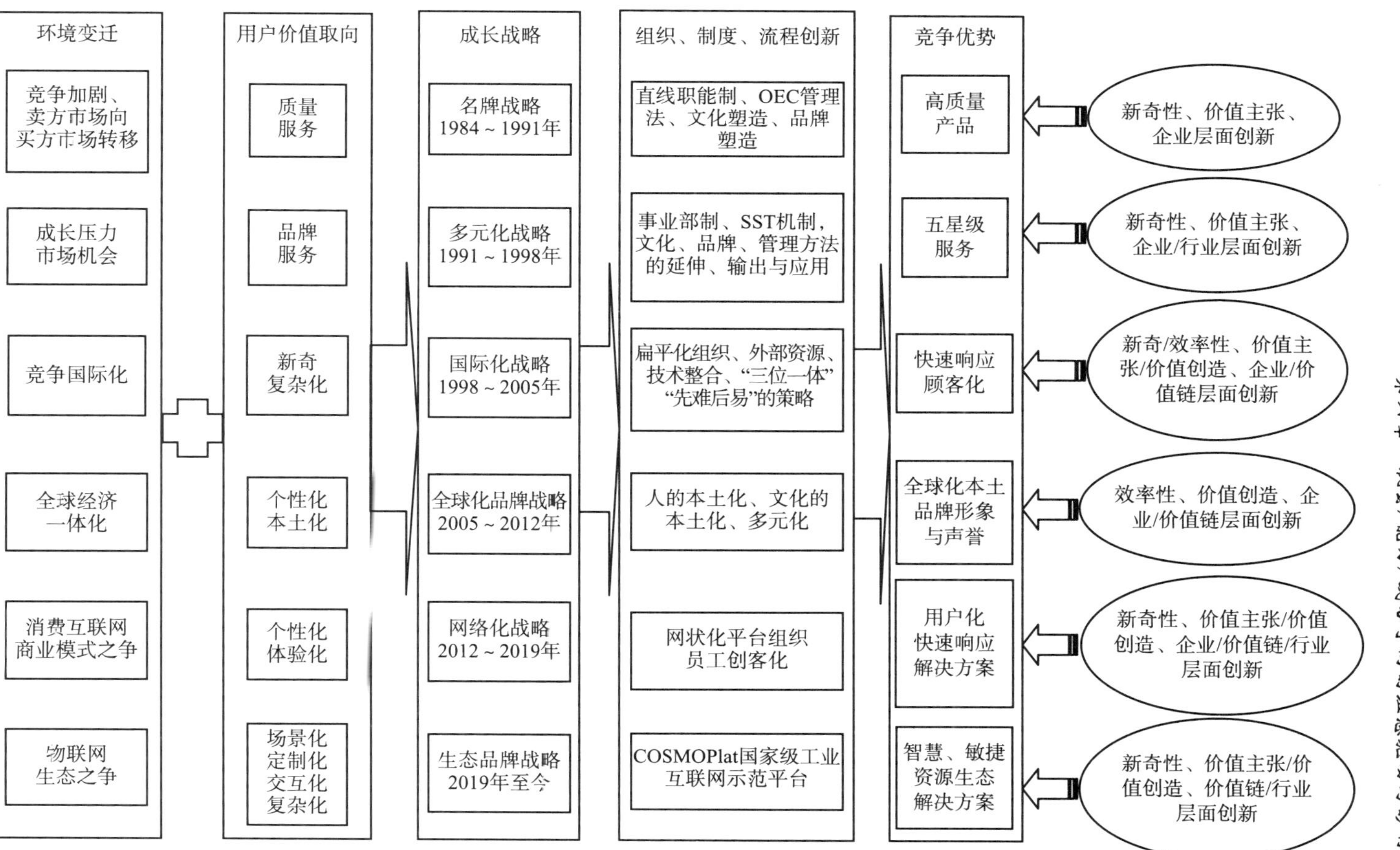

图6A-1 海尔的成长历程

（6）生态品牌战略阶段（2019 年至今）。这一阶段海尔以“构建物联网生态品牌”为理念，以“构建场景生态、支持用户体验的迭代”为核心，向工业互联网平台转型。2018 年 2 月 27 日，在海尔卡奥斯（COSMOPlat）国家级工业互联网 + 智能制造集成应用示范平台发布会上正式宣布，海尔卡奥斯获批“基于工业互联网的智能制造集成应用示范平台”，为全国首家国家级工业互联网示范平台。海尔生态品牌的探索实践已获得世界权威机构认可，2019 年 6 月，海尔成为 BrandZ 历史上第一个也是唯一一个进入百强的物联网生态品牌。在海尔智家领域，有围绕着衣物的洗、存、护、搭、购等全生命周期管理的衣联网；有以空间场景为单元提供家装家电一体化解决方案以及一站式服务的有屋科技；有满足用户饮水、洗浴、采暖等一揽子解决方案的水联网；有从采血端到用血端的全流程血液信息监测和可追溯血联网；还有保证安全、准确接种疫苗的疫苗网等。

经过不到四十年的发展，海尔集团已在全球设立 10 大研发中心、25 个工业园、122 个制造中心，拥有海尔、卡萨帝、统帅、美国 GE Appliances、新西兰 Fisher & Paykel、日本 AQUA、意大利 Candy 等智能家电品牌；日日顺、盈康一生、卡奥斯 COSMOPM 顺逛等服务品牌；海尔兄弟等文化创意品牌。

资料来源：

［1］海尔集团官网 . https：//www. haier. com/about - haier/history/. ［2021 - 05 - 05］.

［2］新浪财经．海尔集团进入第六个战略阶段：“生态品牌战略”阶段［EB/OL］. http：//www. elecfans. com/d/1144934. html. ［2019 - 12 - 27］.

第三篇

商业模式创新行动论（ACTION）

第七章

商业模式创新思维框架与路径选择

环境机会、能力与战略导向的组合驱动与影响决定了企业要不要创新、创新所追求的竞争优势定位、强度与层次如何，企业还须对具体的创新形式与路径做出选择与设计。判断一种具体的商业模式创新形式或实现方式的可行性、可持续性以及先进性必须围绕价值创造这一内核进行思考。

第一节　以价值增进为内核的商业模式创新思维框架

一、企业需要一个创新战略分析框架

以熊彼特的创新理论为开端，人类对创新的认知与思维不断进步。当今世界，创新的概念已经无处不在，创新的种类层出不穷。仅就企业创新而言，考察创新的视角就有内容、程度、模式、驱动、理念等，每一种视角又把创新分成若干种类（见表7-1）。面对众多的创新选择，企业需要一个分析框架来制定创新战略。创新战略是指企业实施创新活动的整体谋划，即在各种创新中进行权衡取舍，以确定特定发展阶段的主导创新和互补创新、选择创新的路径以及资源配置的优先顺序（Pisano，2015），否则，企业就可能落入盲目追逐时尚或模仿典范的陷阱。

从“创新什么”的角度，企业可以选择技术创新、制度创新、组织创新、管理创新、战略创新、文化创新、工艺创新、产品创新、流程创新等创新类型或者它们的某种组合。从广义的概念来看，技术创新不仅指技术本身的创新，还包括把新技术成果引入生产过程所导致的生产要素的重新组合，并将其转化为能在市场上销售的商品的全过程。可见，产品创新与工艺创新应该从属于技术创新，而且其中也包含着商业模式创新的意味。制度创新是指改进现有制度安排或引入一

表7－1　　企业创新的类型、实现途径及成长方式

创新落点		创新性质	创新强度/范围		内部关键资源约束	创新实现途径	企业成长方式
价值主张	原有产品改进	技术创新	渐进式/封闭式		否	内部研发	专业化/线性成长
					是	外部购买	专业化/线性成长
	新产品	产品/技术创新	跳跃式/封闭式/开放式		否	内部研发	多元化/线性成长
					是	外购/外包/合作	多元化/有限度成长
	创意产品组合	跨行业技术创新商业模式创新	破坏性/封闭式/开放式		否	内部研发	多元化/剧变/非线性成长
					是	战略联盟/供应链合作	多元化/内涵式扩张
价值创造和价值传递	收益模型（P×Q）	营销创新、市场创新	渐进式/封闭式/开放式		否	市场渗透、市场开发	专业化/前向一体化/线性成长
					是	渠道合作、外部运营方式创新	归核化、内涵式成长
	成本结构	工艺创新/技术创新	渐进式/封闭式		否	内部研发	专业化/线性成长
					是	外部购买	专业化/线性成长
		运营创新	跳跃式	封闭式	否	流程再造	内涵式成长
				开放式	是	收购	前向一体化/非线性成长
	边际利润模型					供应链整合	归核化/内涵式成长
	资源周转率					外部运营方式创新	归核化/内涵式成长
系统组合创新		商业模式创新	跳跃式、开放式、边缘化		是	改变商业逻辑	归核化/虚拟化/网络化/剧变/跨界成长
支持性创新		社会技术创新/组织创新/管理创新/制度创新/文化创新					内涵式成长

种新制度以提高制度效率及其合理性；战略创新、文化创新、组织创新、管理创新基本上从属于企业制度创新的范畴，制度创新中也能看到商业模式创新的影子。而有一些创新则兼具技术创新和制度创新的双重属性，例如流程创新。基于此，创新战略的选择不可回避的就是技术创新和制度创新的关系问题。对于这一问题，前文（第四章第二节）的分析已经给出了答案——商业模式创新是技术创新和制度创新的协同演化形式，商业模式分析可以作为创新战略选择的思维和行动框架。在这一框架之下，需要进一步解决的问题是“推动这种协同演化的力量是什么”。

二、商业模式作为创新战略选择的思维和行动框架

如前（第二章、第四章）所述，商业模式是一个高度凝练的概念，用以表达在既定市场上，一组相互关联的决策变量如何设置以产生持续的竞争优势。从这个定义出发，这些决策变量本身的改变以及它们之间关系的改变都构成商业模式创新，例如价值主张、关键流程、渠道通路、重要合作等的改变。这些决策变量及其相互关系的变化或者是由技术创新、制度创新引致的，或者本身就是技术创新或制度创新，或者要依托于技术创新或制度创新来实现。实践为此提供了很多例证：一方面，技术创新会引致商业模式变革，因为企业为了从新技术中获取价值需要以一定的模式将其市场化并构建起合理的成本收益架构；例如谷歌为其智能搜索技术而创新的AdWords（付费网络推广）模式。反过来，企业的独特商业模式要依赖技术创新来实现，或者其主体本身就是技术创新，例如电子商务、智能手机、网络语音通信、云存储、云计算、搜索引擎、基于基因的个性化医疗等。而企业创新实践的一些例证表明，商业模式创新在很多情况下是基于技术与制度的协同创新，例如软件即服务模式（SaaS）①、产品即服务模式（PaaS）、大规模定制模式（mass customization）。如果把上述这些创新单纯地看作是技术创新或者制度创新，实际上只是对其创新实现手段、主导或主体创新某一方面特征的描述，而把它们界定为商业模式创新则体现了在更高层次上对创新的系统思考和设计。在企业的整个创新体系中，商业模式创新就是这样一种系统思考和设计框架：从洞察客户的核心诉求出发，寻找解决问题的最佳途径，这种途径可能是技术创新或者制度创新，而更多的是二者相互匹配的创新。可以说，商业模式创新

① SaaS，是Software-as-a－Service的缩写，意思为软件即服务，即通过网络提供软件服务。SaaS平台供应商将应用软件统一部署在自己的服务器上，客户可以根据工作实际需求，通过互联网向厂商定购所需的应用软件服务，按定购的服务多少和时间长短向厂商支付费用，并通过互联网获得SaaS平台供应商提供的服务。

立足于某一或多个构造模块及其之间关系的变革，通过技术创新、制度创新或者二者之间的协同匹配得以实现。商业模式创新分析框架既是企业的创新逻辑系统，也构成企业创新选择的集合。

理查德·纳尔逊和悉尼·温特（1997）曾指出，技术和制度应该被理解为共同演化，商业模式创新的思维和行动框架就体现了对这种共同演化的追求。技术创新和制度创新是共同或类似原因引起的两种不同过程和结果，这种共同的或类似的原因也是演化论所称的“协同演化的选择力量”，它来自利益（决策）主体的价值判断和追求，而价值增进正是这种协同演化的选择力量，它是创新搜寻、选择、决策的标准。

三、价值增进作为创新战略选择的本源驱动力

价值增进——能够创造新价值或更多的价值，是一切创新的内核和生命力。所以，创新战略要回答的首要问题就是：创新将创造什么价值？如何创造价值？对这些问题的回答就是企业创新方向和路径选择的指引，用商业模式创新框架中的概念来表述就是对价值主张及其实现方式的选择。当马云发现中国的中小企业缺乏进入国际市场的机会和平台时，他以“帮助中小企业找到海内外买家”“为全球数百万买家和卖家进行贸易配对，摆脱空间和地域限制”的价值主张为起点，创新了电商平台这一商业模式。“为交易双方解决在线交易的信任和安全问题”的价值主张，创新了第三方支付平台这一商业模式。阿里巴巴的一系列商业模式创新的核心价值就如同他的使命定位所表达的那样——让天下没有难做的生意。2006 年度诺贝尔和平奖获得者穆罕默德·尤努斯在 1976 年走访乡村中一些最贫困家庭时的所见所闻令其震惊：在这个世界上竟然有人因为没有 22 美分的钱而不得不接受高利贷的盘剥而难以摆脱贫困的循环，这个社会竟然不能向几十个赤贫的农妇提供区区总额为几十美元的贷款①！这使他产生了创建“穷人的银行”的想法，格莱珉银行——一种无抵押小微贷款模式、一个以商业运作来解决社会问题的社会企业模式诞生，其价值高尚而深远——消除贫困，帮助那些几乎被所有的正式金融机构的贷款模式排除在外的人群。可见，商业模式创新都是紧紧围绕新的价值主张或创造更多的价值而展开的。当定义了新的价值主张或者确定了创造更多价值的方向，商业模式的其他模块的创新设计都要以这一价值主张或方向为基础。商业模式创新归根结底是要找到创造新的（或更多）价值的路径

① ［孟］穆罕默德·尤努斯．新的企业方式：创造没有贫困的世界［M］．鲍小佳译．北京：中信出版社，2008.

和方法。商业模式创新是围绕价值创造的全方位创新，为顾客创造新价值或者以新的方法创造价值是商业模式创新的基本思维起点。商业模式分析维度与关键要素划分最为核心的逻辑也是价值创造（项国鹏和罗兴武，2015）。

虽然以消费者为中心、从顾客出发的经营管理理念（或哲学）自20世纪50年代就已经提出，并在企业的经营管理中得以各种形式地实践，但是从来没有像商业模式创新这样把"顾客价值主张"作为核心在企业业务的整体设计中体现出来。"以价值增进为内核的商业模式创新"的思维逻辑就是：企业开发独特的、为顾客创造价值的新方式，从而增加顾客价值和企业价值，它通过提高顾客支付意愿或者降低自身、供应商和合作伙伴的机会成本而使总价值得以提高。以价值增进为内核的商业模式创新思维和行动框架作为企业创新战略选择框架（见图7-1），它不仅代表着一种新的创新实践，它更是一种思维范式和理念的创新。这种新的思维范式和理念使企业各种创新活动的诉求明晰化和理性化，并提供了一种对不同创新方向、形式及其之间关系选择的标准。决策主体对价值主张和实现方式的不同选择决定了可能会出现多种多样的技术和制度的协同演化模式和协同演化结果，从而也就创造出了各种不同的商业模式；不同的企业或者企业在发展的不同阶段选择不同的创新形式及其实现路径，也就决定了它的发展成长方式（见表7-1）。

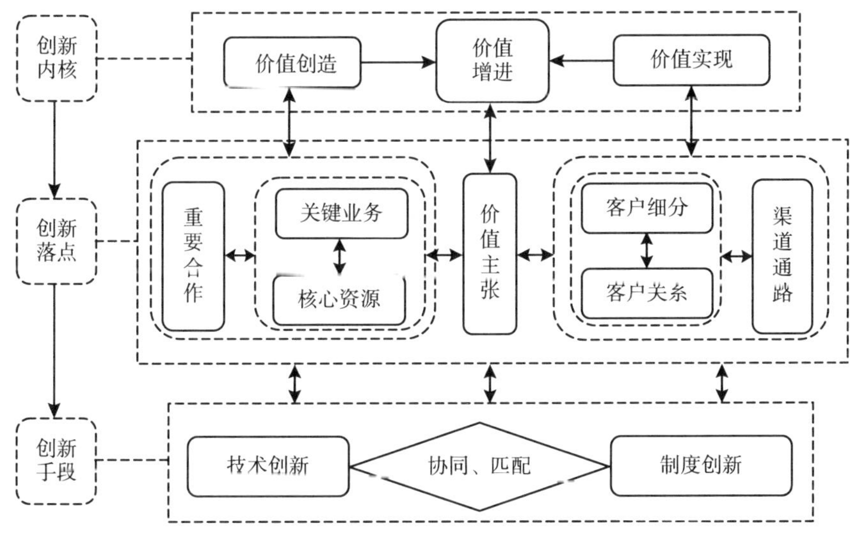

图7-1　以价值增进为内核的商业模式创新思维和行动框架

第二节　以价值增进为内核的商业模式创新路径选择

企业创新能够带来价值增进只有三种途径：提高顾客的支付意愿、降低顾客的成本、提供某种（或更大的）社会利益（Pisano，2015）。从商业模式分析框架来看，商业模式创新的新价值可以来自两端：价值创造端和价值实现端。如果抛开资源投入增加和单纯的技术进步带来的价值增进，价值创造端的新价值来自存量资源的优化配置，价值实现端的新价值来自实现供需的精准匹配以及在更高水平上满足顾客的需求。在商业模式的构造模块中，关键业务、核心资源和重要合作构成商业模式的价值创造端，其主要是解决内外部资源的配置问题。客户细分、客户关系和渠道通路构成商业模式的价值实现端，主要是产品所要满足需求的对象、程度、方式的选择与设计问题。

一、价值创造端资源配置创新

存量资源配置效率的提高，也就是要解决资源闲置问题。资源闲置包括显性的未被利用（失业）和隐性的未被充分利用两种情况。前者的改善更多地需要通过宏观政策的调配，而后者的改善可以通过企业层面资源配置技术和方式创新实现。在制度背景和市场环境既定的情况下，企业层面资源配置效率的提高来自资源及其配置范围的重新界定，来自创新性的资源配置方式。

（一）资源界定和获取方式创新——开放

商业模式创新包含对资源的创新性界定以及由此产生的新的资源获得方式。这种创新性界定主要包含两个方面：一是对资源认知在性质上的扩展，表现为对新资源的重视，例如数据、客户、平台等；二是对资源认知在范围上的突破，表现为突破企业资源的边界，重视社会资源、商业生态圈资源、用户资源等。总的来说就是表现为更高的开放性，这些更加开放的对资源的认识和获得方式为资源供求双方都能带来价值增进。最能体现这种开放性的典型创新形式有：（1）众包，是指企业借助网络平台把传统上由内部雇员完成的任务以公开选拔的形式外包给大量不特定的个人（或组织）去做的行为（Howe，2006）。它一方面可以实现大量离散社会资源的有效利用，另一方面企业则可以更加有效地解决技术、创意、设计等原来完全由内部流程和资源完成的活动。例如宝洁公司利用“Connect + Develop”平台，使其50%的新产品都源自外部技术和创意。（2）共同创

造，是指把消费者、供应链成员、互补品提供者等都纳入产品价值网络视野而产生的新的价值创造模式，例如用户 DIY、用户自生成内容、全价值网合作创新等。(3) 众筹，是指一种向群众募资，以支持发起人个人或组织项目的行为。通过网络平台连接起赞助者与提案者，提案者可以获得项目启动资金，赞助者可以获得商业回报或者其他方面的满足。(4) 参与共享，共享模式是指资源拥有者暂时性或部分出让资源使用权（例如固定资产、闲置物资、技术、时间、劳务等）以实现与他人共享。企业可以作为连接供需双方的平台或者作为资源的供需方参与其中。这种模式将海量、分散的社会闲置资源进行平台化、协同化聚集，实现复用和供需直接匹配，从资源供给者的角度看，有利于使其资源的潜在价值得以更充分的利用；从资源需求方来看，有利于获得精确的资源供给，降低使用成本；从社会的角度来看，有利于提高资源配置效率，降低资源配置成本（卢现祥，2016）。

（二）资源配置技术和方式创新——柔性

管理中的柔性是指快速地响应环境变化的能力或素质。企业的柔性主要表现为生产方式的柔性（制造过程与经营管理过程）和人力资源的柔性。(1) 生产方式的柔性，即通过系统结构、人员组织、运作和营销方式等方面的变革，使生产系统能对需求变化做出快速适应性调整，消除冗余损耗，使企业获得更大的效益。它是一种以计算机及自动化技术创新为基础的系统创新，例如精益生产、并行工程、敏捷制造和智能制造等，它们都是柔性生产方式理念下的技术和制度的协同创新。(2) 人力资源的柔性配置，其主要方式是通过各种不同内容和层次的契约关系而形成的人力资源结构、数量、功能上的柔性。结构上的柔性配置，即通过人力资源的动态、灵活匹配机制实现能力发现和精确配置，典型的如建立扁平化网络组织、临时团队等；数量上的柔性，是指通过不同层次的雇佣模式（例如正式雇佣与临时雇佣、长期雇佣与短期雇佣等），能够及时改变人力资源投入的数量与种类，缓冲环境的不确定性；功能上的柔性，是指通过人力资源的灵活流动机制，培养和挖掘员工多方面的潜能，响应企业多方面的需要（王艾华，2010）。

商业模式创新往往表现为资源界定、资源获得与资源配置方式创新的融合，例如海尔创新的“按单聚散”模式。其资源配置方式是市场机制与科层机制的混合，借助柔性契约、虚拟网络与客户选择形成了新的管理模式和商业模式；其核心是企业平台化、员工创客化、用户个性化。这一创新使企业从科层制转变为网络化组织，并成为互联网的一个节点，组织从“出产品”的企业转变为“出创客”的平台。这一模式把基层的员工“解放”出来，让他们可以成立自己的

"企业"，可以自主地与互联网上的资源结合。从中层管理开始，上下级体系转变为非上下级关系的三类人：平台主、小微主和创客。平台主不是领导者，其影响力主要表现为其平台上能聚集多少创业公司，创业公司成功、成长与否，能产生多少新的跨界创业公司等；小微主，也就是小型创业公司，其竞争力主要是看能不能自主找寻创业机会；创客，所有的员工都成为创客，"竞单上岗，按单聚散"。所谓"单"就是各种满足客户个性化需求的项目，一个项目的目标明确之后，不管是谁，只要有能力，都可以"竞单上岗"，在项目运营过程中"按单聚散"，有的人会因为不适用而散掉，有的人会聚进来，实现自组织、自驱动，聚集内外资源，目标不断提升（王筱楠等，2015）。这种创新就是基于企业无边界管理、按市场需要灵活组建的理念，通过创新交易内容、交易结构、交易治理形成不同特征的契约关系，实现资源配置的内部柔性与外部柔性。

（三）资源配置技术和方式创新——协同

协同是提高资源配置效率、增加产出的另一种方式。协同效应原本为一种物理化学现象，是指两种或两种以上的组分相加或配合在一起，所产生的作用大于各组分单独应用作用的总和，这种效应也被表述为"1 +1 >2"。管理理论认为协同效应产生于资源互补与共享、协调的战略、供应链整合、能力与机遇的匹配等。从商业模式和资源配置的视角来看，这种协同主要是指业务、流程、活动之间的协同，又可以从企业内部协同、外部协同两个方面实现。

（1）内部协同。企业内部业务、流程、活动的协同效应主要来自共享和嵌合机制。核心资源或能力的扩展运用是商业模式创新的重要路径之一，其价值增进主要来自共享，其中，核心技术的跨行业扩展应用可以改变企业的商业模式并带来价值增进。例如前述意大利半导体公司 Yogitech 通过核心技术通用化的创新突破，发展出 Fault - Robust 技术——用于识别汽车电子设备、医疗等多个领域中设备存在的问题，实现了业务的创新和核心技术资源共享；再例如特斯拉将核心的蓄电池技术应用于智能驾驶汽车和能量墙。除技术以外，企业也可以基于其他方面的核心资源和能力共享进行商业模式创新，例如基础设施、数据、客户、品牌、生产能力等。亚马逊利用其强大的 IT 基础设施向云计算业务的扩展、谷歌利用其数据资源的跨界发展都属于这种创新。嵌合是指业务、流程、活动的相互楔入、接合，从而产生互补与互推效应；例如 Apple 的"iPod + iTunes""iPhone + App Store"模式，阿里巴巴的"电子商务 + 支付 + 金融""电子商务 + 数据分析服务（淘宝魔方）"模式等。这种嵌合一方面通过互补为客户提供整合性的商品而产生溢价，另一方面业务之间的正向互推会带来衍生价值和机会。

（2）外部协同。外部协同效应主要来自商业生态系统的共生、互生和再生机

制。商业模式创新中的价值创造突破了传统价值链理论的线性思维，将上游供应商、下游合作者、互补品提供者、第三方和消费者等纳入视野。商业模式创新的一种重要形式是企业按照异质性、嵌入性和互惠性构建自己的价值生态圈。①异质性对应“共生”，即通过异质性资源的互补使生态圈的功能更加丰富多元，共同协作以更好地满足消费者的整合性需求。首先，资源的异质性和功能的互补性所带来的价值增进来自优势资源的整合，有利于突破各自能力的局限性，为用户提供卓越完整的使用价值，扩大价值创造的边界。在诸如生物医药、纳米材料、半导体等一些高科技行业，许多仅具有快速技术创新优势的小公司利用大公司在界面设计、商誉运作、市场营销、售后服务等方面的互补优势实现新技术商业化，从而改变了自身创造价值的逻辑，也提升了价值创造的能力。其次，互补性异质资源的结合可以避免要素投入重叠，减少无谓的竞争和资源溢出（孙耀吾等，2013）。最后，异质性知识资源的合作和共享还有利于激发创新。②嵌入性对应了“互生”，是指生态伙伴之间彼此依赖、相互扶持，形成一种耦合共轭关系从而带来价值增进。这种嵌合机制使参与各方产生内在的合作激励和约束，从而降低交易成本，例如在移动互联网服务中，移动终端提供商、操作系统供应商、网络设备供应商、应用服务软件和内容提供商等之间所形成的一种稳定、紧密的合作关系。③互惠性对应了“再生”，是指价值网络中存在的整体利益和未来利益的放大机制，它来源于生态系统参与者业务的互推效应和协同创新机制。例如，腾讯微信平台和微信公众号，公众号文章的阅读量会推动微信平台的繁荣，反过来微信平台的繁荣也会提高公众号的关注度；再如亚马逊的 Kindle 阅读器与内容出版业务，优秀出版商的电子书籍下载量会惠及 Kindle 产品的号召力，反之亦然。协同创新机制则表现为创新的同步匹配和互相激发，例如 20 世纪 80 年代 IBM - Windows - Intel 的兼容机生态圈、当今智能手机硬件—操作系统—应用软件生态圈，都是利用外部协同创新机制实现快速创新、价值倍增的典范。

上述基于资源优化配置的商业模式创新是突破传统资源边界、市场边界和契约边界的开放式创新，都是对存量资源潜在价值的更充分挖掘，无论对于企业本身还是社会，都提高了资源的配置效率，推动了全要素生产率提高和成本的降低。

二、价值实现端有效、精准供给

价值创造端的价值增进是潜在的，其最终实现水平还取决于价值实现端客户的支付意愿，而客户的支付意愿取决于其对交易价值的感知，进一步，顾客的感知价值则取决于价值主张的精准性和需求满足的层次和程度。以有效、精准供给为取向的创新不仅可以使价值创造端潜在的价值增进得以实现，而且本身也能带来新价值。

（一）洞察用户“痛点”，满足真实需求

“痛点”是指用户最大的困扰、最需要或者真正需要解决的问题，“痛点”问题的解决、真实需求的满足才是消费者真正愿意为之付出溢价的根本。实践中，面对商业社会严酷的竞争，企业创新呈现明显的竞争导向，致使许多创新偏离或者过度满足了消费者的真实需求，不仅消费者（用户）为此付出超额的代价，还带来许多社会和环境问题。以价值增进为内核的商业模式创新的思维起点——新的价值主张，要实现向消费者真实需求的回归。在商业模式创新设计中，面对用户真实需求的价值创新分析方法被称为“四项行动架构”：剔除、创造、减少、增强（Osterwalder & Pigneur，2010）。即剔除或减少那些曾被行业公认是理所当然的，但对用户没有实际价值或者相对价值较低的功能和服务；创造或增强那些可以带来有价值的新体验或相对价值较高的功能和服务。商业模式创新实践中“够用就好”“适用技术”“朴素创新”“按需使用”“按需付费”“产品服务化”“问题解决方案”等思想体现的就是对用户真实需求的关注。商业模式创新无论是做“加法”还是做“减法”，消费者真实需求都是企业创新的根本依据。当今企业可以通过大数据和互联网的创新应用实现消费者真实需要的精准洞察。

（二）关注被忽视的群体，满足长尾需求

一直以来，在规模经济理论的指引下，企业一般以经营畅销品、服务主流客户作为业务选择的基本准则。然而，当今社会需求特征和技术背景的变化使得长尾经济凸显，基于长尾理论的商业模式创新就是企业从面向主流用户、销售少数畅销产品转向面对非主流用户销售多品类的利基产品，把被原有技术和经济系统排除在外的非消费群体作为目标客户，其创新方向包括：（1）为金字塔底层的群体提供商品，其典型模式如上述穆罕默德·尤努斯创办的面向穷人的格莱珉银行、格莱珉电信公司和格莱珉—达能食品公司等；（2）关注不曾被关注的群体，例如任天堂的 Wii 从传统游戏机关注铁杆玩家转向普通休闲玩家、亚马逊的“AWS Active”（云创计划）对小企业成长的关注；（3）经营面向小众的利基产品，例如 eBay 的小额非热点商品拍卖模式，中读 App、知更社区和豆瓣时间等面向“高级外行”的知识付费服务模式；（4）提供个性化定制产品，例如服装产业中红领、大杨创世和雅戈尔的 C2M 模式，不仅实现了个性化，而且使高端定制平民化。这些创新的实质就是将传统商业逻辑所忽视的大量需求释放出来，使原来不曾经营的商品具有商业价值，使原来不曾服务的客户成为新的客户。这种创新，一方面可以解决供需结构错位的问题，使社会多层次需求得以满足，增

进社会的福利；另一方面，可以缓解企业之间的同质化竞争，使企业找到更多的发展机会和空间，实现更大的价值。

（三）价值主张延伸，满足需求升级

顾客感知价值从层次上来看，包括利益价值、体验性价值、象征性价值（或者称消费的功能性结果和心理性结果）（Holbrook，1996）。“丰裕社会”的到来使消费者对价值的感知逐渐向心理性结果倾斜，特别是技术和产品趋于成熟和标准化的行业，心理需求的满足成为价值主张延伸、提高顾客支付意愿的主要创新方向：（1）注重消费体验，在产品研发、设计、生产、包装、物流配送、渠道终端的每一环节都关注消费者体验，增强情感价值，以获得更多溢价（罗珉和李亮宇，2015）。（2）注重用户参与，构建顾客参与设计、研发、制造、传递、营销等过程的平台和机制。一方面，顾客的自由感、授权感和自我决定感会产生正向体验，增加满足感（李耀，2014）；另一方面，用户参与也会推动有效、精准的迭代创新。（3）提供完整解决方案，重视来自需求方的范围经济，挖掘客户的关联需求，增加市场深度，跨越传统产业边界，为客户解决问题而不仅仅是提供具体产品。例如广泛兴起的办公解决方案、IT 解决方案、能源管理解决方案、家居解决方案、出行解决方案等。（4）把产品延伸为一种生活方式，即创新商业模式以谋求把用户黏性建立在情感、认同、依赖、习惯的基础之上，使消费过程变成一种生活方式。例如万科“建筑无限生活”的全方位居住服务、万达的城市综合体等，嵌入了消费者的生活场景并进一步改变、创造消费者的生活场景，例如当今众多新的商业模式所推动的生活、学习、工作在线化，消费的共享化等。

三、关注社会利益的理念创新

商业模式创新分析框架中的价值增进也应该包括社会利益的增进，企业创新行为对社会问题、社会责任的关注是社会发展对企业创新深层次、长远性的要求。商业模式创新本身就秉承价值创造而非价值争夺的商业伦理，无论是面对顾客、竞争者还是合作者，商业模式创新都要坚持消费者价值导向而非竞争导向。这一导向，可以减少企业盲目竞争带来的资源投入浪费、恶性竞争、重复投资、产能过剩等问题，其本身就会带来社会利益与价值。以增进社会利益、解决社会问题为基本价值主张的商业模式将成为企业创新和创业的重要方向。

（一）解决社会问题的创新取向

商业模式创新不拘泥于企业边界、行业边界，许多新商业模式的出现也就代

表着一个新行业出现。尤其是当今互联网、大数据引领的跨界与融合的新商业模式，大到谷歌、苹果、阿里巴巴、腾讯，小到团购、外卖、上门厨师、家庭服务集成商等，它们通过提供崭新的价值主张，改变了社会的生产生活方式，提高了人类对时间和空间的利用和掌控能力，推动了社会的进步。在实践中，许多商业模式创新本身就起始于解决社会问题的想法，例如共享出行（网约车、拼车、公共租用自行车等），它们在一定程度上解决了大众交通出行和道路拥堵问题，解决最后一公里问题；再如共享金融（P2P 网贷、众筹平台等）向普惠金融的发展，可以解决传统金融体系难以解决的长尾客户融资问题。虽然社会已经高度发展，但是消费者在衣食住行、健康医疗、教育就业等基本问题上仍存在很多困扰与痛点，企业运用新的技术、新的思路、新的逻辑设计新的商业模式解决这些带有社会性的问题，不仅会带来商业价值的增进，也会带来社会价值的增进。

（二）社会性目标的投资动机

在企业承担社会责任和解决社会问题之上，社会企业的出现是对商业模式更深层次——投资动机的创新。社会企业是一个商业组织，但它的主要经营目标是社会目标，它的利润主要用于对社会目标的支持性投资或直接投资到社区当中，而不是为了股东或所有者的利益最大化。社会企业虽然在不同的时期、不同的国家或地区呈现出各具特色的组织方式与治理方式，但其基本规定性是用商业的规则去解决社会问题，这种介于非营利组织与营利组织之间的商业模式被认为将在解决政府与市场同时失灵问题的领域发挥极大的作用。当今时代带有普遍性的社会问题主要包括贫困、失业、犯罪、老龄化、青少年问题等，所以社会企业的创建方向也主要发生在这些领域。典型的社会企业除了前文曾提到的面向贫困问题的格莱珉模式以外，旨在推动、赋能创新、创业、就业等社会目标实现的各种孵化器商业模式也是具有这种性质的创新。社会企业或者社会嵌入性更强的企业代表未来经济组织演化的重要方向。

附录：穆罕默德·尤努斯、格莱珉银行与社会企业

一、穆罕默德·尤努斯与格莱珉银行

1976 年，时为吉大港大学经济学教授的穆罕默德·尤努斯（Muhammad Yunus）在乡村里走访贫困家庭时，村子里一个忙碌的女人吸引了他的目光，她全神贯注且飞快地编织着一些竹条。经过了解，尤努斯吃惊地得知，这个叫苏菲亚

的妇女连买竹条的5塔卡（相当于22美分）都得靠借高利贷解决，而她为此付出的代价是：必须把所编的凳子廉价卖给放债人。她每天辛苦劳作只能获得50波沙（约2美分）的收入，这使她和她的孩子陷入一种难以摆脱的贫困循环。尤努斯很震惊，此前他从来没有听说过一个人会因为缺少22美分而受穷。如果苏菲亚有22美分，她就可以摆脱高利贷的盘剥，按市价卖出产品，从而改变她的生活。不仅是苏菲亚如此，尤努斯在村子里又找到另外42位有着类似困境的村民。在把这些村民们的资金需求汇总后，尤努斯经历了他有生以来最大的一次震动：这个数目一共只有27美元。“造成他们穷困的根源并非是由于懒惰或者缺乏智慧的个人问题，而是一个结构性问题——缺少资本。这种状况使得穷人们没有钱可以攒下来去做进一步的投资，一些放贷者提供的借贷利率高达每月10%，甚至每周10%，所以不管这些人再怎么努力劳作，都不可能越过生存线水平。我们所需要做的就是在他们的工作与所需的资本之间提供一个缓冲，让他们能尽快地获得收入”，尤努斯总结道。尤努斯得到这样的结论：他们每天辛苦劳作却依然贫穷，是因为这个国家的金融机构不能帮助他们扩展他们的经济基础，没有任何正式的金融机构来满足穷人的贷款需要。于是，向这些没房没产的穷人提供借贷的想法就此诞生。尤努斯创办格莱珉银行（Grameen Bank）提供无抵押小微贷款的模式对传统银行规则进行了彻底的颠覆。尤努斯的员工们主动下到村里、地头去拜访借款者——他们之间也不签署借款合同，大多借款人都目不识丁。格莱珉银行向客户们收取固定的单利利息，通常是每年20%，相对孟加拉国商业贷款15%的复利，这个利率是比较低的。他们的客户都是那些没房没产的穷人，那些还不致穷困潦倒的人是不在他们贷款业务范围之内的。尤努斯发现，把钱借给那些在孟加拉国社会里没什么赚钱机会的妇女们，通常会给家庭带来更大的收益，这些妇女对她们的贷款也会更为小心谨慎。贷款申请人还得清楚地了解格莱珉银行的运作方式，这样他们才有资格借款。偿款通常从借款的第二周开始，尽管看上去会有些压迫性，但这也缓减了让借款人承担在年终偿付一大笔钱的压力。借款者要有6~8人构成“团结小组”，相互监督贷款的偿还情况，如果小组中有人逾期未能偿款，则整个小组都要受到处罚。借款发放和偿付每周通过一次“中心会议”公开进行。在孟加拉到处滋生着腐败的各种机构中，格莱珉银行以其公开透明的运作而感到自豪，其贷款偿还率在99%以上，这是那些传统的商业银行望尘莫及的。

在全球进入信息时代后，穆罕默德·尤努斯意识到信息技术将是穷人们手中的“阿拉丁神灯”，于是在1996年底创办了非营利性的“格莱珉电信公司”，让40多万妇女能够使用通信服务，他还让她们去经营电话租赁业务以赚取利润。1998年，一场世纪洪水肆虐孟加拉长达2个多月，造成大量穷人家庭资产损毁，尤努斯也在此时对格莱珉银行20多年的运作进行了反思，最后进行了大胆的改革，推出了全新体系的“第二代格莱珉银行”，取消了一些原有的贷款种类、借款约束以及“团结组”，取而代之的是提供住房、高等教育等贷款项目，并根据借款者的情况量身定制，提供更为灵活宽松的贷款方式以及年金储蓄计划，新的银行运作方式吸引了更多的借贷者加入。2003年，他又把目光瞄准孟加拉国数百万计的乞丐，发起“奋斗成员”项目，帮助乞丐改善生存条件，最终摆脱乞讨生涯。截至2017年，在孟加拉国有137万个村民小组超过900多万人向格莱珉银行借过钱，有效覆盖孟加拉国93.16%的村庄，这其中包括7.76万名乞丐。除了相对贫穷的孟加拉国、马来西亚、菲律宾之外，穆罕默德·尤努斯创办的“格莱珉”模式被包括美国、英国、中国等100多个国家复制，在全球出现200多个试点。在全球范围内推行格莱珉模式的同时，尤努斯还在孟加拉国创办了一系列社会企业，包括“廉价房屋计划”、格莱珉—达能食品公司——向穷人们提供营养而廉价的婴儿食品、低成本的眼睛保护和视频会诊的乡村医院项目等，并在全球推广和宣传“社会企业”理念。2006年10月13日上午11点（北京时间13日下午5点），瑞典皇家科学院诺贝尔和平奖评审委员会宣布将2006年度诺贝尔和平奖授予孟加拉国的穆罕默德·尤努斯及其创建的孟加拉乡村银行（即格莱珉银行），以表彰他们“自下层为建立经济和社会发展所做的努力”。

二、格莱珉银行模式的特征

（一）格莱珉银行模式的性质是非（低）营利性的社会企业

尤努斯教授反复强调格莱珉银行社会企业的特点，其本身并不是为了盈利而是服务社会、服务最底层的穷困人群。虽然这种社会企业是可以盈利的，但它们并不是纯正的商业性企业。社会企业追求商业利益与社会利益的平衡，这与一般逐利性资本存在重大的区别。这类企业对基础盈利的要求，仅是为了维持本身的长期存在，远低于其对社会效益、社会目标的追求。除了收回初期投资，尤努斯不允许提供资金的投资者获得其他盈利，所获得的利润也全都留在企业进行改善和扩张，以使更多的穷人受益。因此，纯粹的商业性资本来尝试格莱珉模式基本是不会长久的，大都是追求一种广告效应或者昙花一现，因为这种模式对比其他同类型金融企业，其盈利肯定是相对较低的，即使度过初创期，其成熟期的盈利也难以满足商业性资本逐利性要求。

（二）格莱珉银行模式的成功必须具备两个基础条件

格莱珉这种特殊的运营模式能够得以持续必须依赖两个基本的条件：一是可持续的社会救助资金、资源的注入；二是全金融牌照（特别是吸收社会低成本存款的许可）带来的利润能够形成补贴与流动性的支持。纵观格莱珉银行的发展史可以清晰地看到，在格莱珉银行建立的早期尤努斯也经历了大量的磨难，正是陆

陆续续的社会救助、慈善资金使其撑过了艰难的初创期与规模培育期，在尤努斯教授获得世界关注特别是诺贝尔和平奖以后，其获得的社会资源更是使格莱珉银行得到了飞速的发展。孟加拉国政府出台了专门的《格莱珉银行法》并给出完整的金融牌照，格莱珉模式得以发展、壮大，并解决了金融机构急需的流动性问题。格莱珉模式特别的资本金来源组织形式也保证其长期以社会效益为重，不盲目追逐资本回报率。从这个角度看，格莱珉银行是在一定程度上牺牲一般金融机构的利润来弥补该模式经营成本高、培育期长的商业劣势。至今为止，格莱珉模式全球复制成功的机构几乎均具备以上必备条件（或满足其中之一）。另外，社会和政府应该以一定的制度或形式给予这一模式“社会信贷救助成本”的补偿，“社会信贷救助成本”意指由于弱势企业创造了巨大的社会价值，而应在金融信贷资源分配时给予其一定的经济与政策补偿，以鼓励、推动银行及其他金融机构平等或优先对其提供信贷支持。这个成本无论是补贴企业还是补贴金融机构，都一定要体现在金融机构的盈利模式中，它必须等于或超过金融机构为其提供信贷而产生的损失，以促使金融机构有连续投放的动力（嵇少峰，2015）。

（三）格莱珉银行模式的本质是一种社会救助组织形式

格莱珉模式下的小额信贷，在目标人群的选择上，比一般的小贷或其他具有普惠概念的金融产品要更为下沉。“传统的借贷有一个特点，客户需要主动去寻找资金的提供者，以前是银行，现在互联网能提供很多借贷产品，但用户依然需要在手机上操作，需要主动传递一个‘想贷款’的信息，这是一切借贷行为的开始。”高战（格莱珉中国总裁、亚洲金融合作协会普惠金融委员会副主任、尤努斯基金会（香港）秘书长）表示，这种客户不是格莱珉银行的客户，“有清晰的诉求表达能力的人反而不是我们要服务的对象，因为在底层人群中，比较能干的人才会有比较清晰的诉求，而格莱珉要帮助的是那些‘大痛无声’的人，他们根本不敢到银行去，根本不敢想贷款，甚至连字都不会写，这类人恰恰是格莱珉最好的客户。”从这个角度看，格莱珉银行更类似一个社会公益企业，而非一家以风控管理为核心、以盈利为经营目标的银行。高战总结格莱珉模式具有三条准则：“第一条是借贷由妇女出面，是跟妇女打交道，在孟加拉国97%以上是妇女，在中国100%是妇女；第二个特点就是每周会议；第三是精神文明建设。在每周的会议中，组员们在健康、教育、相互帮助等方面交流，相当于借贷人之间形成一个紧密联系的社群，格莱珉银行的员工，主要工作并不在于放贷收款，而更多的是需要组织会议，引导组员讨论教育、家庭卫生等有助于她们改善精神生活品质的话题。”在法瑞德·武丁（格莱珉中国普惠金融部总经理）和高战看来，格莱珉银行提供的贷款只是将贫穷人群组织起来的一个介质，而非经营行为的目标，他们并不在意贷款是否能得到按时归还，也不会因为某笔逾期贷款去与穷人打官司。可以说，格莱珉模式是“寓教于贷、寓救于贷”（嵇少峰，2015），信贷仅是格莱珉模式的表象，社会救助机构才是其最根本的属性。而且，在格莱珉银行为穷人提供银行业务的同时，尤努斯教授又发现了穷人的许多问题，也一直尝试逐一解决这些问题。在过去的十多年，尤努斯创建了许多企业和企业式的独立项目，包括住房、卫生设施、可负担的医疗保健、可再生能源、营养改善、清洁饮用水和护理教育等，“提供人们需要、想要和将要、急要的商品和服务”（穆罕默德·尤努斯，2018）。

（四）格莱珉银行模式本身运营的科学性与技术性

在格莱珉模式的运营中，有两个关键点：一是五人小组，二是锁定妇女。格莱珉银行最初的五人小组是联保性质的，后来发现一旦要求她们联保，带来的结果反而是五人小组培育更加困难，而且易形成一户不还几户均违约的现象，现在格莱珉新的模式已不要求联保。从商业信贷角度讲，五人小组的培育成本与时间压力巨大，对基层信贷人员的要求也很高，但正是这种培育，既创造了客户，也形成了客户的违约成本。正常情况下，底层客户特别是农村妇女，往往彼此都叫不出名字，她们普遍将农户贷款当作社会救济，根本没有还款意识，所以形成违约后通过法院等手段催收几乎无效，对未经教育的她们来说，信贷违约成本几近于零。五人小组将底层客户的违约成本从几乎为零提高到一定程度，通过经常性的小组会议形式培养客户守信意识。更重要的是，五人小组的形成过程，也是对她们进行劳动技能教育与示范的过程，通过周期性会议与互相学习，提高其工作能力、个人尊严与守信意识。因此，这一过程是格莱珉模式的最重要基础。很多模仿者一开始会按此模式运行，但一段时间过后大都失去耐心，走上传统的信贷客户营销方式，导致此模式的最核心部分变异，最终归于失败。格莱珉另一个运营重点是将信贷对象牢牢锁定农村妇女，特别是之前仅仅从事家务劳动的妇女，这并非仅仅出于重视女权、定向扶贫的考虑。一般情况下，这类妇女平时大都不参加商业性劳动，基本以操持家务为主。通过小组教育与信贷刺激的方式，将闲置劳动力的商业价值挖掘出来，使之前不从事或很少从事经济活动的妇女充分就业，这种情况下产生的隐形工资收入可以支持格莱珉的还本付息。传统信贷人员认为，格莱珉一年按 52 个周分期还本付息的要求从投资回报率上看是不太可能实现的，那是因为他们恰恰忽视了隐形工资性收入这一关键要点。常规信贷机构一直认为，一定要将贷款借给那些有从商或生产经验的人，这样借款人才能有效利用资金并获取回报，金融机构才能安全拿回本息。但是格莱珉银行却另辟蹊径，将小额分散的贷款借给那些没有工作及生意经验的妇女，毕竟简单生产下的劳动力价值是相对可靠的，从这个意义上讲，格莱珉在创造社会价值的同时也获得了稳定的经济回报，可以抵消其巨大的培育成本、管理成本与风险成本。这个过程不是常规

信贷机构通过发放贷款来获得投资回报分享的过程，而是通过培育五人小组，用贷款的手段激发闲置劳动力创造价值的社会教育行为（嵇少峰，2015）。

作为一种金融创新，格莱珉模式就是通过制度、技术和产品创新，为弱势群体提供特定金融需求服务的体系构架。

三、社会企业

关于什么是社会企业，虽然有很多不同的概念表述，但其基本规定性都是一致的，例如，社会企业是以社会价值最大化为主要目标，并通过商业运作创造经济价值来维持自我发展的新型企业形式（Borzaga & Defourny，2001）；社会企业是一种利用营利性商业模式实现社会目标的企业形式（Defourny & Nyssens，2010）；社会企业代表了一种采用市场手段来实现其社会使命的组织（Kerlin，2013）等。德富尔尼和尼森斯（Defourny & Nyssens，2010）运用两个维度的九个标准来描述社会企业的特性（见表7-2），认为社会企业的核心特征是多利益相关者和多目标，多利益相关者意味着社会企业要对参与其中的利益相关者（如受益人、资助者、员工和合作伙伴）负责，而各利益相关方的要求触发了社会企业有望实现的多维目标（Nyssens，2006）。英国社会企业联盟（Social Enterprise Coalition［UK］，2003）认为社会企业具有如下共同特征：（1）企业导向——直接参与为市场生产产品或提供服务。（2）社会目标——有明确的社会和/或环境目标，例如创造就业机会、培训或提供本地服务。其伦理价值包括对本地社会技能建设的承诺，为实现其社会目标，其收益主要用于再投资。（3）社会所有制——治理结构和所有制结构通常建立在利益相关者团体（如员工、用户、客户、地方社区团体和社会投资者）或代表更广泛的利益相关者对企业实施控制的托管人或董事参与基础之上的自治组织。它们就其产生的社会、环境和经济影响向其利益相关者以及更广泛的社区负责。其收益可作为利益相关者分红加以分配或用于社区利益的用途。

表7-2　　社会企业的特征

维度	经济维度	社会维度
标准	• 持续活动，生产和销售商品和/或服务 • 高度自治 • 显著的经济风险 • 最低数量的有偿工作	• 一个有益于社区的明确目标 • 由一群公民发起的倡议 • 决策权不是基于资本所有权 • 参与性，涉及受活动影响的各方 • 利润分配有限

资料来源：Defourny J，Nyssens M. Conceptions of Social Enterprise and Social Entrepreneurship in Europe and the United States：Convergences and Divergences［J］. Journal of Social Entrepreneurship，2010，1（1）：32-53.

虽然现实中的社会企业所关注的具体社会问题和社会利益、设立的资源来源基础、运行模式、盈余分配等方面存在差异，但人们对其性质和特征的基本认识是一致的。其核心特质在于兼具社会公益性和商业可持续性，这种介于一般商业企业和传统公益组织之间的“双重身份”使社会企业可以有效弥补公共部门提供社会服务能力不足以及私人部门在社会公益方面“市场失灵”的问题（谢家平，2016）。目前全球已有22个国家具备较完整的社企认证体系，认证数据展示了社会企业在全球的发展状况。根据有关数据，截至2015年，英国的社会企业达到7万家，西班牙的社会企业超过5万家，苏格兰的社会企业超过5000家；美国通过官方机构认证以及民间B－Corp认证体系的共益企业数量均超过2000家，韩国通过认证的社会企业超过1500家；而在中国，香港地区的社会企业已认证超过570家，台湾地区登陆社会企业平台的组织超过120家，大陆地区2012年在民政部的指导下，由深圳市中国慈展会发展中心、北京大学公民社会研究中心等多家机构联合发起、由深圳市社创星社会企业发展促进中心具体执行，自2015年开始对社会企业进行认证。截至2018年12月31日，中国慈展会社会企业认证已通过234家；根据CSECC社会企业认定平台2021年8月最新统计，全国已完成社会企业（行业）认定的机构有299家[①]。目前，我国社会企业主要分布的领域包括弱势群体（例如有犯罪前科人群，农村地区留守儿童和低收入群体的融合）、青少年儿童（教育）、无障碍服务（就业、康复、赋能）、农村发展（扶贫、公平贸易和农业）公益支持、生态保护、文化与艺术发展等。

从现有文献来看，社会企业在社会政策中的重要性可概括出以下三点：社会问题的替代解决方案，志愿部门改革的催化剂和公民身份的培育者。第一，社会企业通过解决社会问题帮助政府寻求打破现有福利制度“僵局”的方法。这些解决方案不限于直接向弱势群体提供社会服务和产品。在服务提供过程中，社会企业招募和培训了大量人员从而缓解了失业问题。第二，社会企业通过创新性地解决社会中的痼疾，加速了传统志愿部门的改革。社会服务供给市场激烈竞争和资金短缺使得传统的志愿部门运营困难重重，社会企业将社会导向与创业商业模式相结合，有利于该部门将其服务专业化并使其在经济上具有可持续性，以实现其社会目标。第三，社会企业通过民主决策和公民参与培养公民的主人翁意识。社会企业的决策过程独立于资本，突出了对“参与者的赋权”（Nyssens，2006）。此外，社会企业还可以代表公众或社区利益向政策制定者表达利益诉求。

通俗来讲，社会企业就是在三部门失灵的背景下产生的，目的是解决那些政

① 社创星社会企业服务平台．中国社会企业概览［R］．https：//www.sohu.com/a/349641742_100019626.

府解决不了、市场不愿涉足、志愿部门解决无效的老大难问题。正如格莱珉银行所展现出来的优势，从国家层面讲，与其任由贫穷人口的社会问题放大后再予其救济，不如用信贷的手段刺激有劳动能力的人工作。格莱珉模式通过定向农村妇女、小额、较高息的方式防止信贷资金被挪用，又通过底层教育引导闲置人口就业，在组织形式上要比当下众多的传统救助方式更能从根本上系统地解决问题。正如尤努斯教授所言，社会企业就是用创造力以可持续的方式解决人的问题（Yunus et al.，2010）。

资料来源：

[1] 百度百科．穆罕默德·尤努斯．https：//baike. baidu. com/item/% E7% A9%86% E7% BD% 95% E9% BB% 98% E5% BE% B7% C2% B7% E5% B0% A4% E5%8A% AA% E6%96% AF/9900590？fr = aladdin.

[2] 嵇少峰．探究格莱珉穷人银行的真相［EB/OL］. http：//finance. sina. com. cn/zl/bank/20151020/142523524921. shtml.［2015 - 10 - 20］.

[3] 经济观察网．寻找“穷人”和资金 格莱珉银行在中国的实验仍在继续［EB/OL］. http：//finance. sina. com. cn/roll/2019 - 11 - 04/doc - iicezzrr 7060501. shtml.

[4] 刘英团．格莱珉银行的金融实践与思考［EB/OL］. http：//shh. sinoins. com/2019 - 01/18/content_281646. htm.

[5]［孟］穆罕默德·尤努斯．普惠金融改变世界：应对贫困、失业和环境恶化的经济学［M］. 陈文等译．北京：机械工业出版社，2018.

[6] 谢家平，刘鲁浩，梁玲．社会企业：发展异质性、现状定位及商业模式创新［J］. 经济管理，2016，38（4）：190 - 199.

[7] 中国普惠金融研究院．为消灭贫困而战的诺贝尔和平奖获得者——尤努斯［EB/OL］. https：//www. sohu. com/a/253247212_99906081.［2018 - 09 - 11］.

[8] Borzaga C，Defourny J The Emergence of Social Enterprise［M］. London and New York，Routledge，2001：1 - 18.

[9] Defourny J，Nyssens M. Conceptions of Social Enterprise and Social Entrepreneurship in Europe and the United States：Convergences and Divergences［J］. Journal of Social Entrepreneurship，2010，1（1）：32 - 53.

[10] Kerlin J. Defining Social Enterprise across Different Contexts：A Conceptual Framework Based on Institutional factors［J］. Nonprofit and Voluntary Sector Quarterly，2013，12（1）：84 - 108.

[11] Nyssens M. Social Enterprise. At the Crossroad of Market，Public Policies and Civil Society［J］. London：Routledge，2006.

第八章

商业模式创新的时代变革回应

——社会、市场与技术

第一节 商业模式创新是对时代变革的回应

商业模式创新其实并不是一个新的概念，可以说，自从人类社会有了商业活动，商业模式创新活动就出现了，这甚至可以追溯到原始的分工、商人的出现、城市的出现、手工作坊的出现、国际贸易的产生、工厂、流水线、超市、快餐、连锁经营……从历史进程上来看，每一种革命性的商业模式（包括生产方式、贸易方式、交易方式、企业组织方式、企业之间的连接方式等）都来自环境的变迁、新技术的商业化、技术变革提供的路径可能性，从而使潜在的需求得以满足或者把潜在的需求激发出来。当今时代，商业模式创新之所以成为创新的焦点，是因为今天的企业面临着异常动态而复杂的市场环境。动态性表现为迅速更新的技术、日益缩短的产品生命周期、快速转移的消费者偏好等；复杂性表现为模糊的市场边界、难以界定的竞争对手、不断被打破的竞争规则等；它们对现有市场、产业结构和价值链的冲击促使企业必须对经营和活动方式进行重新思考，从要素竞争转向系统竞争，从局部竞争转向整体竞争（沈永言，2011）。单纯的技术创新、产品创新、流程创新已经不能够持续地抵挡竞争，只有通过全面、系统的商业模式创新，才能够获得并保持竞争优势。独特的商业模式成为一种更为重要、更为关键的核心竞争力，商业模式创新也成为企业更高层次的创新行为。

学者们曾经对当今驱动商业创新的社会时代背景进行过描述与总结。蒂斯（2010）曾提出了一个驱动因素清单：（1）知识经济的兴起；（2）信息和通信技术在创造和向客户提供价值方面的重要影响；（3）通过外包和离岸战略重新组织工业生产；（4）伴随产业结构变化的服务业崛起。鲍尔（2017）对21世纪创新

管理理论范式变革的驱动因素进行了总结（见表8-1），这些驱动因素也代表着当今商业模式创新的基本时代背景。无论从商业模式创新的起源还是现实实践来看，商业模式创新的环境驱动力或直接或间接地都主要来自两个方向：技术变革与需求变迁。“人类社会进入了（移动）互联网时代”（李海舰等，2014）是对作为企业创新前因的社会变革总体特征的高度概括。

从技术的角度来看，ICT技术变革对于其行业本身属于行业核心技术创新或内部技术创新，而对于更加广泛的其他行业来说则属于外部基础技术创新。包括互联网和大数据在内的ICT相关技术改变了，并且持续加速改变着人类活动的方方面面，几乎触及社会的每一个角落，是所有企业进行创新所要面对、依赖的大环境。互联网是一种极具创造性破坏特点的技术，它能消除时间和空间的局限、减少信息不对称、降低交易成本，并具有无限的虚拟容量。互联网的出现改变了基本的商业竞争环境和经济规则，使大量新型的商业模式具有了实现的可能性与经济性。从实践来看，商业模式创新的许多经典案例都与互联网技术有关，以互联网为代表的新技术是商业模式创新的主要环境背景和动力（孙永波和陈柳钦，2011），它们从技术和需求两种路径影响着企业的创新行为。

表8-1　　21世纪创新管理理论变革的驱动因素

驱动因素	具体表现
超竞争性产业 hypercompetitive industries	• 全球化（globalization） • 进入壁垒少而弱化 （barriers of entry are getting smaller and lesser） • 破坏性、颠覆性创新增加 （increase in disruptive and breakthrough innovations） • 仅仅依赖产品创新是不足的 （product innovation alone is insufficient） • 需要商业模式和系统导向的解决方案 （business model and systems oriented solutions are required）
扰动、动态的市场 turbulent and dynamic markets	• 互联网、社会化媒体和数字设备的影响增强 （increased influence by the Internet, social media and digital devices） • 伴随新进入者和解决方案提供的快速转移和不确定性的市场 （fast-moving, uncertain markets with new entrants and solution offerings）
快速变化的世界 fast paced changing world	• 创意市场化的步伐加快（increased pace to get idea-to-market） • 产品生命周期缩短（shorter product life cycles）

续表

驱动因素	具体表现
股东和员工的需求 demanding shareholders and employees	• 市值增长和通过股息创造财富要求增加收入和利润 (market capitalization growth and wealth generation via dividends, requires increased revenues and profits)
顾客和消费者的需求 demanding customer and consumers	• 物美价廉的问题解决方案 (cheaper and better solutions to help get the job done) • 更加个性化的产品和服务解决方案 (more individualized products or service solutions)

资料来源：Louis Bouwer. The Innovation Management Theory Evolution Map [J/OL]. https://www.researchgate.net/publication/316153609. [2017-04-7].

企业的创新归根结底是面向需求的，创新的结果需要经受市场的选择和检验。需求的变迁要求企业通过价值主张创新和价值创造方式创新来满足新的需求或者激发潜在的需求。价值主张创新就是要满足消费者的新需求或者用新的价值主张引领消费者对自身潜在需求的觉醒与认知，而价值创造方式创新在很大程度上来源于新技术商业化或者新技术工具化运用，所以，需求的变迁与技术的变革对商业模式创新的影响是交织在一起的。伴随社会变革的进程，人们在研究、实践、观察事物发生、发展、变化规律的过程中，也实现了对自身思想与认知的改造，新的观念得以产生，这些新的观念一方面适应并支持着社会变革对企业创新行为的要求，另一方面也会起到主动引领社会变革和企业变革的作用。

创新方向的选择乃一切创新的起点，它是决定创新能否成功的关键。商业模式创新何以在当今风生水起？其深层根源是当今社会的深刻变革，正是环境的快速变化激发了大量商业模式创新。当今时代商业经营环境的大变革，从技术方面来看，主要表现为互联网、大数据、物联网、云计算、AI、BI、区块链等技术的迅猛发展与应用；从市场（消费环境）来看，主要表现为社会“碎片化”、消费者主导、零边际成本商业行为的出现等；从认知基础来看，主要表现为去中介化、去中心化、共享、社会企业、社会治理等新的理念、观念、思想的萌发、扩散与应用。企业创新必须对这些变革进行恰当的回应（见图8-1）。

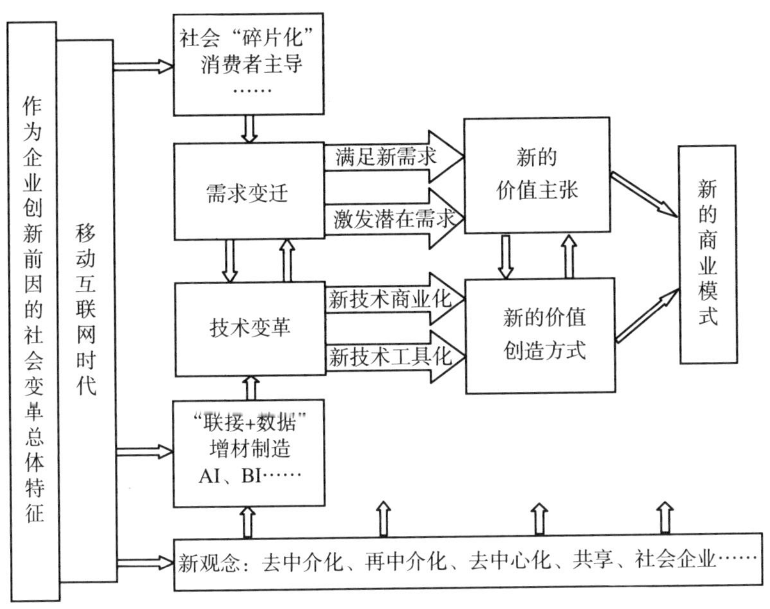

图 8-1 商业模式创新对时代变革的回应

第二节 商业模式创新的社会变革回应

——社会“碎片化”

“碎片化”是近年来社会学领域关注的一个焦点。社会“碎片化”表现为传统社会关系、市场结构及社会观念的整一性瓦解了，代之以一个个利益族群和“文化部落”的差异化诉求及社会成分的碎片化分割，其主要起因于社会阶层的分化、价值体系的多元化、个人意识的觉醒以及生活方式选项的多元化等。“碎片化”这一趋势对社会科学的各个领域都产生了深刻而深远的影响。

一、社会“碎片化”对传统商业模式的冲击

“碎片化”是大众追求自我、追求个性的必然结果，在消费上则表现为更加理性的选择，更加追求内心的感受和体验，从众倾向减少，“权威”坍塌而自我意识崛起。社会“碎片化”是价值主张创新的触发器。

（一）价值主张个性化、多元化、内在化

价值主张个性化表现为：在消费决策中，消费者虽然仍然为低价所动、为

潮流所左右，但是追求个性化、追求内心的满足和自我实现——这些消费者最本真、隐藏最深的诉求越来越显性化，成为影响消费者决策的关键变量。消费者的兴趣和品位不再集中于少数几个品牌或热门产品上，而是千差万别。价值主张多元化，不仅表现为不同的人有不同的价值诉求，也表现为同一个人在特定消费场景中表现出多层次、综合性的需求。价值主张内在化表现为人们对自身内心感受的关注超越了对有形的身外之物的关注，他们渴望互动、参与与掌控感。

（二）传统市场细分的瓦解与重构

社会“碎片化”使消费者细分呈现两种趋势：一是细分市场微小化。从本质上讲，世界上有多少人，就有多少种不同的兴趣和偏好，每个人都是一个细分市场，虽然这样的细分方式目前在大多数行业还不具有可行性，但是社会“碎片化”对企业细分市场的划分方式、选择与价值主张定位提出了更高的要求，“微市场”（micro-segments）化是必然趋势，而且在很多领域已经变为现实。二是细分标准抽象化、内在化。受众在不断碎片化的同时，某种共性又使他们以某种新的方式聚合在一起，传统的、企业主导的易于操作的消费者细分标准（例如地理位置、人口统计特征等）变得不再那么有效，细分市场的依据需要越来越接近消费者的真实需求特征，例如兴趣、爱好、价值观、生活方式、沟通方式、场景等。

二、基于社会“碎片化”的商业模式创新

（一）个性化需求导向的商业模式创新

以满足个性化需求为导向的创新的典型代表是大规模定制（mass customization，MC）。1970 年，美国未来学家阿尔文·托夫勒（Toffler，1970）在《未来的冲击》（*Future Shock*）一书中提出了一种全新的生产方式的设想：以类似于标准化和大规模生产的成本和时间，为客户提供特定需求的产品和服务。1987 年，斯坦·戴维斯（Davis，1987）在“*Future Perfect*”一书中首次将这种生产方式称为“mass customization”。1993 年 B. 约瑟夫·派恩二世（B. Joseph Pine Ⅱ）在“*Mass Customization：The New Frontier in Business Competition*”一书中写道：“大规模定制的核心是产品品种的多样化和定制化急剧增加，而不相应增加成本；其范畴是个性化定制产品和服务的大规模生产；其最大优点是提供战略优势和经济价值。”大规模定制是一种集企业、客户、供应商、员工和环境于一体，

在系统思想指导下，用整体优化的观点，充分利用企业已有的各种资源，在标准技术、现代设计方法、信息技术和先进制造技术的支持下，根据客户的个性化需求（祁国宁和杨青海，2004），将批量生产的低成本优势与个性化定制生产的高附加值优势完美地结合起来提供定制产品和服务的生产方式。大规模定制是企业满足消费者个性化价值主张引领下的产品结构、制造流程及运营方式的大变革，它包括了诸如时间的竞争、精益生产和微观销售等管理思想的精华。大规模定制需要一系列技术的支持，例如现代化的信息技术和管理技术、新材料技术、柔性制造技术等。以满足个性化需求为导向的创新的另一典型代表是基于网络的自助服务，企业为消费者提供环境条件使他们可以依据自己的喜好量身定做产品，他们自己完成产品的配置、订单的输入以及部分售后支持的工作，例如乐高工厂的在线订购、自助出版网站 Lulu. com 的自助出版服务等。3D 打印相关技术的发展为个性化需求导向的商业模式创新提供了更多的机会和路径。

（二）长尾利用导向的商业模式创新

"长尾经济"的概念最早由克里斯·安德森（Anderson，2008）提出，用来描述媒体行业从面向大量用户销售少数畅销产品向销售庞大数量的利基产品的转变。突破媒体行业，从一般意义上讲，长尾模式的价值主张就是提供需求量少（小众）、宽泛的非拳头产品。服务长尾市场获得经济性必须具备三个前提条件：长尾的存在，多品类经营的低运营成本，利基产品容易获得。社会"碎片化"使得市场需求的结构性特征发生了变化：长尾延长，而且更加"肥厚"（见图 8-2）。互联网的发展使得与交易频次相关的固定性的交易成本、运营成本大大下降；技术工具的通用化及普及也使得利基产品的成本降低而可获得性提高；这都为商业模式创新提供了基本前提。基于长尾市场利用的商业模式创新基本有两种情况：第一，从产品品类选择出发的长尾利用，即经营品类繁多但不畅销的产品，满足少量需求；第二，把被现有技术和经济系统排除在外的非消费群体作为目标客户，即关注金字塔底层（bottom of pyramid）的人们（例如塔塔汽车、格莱珉银行、二手市场模式等）、关注不曾被关注的群体（例如任天堂的 Wii 游戏机关注普通休闲人群）。基于长尾的商业模式创新的实质就是将潜藏在以往统一而单一市场之下的大量个性化需求通过交易费用的急剧降低而释放出来，使原来不曾经营的商品具有商业价值，使原来不曾服务的客户成为新的客户。

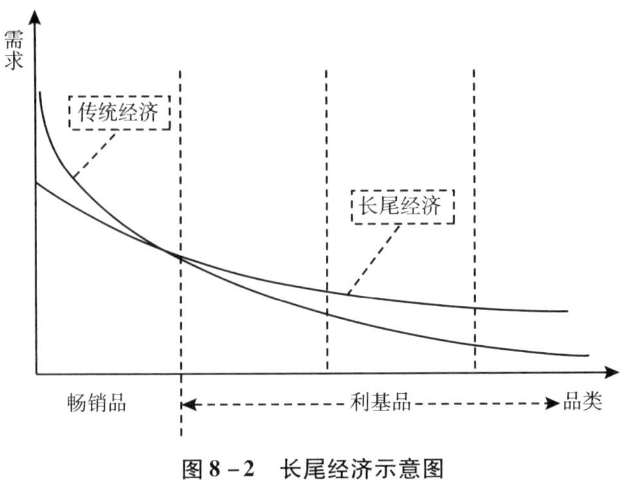

图 8-2 长尾经济示意图

第三节 商业模式创新的市场变革回应
——消费者主导

与市场“碎片化”相伴，消费者与生产者之间的力量对比也正在发生倾斜。ICT 技术的大发展提高了人们传播和处理信息的能力，消费者有更多的机会对厂商提供商品和服务的内容、时间、地点以及价格提出更具体的要求，人们可以以各种不同的方式参与交易，而且参与程度越来越深，供需双方之间的信息不对称结构正在发生逆转；另外，消费者得以以各种方式从分散走向联合，消费者影响力变大，客户群成为企业争夺的最重要的资源，成为创造需求和价值的源泉，以往消费者在消费过程中被动接受的地位正在发生改变，传统的企业—客户关系和价值创造模式正在被颠覆，社会真正进入了消费者主导的时代。

一、消费者主导的具体表现

（一）消费者参与价值创造

今天的消费者已经不再是商品和服务的被动接受者，他们有机会参与创造价值的各个环节而成为“产消者”（prosumer），有三种力量推动着这一转变的发生：一是生产工具及知识的普及为“产消者”的出现提供了可能性（例如点对点网站的出现、开放源代码软件、用户易于掌握的编辑工具、知识和技能的共享平台、廉价的存储器和价格合理的宽带、云服务等）；二是消费者自我价值实现

需求的上升（“产消者”大都出于兴趣爱好投入工作，例如娱乐、自我表现、体验等）；三是无所不在的信息传输工具使得大量存在的、原先属于非营利性的资源（例如个人的非工作时间、知识、技能、家庭场所、非生产性资金、PC 等）进入生产和流通领域具有了经济性和可能性（尹莉和臧旭恒，2009）。

（二）网络效应威力巨大

网络效应是指一位用户从一种产品或服务中得到的价值不仅取决于该产品本身的功能和属性，还取决于使用相同产品的其他用户的数量——用户网络的规模。虽然网络效应存在正的网络外部性和负的网络外部性，但是商业模式创新所利用的网络外部性一般指的是正的网络外部性，也就是用户网络规模越大，用户所感受到的价值越高，用户对企业或产品的评价、忠诚度、满意度和黏性越高。根据网络中用户之间连接方式的不同，网络可以分为直接网络、间接网络与双边网络（郭水文和肖文静，2011）。直接网络是由使用同一种产品的（同一种功能的）用户构成的，在直接网络效应的作用下，一位用户的收益直接受到使用这种产品的其他用户总数的影响，例如即时通信平台、社区等，同时使用的人数越多，越能更好地实现用户社交等方面的要求。间接网络是由使用垂直兼容的产品（都必须购买相同或相似的互补品）的用户间接地连接在一起而形成的，在间接网络效应的作用下，用户从购买本产品中获得的价值不是直接地受到该产品其他用户数量的影响，而是该产品的用户数量影响了该产品的互补品的供给状况及价格，从而间接地影响了用户使用该产品的成本，例如汽车之于配件、电脑之于操作系统、游戏机之于游戏等；双边（或多边）网络是指，市场中具有不同诉求但供需上存在关联的用户都需要接入一个共同的平台，利用该平台各边的用户获取各自不同的商品、服务或价值，在双边（或多边）网络效应的作用下，平台一边的某一用户所获得的收益取决于平台所能够吸引到的另一边的用户数量，例如门户网站、媒体、中介等之于内容提供者、信息需求者、广告商等。网络效应的存在及释放，使得庞大的客户群成为了公司最炙手可热的资产。

（三）消费者走向联合

新一代网络技术（Web 3.0）颠覆了传统的信息传播路径，使单中心、单向的传播方式向多中心、网状裂变传播方式转变。一方面，人们可以通过各种方式（社交网站、在线论坛、网店评价等）发表自己的评价、建议和推荐，随着越来越多的人对互联网的参与，网络口碑的社会影响力越来越大，形成一种群体效应，网民甚至成为自发组织起来的商品营销工具。另一方面，沟通成本的降低，也使消费者的实际联合成为可能，例如团购（group purchase）模式，它将网购与社交媒体的力量合二为一，是消费者联合的典型体现，它提升了消费者的议价能力，这种新生事物改变了生产者与消费者之间一贯的集中对分散的商品交易关系格局。

二、基于消费者主导的商业模式创新

（一）利用大众智慧的商业模式创新

大众智慧利用导向的商业模式就是消费者参与价值创造的商业实现形式，主要包括以下几种类型：(1) 众包（crowd-sourcing）。众包是指把传统上由指定代理人（通常是雇员）完成的任务以公开选拔的形式外包给大量不特定的个人（顾客、消费者、客户、业余爱好者、赞助商及市民等）去做的行为，企业以众包的方式来解决技术、创意、设计甚至生产、营销等原来完全由内部流程和资源完成的活动（Howe，2006）。例如美国芝加哥的无线（Threadless）公司，其生产的T恤衫的图案由消费者（业余或专业艺术家）自行设计，在该公司网站每星期收到的成百上千件的设计中，根据几十万的社群会员的评价、投票或订购的情况，决定哪些设计会安排生产。每星期大概有4～6件得分最高的T恤设计会被投入制造，然而能不能量产还要看公司是否收到足够多的预订单——只有预订单达到一定数量的T恤才会正式被排入生产线。最后，再由消费者自行选择生产线、确定产量，并负责市场推广和促销工作。这些绝版独特设计的T恤瞬间销售一空是常有的事情，Threadless每星期会颁给得分最高的设计者以奖牌和2000美元奖金。再例如，全球最大日用品公司保洁，曾一度面临市场份额下降、产品研发成本高昂、营收利润下滑的危机局面。当时，CEO弗雷礼毅然决然提出基于众包的“开放式创新网络”的概念，将保洁核心的产品研发部门整改为产品联发部门，即打开公司围墙，联合外部松散的非宝洁员工组成群体智慧，按照消费者的需求进行有目的的创新，然后通过技术信息平台让各项创新提案在全球范围内得到最优的配置。这项举措使宝洁公司研发生产力提高近60%，创新成功率提高两倍多，创新成本下降了20%。在IT业，开源社区（open source community）是众包的典型模式[①]，例如苹果公司的应用软件平台，在这种模式下，开发者在注

① 开源社区又称开放源代码社区，一般由拥有共同兴趣爱好的人所组成，根据相应的开源软件许可证协议公布软件源代码的网络平台，同时也为网络成员提供一个自由学习交流的空间。由于开放源码软件主要被散布在全世界的编程者所开发，开源社区就成了他们沟通交流的必要途径，因此开源社区在推动开源软件发展的过程中起着巨大的作用。开源社区的运营支持方主要包括企业或组织（如lupa、linuxaid）、松散团队（如javaunion、huihoo）、个人（如linuxsir、chinajavaworld）等。但是纯粹“利他主义”的学习交流平台性质的开源社区由于缺乏运营经费以及可持续的参与激励机制，往往十分的不稳定，而企业主导运营作为一种商业模式能将“利他主义”与“利己主义”进行平衡结合被认为是一种更有发展潜力的方式。

册之后，App Store 就会为其提供 App SDK 和相应的技术支持，帮助开发者设计 SDK 工具箱。开发者可以发挥自己的聪明才智开发个性化的应用，并在应用商店发布；平台负责提供加密机制、付费方式、网络空间、基础设施等。通过排行榜、搜索等方式，iPhone 用户可以很方便地在平台上找到想要的应用程序，用户根据需要下载应用，苹果公司与开发者按“三七开”收益分成。在数据及数据服务日益商业化的今天，类似华为开源数据平台、百度数据众包平台模式也发展起来，为企业数据服务业务提供支撑。（2）用户自生成内容（user-generated content）。用户自生成内容是在“去中心化”、用户参与、用户体验、协同创作等互联网文化推动下产生的一种新兴的网络信息资源创作与组织模式，消费者以上传文字、图片、音频、视频或者共享文件等形式参与内容和价值创造（赵宇翔等，2011），这一模式的典型代表如 Google、Facebook、知乎、问答等。另外，企业创建的品牌社区、个性化定制模式等也具有众包和用户自生成内容的性质和功能。

（二）平台化商业模式创新

对网络效应的追求，使得能聚集起庞大客户群的平台式企业成为创造和传递价值的重要角色。平台式商业模式是指将两个或者更多有明显区别但又相互依赖的客户群体集合在一起，平台作为连接这些客户群体的中介来创造价值。例如信用卡连接了商家和持卡人，操作系统连接了硬件生产商、应用开发商和用户，媒体连接受众和广告主，游戏机连接游戏开发商和游戏玩家。如今，许多企业都在通过商业模式创新使自己平台化：微软通过免费赠送 Windows 软件开发工具包（SDK）吸引应用软件开发者，进而吸引数量庞大的应用程序用户；Google 支撑网页搜索、广告投放和第三方内容货币化的搜索平台；苹果从 iPod 到 iTunes、iPhone、AppStore 的平台化商业模式的转型等。前述众包模式中的 Threadless 公司实际上也是一个平台，在这个平台上形成了多方参与主体共赢的局面：设计者的创意才能得到发挥，消费者有更多独特的选择，公司则省下了雇用设计师的费用，而且它只生产获得足够分数和预订单的产品，几乎不可能亏损。类似于阿里巴巴、百度、腾讯、京东等互联网企业从创造价值的本质上来说都属于平台模式。由于平台连接和聚合的客户、资源以及交易内容、结构、机制的不同，平台的具体形式多样而且层出不穷（后文详述）。

（三）问题解决方案导向商业模式创新

当今时代，消费者在享受着应接不暇的新奇商品的同时，也为这种纷繁复杂所累，面对传统的产业和市场边界，他们需要从不同的供应商那里购买商品和服务并自己组合起来使用，还要从不同的供应商那里获得售后服务，这种困扰引发了他们对简单生活的渴求；而且，今天的消费者更加注重过程的体验，而不仅仅是交易本身，这时候，单一的、物美价廉的商品和服务已远远不能满足消费者的需要，取而代之的是针对某种问题或某种特定要求的一套完整的服务与解决方案。从追求物美价廉的产品和服务到一体化解决方案，是消费需求逐渐提升的过程，也是企业逐步接近消费者最真实需求的过程。面对消费者主导力量越来越强大的市场发展趋势，企业不应该再受“应该做什么”或“不应该做什么”的固守产业边界的限制，企业必须考虑他们的产品和服务适合整个解决方案链条中的哪一个环节，甚至需要跨越产业链寻找解决问题的答案，这可能会将企业引入一个全新的业务领域，此时，以追求资源规模经济或范围经济为目标的多元化将向以满足客户完整解决方案要求为目标的多元化转变，问题解决导向的商业模式创新已经成为企业创新的重要方向，例如广泛兴起的制造行业、IT 行业的服务模式转型就是很好的例证。从这个角度看苹果公司创新的无缝音乐体验也可以称之为问题解决方案导向商业模式创新的典范。

表 8－2 列举了基于“碎片化”和消费者主导的商业模式创新的典型案例，社会“碎片化”、消费者主导是当今企业开展经营活动的基本时代背景，代表了社会的基本需求特征，它为企业进行商业模式创新提供了基本的思维起点和理念指引，从这些起点和理念出发，深刻认识商业模式创新的环境依赖性，可以使企业商业模式创新活动突破偶然性，成为一种规律性、系统性的行为。

表 8－2　基于“碎片化”和消费者主导的商业模式创新典型案例

案例	新商业模式	创新实现途径	创新导向
戴尔	按订单装配	供应链管理、利用网络技术实现低成本	个性化需求
海尔	大规模定制、人单合一提供完整问题解决方案	基于强大 IT 技术及基础设施的流程再造	个性化需求 用户参与价值创造
苹果	提供完整问题解决方案多边平台、应用软件碎片化	“iPod + iTunes” App Store	完美体验、网络效应 个性化需求
乐高	基于网络的 DIY	在线订购	个性化需求 用户参与价值创造
Lulu. com	自助出版服务	网络平台	长尾市场
塔塔汽车	为低收入家庭提供 2500 美元的汽车	供应链管理	关注金字塔底的人群

续表

案例	新商业模式	创新实现途径	创新导向
Netflix	发放大量利基影片授权	在线视频租赁	长尾市场
eBay	小额非热点商品拍卖	网上交易平台	长尾市场
Google 搜索	搜索引擎、用户自生成内容	基于 Web3.0 技术的多边网络平台	大众智慧利用 网络效应
Facebook	社交网站、用户自生成内容		
Threadless	众包、交易平台	基于 Web3.0 技术的多边网络平台	个性化需求、长尾市场 大众智慧的利用
iStockphoto	众包、交易平台		
Visa 信用卡	支付中介	电子支付网络	网络效应
大众点评网	本地生活信息及交易平台	互联网平台	网络效应、消费者联合 用户参与价值创造

资料来源：作者搜集整理。

第四节　商业模式创新的技术变革回应
——“互联网+大数据”

2012 年被称为“大数据”元年，开启了“互联网+大数据”的时代：社会生活泛数据化、泛互联网化，数据生成主体的泛化，信息传播方式向多中心、网状裂变转变，数据量级及其处理技术的飞跃。“互联网+大数据”作为一种新技术，为整个社会的运行提供了基础条件和工具；作为一种新的资源和能力，为企业发现价值、创造价值、解决问题提供了新的方式和路径；作为一种新的生活方式，改变了消费者的需求内容、需求结构和需求方式；作为一种思维方式，引发企业对资源、价值、结构、关系、边界等传统观念的重构。总之，“互联网+大数据”正在改变企业赖以存在的资源环境、技术环境和需求环境，企业需要对“为谁创造价值、创造什么价值、如何创造价值、如何实现价值”的问题（即商业模式）进行重新思考。以互联网为支撑，“大数据”技术及大数据资源构成当今时代企业创新的重要技术背景与资源背景，基于此，企业可以进行多个层面上的商业模式创新，以实现多方位的数字化转型。

一、基于“互联网+大数据”的企业层面商业模式创新

基于“互联网+大数据”的企业层面的商业模式创新，即“互联网+大数

据”技术及资源的工具化运用以改变商业模式基本构成要素的创新，它可以带来产品、生产方式和市场的改变。

（一）基于“互联网+大数据”的价值主张创新

企业利用“大数据”技术可以实现个性化、真实需求的呈现与捕捉，为价值主张创新提供了可能性。如前所述，长尾机会的利用来自利基市场的存在、长尾需求的识别、长尾价值的实现，这些都有赖于互联网及大数据技术——生产工具的大众化（例如个人可以录制音频视频或者设计简单的软件），分销渠道的网络化（例如互联网使数字化的内容分发成为商品且能以极低的库存、沟通成本和交易费用为利基产品开拓新市场），搜索成本不断下降（强大的搜索和推荐引擎、用户评分和兴趣社区的存在）。实际上，消费者的兴趣和偏好一直都是不尽相同的，以往的技术条件很难满足这些个性化的需求，而且消费者的真实需求具有易变性、复杂性、隐蔽性和情景依赖性，企业利用传统的手段很难捕捉。现在，企业利用“大数据”技术对消费者的海量痕迹数据进行分析，可以无限接近消费者的真实需求。另外，大数据多格式、多来源数据的快速综合对比分析能力使数据的收集、分析、反馈、响应可以在瞬间完成，使企业动态捕捉消费者真实需求和潜在需求成为可能。零售行业中数据驱动的定制化价值主张创新就十分典型，在线零售商利用实时数据提供精准的实时商品推介已经十分普遍，新一代的零售商已经可以通过互联网点击流跟踪消费者的个人行为，动态更新他们的偏好，实时模型化他们的行为模式，快速识别出消费者在什么时候接近购买决策，然后提前打包首选商品。大数据技术的运用可以使诸如此类的“量身定做”“精准实时”的价值主张得以实现。在医疗行业，基于个人遗传基因及分子组成的大数据个性化医疗已经成为创新的大趋势。

（二）基于“互联网+大数据”的价值创造模式创新

基于“互联网+大数据”的价值创造模式创新在企业层面主要通过关键业务和流程创新以及收益模式创新来实现。

（1）关键业务和关键流程创新。作为基础技术条件和工具，“互联网+大数据”具有释放和放大其他资源价值的能力。关键业务和关键流程的“互联网+大数据”化，依据其可以改造和影响的范围可以分成以下几种情况：①以“大数据”基础设施和技术作为基础、以数据信息流为线索对整个业务流程进行再造，例如“大规模定制”生产方式就是基于强大的 IT 基础设施对企业进行流程再造的结果；②以数据传输和在线活动取代传统的业务流程环节，使企业的业务经营模式发生变化，电子商务的发展就是传统商业流通中的主要交易流程被数据交换

取代的结果；③把“互联网+大数据”纳入价值创造流程，寻找新的价值创造方向和路径，例如在大型制造业，可以利用行业和企业制造流程大数据采集和分析，充分挖掘数据信息背后所隐含的技术关联，寻找有效途径（例如自动故障诊断、安全监控等）延长生产设备、设施的无故障运行时间；④基于“大数据”的流程再设计，以“大数据”技术作为解决问题的新方法，提高某一业务流程的效率或效果，例如机场利用天气、航行时间表等多维历史数据进行精细分析和模式匹配分析，进行航班到达时间估计，从根本上消除预测误差，可以每年创造几百万甚至上千万的价值。在农业领域，利用农业自然资源与环境数据、农业生产数据、农业市场数据和农业管理数据，可以进行农场云端管理与分析服务、土壤抽样分析服务、精准农业服务、自动化农业、数据采集监测、天气、病害、成本投入的精准预测管理、大数据意外天气保险以及综合解决方案（包括农场生产管理服务和农产品销售及信息追溯服务，实现全程监控农作物生长过程，种子、化肥、杀虫剂的选择与使用情况，农产品销售及追溯系统通过对农产品分配的唯一ID标识，对农作物在收割、生产、存储、运输、销售全流程的信息进行监控跟踪等）。

（2）收益模式创新。商业模式在收益方面创新的一个典型的发展趋势就是“微支付”化，即按需付费、按真实效用付费、按使用进程付费等，使用这一收费模式的必备前提是使用过程可被实时记录和量化。现在，在许多行业利用“互联网+大数据”技术可以实现产品（或服务）使用过程、频率、强度的实时监控、记录和传输，提高了商品效用的可分性和可度量性。这一变革在软件行业和媒体广告行业最为典型。在软件行业，“软件碎片化”和“软件泛互联网化”改变了消费者获得和使用软件的方式——软件价值的载体虚拟化（例如SaaS模式、App Store模式等），用户可以按需下载安装或注册订购，这种模式一方面降低了客户的总体拥有或使用成本，另一方面也使软件的价值传递方式和收益模式发生改变，软件开发企业的关键流程也由开发—拷贝—销售软件向开发—服务—提供问题解决方案转变；在媒体广告行业，传统的以呈现时间或者频次为计费标准的收费模式正在遭遇挑战，因为这种模式很难在广告费用和广告效果之间建立起直接的联系，对于广告主来说，确定广告的有效性是最大的困扰，正如在广告界广为流传的一句话所描绘的那样：我花在广告上的钱有一半是浪费的，但我却不知道是哪一半。利用“大数据”技术，互联网广告正在逐步实现广告成本与广告价值的对等，例如CPC（Cost-per-Click）模式，即广告主为每次点击付费；CPM（Cost-per Thousand-Impressions）模式，即广告主以广告显示每1000次为单位付费；CPA（Cost-per-Action）模式，即广告主为广告所引致的用户的每次特定行为付费，包括形成一次交易、获得一个注册用户、产生一次下载行为等；CPS（Cost-per-Sale）模式，即基于广告成功引入用户所产生的销售而收取一定比例的佣金。典型的应用如Google

地图的“点击呼叫”（Click-to-call）功能、Facebook 的“转化追踪”服务、百度推广、搜狐和新浪的横幅（banner）广告等。这种类型的创新在为客户创造价值增值的同时也可以使企业的商业模式由于新奇性或效率性从而更具竞争性。

二、基于“互联网+大数据”的价值链层面商业模式创新

信息资源产品化的基本前提是信息的可分离性（information separability），即各种无形的信息能够在多大程度上以数字的形式被捕捉并与产生它的活动相分离，使其可以用来指导下一次活动（Sampler，1998）。“大数据”技术的发展为信息的分离提供了载体和工具：人们在各类信息平台上留下了海量数据，大数据处理技术可以对其进行分类整理和重新聚合，这些聚合性的数据信息包含着极高的经济价值，并且具备了销售的可能性。这样一来，数据信息才得以向数据产品过渡（黄升民和刘珊，2006），并为“大数据”产业链的形成提供了机会。“大数据”产业链可以从两个方向进行描述：以数据产品为线索沿横向从数据采集、整理、分析到决策逐级递进的产业价值链，以“大数据”技术为线索沿纵向从底层的基础设施供应、大数据技术提供到完整 IT 解决方案服务的产业链。“大数据”技术作为行业核心技术，其创新进程影响了相关企业核心资源及能力的界定及占有状况，使企业的相对优势和竞争力量发生此消彼长的变化，影响了它们在价值链上的角色和地位，使这一领域的创新机会和威胁并存，驱动相关企业进行价值链重新定位、价值链延展、分拆、创新与混合的商业模式创新。

（一）数据产品价值链上的商业模式创新

在“大数据”行业，按照加工深度的不同，数据产品基本上可以分为原始数据、信息和知识。原始数据是载荷或记录信息的、按一定规则排列组合的符号，可以是数字、文字、图像，也可以是计算机代码等。拥有数据是获取信息的第一步，信息的获取还需要对数据背景进行解读，即当接收者了解了物理符号序列的规律，并知道每个符号或符号组合的指向性目标或含义时，才可以获得一组数据所代表的信息，也可以说信息是指把数据放置在一定的背景下，对数字进行解释并赋予其意义。在此基础上，使用者通过对这些数据的转换、整合、计算和分析来解释各种现象背后的原因，预测事物的发展趋势，并把它们应用于具体的专业实践活动，数据就成为了“知识”（黄升民和刘珊，2006）。数据产品的价值取决于数据资源的专有性（data specificity）程度，即数据资源的使用或获得在多大程度上限定于特定的个人或者特定的时间期限。其中，个人专有性（也称为知识专有性），是指数据资源只有拥有特定知识的人才能获得或使用的属性，也就是

其获得和利用对某种特定知识要求的高低；时间专有性是指数据资源必须在其产生后的一定时间内或者立即被捕捉，必须在其产生后的特定时间内被使用才有价值的属性。数据、信息、知识获得的时间专有性和知识专有性程度的不同，决定了利用它们进行价值创造所依赖的关键资源不同，从而也就决定了拥有不同核心资源和能力的企业在数据产品价值链上的不同占位。

以数据产品为基本提供物的数据公司根据自己所拥有的数据资源专有性程度确定在价值链上的不同占位，可以形成三种不同的基本商业模式：①数据租售模式。这一模式的价值主张是向客户提供原始数据的租售，其关键流程是数据的采集、传输和整理。原始数据的获得时间专有性很强，但其获得知识专有性相对较弱，所以这一商业模式所依赖的核心资源是采集数据的技术基础和条件，拥有高覆盖率互联网终端、物联网设备布局、消费者接口的企业拥有这方面的资源和能力优势，这一模式处于产业链最上游。例如，2010 年在深圳中小板上市的四维图新公司，其价值主张是以高质量导航电子地图数据库及其更新体系满足汽车、消费类电子、互联网和移动位置服务等各行业所需。精准的导航数据是公司的核心产品。②信息租售模式。这一模式的价值主张是向客户提供代表某种主题的相关数据集，其关键流程是把原始数据与其背景相结合，进行整合、提炼、萃取，使数据形成价值密度更高的信息。信息的获得时间专有性相对不强，但其获得知识（主要是数据处理领域的知识）专有性较强，所以这种商业模式所依赖的核心资源是数据处理技术及能力，这种模式处于价值链的中间阶段。例如彭博（Bloomberg）公司，其价值主张是为专业人士提供及时、准确、丰富的金融交易信息和财经资讯，公司的核心资源是其积累的丰富、大量的金融行业数据和交易数据，其竞争优势在于拥有强大的专家和咨询网络，构建了能整合专业服务与媒体服务的全球性服务平台。像百度、腾讯、阿里巴巴等互联网巨头以及华为、浪潮、中兴等国内数据技术领军企业在数据采集、数据存储、数据分析、数据可视化以及数据安全等业务领域都有布局。③知识租售模式。这一模式的价值主张是为客户提供完整的一体化业务问题解决方案，其关键流程是将数据资源与特定行业知识相结合，通过行业专家，深度介入客户的业务流程，提供业务问题解决方案。相对而言，知识的获得时间专有性较弱，但其知识（包括数据处理知识和特定行业知识）专有性很强，所以这一商业模式所依赖的核心资源是掌握大数据挖掘技术的行业专家。例如欧普拉（Opera）公司一直致力于大数据的挖掘，在高度专业化的领域提供高端的服务，其业务涵盖：为银行信用卡设计新的产品和营销方案，帮助保险部门确定寿险、车险等赔率，帮助投行确定应该对哪些客户推出新产品等。可以看出，这种模式实际上已经超越了数据公司的范畴，实现了大数据与其他产业的融合，诸如为不同行业企业提供数字营销服务、业务解决方案、战略咨询服务等。

（二）大数据技术产业链上的商业模式创新

广义的大数据技术可分成四个层级：平台层（指并行构架和资源平台，即硬件层面）、系统层（指大数据存储管理和并行编程模型与计算框架）、算法层（包括基础算法和应用算法）和应用层（包括应用开发和行业应用）（黄宜华，2012）；狭义的大数据技术则仅包括上述的后三个层级（即系统和软件）。在“大数据”行业，以“大数据”技术为基本提供物的大数据技术公司，它们为其他行业企业以及本行业的数据公司提供IT技术基础及服务，它们在“大数据”技术产业链上的不同占位可以形成三种不同的基本商业模式：①硬件租售模式。采用这一模式的企业主要包括大数据存储、计算、网络设施等的租售商，也包括新兴的提供云存储、云计算、云分发等业务的服务商（相当于硬件设施的出租）。较早发展这种新型商业模式的例如多宝箱（DropBox）公司运行的在线存储服务，它通过云计算实现因特网上的文件同步，用户可以存储并共享文件，采取“免费+收费”的收益模式。目前应用于不同领域、场景范围的云服务已经获得了巨大的发展，例如亚马逊AWS、微软Azure、谷歌云、华为云、网宿科技、阿里云、腾讯云、金山云等。②软件租售模式。采用这一模式的企业主要是指大数据技术（狭义）与服务提供商，这些提供商基于基础架构开展一系列研发，提供大数据存储、检索、数据挖掘等应用技术和服务。它们能提供专为解决海量数据挑战而创建的优化型技术，用以捕获、处理、分析和显示非结构化和结构化数据，并将其转换为有意义的信息。在算法层面，目前我国提供非结构化数据处理技术的公司蓬勃发展，例如语音数据处理领域的“科大讯飞”，视频数据处理领域的“捷成股份”，语义识别领域的“拓尔思”，图像数据处理领域的“超图软件”，大数据存储领域的“同有科技”等；在应用层面，最著名的就是全球商业智能和分析软件与服务领袖——SAS公司，它一直致力于数据统计软件的开发和销售，在综合的企业智能平台上提供一流的数据整合、存储、分析和商业智能应用，为企业更快、更准确地开展业务决策服务。③服务模式。这一模式建立在“大数据”技术行业垂直整合的基础上，需要企业与客户进行深度合作，其价值主张是为客户提供一体化的IT问题解决方案。开源软件的兴起和繁荣使传统的操作系统、中间件、数据库等平台级软件的同质化趋势日趋明显，最终用户的关注焦点向如何利用这些技术解决企业的业务问题转移，而不再是购买哪家公司的设备、使用哪家公司的数据库或者操作系统，深度定制化成为这一领域需求的基本特征。在这一背景下，各大IT巨头开始通过收购、合作、调整、创新来布局自己的“大数据”业务，逐步由硬件供应、软件供应向服务模式转型，其典型代表如IBM的企业数字化转型解决方案，EMC的系统、软件和服务的组合构建总成解

决方案，Oracle的战略性新产品ExaData（新一代海量关系数据管理平台），SAP公司推出的基于HANA（高性能分析应用软件）平台的Business One解决方案。这些转型与创新源于不同的起点、沿用了不同的路径、依托不同的资源和优势，但是它们都源于“互联网+大数据”技术变革对行业特征的改变。

三、基于“互联网+大数据”的行业层面商业模式创新

如果企业在“互联网+大数据”资源与技术上抢占先机，形成了该领域具有独特性的资源和能力，企业在把这些突破性创新商业化的过程中就具有了跨行业的必要性与可能性，这种商业模式创新表现为以核心资源和能力为基础的行业外扩张。

从资源基础论的视角来看，企业的边界主要取决于企业所拥有核心资源的价值辐射能力和企业控制能力，当“大数据”成为企业的优势核心资源，对“大数据”资源规模经济和范围经济的追求就会产生以“大数据”为中心的扩张——数据相关多元化，在传统的技术相关多元化、市场相关多元化之外，大数据资源和技术成为企业决定其边界的新依据。从交易成本的视角来看，外部交易成本的降低提高了互补资源的可获得性，内部活动交往成本（管理和协调成本）的下降提高了企业的管控能力，这些都为企业跨行业扩张提供了可能性。“互联网+大数据”核心资源及能力推动的跨界与融合可以沿着三个方向进行：一是“大数据”产业链外企业依托天然拥有的大数据资源向“大数据”产业链扩张，涉足“大数据”生产与提供；二是“大数据”产业链内的企业依托“大数据”资源与技术向其他行业扩张，涉足“大数据”行业外应用；三是以“大数据”为核心资源的多方位扩张。

（一）上行跨界商业模式创新

在“大数据”产业链之外，一些企业在原来主体业务经营的过程中，作为副产品天然获得了庞大的数据资源或者积累发展起来了先进的大数据技术，这些资源在满足企业本身需要之外，则成为一种“冗余”。谋求资源和能力冗余利用方式的创新——“大数据”资源商品化，从而涉足大数据资源和技术的提供，逐渐改变企业原来的价值创造逻辑，使公司的业务性质发生根本性的变化：①数据商品化，即企业洞察到自身天然获得或拥有的数据资源对其他主体的价值，而将它们作为商品对外提供。一个值得借鉴的例子是“广联达”这家在深圳中小板上市的软件公司，其原本的主要收入来源是建筑领域计量软件、造价软件等版权销售，公司在经营中有机会接触到大量建筑材料产品的实时数据，而公司的许多客户恰恰需要精确的数据来确定一所建筑的预算造价，于是“广联达”开展了一种新的业务：收集各地的建材价格数据，处理后打包销售给客户，使企业的商业模式

发生了改变。②大数据技术商品化，即探寻企业为自身业务运营而建立起来的大数据技术的企业外应用价值。在线零售商业模式的先驱亚马逊于2006年开始了新一轮的商业模式创新，开始销售“云计算”服务，即提供在线存储空间业务与按需服务器使用业务，亚马逊的这项新业务以完全不同的价值主张迎合完全不同的客户细分群体——网站公司。这一创新的思维起点在于亚马逊对其强大的IT基础设施应用的再思考，目的是使其强大的基础设施能被零售业务运营和新的“云计算”服务所共享。在数字化转型成为所有企业面对的共同发展课题的背景之下，一些走在前列的转型成功的公司探索输出自己成熟的数字化转型方案，也属于这种类型的商业模式创新。③“大数据”服务商品化，即利用所拥有的数据资源和分析技术，为其他企业提供业务决策支持。淘宝网在运行的过程中采集和存储了海量的交易数据，而且他还拥有自己的云存储系统Ocean Base（支持海量数据的高性能分布式数据库系统），通过专业的数据挖掘，形成了面向进驻商家的多项数据产品，实现了数据的商品化。进而，利用Ocean Base开源为其他电商网站提供数据产品及软件，为各类网站及社区提供电商平台解决方案，为淘宝卖家和消费者提供各类网络优化工具，从而开始了从交易平台到“生态圈”基础服务提供商的角色转变。

（二）下行跨界商业模式创新

这种创新是指居于“大数据”产业链上的公司（例如互联网公司、IT企业等）利用“大数据”资源和技术优势，开拓行业之外的新业务，以新的方式解决某种传统行业的业务问题，实现跨界经营，从而成为这一传统行业的破坏性创新者，或者创造出一个全新的产业。阿里巴巴旗下的阿里金融开展小额信贷业务就属于这种跨界破坏性商业模式创新。对于银行而言，对“小微企业”融资进行信用评估是得不偿失的，所以小额信贷需要抵押品或者担保，但是很多小微企业没有任何可以抵押的资产，也很难找到愿意提供担保的人，这一直是小额信贷的技术性障碍。“大数据”技术解决了这一关键问题，它可以通过对企业的往来交易数据、信用数据、客户评价数据的分析来掌握它们的资金流动状况、信用状况，解决了“小微企业”的信用评价问题。阿里金融的核心资源就是其拥有的大量真实的“小微企业”的数据。而大数据征信又是由此而衍生出来的另一种新型跨界商业模式。还有一个典型的例子是Skype公司，它通过提供基于网络的免费通话服务成为电信行业的破坏性创新者，用户在电脑或智能电话上安装Skype软件以后，就可以在设备间拨打免费电话。Skype跟传统电信运营商的成本结构是完全不同的，免费通话完全是通过网络基于“点对点”技术路由的，这项技术利用了用户的硬件和互联网作为通信的基础设施，因此，它不必像电信运营商那样运营自己的网络，除了后端软件和账号托管服务外，Skype基本没有自己的基础设施。尽管Skype提供的是通信服务，然而

其商业模式更多地遵循软件公司的运营规律（Osterwalder & Pigneur，2011）。

（三）多方位跨界商业模式创新

这种创新是指拥有强大实力的互联网巨擘利用大数据资源及技术进行的多方位跨界扩张。基于“大数据”的多方位跨界模式创新的典范当推Google，它的扩张包含了“大数据”产业的垂直整合、价值链延伸、行业融合甚至全新行业的开创。发展到今天，人们已经很难定义它的性质，它兼具客户平台、数据平台、技术平台特征，其业务从应用（地图、搜索、Youtube等）、平台（Google Play应用店）、操作系统到硬件（手机、平板电脑、谷歌眼镜、无人驾驶汽车等）。可以说，Google是一家搜索引擎公司、互联网服务公司、出版商、广告平台、制造商，如此等等，但就其核心而言，它是一家数据公司。Google跨界扩张创造新价值的逻辑是：对于个人用户而言，所有的应用都是免费的，所有的软件都是在线的，用户在免费使用这些产品的同时，把个人的行为特征、偏好等信息免费送给了Google，它的产品线越丰富，对用户的理解就越深，创造价值的能力就越强。如今，以数据生态圈为发展方向的企业基本都具有多方位跨界商业模式创新的特征。

无论是传统产业还是新兴产业，企业依托“互联网+大数据”进行商业模式创新，都可以采取以下行动方案：（1）企业活动的数据与数字技术关联性分析。数据、数字技术与企业经营活动基本上存在如下几种关联：①客户关联，是指与客户相关的所有可数字化的信息，包括客户人口统计数据、客户历史交易数据、客户个体特征数据（例如生活方式、消费习惯、品牌偏好等隐性特征）；②合作关联，包括供应链上企业、互补品提供者和其他合作者的企业特征数据、生产流程数据、技术数据、库存数据等；③产品关联，包括产品技术数据、产品交易数据、产品生产和使用追踪数据等；④内部流程关联，包括管理流程数据、生产流程数据、原材料消耗数据、能耗数据、设备运行状态数据等。这些关联构成企业利用数据进行创新的界面。（2）数据及数字技术的来源及可获得性分析。数据从来源的角度来看，可以分成内部数据和外部数据，内部数据主要包括交易数据、内部流程数据，外部数据包括合作共享数据、外部社会网络数据（例如互联网数据）和社会统计数据。对数据来源和可获得性的分析决定了企业基于数据的外部合作网络构建的必要性和方式。数字技术也分为内部来源和外部来源，如果企业转型需要外部数字技术来源的支持，那么企业就需要在直接购买技术、收购相关企业、联盟合作、平台共享等方式中进行选择。（3）数据和数字技术的应用方向分析。企业可以在上述三个层面上选择商业模式创新的具体方向和类型：数据资源和技术的内部应用、数据资源和技术的商品化、数据资源和技术的外部关系应用等。以此为线索进行商业模式创新，企业就会形成在大数据产业架构中的某种占位（见表8-3）。

表 8－3　“大数据”产业架构

<table>
<tr><td colspan="37">大数据的行业融合应用（制造、农业、商贸、物流、金融、医疗、住宿、餐饮、传媒、电信、教育……）</td></tr>
<tr><td colspan="36">数据服务（查询、咨询、处理、分析、预测、决策……）</td><td rowspan="11">大数据一体化解决方案</td></tr>
<tr><td colspan="36">数据资源（采集、租售、分享平台）</td></tr>
<tr><td colspan="35">IT 服务</td><td rowspan="9">IT 一体化解决方案</td></tr>
<tr><td colspan="5">平台规划</td><td colspan="5">系统集成</td><td colspan="5">IT 运维</td><td colspan="5">云计算</td><td colspan="5">云存储</td><td colspan="5">云安全</td><td colspan="5">服务器托管</td></tr>
<tr><td colspan="35">软件</td></tr>
<tr><td colspan="10" rowspan="2">数据处理与应用软件
（计算处理　算法模型　数据挖掘　BI　AI　内容/知识管理　数据可视化……）</td><td colspan="7">应用场景</td><td colspan="18">视觉识别　语音智能识别　文本数据挖掘　社交数据分析　智能营销平台　GIS 应用　征信　自然语言处理　物联网　用户画像　用户生命周期管理……</td></tr>
<tr><td colspan="7">应用行业（领域）</td><td colspan="18">金融　电信　医疗　交通　媒体　教育　安防　制造　电力　建筑　公共机构　民生……</td></tr>
<tr><td colspan="10">数据组织与管理软件</td><td colspan="25">分布式文件系统　分布式计算系统　数据库　数据仓库　数据转换　数据安全……</td></tr>
<tr><td colspan="10">基础软件</td><td colspan="25">操作系统　虚拟化　中间件　网络管理　网络安全……</td></tr>
<tr><td colspan="35">硬件</td></tr>
<tr><td colspan="7">采集设备</td><td colspan="7">传输设备</td><td colspan="7">存储设备</td><td colspan="7">计算设备</td><td colspan="7">整合设备</td></tr>
</table>

第九章

商业模式创新的时代变革回应

——理念与观念

第一节　商业模式创新的思想变革回应

——"去中介化""再中介化"与"去中心化"

伴随时代的变迁以及新的商业实践的探索，关于商业组织结构和商业模式的一些新的观念也得以形成。"去中介化""再中介化"与"去中心化"是在互联网技术与互联网思维影响下产生的影响深远的商业新观念。

"去中介化"，即由于现代科技手段能够大幅度降低直接交易的交易成本并提供了直接交易的可能性，使得传统意义上的中间商存在的价值和机会减少。在许多行业，传统中介被挤出，例如P2P网贷越过传统银行、电子商务越过传统商店、提供住宿不必以酒店宾馆的形式出现等，代之以各种各样平台的出现，即"再中介化"。而且这些平台普遍具有互联网和数字化的特征，所以再中介化往往表现为新的在线辅助手段取代了传统中介的作用，它们在数字环境中充当了新中介的角色。当今时代，去中介化和再中介化趋势并存。

一、"去中介化"理念引导的商业模式创新——P2P模式

P2P是英文"peer-to-peer"的缩写，原本是来自ICT领域的概念，意即对等网络或点对点技术，是一种网络信息交换方式。在P2P网络中，每个节点既可以从其他节点得到服务，也可以向其他节点提供服务。在商务管理领域，P2P通常用来表示利用P2P网络技术并（或）具有P2P结构特征的商业模式，例如P2P网贷、P2P（也称C2C）电子商务、P2P共享等，在这些使用场景中，P2P更多地体现"个人对个人"（或"伙伴对伙伴"）的特征。由于P2P网贷在这一模式

创新上的典型性，P2P 几乎成了 P2P 网贷的专门用语。以下以 P2P 网贷为例来揭示“去中介化”理念引导的商业模式创新特征。

P2P 网贷——点对点网络借贷（peer to peer lending），从开展这种业务的平台或机构的角度来看，是一种借助（移动）互联网技术的网络信贷平台及相关理财行为和金融服务；从所形成的借贷关系的角度来看，是一种将小额资金聚集起来借贷给有资金需求人群的一种民间小额借贷模式，属于互联网金融（ITFIN）产品的一种。这一借贷模式的社会价值主要体现在满足个人（小额）资金需求、发展个人信用体系和提高社会闲散资金利用率三个方面，由网络信贷公司（第三方公司、网站）作为中介平台，借助互联网技术提供信息发布和交易实现，把借、贷双方对接起来实现各自的借贷需求。借款人在平台上发放借款标的，投资者进行竞标向借款人放贷，由借贷双方自由竞价，平台撮合成交，在借贷过程中，资料与资金、合同、手续等全部通过网络实现，它是随着互联网的发展和民间借贷的兴起而发展起来的一种新的金融模式。

历史上第一家真正意义上的 P2P 网贷平台——Zopa，成立于伦敦。2005 年 3 月，英国人理查德·杜瓦、詹姆斯·亚历山大、萨拉·马休斯和大卫·尼克尔森 4 位年轻人创办的全球第一家 P2P 网贷平台 Zopa 在伦敦上线运营。Zopa 是“可达成协议的空间（zone of possible agreement）”的缩写。正如其价值主张——“摒弃银行，每个人都有更好的交易”所表达的那样，在 Zopa 网站上，投资者可列出金额、利率和想要借出款项的时间，而借款者则根据用途、金额搜索适合的贷款产品，Zopa 则向借贷双方收取一定的手续费，而非赚取利息。由于其在以下几个方面的积极意义，这一模式在世界范围内得以迅速扩展：第一，有闲散资金的投资人能够通过 P2P 金融信息服务平台找到并甄别资质好的、有资金需求的企业主，获得比银行存款更高的收益；第二，有资金需求的企业主在 P2P 金融信息服务平台上仅靠点击鼠标输入相关信息就可完成借款申请、查看进度以及归还借款等操作，极大提高了企业主的融资效率；第三，对政府相关部门来说，这种模式都是在网上公开进行的，所有平台交易数据透明、随时可查，在利息税收和借贷利率方面更便于监管；第四，对社会来说，这种模式提高了资金利用率，遏制了高利贷的滋生和蔓延，有利于经济发展和社会稳定（张正平和胡夏露，2013）。

我国最早的 P2P 网贷平台成立于 2007 年，经过 2007～2012 年以信用借款为主的初始发展期、2012～2013 年以地域借款为主的快速扩张期、2013～2014 年以自融高息为主的风险爆发期、2015 年以来以规范监管为主的政策调整期①，经

① https：//baike. baidu. com/item/% E7% BD% 91% E8% B4% B7/607328？From - title = P2P% E7% BD%91% E8% B4% B7&fromid = 13866877&fr = aladdin.

过市场的大浪淘沙和法规的约束治理，这一模式在我国的发展日趋完善、规范，业务也开始走向国际化。纯粹的 P2P 网贷平台（机构）从性质上来说只是信息中介，而不是信用中介，仅为借贷双方提供信息流通、交互、信息价值认定和其他促成交易完成的服务，并不实质参与到借贷利益链条之中，不承担信用风险。但是这一模式在发展过程中为了解决信用、风险、规模、效率等问题，出现了很多变形。我国的 P2P 网贷当前存在多种差异化的经营模式：

（1）纯线上模式。纯线上模式的最大特点是借款人和投资人均从网络、电话等非地面渠道获取，多为信用借款，借款额较小，对借款人的信用评估、审核也多通过网络进行。这种模式比较接近于原生态的 P2P 借贷模式，注重数据审贷技术，注重用户市场的细分，侧重小额、密集的借贷需求。平台强调投资者的风险自负意识，通过风险保证金对投资者进行一定限度的保障。当前，纯线上模式的业务扩张能力有一定的局限性，业务运营难度高。国内采用纯线上模式的平台较少。

（2）债权转让模式。债权转让模式的最大特点是借款人和投资人之间存在着一个中介，即专业放款人。为了提高放贷速度，专业放款人先以自有资金放贷，然后把债权转让给投资者，使用回笼的资金重新进行放贷。债权转让模式多见于线下 P2P 借贷平台，因此也成为纯线下模式的代名词。线下 P2P 平台经常由于体量大、信息不够透明而招致非议，其以理财产品作为包装、打包销售债权的行为也常被认为有构建资金池之嫌。

（3）担保/抵押模式。担保/抵押模式或是引进第三方担保公司对每笔借款进行担保，或是要求借款人提供一定的资产进行抵押，因而其发放的不再是信用贷款。若担保公司满足合规经营要求，抵押的资产选取得当、易于流动，则该模式下投资者的风险较低。尤其是抵押模式，因有较强的风险保障能力，综合贷款费率有下降空间。但由于引入担保和抵押环节，借贷业务办理的流程较长，速度可能会受到影响。在担保模式中，担保公司承担了全部违约风险，所以对于担保公司的监督显得极为重要。

（4）O2O 模式。O2O 模式的特点是 P2P 借贷平台主要负责借贷网站的维护和投资人的开发，而借款人由线下分公司开发。其流程是线下渠道寻找借款人，进行实地审核后推荐给 P2P 借贷平台，平台再次审核后把借款信息发布到网站上，接受线上投资人的投标。

（5）P2B 模式。P2B 是一种个人向企业提供借款的模式。但在实际操作中，为规避大量个人向同一企业放款导致的各种风险，其款项一般先放给企业的实际控制人，实际控制人再把资金出借给企业。P2B 模式的特点是单笔借贷金额高，从几百万至数千万乃至上亿，一般都会有担保公司提供担保，而由企业提供反担保。该模式不再符合小微、密集的特点，投资人不易充分分散投资、分散风险，相关压力转移至平台，这对平台的风险承受能力提出了更高的要求。

（6）P2F 模式。P2F（person-to-financial institution），是指个人对金融机构的一种融资模式，融资人是正规银行、证券、保险等金融机构。该模式是比较新颖的一种互联网金融模式，具有高信用、低风险、稳定收益、高流动性等特性。由于金融机构具有完整的风险控制措施，能够保证资金的安全和收益的稳定，所以安全性远高于一般的 P2P、P2B 类产品（新华网，2018；新浪网，2019）。

无论是 P2P 网贷还是 C2C 电子商务、点对点共享，从本质上来说都是要排除传统的交易中介，在个人与个人之间广泛建立某种直接的契约关系，从理论上来说，这种模式能够给交易双方带来更大的价值。但是，这种模式在实践中却面临着巨大的挑战。传统交易（在经济生活中占主导地位的个人与组织、组织与组织之间的交易）是基于组织信誉和制度保证的，而点对点交易（排除熟人之间和一手交钱一手交货的直接交易）要实现人格化交换到非人格化交换的转变（卢现祥，2016），非人格化（impersonal）交换即建立在“我不知道你是谁，但我相信你”基础上的高频率、非重复性（在两个特定的参与者之间）交易。个人参与者很难像组织一样建立起社会信用与声誉，参与者之间始终是陌生人，而陌生人之间交易的最大障碍就是信任和信用问题。所以这一模式的发展强烈地依赖个人社会信用体系的发展水平，而且这些在个人之间建立连接的新兴平台在未来相当长的时间之内要发挥除了信息中介之外的更多功能，在遵守法律规范的前提下，还须进行技术和制度两个方面的创新。

二、“再中介化”理念引导的商业模式创新——平台化

互联网的高连接性、高可获得性、丰裕性使得与“联接”相关的业务活动在社会生产中的应用频率和价值急剧上升，这些活动不仅表现为市场化交易的联接，也包括介于市场与科层机制之间的各种合作的联接。一方面，交易频率的急剧上升使交易成本的节约成为企业设计交易结构和交易机制所关注的核心问题，交易成本也是决定当前整个社会经济运行效率的关键问题；另一方面，“互联网”技术的发展也使交易成本得到来自多方面的降低：无障碍零距离沟通、开放的信息标准、资产专用性降低等。可以说，平台式商业模式既是因交易成本降低的需要而产生，也是交易成本降低的结果。如今，以互联网为主要联接形式的平台式企业在商业生态系统中扮演着越来越重要的角色。

平台商业模式创造价值的本质就是通过“联接”与“聚合”创造交易机会、降低平台各方参与者的交易成本，并使网络效应得以发挥。根据平台所联接与聚合的对象的不同，形成了以下几种基本的平台式商业模式。当然，其本质都仍然

是中介组织，只不过在当今时代它们以互联网为基本联接方式，而且形式虚拟化、结构复杂化。（1）客户平台商业模式。客户平台商业模式主要是指通过互联网以某种方式把大量客户吸引到自己的平台上，通过提供双边或多边客户价值的相互转化与传递机制创造价值。这种商业模式的关键流程是客户的联接与聚合，其关键资源是平台所聚集起来的庞大客户群，这种平台主要通过网络效应的发挥创造和价值传递；例如 Facebook、腾讯 QQ、微信等社交平台。（2）数据平台商业模式。数据平台商业模式是指通过提供多行业、多企业、多机构的合作机制，聚集海量的数据，通过数据挖掘、分享、应用创造和传递价值。这种商业模式的关键流程是数据的联接与聚合，其关键资源是平台所聚集的庞大数据资源，主要基于数据资源的互补和共享创造新价值。我国较早布局大数据业务的亿赞普（IZP）公司（2008 年成立）通过与全球电信运营商及互联网网站合作，利用自主创新的大数据智能分类处理技术，在互联网上部署了跨多个国家、多个地区、多个语言体系，覆盖面最广的超级互联网媒体平台，依赖其最具战略性的资产——经过客户授权使用的客户数据，特别是真实可靠的社会关系数据，已经成为全球领先的互联网跨境贸易及大数据集团公司，业务遍及亚太、拉美、欧洲、中东等多个国家和地区。经过近十年的发展，国内外由官方、机构、企业构建的综合性、各行业、各领域的数据平台已经不胜枚举。（3）技术平台商业模式。技术平台商业模式是指通过提供技术开发的基础条件，吸引技术相关各方的参与，实现分散的、互补技术优势的高效利用。这种商业模式依赖于技术的联接与聚合，通过技术的创新与应用创造价值。目前，技术平台商业模式的主要形式有基于开源软件的开源社区平台、众包平台等。（4）资源和服务平台（孵化器、众创空间）商业模式。这种商业模式主要以创新和创业孵化为价值主张，通过提供办公环境、种子投资、财务法律公关咨询服务、市场信息、创业辅导等帮助初创企业降低创业风险，实现快速成长。其创造价值的本质在于通过创新创业企业的集聚实现专用型资产、资源、知识与服务能力的规模化、专业化应用。

还有一些创新性商业模式则兼具客户、数据和技术等多种平台的性质，例如苹果公司为 iPhone 手机推出 App Store（应用程序商店）模式。苹果公司为无数的独立软件开发商提供开发工具，激励他们把应用软件上传到 App store。所有应用程序开发商的应用程序都必须通过应用商店销售，苹果公司从中提取 30% 的版税；用户可以利用应用商店直接从 iTunes 那里浏览、购买和下载应用程序。App Store 显然是一个技术平台，但是赋予它生命力的却是双边网络效应的发挥，而客观上它无疑也是一个数据平台。从 iPod 到 iPhone 产品线的演进过程也是苹果公司向强大的平台商业模式转型的过程（Osterwalder & Pigneur，2010）。苹果公司为全球软件市场创造了一种全新的模式，随之，各大 IT 操作系统提供商、网络运营商和手机终端制造商等都相继推出自己的"App Store"，类似于 Google 的 Android Market、中国移动的 MM、诺基亚的 Ovi Store 等，它们都希望借助"App Store"模式，尽可能多地把参与者聚集到自己的平台上，从而创造更高的价值（张利斌和张广霞，2012）。

总体来看，平台商业模式带来的变革与机会可以概括为：（1）产业价值链的重组——从单边到多边甚至形成网络；（2）关系网的增值性——网络效应；（3）发掘新的商业机会——新的收入流、收益点、协同效应；（4）解决时空交错问题——价值创造（冯华和陈亚琦；2016）。从平台模式的典型案例——大众点评网的商业模式描述可以反映出上述这些原理和特征。

大众点评网（www. dianping. com）[①] 成立于2003 年，是基于第三方点评模式的信息互动和分享平台，图 9－1 描述了大众点评网的平台结构，在这一价值网中，可以看出各参与主体之间的价值提供、收入流、信息流和平台增值效应。

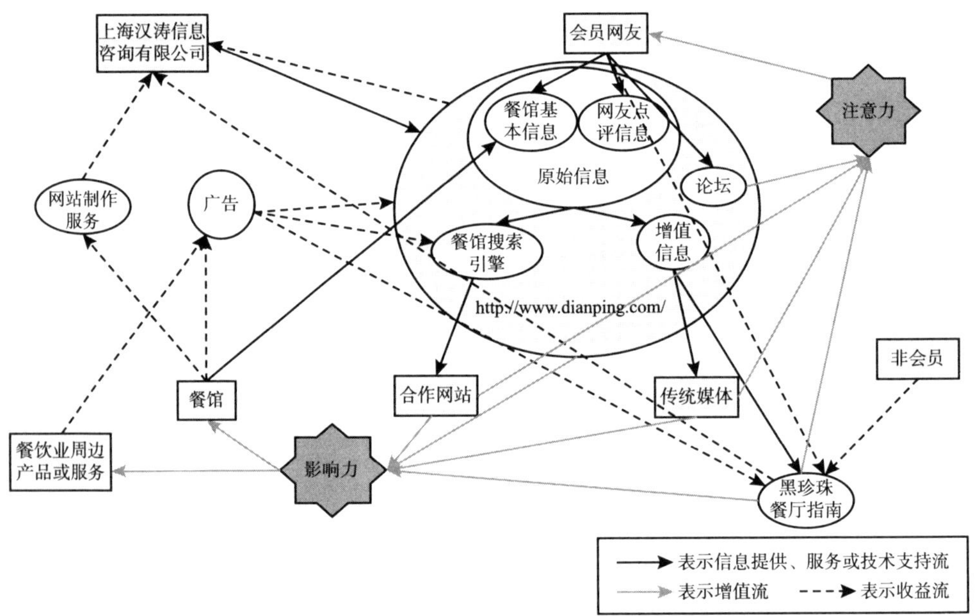

图 9－1　大众点评网的平台结构

资料来源：https：//wenku. baidu. com/view/37eb1477102de2bd9705887c. html（参考 http：//www. dianping. com/，个别细节有所改动）.

① 2003 年，大众点评网创立；2010 年，美团网创立；2015 年，美团与大众点评进行战略性交易，意在更好地扩展到店餐饮及生活服务品质；2018 年 9 月，美团点评（股票代码：3690. HK）正式在港交所挂牌上市；2020 年 10 月，公司名称简化为美团。资料来源：https：//about. meituan. com/about/history。

基于此结构，大众点评网的收益来源主要包括以下几个方面：(1) 广告。①餐馆搜索引擎的广告收入，采取竞价广告模式，按点击次数收费；②网站广告收入，有网站横幅广告、右侧链接广告、“新店开张”专栏文字链接广告和电子刊物广告链接等。(2) 网站制作服务收入。凭借其强大的业界影响力而延伸出来的服务，为餐馆提供网站制作服务。(3)《黑珍珠餐馆指南》系列手册销售。设计的主要购买对象包括非会员的个人消费者、会员消费者、餐馆及餐饮周边产品及服务提供者，另外可能也会有某些服务组织购买，作为服务配套手册发放给服务对象。

三、“去中心化”理念引导的商业模式创新——自组织、区块链和自媒体

“去中心化”(decentralization) 是互联网发展过程中形成的社会关系形态和内容产生形态，是一种开放式、网状化、平等性的系统现象或结构。在一个分布有众多节点的系统中，每个节点都具有高度自治的特征。节点之间彼此可以自由连接，形成新的连接单元；任何一个节点都可能成为阶段性的中心，但不具备强制性的中心控制功能。节点与节点之间的影响，会通过网络而形成非线性因果关系。“去中心化”是相对于“中心化”而言的，“中心化”，简单地说就是中心决定节点，节点必须依赖中心，节点离开了中心就无法生存。“去中心化”，不是不要中心，而是由节点来自由选择中心、自由决定中心。

“去中心化”是源于 ICT 领域的思想。作为一种 IT（计算）架构，去中心化计算（decentralized computing）是一种现代化的计算模式，相比于集中式计算将大部分计算功能从本地或者远程进行集中计算，它是把硬件和软件资源分配到每个工作站或办公室的计算模式。一个去中心化的计算系统与传统的集中式网络相比有很多优点。台式计算机的迅猛发展，使它们潜在的性能远远超过处理大多数业务应用程序的要求，使得大多数桌面计算机存在着闲置计算能力。一个去中心化的计算系统，可以发挥这些潜力，最大限度地提高效率。作为一种新型的网络内容生产和传播方式，它是 Web 3.0 时代的产物，相较于 Web 1.0 和 Web 2.0，其内容不再是由专业网站或特定人群所产生，而是由权级平等的全体网民共同参与、共同创造的结果。任何人都可以在网络上表达自己的观点或创造原创的内容，共同生产信息。例如 Wikipedia、Blogger 等网络服务商所提供的服务都是去中心化的，任何参与者均可提交内容，网民共同进行内容协同创作或贡献。

“去中心化”是技术与理念的双重变革，当这一变革思想得以广泛应用并逐渐深入人心，便上升为一种社会关系形态的发展趋势。“去中心化”的发展会使得许多传统的存在中心主导或控制特征的组织模式遭遇冲击甚至瓦解，例如企业

作为产品和信息创造传播中心、银行作为信用创造和控制中心、主流媒体机构作为信息制造与传播中心等。

（一）企业组织的去中心化——海尔的“人单合一、按单聚散”

2005年9月21日，海尔集团董事局主席、首席执行官张瑞敏在海尔全球经理人年会上首次提出：海尔在全球市场中取胜的竞争模式就是“人单合一”，并系统阐述了海尔的“人单合一双赢”模式，从此海尔开始了对人单合一长达10余年的探索（新华网，2017）。“人单合一”是顺应互联网时代“零距离”“去中心化”“分布式”“去中介化”的时代特征，从企业、员工和用户三个维度进行战略定位、组织结构、运营流程和资源配置的颠覆性、系统性的持续动态变革，是在探索实践过程中，不断迭代演进形成的互联网企业创新模式。2015年，由员工与用户双赢的“人单合一”1.0模式走向实现利益相关方价值共创共赢的“人单合一”2.0模式，实现了组织向平台型企业的转型。

所谓“人单合一”，“人”指的是员工，“单”指的是用户，“人单合一”就是把员工和用户连到一起，组织全流程以“单”驱动。“按单聚散”意味着企业内部每个组织的人员也并不是固定不变的，它可以根据任务需求和发展态势随时来改变（见图9-2）。2013年12月26日，张瑞敏在海尔29周年创业纪念会上以“企业平台化、员工创客化、用户个性化”三个概念表达了这一创新模式的精髓。第一，“企业平台化”。组织要内去科层，外破边界，成为整合全球资源的平台而不是科层制的控制系统。在这个平台上有三类人：平台主、小微主和创客。平台主负责给生态圈赋能，以行业引领为目标，搭建开放的人力资源体系，创新用户驱动机制，布局创业小微架构，驱动创业小微；小微主的任务是对内创建并联生态圈，对外创建社群用户体验圈，两个圈融合成共创共赢生态圈；创客是小微企业里面的创业者，创客和用户连在一起，吸引一流资源和利益攸关方以对赌的方式融入进来，形成一个个社群，构成创业的基本单元，也就是小微生态圈。这“三类人”齐心协力共同创造用户全流程最佳体验。第二，“员工创客化”。员工成为共创、共享、共赢的创客，而不是被动的雇佣执行者，信任与赋能使员工自我的潜能被充分激活，员工在为用户创造价值的同时实现了自我成长。这意味员工自己要寻求机会，变成一个自组织，这个组织没有领导，以用户（单）来驱动，每一个员工都被“孵化”为创业者，“人人成为CEO”。第三，“用户个性化”。通过持续零距离用户交互，使企业可以快速利用用户知识实现迭代式创新，满足用户个性化需求。通过卡奥斯（COSMOPlat）工业互联网平台与互联工厂，用户可以与工厂生产线直接对话，个性化需求可以在第一时间反馈到生产线，整个流程包括需求、交互、设计、预售、制造、配送、服务等，循环迭代升级，实

现从线上用户定制方案，到线下柔性化生产的全定制过程。用户在手机上可以看到订单进度，了解定制产品在生产线上的位置。

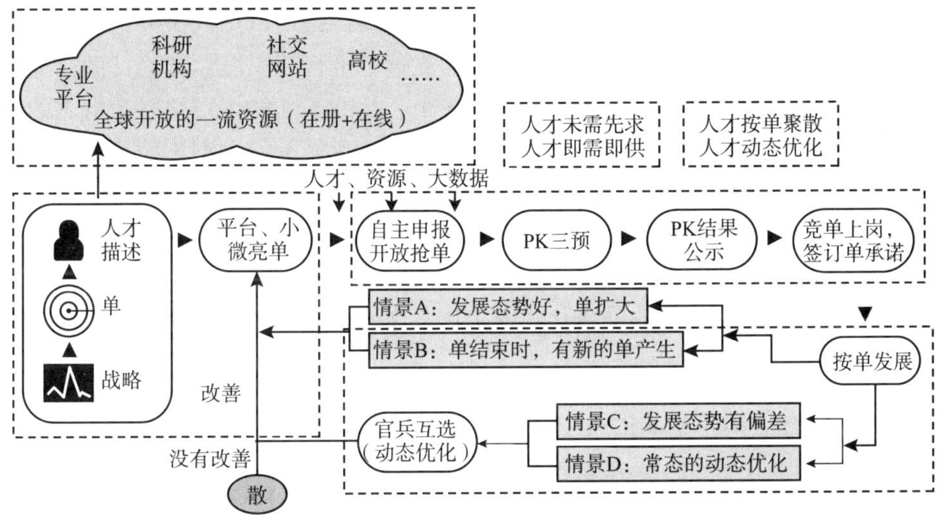

图9－2　“人单合一，按单聚散”模式

资料来源：海尔集团人力资源平台．按单聚散——海尔生态平台上的人力资源管理新模式［J］．企业管理，2015，000（3）：6－13.

这一模式真正实现了以“用户为中心”而不是“以企业为中心”。譬如，一个用户在网络上提出“空调管是否可以做成扁平的”这类需求，服务人员过去经常会给出“不可能”的答案。现在，海尔雷达系统将这一建议及时导入内部社交化的信息交互平台，相关研发人员可以通过社交化的沟通协作，快速给出专业答复，满足客户需求。海尔帝樽空调的圆柱形创意外观就是因此而来。而且，“人单合一”使员工与客户零距离接触，持续交互。在雷神电脑项目中，小微主与用户在25天内实现了33841次交互，快速实现用户需求的迭代。外部用户被“内化”为员工，参与产品的设计，企业充分利用了用户的知识创造价值，大大增强了用户的体验价值。员工与用户在持续交互中实现了知识的共享与融合。

“人人成为CEO”颠覆了传统组织管理中员工的身份，使其由被控制者转变为具有高度自主性的创客，这一模式为每个人提供了实现自我价值的平台。为了确保“自创业、自组织、自驱动”的有效实施，海尔实现了“决策权、用人权、分配权”的“三权”下放。“决策权”，直接赋权给平台主、小微主乃至创客，激活了员工参与决策的意识，增强了员工的责任感，释放了员工的自我能量；“用人权”，直接赋权平台主或者小微主根据业务需要，整合内外部人力资源，按单聚散；“分配权”，根据员工为用户创造的价值，直接由用户付薪。赋能型的权力下放，打破了科层制的权力控制，使团队与个体的能量被充分激活（谢永珍，2019）。

这一模式把每一个员工变成一个资源的接口人，接口全球的研发资源，包括专业平台、科研机构、社交网站、高校等。在这个平台上，海尔可触及的全球一流资源达几百万家，平均每天产生创意几十个。持续不断的用户交互为海尔的技术创新提供了有力支撑。海尔已经不再是一个传统意义上的大型集团公司，而逐步演化成一个可快速聚散、合理整合内外部资源的生态圈，一个创业孵化平台。通过整合全球一流资源，海尔创新推出了空气魔方、天樽空调、智胜冰箱、免清洗洗衣机等引领行业发展趋势的产品。

当今时代，企业组织的网络化、虚拟化、边界模糊化等都是“去中心化”理念的反映。

（二）信任、信用机制的去中心化——区块链

2008 年，化名为中本聪的学者通过密码学邮件组发表论文《比特币：一种点对点电子现金系统》，第一次正式提出了区块链技术的概念，这一技术综合利用了密码学、对等网络、分布式存储等多种技术。区块链是比特币的一个重要概念，其本质是一个去中心化的共享数据库。作为比特币的底层技术，区块链是一串使用密码学方法相关联的数据块，每一个数据块中包含了一次比特币交易的信息，用于验证信息的真伪和生成下一个区块。存储于其中的数据或信息，具有“不可伪造、篡改”“全程留痕”“可以追溯”“公开透明”“集体维护”等特征。基于这些特征，区块链技术奠定了坚实的“信任”基础，创造了可靠的“合作”机制，具有广阔的运用前景。区块链丰富的应用场景，基本上都是基于区块链能够解决信息不对称问题，实现多个主体之间的协作信任与一致行动（李拯，2019）。

狭义的区块链概念是指一种共享总账，具体是按照时间先后顺序，将数据区块以链条的方式组合成特定数据结构并以密码学方式保证不可篡改和不可伪造的去中心化的共享总账，能够安全存储简单的、有先后关系的、能在系统内验证的数据。广义的区块链概念是指一种基础架构与分布式计算范式，利用加密链式区块结构来验证与存储数据、利用分布式节点共识算法来生成和更新数据、利用自动化脚本代码组成的智能合约来编程和操作数据的一种全新的去中心化基础架构与分布式计算范式。

区块链的特征集中表现在分布式、去中心化、时序性、集体维护、可编程、安全可信、普适性等方面。分布式和去中心化：区块链技术不依赖额外的第三方管理机构或硬件设施，没有中心管制，除了自成一体的区块链本身，通过分布式

核算和存储，各个节点实现了信息自我验证、传递和管理，去中心化是区块链最突出、最本质的特征（姚忠将和葛敬国，2017）；时序性：区块链存储数据采用了带有时间戳的链式结构，增加了时间维度属性，天然地具有可验证性和可追溯性；集体维护：为了鼓励分布式节点参与，区块链系统采用特定的经济激励机制来保证分布式系统中的参与节点共同验证数据区块，并通过共识算法来选择特定的节点将新区块添加到区块链；可编程：区块链技术可提供灵活的脚本代码系统，支持区块链参与者创建智能的合约、货币以及各种各样去中心化的应用；安全可信：区块链的数据是经过了非对称密码学签名的数据，并且借助了分布式系统中各参与节点的工作量证明等共识算法形成的强大算力来抵御外部攻击、保证区块链数据不可篡改和不可伪造，因而具有较高的安全性；普适性：区块链技术是一种去中心化的基础架构，可以为金融、政治、经济、科技等领域带来革命性的变革。

从2008年诞生以来，区块链技术历经了十几年的发展，主要经历了V1版的对等网络交易（以可编程数字加密货币体系为主要发展特征）、V2版的智能合约（以可编程金融系统为主要特征）和V3版的数字货币经济（可编程社会）等几个主要阶段。2016年已被业界视为世界区块链的元年。目前，中国区块链市场正逐渐与世界形成同步，并在积极寻求不同路径的创新模式。

区块链解决了网络环境中的信任和价值传递的问题，多节点冗余、共识机制形成了网络信任的基础，也为智能合约提供了可信任的执行环境，实现可自动化、智能化的合约执行。区块链的应用范围逐渐扩展，从数字货币、金融领域逐步向非金融领域、传统领域渗透。随着区块链自身技术快速演进，性能持续提升，互联互通更加广泛。区块链技术未来在物联网、共享经济、跨境支付等领域都会有广泛的应用场景。

（1）金融领域。区块链在国际汇兑、信用证、股权登记和证券交易所等金融领域有着巨大的潜在应用价值。将区块链技术应用在金融行业中，能够省去第三方中介环节，实现点对点的直接对接，从而在大大降低成本的同时，快速完成交易支付。比如Visa推出基于区块链技术的Visa B2B Connect，它能为机构提供一种费用更低、更快速和安全的跨境支付方式来处理全球范围的企业对企业的交易。传统的跨境支付需要等3~5天，并为此支付1%~3%的交易费用。Visa还联合Coinbase推出了首张比特币借记卡，花旗银行则在区块链上测试运行加密货币“花旗币”（王硕，2016）。

（2）物联网和物流领域。区块链与物联网和物流领域也可以天然结合。区块链通过结点连接的散状网络分层结构，能够在整个网络中实现信息的全面传递，并能够检验信息的准确程度，这种特性一定程度上提高了物联网交易的便利性和智能化。“区块链＋大数据”解决方案就是利用了大数据的自动筛选过滤模式，在区块链中建立信用资源，可双重提高交易的安全性，并提高物联网交易便利程度，为智能物流模式应用节约时间成本。通过区块链可以追溯物品的生产和运送过程，并且提高供应链管理的效率，降低物流成本。区块链结点具有十分自由的进出能力，可独立的参与或离开区块链体系，而不会对整个区块链体系有任何干扰；这种整合能力便于在智能物流的分散用户之间实现用户拓展（徐艺娜，2018）。

（3）公共服务领域。区块链提供的去中心化的完全分布式 DNS 服务通过网络中各个节点之间的点对点数据传输服务就能实现域名的查询和解析，可用于确保某个重要的基础设施的操作系统和固件没有被篡改，可以监控软件的状态和完整性，发现不良的篡改，并确保使用了物联网技术的系统所传输的数据没有经过篡改（林虹萍，2018）。传统公共管理、能源、交通等民生领域的中心化特质所带来的一系列问题，可以应用区块链技术来改造，以提高公共服务的效率与效果。

（4）数字版权领域。通过区块链技术，可以对作品进行鉴权，证明文字、视频、音频等作品的存在，保证权属的真实、唯一性。作品在区块链上被确权后，后续交易都会进行实时记录，实现数字版权全生命周期管理，也可作为司法取证中的技术性保障。例如，美国纽约一家创业公司 Mine Labs 开发了一个基于区块链的元数据协议，这个名为 Mediachain 的系统利用 IPFS 文件，可以实现数字作品版权保护（吴健等，2016）。

（5）保险领域。在保险理赔方面，保险机构要进行资金归集、投资、理赔等诸多流程，带来较高的管理和运营成本。通过智能合约的应用，既无须投保人申请，也无须保险公司批准，只要触发理赔条件，就会实现保单自动理赔。一个典型的应用案例就是 2016 年由区块链企业 Stratumn、德勤与支付服务商 Lemonway 合作推出 LenderBot，它允许人们通过 Facebook Messenger 的聊天功能，注册定制化的微保险产品，为个人之间交换的高价值物品进行投保，而区块链在贷款合同中代替了第三方中介的角色（井一荻，2018）。

（6）公益领域。区块链上存储的数据，高可靠且不可篡改，天然适合用在社会公益场景。公益流程中的相关信息，例如捐赠项目、募集明细、资金流向、受助人反馈等，均可以存放于区块链上，并且有条件地进行透明公开公示，方便社会监督（苏恒，2017）。

目前，由于受到现行观念、制度、法律以及区块链技术本身成熟度的制约，从实践进展来看，区块链技术在银行信用等的应用大部分仍在构想和测试之中，距离在生活、生产中的运用还有很长的路。但是，这一“去中心化”的理念为新

的、效率更高的交易结构及契约形式提供了技术路径和创新思路。

（三）信息创造与传播的去中心化——自媒体

自媒体（We Media）是指普通大众通过网络等数字科技途径向不特定的大多数或者特定的个人提供与分享他们自身的事实、新闻或其他有价值的内容、信息的传播方式。2003 年 7 月，谢因波曼与克里斯·威理斯两位美国人提出“We Media”这一概念，并对其进行了定义；自此，“自媒体”进入大众的视野。“自媒体”是当今信息传播私人化、平民化、普泛化、自主化趋势的典型代表（总政治部宣传部，2013）。随着互联网应用的创新，自媒体可利用的形式也在不断发展，从早期的 BBS、博客、个人网站、微博等，到现阶段的微信公众号、门户网站、直播、视频、电商平台等（白冰茜，2018）。

对自媒体商业价值的发掘和利用即产生了自媒体的商业化运营——自媒体商业模式，自媒体商业价值的实现方式与传统媒体并没有本质上的区别，都是利用自身的影响力聚集消费者的注意力，并将这种注意力转化为商业机会和价值。具体来看，这种转化大致可以分为以下几种方式：（1）广告模式。是指自媒体人或者企业用自己的账号承接广告商的广告，比如为广告商写软文，帮助广告商推广，账号的影响力越大，粉丝越多，广告的价值越高。（2）内容电商。内容电商就是以自媒体创作的内容为产品，用这些内容来影响和改变用户对特定产品的需求欲望，创造需求从而产生商业价值。（3）知识付费。在免费的网络信息产品泛滥的今天，优质的信息、内容、知识、社群服务、技能培训、技能服务等仍然是稀缺的，越来越多的用户愿意付费来得到他们认为真正有价值的东西，所以这种为个人知识（或智慧）付费在未来将会成为一种重要的自媒体商业模式，目前已经有多个平台拥有付费专栏。从具体的收益模式来看，可以分别采取广告分成、平台奖励或补贴、产品销售收益、版权收费、打赏等具体形式；知识付费可以采取会员制、订阅制、付费获取等具体的形式。除了上述几种基本模式以外，还可以以自媒体衍生产品和服务获得收益，即依托于在自媒体上积累的人气和个人影响力，通过线下渠道变现。线下变现的方式例如出版书籍、演讲、培训、企业咨询等。

第二节 商业模式创新的思想变革回应
——“解构”与“共享”

今天，基于共享理念的商业实践不断涌现，尤其是在拥有人口规模优势的中国，以共享出行为旗帜的共享经济，虽然尚在磕磕绊绊中摸索，但毫无疑问的是，从共享中发掘价值已经成为经济创新与发展的重要路径之一。共享经济是一种社会经济生态系统，它通常利用信息技术把不同的利益相关者——个人、公司、政府等一一连接起来，通过分享产品或服务的过剩能力而创造价值（Hamari et al.，2015）。共享经济的出现代表着商业组织模式的一个根本性变革，使我们不得不对许多管理理论和实践进行重新审视，例如经济组织的本质、劳动雇佣模式等（Davis，2016）。

关于共享经济的研究视角众多，从大的方面来看，主要包括产权、市场、技术、社会等问题（戴克清等，2017）。其中，市场视角的研究主要运用交易成本、协同消费、多边平台等理论与商业模式分析相结合，研究的主题涉及共享经济的驱动因素、社会价值、共享模式特征、共享模式对传统业务模式的冲击、参与共享行为的激励和约束因素以及制度和政策支持等问题。

基于交易成本理论的研究认为，共享经济发生的主要推动力是ICT技术发展带来的交易成本降低（刘奕和夏杰长，2016），且主要体现在信息成本和执行成本上（Rogers，2015；Henten & Windekilde，2016）。共享经济的实质是交易成本最小化（卢现祥，2016）。然而商业实践中伴随共享出现的很多经济现象却使得这一问题没有看起来那么简单。(1）企业的边界既不是一般意义上的扩张，也不是收缩，而是变得模糊了。企业在向开放的虚拟组织进化（Moore，2013；Rong et al.，2015），许多新的契约形式（或称交易方式）很难仅仅解释为：为追求交易成本节约，基于不同的交易特征在三种典型治理结构①之间的选择。(2）去中介化和再中介化趋势并存。如前文所述，在许多行业，传统中介被挤出，代之以各种各样的平台。这些变革很难笼统地仅仅用交易成本的高低来解释，例如平台中介的出现是以一种新的交易模式取代了传统的交易模式，它使交易成本发生了结构性的变化。在各种性质的交易成本此消彼长的情况下，交易成本的结构性变化才使得某种交易方式在实践的选择中脱颖而出。(3）共享经济冲击传统商业模式的力量不仅是较低的价格，还有创新性的价值主张。共享作为一种新的商业模式，其交易内容、交易结构、交易治理创新改变的不仅是交易成本，还包括交易价值和交易风险。目前，这一领域的研究多选取共享经济的典型——共享住宿与共享出行进行案例分析，主要关注新的价值主张、活动及流程所决定的交易成本变化（Henten & Windekilde，2016）。其对商业模式交易价值、交易成本和交易风险的分析基本上是分立的，缺乏对三者之间变化关系的考虑。这种缺失使得它

① 交易特征是指频率、资产专用性和不确定性，三种典型治理结构是指古典、新古典和关系契约（Williamson，1979）。

们对共享实践的解释力不足，因为某种契约形式的吸引力是总体的交易价值更大，而不仅仅是交易成本最小。

为了推动共享经济的发展从而最大限度地实现共享的价值，决定人们是否参与共享的影响因素自然成为相关研究的另一大主题。关于什么物品可以共享，早在2004年本克勒（Benkler，2004）就提出可共享（sharable）物品的两个特征：（1）整体功能的实体不可分性（technically“lumpy”），即要想实现和利用产品的功能，必须整体购买，而不能拆分按需购买、按需付费；（2）中粒度分布（“mid-grained” granularity），即要有一定的购买需求分布，保证可共享物品的总量规模；这两大特征揭示了物品过剩功能存在的技术性原因和共享的经济可行性，但是并没有立足于参与者视角讨论共享行动的现实性①。关于影响消费者参与共享的因素，研究者们主要在特定领域进行实证检验，例如知识信息共享社区（Endres et al.，2007；Chiu et al.，2011；刘岩芳和贾菲菲，2017）、共享出行（Möhlmann，2015；Neoh et al.，2017）、共享住宿（Weber，2013）等。研究的变量囊括了人口统计特征（性别、年龄、收入、教育状况等）、现实因素（situational factors）（环境、供给便利性、效用、时间、成本节约等）、心理因素（judgmental factors）（利他、兴趣、信任、认同、熟识感、归属感、风险等）、环境制度干预等。研究结论虽不尽一致，但有两点启示：消费者在不同领域参与共享的关键决策因素并不相同；心理因素虽然由于定义模糊、难以测量而很少得到研究与关注，但其影响比社会统计因素重要得多。梳理上述变量，可以看出影响消费者是否参与共享的因素实质上就是特定背景（社会、文化、制度等）下特定个人（人口统计特征）考量共享交易价值和交易成本（包含精神情感成本）的另一种表达，其背后隐含的关键决定性因素是物品的属性特征。

上述交易成本和参与者行为影响因素两条线索的研究最终都指向了共享组织模式的设计，而关于共享组织形态，目前大体有两种研究类型：一是描述共享模式的一般特征，例如闲置资源、陌生人之间的信任、平台、双向互评机制等（Botsman & Rogers，2010；蔡斯，2015；Ert et al.，2016；Fang et al.，2016；郑志来，2016；刘亮和沈桂龙，2018）；二是典型商业案例分析，例如对Airbnb、Uber、滴滴、ofo、摩拜等的研究，主要揭示它们创新性的业务运作模式。总体来看，相关研究基本还停留在现象描述层面，理论本源的研究还相对匮乏（戴克清等，2017）。基于此，笔者以资源内在结构的多维性与可解构性为出发点，以资源的解构与重构为线索，探讨共享模式发生发展过程中作为主要选择推动力的交

① 基于上述两个特征，本克勒主要论证了基于社会关系的分享较之基于市场（价格）机制的分享在交易成本上的优势（Benkle，2004）。

易价值和交易成本的变化特征及变化关系，在物品属性、消费者共享激励与约束、共享组织模式之间建立联系，对制约共享实现的关键物品属性进行二维分类，并提出对应推进路径与商业模式设计框架，也为商业模式进化研究提供一种新的分析视角。

一、资源的解构化配置

（一）资源内在结构的多维性与可解构性——共享的前提

资源是指对创造产出具有增长功能的各种投入的集合，这些投入必须能为创造产出的投资者通过一定的方式所选择（周月秋，1994）。资源从外延上不仅包括人力资源、自然资源、资本资源，还包括数据、信息、知识等创造性资源。当消费者变成“产消者”，某些私人物品也应被纳入资源的范畴。资源具有社会属性和自然属性。

产权就是资源的社会属性，它反映的是人与人之间基于资源的经济利益关系。资源产权的多维性与可解构性已经被人们所熟知，产权可以解构为所有权、使用权、收益权和处置权等，基于资源产权维度上的解构使得资源交易产生了所有权交易和使用权交易之分，以所有权为标的的交易是资源在时间、空间和功用上的整体转移配置，而以使用权为标的的交易则是资源在特定时间期限、特定空间或功用上的整体配置。这里所说的整体配置是指资源配置一般是就资源存在的天然单位进行的，例如人力资源是以“人”为配置客体和配置单元。

资源的自然属性是指它的自然存在规定性，包括存在形态、时间、空间和功用（或内容）维度，资源在自然属性维度上也具有可解构性。存在形态上的可解构性是指资源可以分开、分拆、切割使用，例如某些资源可以以任意大小的数量、质量、体积等单位配置而不影响其使用价值的发挥。时间上的可解构性是指同一资源可以分时使用，例如资金，传统使用权交易——“租用”就是资源在时间维度上一定程度的解构化配置；空间上的可解构性是指同一资源可以在不同的空间同时使用，例如无形资产；功用（或内容）上的可解构性是指资源所具有的多元功能可以分拆（别）利用，例如同一数据被不同主体利用可以衍生出不同的意义和价值。一种资源是否可解构、在哪个维度上以及在多大程度上可解构受到相互关联的多重因素的制约，包括资源在使用过程中的周转状态、物理属性、技术水平等。就资源的周转特征（即在使用过程中被消耗的情形）来看，可以划分为：可重复利用的可再生资源，例如人力资源、资金、无形资产等；一定时间内可持续消耗的资源，例如房屋、机器设备等；一次性消耗资源，例如原材料等。

不同周转特征的资源在上述维度上表现出不同程度的可解构性，例如可重复利用的可再生资源、一定时间内可持续消耗的资源具有时间上的可解构性，而一次性消耗资源则没有；有形资源只能在时间和空间上选择一种维度解构，而无形资源可以进行多维解构；资金、原材料等在存在形态维度上可以进行某种较深程度的解构，而人力资源、房屋、机器设备等则要保持某种程度上的完整性和整体性，也就是本克勒（2004）所讨论的“technically lumpy”①。传统雇佣关系对人力资源的配置是“人”在时间和空间维度上的同时占用，而从功用维度来看，其仅仅实现了对人力资源的某种显性、优势功用的相对固化配置，而其他功用则大部分被自然损耗（rapidly decaying）了。如同人力资源，上述许多资源都具有这种自然损耗特征，也就是说，就特定的时间而言，即使不被使用也会自然消失，例如过剩的体力、智力资源，过剩的生产能力，过剩的居住空间，行驶中汽车的空余搭乘功能等。这一特征的存在正是对资源进行解构化配置的驱动力和价值源泉，而技术进步可以提高解构的可能性和深度。

基于社会属性和自然属性多维性与可解构性对资源进行解构并重构，意味着资源配置单位的降级、配置范围的扩大以及交易结构的变革，这一逻辑可以作为当今商业模式创新的思维起点和方向之一。就共享经济而言，不同资源的可解构特征和程度决定了什么东西可以共享、如何共享、共享模式的潜在价值如何。

（二）资源解构化配置的交易价值②分析

根据威廉姆森（Williamson，1981）对交易的定义：当货物或服务在技术上可分的界面发生转移，交易就产生了，它是一个活动阶段的结束、另一活动阶段的开始……这种“转移”可以发生在企业内不同的活动主体之间，也可以发生在不同市场主体之间。可以说，交易过程也就是资源配置过程，资源配置效率就是交易活动本身的意义或价值的高低。

从资源配置效率的角度来看（不是分别从资源付出与获得者的角度），在不考虑交易外部性的情况下，交易活动本身的意义或价值 = 资源获得者的剩余（B_D）+ 资源付出者的剩余（B_S）- 交易成本（TC）（见表9-1）。资源获得者的剩余，可以从两个角度来理解：假设资源获得者总是要通过交易达到需求的完全满足（U），那么资源获得者的剩余（B_D）就等于 $U - C_D$，C_D 代表所需资源的对价。假设资源获得者总是限定自己的资源获取成本（C），那么资源获得者的剩

① 本克勒（2004）提出的“可共享”实质上是由于存在形态不可分导致功能过剩而“需要共享”，如果存在形态可解构就可以按需购买，也就不存在共享的价值；存在形态不可解构的物品在其他维度上的可解构才使得共享具有了可能性。

② 在这里使用的“交易价值”概念，表示交易活动本身的价值或意义，区别于站在交易者立场上代表交易所得的“交易价值”。

余就等于 U_D-C，U_D 代表资源获得者的满足程度。如果市场是完善的，这两种情况下的两个变量之差都取决于资源配置的精准程度，也就是说，在其他条件不变的情况下，资源获得者的剩余取决于资源配置的精准程度；而资源配置的精准程度与资源配置的单位和范围密切相关：配置的范围越大，越有可能找到最适合的选择；配置的单位越小，越能恰到好处地满足需求。仅就资源获得者的剩余来看，资源配置的范围越大、配置的单位越小，配置的效率越高。资源提供者的剩余（B_S）= 资源的对价（C 或 C_D）- 机会成本（OC_S），在资源的对价确定的情况下，这一剩余则取决于机会成本。而机会成本首先取决于资源配置去向的可选集，资源配置的范围越广，越有可能找到最优的选项，那么这种选择的机会成本就越低；另外还取决于资源配置的单位，资源配置的可辨识单位越小，所放弃的选择越少，机会成本就越低。可以把资源解构化配置的推理用以下形式表达［其中，S、D、T、P、F 分别代表资源提供者、资源获得者、时间、空间和功用（或内容）；T_1，$T_2\cdots$，T_n 代表时间解构，P_1，$P_2\cdots$，P_n 代表空间解构，F_1，$F_2\cdots$，F_n 代表功用或内容解构］①。

表 9-1　　交易的价值分析

交易的价值 =	+ 资源需方剩余（B_D）	- 需方交易成本	- 供方交易成本	+ 资源供方剩余（B_S）
	$U-C_D$ 或者 U_D-C	TTC（总的交易成本）		C_D-OC_S 或者 $C-OC_S$
配置单位降级	↑	?		↑
配置范围扩大	↑	?		↑

所有权的整体配置：

$S\{T;\ P;\ (F_1,\ F_2\cdots,\ F_n)\}\Leftrightarrow D_1\{T;\ P;\ F_1\}$（仅能实现资源部分功用的配置）

$S\{T;\ (P_1,\ P_2\cdots,\ P_n);\ F\}\Leftrightarrow D_1\{T;\ P_1;\ F\}$（仅能实现资源部分空间的配置）

$S\{(T_1,\ T_2\cdots,\ T_n);\ P;\ F\}\Leftrightarrow D_1\{T_1;\ P;\ F\}$（仅能实现资源部分时间的配置）

功用解构化配置：

$S\{T;\ P;\ (F_1,\ F_2\cdots,\ F_n)\}\Leftrightarrow D_1\{T;\ P;\ F_1\};\ D_2\{T;\ P;\ F_2\};\ \cdots;\ D_n\{T;\ P;\ F_n\}$

① 盛洪（1990）基于资源组合与效用函数在个人之间和个人本身中的差异，运用“大数定理”证明了随着交换的人数和空间范围的扩大，资源配置的效率会不断提高，在此不再赘述。

时间解构化配置：

$S\{(T_1, T_2\cdots, T_n); P; F\} \Leftrightarrow D_1\{T_1; P; F\}; D_2\{T_2; P; F\}; \cdots; D_n\{T_n; P; F\}$

空间解构化配置：

$S\{T; (P_1, P_2\cdots, P_n); F\} \Leftrightarrow D_1\{T; P_1; F\}; D_2\{T; P_2; F\}; \cdots; D_n\{T; P_n; F\}$

资源配置过程犹如将不规则（异质性）的石块装入杯子，石块越大，杯子未被充满的空隙会越大，如果将石块磨碎（解构），则可完全充满。资源配置的优化就是努力实现资源本身特性与资源需求特性的精确匹配。在不考虑交易成本的情况下，配置的市场范围越大，精准匹配的机会越高，配置的单位越小，匹配的精准性越高，交易的价值越高。在一定的市场制度背景下，资源配置单位和范围可主要归结为技术可行性的范畴；但是，资源配置单位和范围都会影响交易成本，对降低交易成本的追求，使得它们最终又是契约形式选择的结果。交易成本将随资源配置单位的降级和配置范围的扩大如何变化，尚需进一步分析（见表9-1）。

（三）资源解构化配置的交易成本分析

以威廉姆森为代表人物的交易成本经济学认为，市场运行及资源配置有效与否，关键取决于两个因素：一是交易的自由度大小，二是交易成本的高低。交易自由度可以用交易频率和交易不确定性来衡量，它们取决于交易的可选范围与市场的完善程度。交易的自由度既是一个制度问题（制度规定性）也是一个技术问题（技术可行性），它与交易成本不是分立的，例如交易不确定性——风险制约着交易的发生，但是当人们用一定方式（例如契约）规避这种不确定性时，它就转变成了交易成本。交易成本的发生是由于人性因素（human factors）与交易性因素（transactional factors）交互影响下所产生市场失灵造成的交易困难所致。具体来说，人性因素根源包括有限理性（bounded rationality）、机会主义（opportunism）和氛围（atmosphere），这些因素到底在多大程度上引致交易困难还取决于以下交易性因素：不确定性（uncertainty）、少数交易（small numbers）和信息不完全（information impactedness）（Williamson，1973）。就交易成本的具体发生情况来看，一部分是交易活动所发生的固定性支出（盛洪，1990）[①]，在交易活动

① 盛洪（1990）称之为交易活动的生产率或单位交易费用。

本身的效率一定的情况下，其总量主要取决于交易活动发生的次数[①]；另一部分则取决于契约的形式，契约的形式是指以下规定性：契约的完善程度（约定是否完全、具体、清晰）、交易的标的（契约的性质）、交易的存续期限等。交易标的和期限的不同选择即属于前述资源产权和时间不同程度解构配置的范畴。

梳理上述观点可以发现与上述交易价值分析一致的结论：资源配置效率（交易的价值）的分析可归结为对市场范围、资源配置单位、交易成本的分析。前文已就市场范围和资源配置单位对交易价值的独立影响进行了分析，以下分析交易成本随市场范围扩大、资源配置单位降级而变化的特征。（1）搜寻和信息成本。指商品信息与交易对象信息的搜集、获取以及和交易对象进行信息交换所需的成本。在信息搜寻与传输技术环境一定的情况下，这两者都与交易活动次数正相关，与交易单位负相关。如果社会技术进步使得信息搜寻与获取性质的成本整体下降，那么交易单位下降、交易频率上升就具有了可能性。（2）议价和决策成本。议价成本指针对契约、价格、品质讨价还价的成本；决策成本指进行相关决策与签订契约所需的内部成本。两者与契约的标准化、惯例化水平负相关，非标准化和个性化会使这一成本提高，所以交易单位的下降会使这一成本提高。（3）监督执行成本。指监督和测量交易对象是否依照契约内容进行交易的成本。这一成本主要来源于契约的不完善性，交易单位的降级可使契约的不完善性降低、不确定性降低、信息的不完全性降低（例如对功用的解构可以提供可识别性更高的契约描述），可以减少交易成本。但是，这种性质的成本中还有一部分取决于交易的频率，交易单位的降级会增加这一部分监督成本。（4）违约成本。即违约时所需付出的事后成本，它主要取决于参与主体的信用水平和资产专用性，在社会总体信用水平一定的情况下，资源配置单位的降级会使资产专用性降低，违约（道德和信用风险）可能性降低。（5）建构成本。指设立、维持或改变组织设计的成本。这是一次性投入的固定成本，它会阻碍从一种交易形式变革为另一种交易形式，但是从两种交易形式对比来说则与交易范围和单位无关或很难比较。资源配置范围扩大对交易成本的影响比较直观，在此予以直接列示。资源解构性配置引发的交易成本变化情况如表9-2所示。

---

① 在这里“交易活动发生的次数”不同于威廉姆森用于刻画交易特征的交易频率，交易频率是指同种交易发生的数量或频繁程度，分为经常发生和偶尔发生。本书所指的是满足一定的资源需求所需进行交易的总次数，它与交易资源配置单位大小负相关。

表 9-2 交易成本的变化

<table>
<tr><th>交易成本</th><th>搜寻和信息成本</th><th>议价和决策成本</th><th colspan="2">监督执行成本</th><th>违约成本</th><th>建构成本</th></tr>
<tr><td>配置单位降级</td><td>↑</td><td>↑</td><td>↑</td><td>↓</td><td>↓</td><td>—</td></tr>
<tr><td>配置范围扩大</td><td>↑</td><td>↑</td><td colspan="2">—</td><td>—</td><td>—</td></tr>
<tr><td>三类交易成本</td><td colspan="3">$TC_1(u, s)$ ↑</td><td colspan="2">$TC_2(u, s)$ ↓</td><td>$TC_3(u, s)$</td></tr>
<tr><td colspan="7">特定技术、制度、信用水平基础</td></tr>
</table>

注：u 表示资源配置单位，s 表示资源配置范围。

根据交易成本受交易单位降级、交易范围扩大影响的不同方向，可以把交易成本分成三类：正向变化的 TC_1、负向变化的 TC_2 和无关的 TC_3（见表 9-2）。哪一种契约形式的交易价值最高则取决于由资源配置范围及单位所决定的资源匹配的精准程度与交易成本此消彼长的变化关系（TC_3 这一成本可以被建构后的大量交易所分摊，所以在以下分析中未被包括）。

（四）资源配置的一种进化形式——资源的解构与重构[①]

经济交易模式的变革与创新就是追求资源配置的优化，即交易的总体价值最大化，而不仅仅是交易成本最小化。如果不考虑交易成本，交易单位的降级和交易范围的扩大是必然的追求；但是受制于交易成本约束，才使得我们看到了经济发展中的诸多现象，例如企业的存在、企业边界的扩张与收缩、市场边界的存在、各种中介组织的产生等。在特定的社会技术、制度环境下，满足某种需求的一系列交易模式依据其资源配置单位和资源配置范围而决定的交易成本存在一个最低点（u^*，s^*）（见图 9-3），交易价值存在一个最高点（u^{**}，s^{**}）（见图 9-4）。当社会技术、制度环境发生变化（例如当今的互联网相关技术）使得与交易频率（或交易活动的效率）有关的交易成本有效降低时（见图 9-3，TC_1 移动到 TC_1'、TTC 移动到 TTC′），交易成本的最低点将发生移动，带来更高交易价值的资源配置单位降级和配置范围扩大的商业模式（u^{**}，s^{**}）′将被选择（见图 9-4）。资源配置单位降级即是资源在某一维度上的解构，资源配置范围扩大而又控制交易成本上升的方法就是资源的中介化、平台化聚合（重构），共享经济的出现即是如此。

① 也有学者把这一进程称为“分散的革命”（disaggregation revolution）（Daniel et al.，2015）。

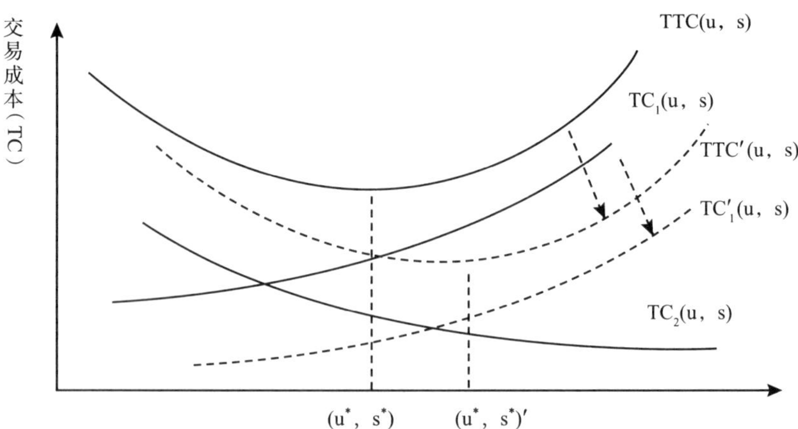

图9-3　交易成本曲线的移动

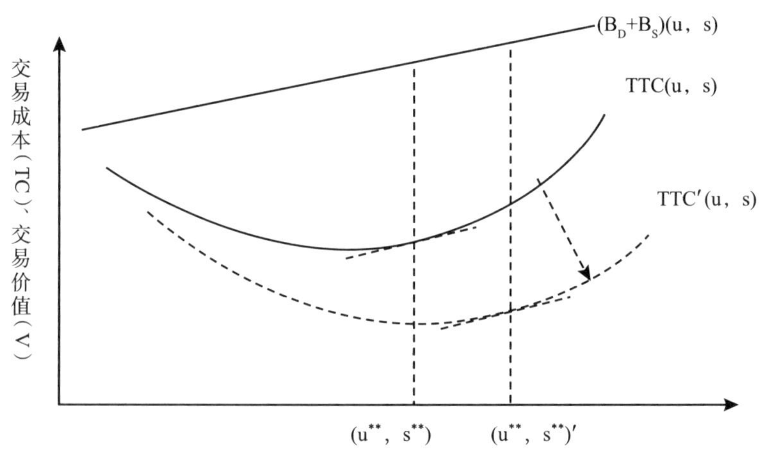

图9-4　资源配置方式的进化

传统的资源配置方式基本上以资源的自然存在状态单位为单元，例如人力资源配置以人本身为配置单位，雇佣契约就是以“人”为单位的资源配置，需方获得了人力资源也就基本锁定了雇佣期限内人力资源所有的技能、时间与空间，而仅仅使用的是某一定时间的某一种或几种技能。从知识经济学的视角来看，人类的知识除了明确的共享的科学知识之外，还存在着大量以碎片形式、零星的甚至矛盾的形式为各自独立的个人所掌握的分散知识。这种由个人所掌握的知识包含

着个人难以表达的经验和理解，哈耶克又称其为“内隐知识”（tacit knowledge）（谢志刚，2015）。传统雇佣模式存在着人力资源深层次的闲置，即它仅利用了人力资源最具优势的价值（有的时候可能还不是最具优势的），其他的知识或技能则隐性化闲置。资源的解构可以使隐性知识显性化，类似于维基百科、知乎、众包等知识共享模式本质上就是人力资源在功用与时间上的解构化配置。

如果企业的存在是为了节省交易成本，企业这种组织之所以能替代市场是因为市场上的交易成本太高，那么企业不过是较长期的一揽子合约（卢现祥，2016）。就雇佣合约而言，它可以在以下维度上分别做不同的选择：群体雇佣合同——个体雇佣合同，长期稳定雇佣合同——短期临时雇佣合同，标准化雇佣合同——个性化雇佣合同，紧密固定的雇佣关系——松散柔性的合作关系等。每一维度的前一选项基本上代表了传统意义上企业的特征，做这些选择的目的都是为了减少交易的次数或频率。但是企业边界不可能无限扩张的原因是还存在整体（长期、标准）契约带来的其他交易成本（例如不确定性、模糊性带来的管理成本）的上升。两种性质的交易成本的此消彼长决定了雇佣契约的演化方向。当前出现的零工经济、海尔首创的按单聚散模式就是这种演化的典型形式，其本质是以人力资源解构与重构为基础的共享。去中介化和再中介化实质上是把过去的个人与企业的雇佣关系（或买卖关系）转变为个人与共享平台的合约关系，新的合约形式应该是可以降低交易成本或（和）增加交易价值的（卢现祥，2016）。

除了人力资源之外，不同资源可以在不同层次上进行解构与重构。基于资源解构与重构的商业模式创新是十分普遍的：平台模式——同时追求资源配置范围的扩大与交易成本的降低；解决方案模式——如果把客户的需求也看作企业重要的资源的话，它就是消费者需求的分拆与重新整合；众包、众筹——离散资金与可用时间的组合重构；团购——消费者力量的整合。产业组织的分立与演化中也蕴含着解构与重构的思想，例如企业 IT、物流等能力剥离、分立重构成新的产业，云计算——计算能力的分拆与整合，商品提供的服务化转型——产品功用的解构与精准化配置，联盟和生态圈——企业能力的解构与选择性重构。3D 打印则是解构与重构思想对传统产品制造模式的颠覆。

互联网的发展之所以成为共享经济的触发器，源于它使得信息搜寻范围扩张、信息“微显示”的边际成本几乎为零，使得资源配置单位降级、资源配置范围扩大的价值凸显。但是，互联网技术只是降低了某些与交换效率有关的交易费用，但是配置单位降级、配置范围扩大有可能带来防范机会主义行为的交易费用的上升。如果互联网技术带来的交易费用降低被机会主义行为有关交易费用的上升所抵消，那么共享经济就难以形成或发展（卢现祥，2016）。由共享市场交易结构独特性所决定的交易成本变化需要进一步的深入分析。

二、共享经济的交易成本及模式选择

（一）共享市场的交易成本分析

从契约的性质及交易结构来看，可以实现某种消费的交易存在多种形式：一次性所有权交易、二手所有权交易、传统出租、基于平台所有权的共享、基于平台中介的共享、彻底去中介化的纯粹点对点共享等。理想化的共享经济应该是纯粹的点对点交易（Frenken & Schor，2017），而且仅指竞争性、私有（rival and private—“traditional” economic goods）存量资源的共享[①]。从交易的本质来看，二手市场和传统租赁只是资源整体在时间维度上做了一定程度的解构和重新配置，基于平台所有权的共享只是实现了使用者单边错位、错时的互补共享，而基于私人所有权的共享——纯粹的点对点共享，则实现了所有者与使用者、使用者与使用者之间的双边共享。点对点市场呈现出不同于传统市场（企业对个人）、传统二手和租赁市场的交易结构特征，也使其交易成本发生了结构和水平的双重变化。

（1）点对点交易是非人格化交换，风险防范成本突出。传统交易是基于组织信誉和制度保证的，而点对点交易要实现人格化交换到非人格化交换的转变（卢现祥，2016），非人格化（impersonal）交换即建立在“我不知道你是谁，但我相信你”基础上的高频率、非重复性（在两个特定的参与者之间）交易。个人参与者很难像组织一样建立起社会信用与声誉，参与者之间始终是陌生人；而陌生人之间交易的最大障碍是信任和信用问题，交易双方之间的信任水平低下几乎会使各方面的交易成本上升，尤其是风险防范成本，甚至会使交易消失。共享经济发展面临的最大问题是如何解决非人格化交换中的信任问题。受社会文化等因素的影响，陌生人之间信任水平的提高是一个漫长的过程，要通过多次交易经历的正强化才能够形成；而类似于区块链技术等能够彻底改变行为、权益、交易记录方式的突破或许能实现交易的去信任化，这则是解决问题的另一种思路。

（2）点对点交易的是私人物品，情感障碍、精神成本凸显。传统市场的商品提供者在出让自己的商品时基本不存在感情障碍、感情成本，他们对自己产出的商品几乎没有什么私人情感，但点对点交易则大不相同。笔者所做的一项主题为“从共享意愿到共享行动”的问卷调查发现：人们普遍愿意共享别人的物品（83%），而愿意把属于自己的物品拿出来共享的比例较低（53%）。人们在不拥

① 不包括非商业化行为的共享和公共物品共享的范畴。

有某种商品时，会把购买和租用之间经济利益的比较放在选择决策的首位；而当人们拥有某种商品时，却把情感和心理感受放在首位。这也可以从 2017 年诺贝尔经济学奖得主理查德·塞勒（Richard Thaler）等人的观点得到解释：当一个人一旦拥有某项物品，那么他对该物品价值的评价要比未拥有之前大大增加。人们在决策过程中对"利害"的权衡是不均衡的，对"避害"的考虑远大于对"趋利"的考虑。由于害怕损失，人们在出卖自己拥有的商品时会索要过高的价格（Kahneman et al.，1990）。这种"额外补偿"与商品的以下属性相关：所有权依恋（attachment to possessions）、隐私介入、使用过程中的个人关联、价值的高低等。例如，实体物品的共享意愿远远低于知识信息；服饰的共享意愿很低，而书籍、日常生活小工具、休闲娱乐用品的共享意愿则很高；汽车的租入意愿很高而租出意愿很低。所以，在点对点共享交易中，供给方不仅要得到风险补偿还要得到情感补偿；甚至，有一些物品即使出价再高，人们也不会拿出来共享。

（3）点对点交易的决策变量复杂。上述调查还发现，具有不同特征的物品其共享意愿、付诸实际行动的水平都存在很大区别，影响人们是否参与共享的因素是错综复杂的，除了交易的发生给双方带来的实体收益和成本以外，还包括立场（是否已经拥有某种商品、是否参与过共享、个人拥有的交易活动相关能力和资源状况）、物品的相对价格、物品的个人关联（隐私关联和情感关联）、闲置程度、使用过程中的易损程度、可控程度、交易的社会文化认可度和安全感等。相对于外在的实际金钱或物质利益得失，这些基本上可归结为由心理、情感、感受所带来的内在交易成本（或称精神情感成本），共享交易能否发生以及契约条件可行区间的分析应包括这些成本。至此，共享经济发生的前因后果的交易成本分析可以以图 9－5 所示的关系来描述。

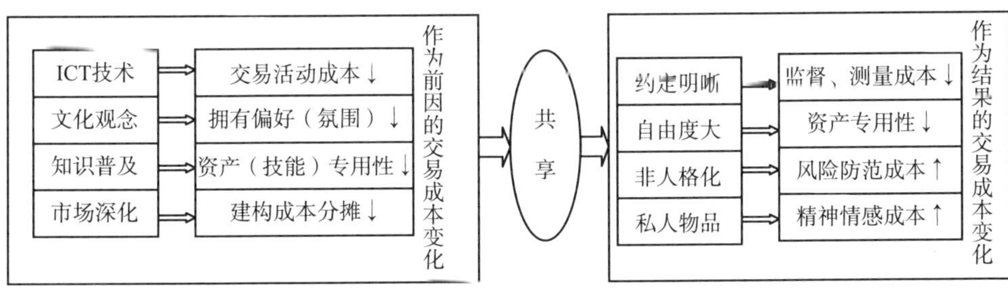

图 9－5　共享市场的交易成本变化

（二）可共享物品的二维分类

共享的商业机会是否存在，共享的价值是否足以刺激新的商业模式发生，这取决于由商品属性决定的上述交易成本的变化状况。在不同性质的交易成本中，信息成本下降最为显著，所以在商业实践中可以看到，交易成本主要由信息传递成本构成的共享交易最先发展且成熟起来，例如金融、知识、文化、创意产业等；而交易执行必须伴随物流成本发生的共享领域则发展迟缓，例如实体物品的共享；所以边际执行成本是参与共享的一个最直观的关键障碍。除此之外，由共享引发的交易成本的增量主要表现为风险防范成本和精神情感成本，所以识别影响上述两种成本的关键物品属性，才能为特定物品的共享找到针对关键障碍的有效推进路径。就像威廉姆森用不确定性、频率、资产专用性程度三个关键维度来刻画契约关系特征，从而构建了契约关系特征与治理结构的组合矩阵，共享物品的特征也可归结为三个方面：使用频率、共享风险（相对价格 * 可控性 * 易损性）和个人关联（隐私介入 * 情感关联）。首先来看使用频率，共享价值存在的基本前提是所有者对资源的低频使用，高频率使用的物品不可能共享，例如家具、餐具等，所以这一属性作为可共享的基本前提在此无须讨论。那么，在另外两个维度上具有不同特征的物品可以归为四种典型类型（见图 9 -6）。

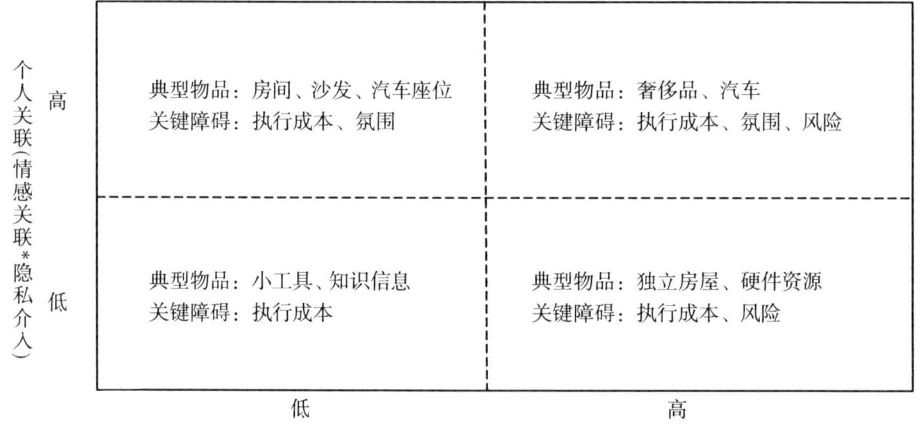

图 9 -6　可共享物品的二维分类

（1）共享风险低、个人关联低的物品。这类物品的相对（指相对于收入水平）价格低，或者使用过程的可控性高，或者不易损坏，而且基本不存在很深的个人情感或隐私介入，例如生活中使用的小工具（电钻、锤子）、书籍等。这类物品看起来是最容易实现共享的，所以共享的最早倡导者 SnapGoods 就是以社区共享电钻为最初业务创意的。但是这类物品由购买成本与租用成本差距决定的共享价值区间十分有限，使得执行成本（物流成本 * 共享距离）成为这些物品共享的最大

障碍，其推进有赖于技术创新或模式创新带来执行成本的有效降低或便利性。能够同时解决运输距离和供需规模的模式是密集聚居社区共享（例如校园、工业园、商业中心等）。知识信息也可归为这一类，其共享解决了便利性的问题，而且不存在物流成本、不受空间距离限制，所以其共享是最先发生而且发展最成熟的。

（2）共享风险低、个人关联高的物品。这类物品的相对价格低，或者使用过程的可控性高，或者不易损坏，但是存在很深的个人情感或隐私介入，例如共享客厅沙发、共用房间等，个人业余时间、闲暇技能也可归为这一类。这类物品实现共享最大的障碍是情感、观念、认知、文化等，也就是威廉姆森在早期论证交易成本产生的原因时所使用的“氛围（atmosphere）”。“个人并不总是给定为严格的预期金钱收益最大化者，他们也消费氛围。一旦实施将会带来卓越生产率结果的组织或实践模式，可能会被一群预期金钱收益最大化者采用，但是却会被另外一些拥有不同价值观的群体所修改或拒绝。如果某种模式或做法被视为压迫或反感，氛围偏好可能导致个人为非金钱的满足而放弃物质利益，例如自由职业……看重独立性的个人比起科层更喜欢市场，另外一些人可能更喜欢内化的组织……”（Williamson，1973）。所以，类似于沙发客、家庭留宿的模式只在某些文化背景下才被普遍接受而使共享具有现实性，这类物品的共享尚需长时间观念的培养。

（3）共享风险高、个人关联低的物品。这类物品的相对价格高，或者使用过程的可控性低，或者易损坏，但是不存在很深的个人情感或隐私介入，例如独立的房屋、硬件资源的处理能力、存储能力、网络连接能力、打印能力等。这类物品的共享价值空间与共享市场都是相当可观的，人们不愿意共享或者不愿意以点对点模式共享是由于对财产损失的忧虑，破除这一障碍有赖于设计完善的治理结构。短期内，点对点市场只能通过制度设计或技术设计防范道德和信用风险，例如平台担保与监管、押金制、双向评价机制等。在未来，完备的个人征信系统的建立会成为这类共享交易发展的基础支撑。

（4）共享风险高、个人关联高的物品。这类物品的相对价格高，或者使用过程的可控性低，或者易损坏，而且存在很深的个人情感或隐私介入，例如奢侈品中的服饰、汽车等。这类物品潜在的共享价值巨大，但是其实现需要克服的障碍最多，包括执行成本、（观念、文化、社会）氛围、风险等，需要解决上述关于便利性、观念、治理结构等多方面的问题。

（三）共享模式的选择与设计

虽然所有物品的共享都共同面对观念、制度、信用、道德、技术、物流等障碍，但具有不同属性的物品实现共享所需克服的关键障碍有所不同，不同物品的共享也正在经历不同的发展阶段。上述基于物品属性二维分类的推进策略，有赖于社会、政府、企业、个人等在文化、制度、技术、观念、习惯、道德等多层面、多方面的创新与进步。当前，就面向共享的企业创新创业行为而言，则要根据物品的不同属性对商业模式的如下规定性进行选择与设计。

（1）共享的维度和深度。共享的维度是指选择物品在时间、空间和功用哪个维度上的解构与共享，共享的深度是指在这些维度上解构的程度；它们决定了共享交易契约（商业模式）的本质。例如，同样是共享出行，汽车分时租赁就是时间维度的解构与共享，而拼车则是空间维度的解构与共享；同样是共享住宿，短租是基于时间维度的共享，而沙发客则属于空间维度的共享；而上述共享模式相对于传统出租模式则是资源的更深度解构。

（2）共享物品投资主体。虽然蕴含最高价值的极致、理想化共享是私人拥有的存量物品的共享，但是受社会、技术、物品属性等现实因素的制约，许多共享物品的私人供给明显不足或者组织管理成本过高，参与者个人、生产者、平台、政府等不同的主体对共享物品的专用性投资都有其适用的情境，例如共享单车、汽车等目前最主要的经营形式仍然是生产者投资或平台投资。

（3）共享平台的角色与功能。纯粹的点对点共享面临很高的搜寻成本、不信任成本、风险和不确定性，所以平台中介成为当前共享经济的基本组织模式，这也是基于共享的商业机会存在的原因。不同属性的物品共享需要平台提供的必要功能并不相同，平台承担的功能由简到繁、承担的风险由小到大依次可表达为：交易对象发现功能、交易达成功能、交易执行功能、交易担保功能、共享物品供给功能。平台选择其一或者某种功能组合也就决定了其商业模式的核心特征。

（4）运行机制与治理。资源配置存在三种运行机制：市场价格机制、社会关系机制、公共物品机制，三种机制及其对应的治理结构分别适用于不同的产品属性、供求特性。市场共享、社会共享、公共物品共享虽然在理论上有明确的区隔，但是从参与者激励与约束因素的视角来看，却只存在度的差异。由于共享物品及共享关系的特殊性，现实中的共享可能既不是单纯的衡量利害得失、由价格机制支配的纯市场行为，也不是完全利他的以社会关系或道德支配的非商业行为，它可能兼具市场、社会和政府（公共）治理三重特征，不同的商品属性决定了共享组织形态在三者之间的占位或者三者不同程度的结合。

（5）共享的范围。共享范围的设定要受制于物品属性决定的执行成本和心理成本（认同、信任、熟识感、归属感等）。一般而言，仅依赖于互联网媒介即可实现的非实体物品共享，其共享范围扩张的边际执行成本接近于零，仅从这一角度来看，其共享的范围可以不设限；但是考虑共享的心理成本（所有权相对剥夺感、归属感等），其共享的边界可以以虚拟社区来描述。其中，认同式社区要设定基于共同价值观、兴趣、资格的边界，而资源获取型社区则可以没有边界。实

体物品的共享虽然也要依赖在互联网平台上形成的参与者社区，但其真正的边界则是主要由物流成本、信任与熟识关系决定的地域边界——实体社区，例如校园、居民区、工业园区、商业区、城区等。

人类社会生产方式不断创新和变革的过程实质上就是寻求资源配置方式不断优化的过程，这种创新和变革主要表现为技术和制度两个方面。共享思想引导下的创新引发了当今社会生产、分配、交换、消费方式的急剧变革，其中隐含着资源配置方式在技术与制度上的根本性突破——资源的解构与重构。资源配置的分析单元正在从“人”“物品”向深层的时间、空间、功用转变。解构与重构带来的资源配置单位降级、配置范围扩大以及交易结构变革使得交易价值和交易成本发生了结构和水平的双重变化。

物品可共享的前提是技术上可分割的时间、可分割的空间、可分割的多元功能，共享商业机会的发现起始于资源在这些维度上实施解构配置的经济可行性——通过闲置过剩功能共享创造的价值要超过配置方式改变的增量交易成本。所以，对共享经济的研究不能仅停留在交易成本高低的讨论上，还应该考虑交易价值与交易成本在不同交易模式中的交互变化关系。交易成本的外生变化（降低）使得基于资源解构与重构的共享交易被市场所选择，但是共享交易的契约特征却带来某些交易成本上升，甚至产生一些新的交易成本，使得共享经济的发展面临诸多现实困扰。对共享经济的研究应该关注消费者参与的现实性。从理论上来说，共享机会无处不在，但是在不同领域的共享中，消费者的主导动机、消费者的认知与态度、制约消费者参与的关键因素并不相同，而这些都与共享物品的某些属性相关，不同类型的物品需要不同的共享组织形态。

共享理念的发展、新商业模式的涌现是社会实践选择的结果。值得一提的是，上述交易价值和交易成本分析是立足于功利主义、“经济人”假设立场之上的，而人的社会性以及有限利他主义的现实会使这一问题更加复杂。另外，共享的外部性和政治建构及营运成本，也是影响共享经济发展的关键因素。所以，存在共享市场的经济、存在共享行为的市场尚有许多问题需深入研究。

第三节 多重变革驱动的颠覆性创新

——3D 打印

一、关于颠覆性创新

1995 年，克莱顿·克里斯坦森（Christensen，1995）及其合作者在“*Explai-*

ning the Attacker's Advantage: Technological Paradigms, Organizational Dynamics, and the Value Network”一文中从价值网络的视角揭示了新进入者（破坏者或攻击者）不同于在位者发展和应用新技术的路径是如何带来破坏性的优势和结果的；在1997年的著作“*The Innovator's Dilemma: When New Technologies Cause Great Firms to Fail*”中，明确使用了破坏性技术（disruptive technologies）、破坏性创新（disruptive innovation）的概念（Christensen，1997）。自此以来，破坏性创新成为创新领域的重要研究议题之一，由于其代表着极具威力的破旧立新的创新逻辑，并且被作为对当今许多创新成功典范的解释，因此也成为了备受推崇的创新实践方向。

在国内，“disruptive innovation”这一概念也被翻译为颠覆性创新。颠覆（subvert；overturn；overthrow；undermine）直意是物体倾覆、翻倒，也比喻用阴谋破坏而非直接用武力从根本上推翻在位者从而取而代之。虽然“颠覆”与“破坏”无论在中文还是英文语境中其含义都略有差异，但是用以表达克里斯坦森所描述的那种以一种非常规的方式（改变游戏规则）出其不意地实现破坏、侵蚀、占领、取而代之（成为主流）的现象与过程，还是比较贴切的。只不过这一概念在使用过程中所代表的含义被逐渐泛化，已经超出了克里斯坦森所特指的那些创新范畴，颠覆性创新逐渐成为表达商业实践领域革命性变革的通用术语。

克里斯坦森所描绘的颠覆性技术（创新）是相对于延续性或维持性技术（创新）（sustaining technological innovation）而言的。延续性（维持性）技术创新——推动产品性能的改善，它可以是渐进性的，也可以是不连续的、具有突破性的，它们的共同特点都是根据主要市场的主流消费者一直以来所看重的性能来提高成熟产品的性能。而破坏性（颠覆性）技术创新——至少会在短期内导致产品的性能降低的创新，给市场带来了与以往截然不同的价值主张，一般来说，破坏性技术产品的性能要低于主流市场的成熟产品，但它们拥有一些边缘消费者（通常也是新消费者）所看重的其他特性。颠覆性创新又有两种情况，第一种是通过锁定现有产品没有服务到的顾客群体从而产生新的市场（new customers），第二种是竞争现有产品市场上的低端消费者（low-end market）。上述创新类型的具体描述如表9-3所示。

表9-3　　　　克里斯坦森描绘的创新类型及特征

创新类型	创新类型细分	创新的结果
延续性/维持性技术创新（sustaining technological innovation）	渐进性创新（incremental innovation）	产品、主流功能或特色的完善

续表

创新类型	创新类型细分	创新的结果
延续性/维持性技术创新（sustaining technological innovation）	建构性创新（architectural innovation）	技术、产品、主流功能或特色的整合
	根本性/不连续创新（radical/discontinuous innovation）	更好实现主流功能或特色的突破性新技术
破坏性/颠覆性技术创新（disruptive technological innovation）	面向新消费者的创新（new customers）	满足过去由于缺乏金钱、条件或技术而无法获得或接近产品的非顾客的需求
	面向低端市场的创新（low-end market）	满足低端市场的需求

按照克里斯坦森的观点，由于颠覆性创新所面对的是主流市场以外的群体，所以颠覆性创新往往提供不同的，甚至是较差的性能特征（different or even inferior performance characteristics），但是它提供了一种新的性能维度（a new performance dimension），即新的价值主张，而新的价值主张是形成新的商业模式的核心要素，所以颠覆性的产品、流程、技术创新必然与商业模式创新相伴而生。因此，随着对颠覆性创新概念的广泛使用与演化，颠覆性的商业模式创新也成为被广泛关注和提及的概念。颠覆性的商业模式创新不仅包括新的商业模式对传统商业模式的颠覆，例如电子商务对传统商务，也包括全新的商业模式的出现，例如共享、众包等。

后来也有研究者们提出，虽然“简单、方便、便宜”被视为破坏性技术初始形成阶段的特征（Christensen，1997），但从实现颠覆性的结果（目的）来看，颠覆性产品不必一定是低价的低端颠覆，也可以是在相同甚至更高的价格水平上提供某种不同于以往主流市场所关注的功能或特色，甚至也可以直接面对主流市场满足不曾被满足的需求，例如个性化定制。至此，人们使用颠覆性创新的概念越来越倾向于用以表达创新的革命性与创新结果的深刻影响力，“颠覆”的对象与层次也愈加丰富了：消费理念颠覆、使用方式颠覆、消费方式颠覆、生活方式颠覆，颠覆性的技术、颠覆性的商业模式、颠覆性的生产方式，或者多重颠覆交织在一起的创新。从这个意义上说，3D 打印技术及其与之相匹配的商业化应用可以被看作是多重变革驱动的多重颠覆性创新。

二、3D 打印技术及其商业化模式

3D 打印（3D printing），是以数字模型文件为基础，由数控成型系统利用激光束、热熔喷嘴等方式将粉末状、液体状或丝状金属、陶瓷、塑料、砂等可粘合材料、光敏树脂甚至生物材料等进行逐层堆积黏结、叠加成型制造出实体物品的一种增材制造（additive manufacturing）技术。在技术原理上，3D 打印几乎可以制造出形状、结构和工艺上任意复杂的产品。在经济性方面可以实现：（1）免费的多样性，即生产非标准化产品不会比生产标准化的产品带来显著的成本增加；（2）免费的复杂性，即生产构造烦琐、复杂的精密物品与生产结构简单的产品可以做到同样的便宜；（3）免费的柔性，即仅需改变数字设计模型就能够改变所要生产的产品，降低了生产过程在不同产品之间转换的成本（Anderson，2012）。据测算，与传统制造方式相比，3D 打印技术可以节约 90% 左右的材料，生产周期缩短 80% ~90%，成本降低 70% 以上，并且使得许多不可能变为可能，例如异地精确复制实体物品、完美个性化等。3D 打印的上述优势契合了时代发展在宏观层面上对先进、智能、绿色制造发展的要求，在企业层面上解决了困扰传统制造模式大规模、单件或小批量定制的设计、工艺、制造、分销、物流及其成本等问题，在消费层面上迎合了设计民主、无限满足个性化需求、参与体验、精确地点打印等诉求（卢秉恒和李涤尘，2013）。因此，3D 打印被认为是具有颠覆性的技术和生产方式革命，目前 3D 打印技术已经成功应用于航空航天、医疗、建筑、汽车、教育、文化创意等众多领域。3D 打印代表着社会制造模式底层逻辑的变革，需要新的商业模式来实现这一颠覆性技术的商业化应用，释放其技术裂变能量及价值。

3D 打印价值链上的基本商业模式包括：打印材料、打印设备软硬件研发生产销售商，增材制造解决方案提供商，在线打印服务提供商，云制造服务平台，生态系统平台等。其中，前两种商业模式仍然属于传统制造与服务模式，只不过以 3D 打印技术、设备或（和）服务为提供物，后面几种属于创新性的平台型商业模式。其中，在线打印服务提供商的基本业务是打印用户提供的 3D 文件，然后直接运送给客户或从商店领取，它们一般也提供设计模型库供用户选择或者同时提供协同设计服务，帮助用户将设计转换为 3D 对象等。有的平台也会提供众包设计服务，用户可以在这里发布阶段性的想法和项目，例如一个个性化的想法、2D 设计、粗略的 3D 模型等，平台以众包的方式在社区人群中寻求设计及完善，例如提供后 2D 设计，帮助客户将需求变成 3D 物品。虽然一些用户似乎已经有一个精确的想法，但可以利用平台的其他人群为他们提供不同的设计建议以及改进制造过程中的成本、质量等的选择。云制造服务平台（3D 打印市场服务）本质上是一个 3D 打印供应链集成与协同平台，为拥有 3D 打印机的个人或公司之间以及他们与想要制造 3D 物品的用户之间提供桥梁，它们一般提供打印机的位置、可用材料、交货时间、价格等信息，并提供支付中介服务。3D 打印生态

系统平台（或称生态圈）模式，是集设计市场、3D 打印服务、3D 打印市场服务、众包服务、教育与信息服务等多元价值主张为一身的商业模式（戴勇，2020），通过对这一模式的解析可以揭示 3D 打印相关商业模式创新的特征及发展思路。以下以中国最大（最有影响力）的 3D 打印公共服务平台（中国增材制造产业联盟，2020）——三迪时空为例，探究生态系统平台模式的特征、当前发展遇到的问题，并提出一些具体的发展思路及建议。

三、3D 打印生态系统平台的结构与性质（以三迪时空为例）

三迪时空集团（3D Focus Group）2013 年成立于山东青岛，总注册资金 6.1 亿元，创业团队在深刻洞察 3D 打印巨大发展空间以及产业特点的基础上，确立了构建国际一流、中国最大且最具影响力的 3D 打印行业服务平台的发展目标。经过 8 年的发展，以“专业的线下产业园和体验店运营商、行业应用方案提供商、行业系统集成提供商、行业资讯提供商、资源融合平台”为商业模式定位的“全球布局、线上线下联动”3D 打印生态系统平台已基本形成（见图 9－7）。

三迪时空生态系统平台是集用户、数据、技术、资源、服务等聚集与连接为一体的多功能、多平台层层嵌套的结构。除了基础的 C2B 业务——3D 打印服务（个性化定制云平台）、B2B 业务——增材制造解决方案提供（设备耗材零配件供应、系统集成、应用方案）之外，从平台的核心、主体功能定位来看，它属于 S2B2C（Supply chain platform to Business to Customer）性质的商业模式。S2B2C 模式是由阿里巴巴总参谋长曾鸣教授在 2017 年 5 月最先提出来的，被认为是面向未来的一种新型商业模式。其中，S 是指一个大的供应链协同平台，B 指的是大平台服务的众多精准服务提供商（包括大、中、小各种规模的面向消费者的企业）。S 与 B 两者之间的关系不再仅是传统的加盟或者上下游供应关系，而是“赋能”关系。这种赋能包括提供 SaaS 化工具（基础工具）、实现资源的集中采购（降低成本）、实现共同的品质保证（服务定制化＋品质标准化）、整合集成服务网络（整合产业链）、提供数据智能支撑（快速精准的市场反应）（刘云等，2019）。B 端通过与用户的零距离沟通准确了解客户的需求和痛点，然后通过 S 端所提供的对整个供应链的整合能力，来满足用户（C）的定制化需求。与 C2B（Customer to Business）或者 C2F（Customer to Factory）模式相比，尽管都是以消费者个性化需求为导向，但是 C2B 和 C2F 都是由后端企业单独了解客户需求并独立完成需求的满足，而 S2B 模式却是以整个供应链平台来完成对客户需求的满足，可以说实现了供应链的网状化、柔性化和虚拟化。这一模式通过供应链平台的集聚、连接、共享、协同、匹配和服务功能可以同时实现低成本、快反应、高定制的多方共赢。三迪时空生态系统平台的 S2B2C 功能如图 9－8 所示。这一模式不仅代表着产业互联网“智能化生产、网络化协同、个性化定制、服务化延伸”思维主导下商业组织模式发展的新趋势，而且可以有效地解决处于产业培育期的 3D 打印行业目前存在的供应端技术和资源不充足、不成熟问题，解决消费端需求无意识、不清晰问题。这一模式完美契合了 3D 打印“为满足绝对个性化需求而生”的产业和技术基因。

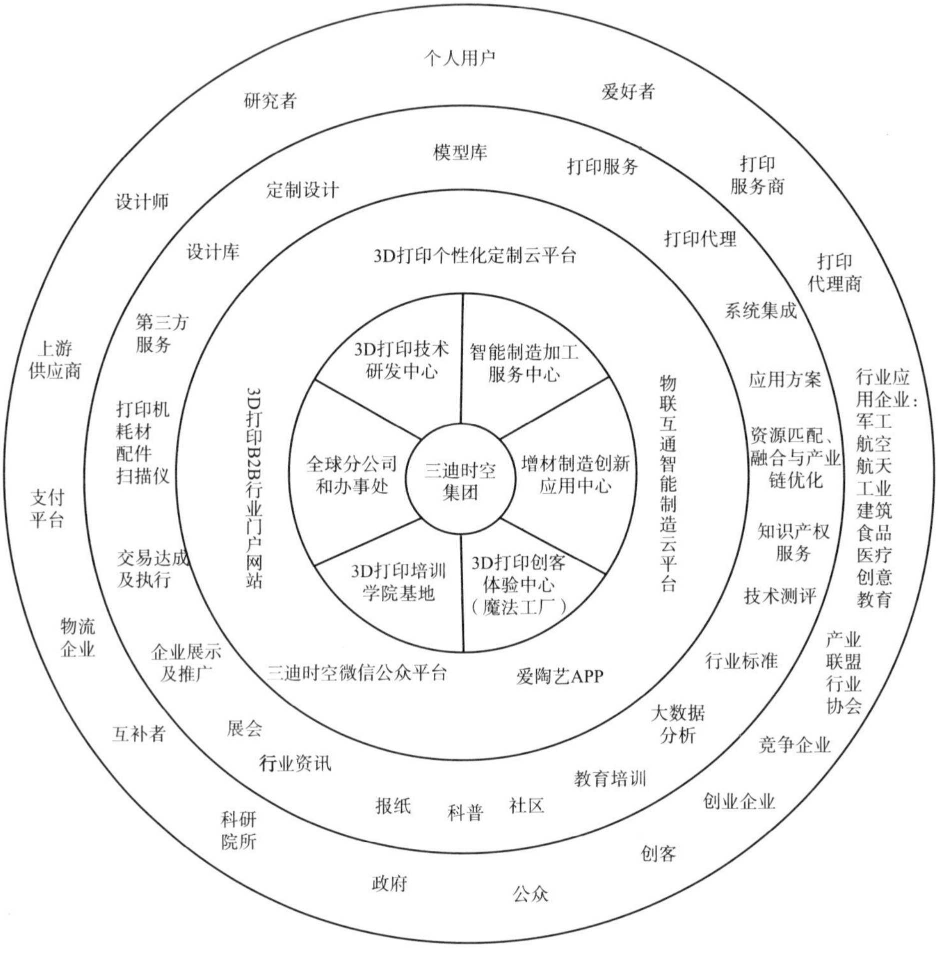

图 9－7　三迪时空生态系统平台

资料来源：笔者根据三迪时空集团宣传册、www. 3dfocus. com 网站等资料绘制。

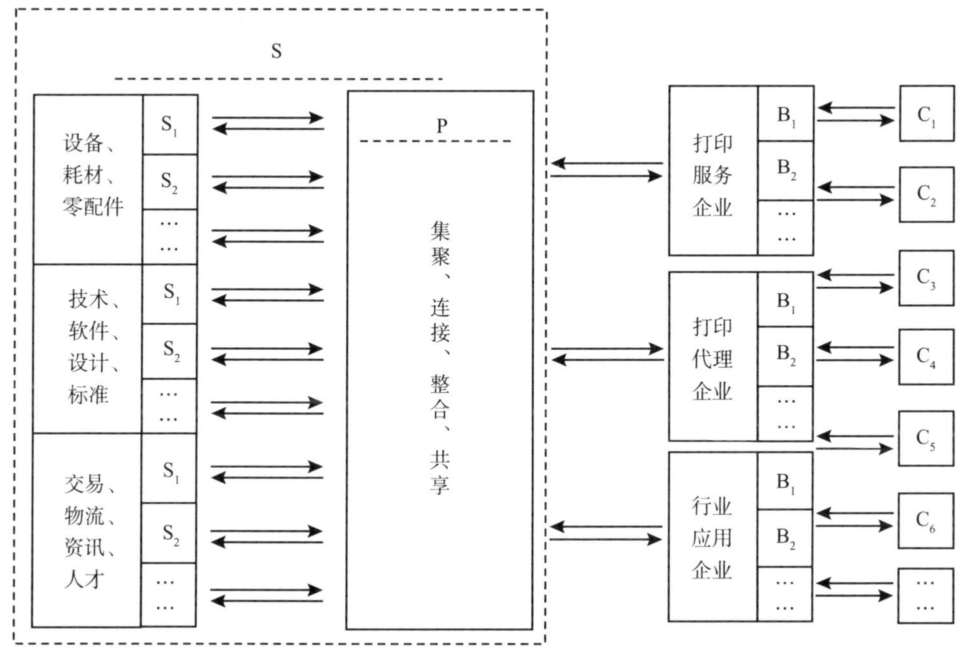

图9-8 3D打印生态系统平台的S2B2C功能

除了上述S2B2C性质的平台效应以外，三迪时空生态系统还具有知识共享平台和社会企业的性质。在这个生态系统中还包含了国内外科研院所、高等院校、产业联盟、行业协会、研究者、爱好者等知识分享与合作主体，通过3D打印社区、微信公众平台、爱陶艺App、《聚焦3D打印》报纸、各种学术以及商业与社会交流活动等渠道和形式，可以实现知识的交流与共享，促进相关技术的创新与发展。三迪时空生态系统所具有的赋能中小企业的功能，从另一个角度来看则具有创业孵化器的性质，可以为创业者和创客提供技术、设备、货源、设计、交易、物流、咨询、培训、推广、营销等创业和创新的基础条件与支持。集团进行的行业标准制定、知识产权保护、教育培训、体验中心等项目则具有产业及市场培育的功能。3D打印在军事、航空、教育等领域的应用，在商业价值之外都蕴含着巨大的社会价值和意义；尤其是在医疗领域，3D打印在义肢、义齿以及其他人体组织等方面的应用，可以解决以往困扰医患双方的许多难题。所以这一模式具有以商业运作形式解决社会问题的社会企业的属性。

可以看到，未来3D打印在国家层面的战略意义、产业升级的引领性、价值外溢性、颠覆及裂变能量、企业与个人层面的机会与价值都是毋庸置疑的，但是整个行业目前发展所面临的困境也是严峻的：材料种类及性能的局限性，软硬件技术的限制性，知识产权保护、道德伦理、观念的挑战，缺乏资金和政策支持等。除了上述整个行业普遍面临的困境以外，平台型企业商业模式的特殊性又使他们面临着一些特殊的困难，生态圈平台的进一步发展更是面临着巨大的挑战。整体来看，虽然市场需求增长速度很快，但业务规模仍然十分有限，收益模式不成熟、收益流增长缓慢，资金投入紧张。三迪时空集团董事长李培学在接受采访时曾谈道：3D 打印服务商、企业用户和个人用户，这个平台是我用双脚“丈量”出来的，在过去几年，我平均不到两天就走访一家企业，已走访了 800 余家。可见在这一新兴行业、这一新型的商业模式市场开拓之艰难。类似于三迪时空的这些新兴平台型企业正站在能不能够跨越“鸿沟”进入快速发展阶段的关键点上，在我国 3D 行业关键技术与市场认知都不具有优势的情况下，它们的发展壮大对我国未来在这一领域甚至整体产业格局中的国际地位至关重要。

四、3D 打印生态系统平台发展面临的“三重困境”

3D 打印生态系统平台正在经历由初创期到快速成长期的过渡阶段，需要解决平台型商业模式“拐点”、颠覆性创新商业应用“鸿沟”与企业自身成长“三重困境”在这一时期叠加的问题。

（一）突破平台用户“临界数量”，实现网络效应与协同效应

平台商业模式的发展有其本身的要求与规律性。平台商业模式创造价值的原理来自连接与聚合，通过建立双边或多边连接与资源的聚合增加交易机会、提高交易成功的可能性与资源匹配的精准性并降低交易成本。平台的价值与成长有赖于参与者突破一定的“临界数量”，这不仅仅有关规模经济，更关系到网络效应和协同效应。

3D 打印生态系统平台上的三种网络效应（见第八章）都是存在的：直接网络效应，例如社区、App、公众号平台上的参与者越多，他们之间的知识、技能、体验的交流学习会越深、越广，参与者的收获越大，对行业发展的促进作用越大。间接网络效应，例如平台上的参与者越多，业务量越大，数据、设计、模型、打印机的使用效率会越高，从而使成本降低越快，服务价格越低。收益流越充足，上述供应品更新迭代的速度越快，参与者就会得到更好的产品与服务。双（多）边网络效应，例如平台上聚集的优质资源越多，越能吸引多方用户的加入，反之亦然，资源就能得到更精准的匹配。上述网络效应的实现必须满足的条件是：平台用户必须达到企业存活的最低“临界数量”，所谓“临界数量”就是指平台吸引到的用户规模达到一个特定的门槛，足以使平台生态圈能自行运转与维

持（陈威如和余卓轩，2013）。平台如果实现了上述自动吸引用户的自我扩张机制，往往最后就能带来赢者通吃的效果。

三迪时空生态圈平台上虽然已经聚集了相当规模的注册用户数量①，但是，由于互联网平台用户的低转化率、低活跃度特征，对比当今卓有成就的互联网平台上动辄亿级用户的规模，这样的规模显然是不够的。所以，快速拓展市场仍然是平台企业运营的重中之重。应继续以拓荒者的精神，针对不同类型的客户群体，例如高端、专业合作方及用户、创业企业和创业者、一般应用企业、公众用户、未来用户等，发现不同客户的高暴露场景，设计和创新高匹配度的接触与推广渠道，在继续开展深度拜访，举办、赞助、参与国内外行业技术大会、博览会、高峰论坛、打印节、科技创新活动的基础上，重视支持深度知识传播的媒介，重视新媒体网络化传播效应，重视科普与教育活动，重视发挥潜在群体中意见领袖的影响力并寻求他们的认可与合作，建立与其他商业或社会化平台的连接，实现平台影响力的快速放大效应。另外，利用已经聚集起来的技术、人才、商业合作、数据与信息资源，发掘新的多样化的商业机会，增加收入流和收益点，实现多种业务之间的协同效应。

（二）跨越颠覆性创新成长的“鸿沟”，叩开主流市场之门

从颠覆性创新商业化应用发展的一般规律来看，3D 打印行业目前总体上还处于孕育期到高速成长期的过渡阶段，也就是需要跨越成长“鸿沟”的阶段。

在市场孕育阶段，第一批进入市场的消费者是那些因为能成为率先购买并尝试新技术产品而拥有极大乐趣的人，即便这一新产品还不完善并且很昂贵，他们也并不在乎。第二批进入市场的消费者被称为早期使用者，早期使用者是一些有远见的人，他们重视新技术在未来可能的潜力和价值，因此想成为第一个据此获利的人。3D 打印生态圈目前吸引到的基本上是上述两类客户，他们是那些勇于尝试新奇事物的人、技术发烧友、专业人士、有远见的创业者等，但是这些用户在总体市场中的占比和规模是极低的，是不足以支撑平台的持续发展和盈利的。企业要想跨越成长“鸿沟”进入快速成长期就必须吸引早期多数派的加入。早期多数派代表大规模市场的领头人和前锋，他们的进入标志着主流市场的开启。实践和相关研究发现，先驱公司能否成功吸引大量早期和后期多数派客户，也就是能否成功跨越革新使用者和早期多数派之间的鸿沟，是决定事业成败的关键（杰弗里·摩尔，2009）。

---

① 截至 2021 年 10 月，平台拥有 3D 打印合作企业 1400 余家，3D 打印应用企业 112400 余家，个人注册会员数超过 268 万。资料来源：http：//www. china3dfocus. net/.

早期多数派群体与前两类群体有着非常不同的需求特征，他们往往是实用主义者，一般对技术或产品的新奇性没有太多的关注，更重视权衡采用新产品的收益和成本，并且他们会等到确信该产品会给他们带来可观的收益时才进入市场；能够吸引他们的是产品所能展现出的鲜明的优势，且要求产品已做到方便、可靠。因为这个群体已不属于小众，企业在产品宣传与媒体接触上也需要做出调整。总之，在行业市场孕育阶段和高成长性的大规模市场阶段之间并不是一个平滑无缝的过渡，企业必须跨越一条竞争性鸿沟。对于3D打印这样一种具有深刻颠覆性的创新，这一鸿沟更难跨越，因为绝大多数的消费者并不知道3D打印跟他们的生活有什么关系，绝大多数的企业也并不知道3D打印跟它们的事业有什么关系。所以，推动3D打印市场快速增长，一方面需要对全社会进行技术、观念与知识的普及，需要市场教育与引领；另一方面，对于商业化经营而言，更需要准确识别特定阶段核心消费者群体及其需求的特征，用当前产品所能提供的独特价值要素去满足他们最迫切的诉求，才能使得创新的价值得以最大限度地实现并持续发展。

新产品的相对优势，也就是它能够替代原有产品的程度，决定了其市场吸引力和价值认可度。第一层次的替代是从无到有的绝对替代，例如3D打印生物组织和器官等，可以说是使人类梦想变为现实的创新，其意义和价值之重大不言而喻。但就当前3D打印的相关技术发展现状来看，最有吸引力的应该是第二层次——能以显著优势或绝对优势进行替代的市场，例如航空、航天、军事、船舶、机械装备的复杂结构部件制备、精密昂贵构件修复、特殊性能零部件个性化定制等，在这些传统制造模式很难实现或存在重大缺陷的领域，已经有很多案例证明其无论在任务实现效果、加工周期还是成本方面都具有显著的优势甚至绝对的优势。另外就是在医疗方面，医疗模型、手术导板、骨科植入物、康复器械等的制造，3D打印在满足高度个性化方面具有绝对的优势。第三个层次，诸如原型、模具、模型、铸造业，汽车、家电等一般制造业产品和零部件等领域，在产品性能、生产周期、轻量化、成本等不同的方面有一定的优势，虽然市场广阔，但目前整体替代性还不是很强，大规模的替代还须解决与生产和使用相关的其他方面的兼容性和匹配性等问题。第四个层次主要面向大众消费者的桌面级打印相关市场，从本质上来说并没有发生消费上的替代，而只是消费者需求满足的升级，其核心价值在于帮助消费者个性或特殊想法的实现，例如设计、珠宝、玩具、文化创意等。对于这类打印产品的终端用户而言，核心价值元素是能引发其内心共感的独特设计和创意。对于创业型的打印服务商而言，平台需要重点解决的是技术易用性的问题，即产业链各环节供应的可获得性和完备性。这一层级的应用技术相对成熟，进入壁垒较低，虽然市场巨大，但竞争已十分激烈。生态系

统平台应根据不同应用市场特征调整经营策略和竞争策略，打开主流市场之门，才能够成功跨越成长的鸿沟。

（三）培育核心能力，实现平台可持续成长

任何企业的持续成长都需要核心能力的培育，生态系统平台型商业模式的特殊性，决定了企业发展对核心能力要求的特殊性，它不仅需要有向多方客户提供有吸引力的产品与服务的核心能力，还需要有平台运作的独特能力。如前文所述，生态圈的发展依赖于“共生”“互生”“再生”机制的建立与维持。3D 打印生态系统平台的持续成长至少需要以下三方面的核心能力：核心技术、市场渗透能力和资源整合能力。

首先，平台对生态圈成员的吸引力和平台黏性归根结底来自主导企业拥有一定的核心技术或能力。基于国内缺乏原创核心技术的现实，企业可以先从外围、边缘和低端技术开始积累，逐渐向核心技术延伸、渗透；深化多方合作，集众家优势资源形成合力，开展材料研发、软硬件设计和方案设计，聚焦重点应用领域实现核心技术突破。其次，平台须向参与者展现出具有强大吸引力的市场前景。这主要依托于主导企业的市场渗透能力，即基于对目标市场的准确判断，建立产品和服务的鲜明优势，并以出色的营销策略快速拓展客户，提高市场占有率的能力。最后，生态圈的价值放大功能来自主导企业的资源整合能力，即指企业对不同来源、不同层次、不同结构、不同内容的资源进行识别与选择、汲取与配置、激活与融合从而创造出新的整合性资源、能力、机会和价值的能力。主导企业须清晰识别平台上不同参与主体的核心利益诉求、需求强度、价值提供、价值关联等，设计和优化平台交易内容、交易结构和交易机制，实现平台的利益平衡与放大效应。上述三种能力是互相渗透、交互推进的，核心技术是市场渗透能力和资源整合能力的前提和基础，市场渗透能力为核心技术的发展和整合性资源利用提供市场和价值回馈，资源整合能力可以放大核心技术的价值并为市场渗透提供支撑。

三迪时空集团目前正在倾力打造数字化口腔医疗 3D 打印基地，这一发展布局在很多方面都体现了对上述发展策略的应用。首先，在应用方向上，聚焦于口腔医疗这一最具吸引力和可行性的未来主流市场，能够为齿科产业链上医生、患者、产品加工三个方面的关键痛点提供一站式解决方案，实现精确和高效服务的价值主张。其次，依托在这一专业领域已经形成的高端原材料生产和打印机生产能力、平台影响力和资源整合能力，打通从上游软件、设备、材料等制造端到下游口腔诊所等应用端的全产业链，实现产业闭环。再次，经过深入调研，向各利益相关方展示了近百亿级的市场前景，省级——国家级——世界级基地的发展愿

景，以及线上线下互动的市场渗透机制。最后，以3D打印、三维扫描、AR/VR技术建立的数字化口腔3D打印基地及口腔体验中心，以定制化的方式服务于定点客户、诊所、医院及义齿加工厂的业务定位，使得平台盈利模式更加清晰、细分化和多元化。这一策略布局将快速推进我国数字化口腔医疗服务体系的形成，3D打印生态系统平台也会迎来突破性成长。

《平台战略》作者陈威如博士曾说过：做平台需要情怀和胸怀，胸怀是说你需要有气魄让你的合作伙伴先赚钱，情怀是说你的努力方向可能永远也达不到，而你依旧能够为其坚持（陈威如，2018）。前者所表达的即是平台模式的商业逻辑本质，而后者则恰好揭示了当前3D打印生态系统平台发展的现实。3D打印生态系统平台在当前发展的关键阶段需要大量的资金和资源支持，在平台本身的主体业务尚不能产生足够现金流的情况下，企业能否成功跨越孕育期取决于它展示其独特竞争优势以获得外部资本投资的能力；而平台价值的高度外溢性和高层面战略意义则决定了企业还应努力寻求多元化的融资渠道和其他资源支持，例如政府、社会机构、合作者、社会公众的支持，才能度过漫长的培育期。

第四篇

商业模式创新演化论

(EVOLUTION)

第十章

商业模式及创新的动态演化

对商业模式的观察与研究有静态与动态两种视角，静态视角（static view）的研究目的在于描述能（或者不能）产生良好绩效的商业模式要素配置问题，而动态视角（dynamic view）的研究则试图捕捉特定商业模式如何随时间而演化。关于“动态演化”（dynamic evolution）性质的描述在对商业模式及创新的研究中是十分多见的。例如，商业模式会随着时间的推移而演变（Morris et al.，2005；Sosna et al.，2010；Teece，2010）；商业模式创新是重新配置资源库颠覆现有企业架构的动态过程（Chesbrough，2010）……

前文对商业模式及创新的大多数讨论都是基于静态视角的，虽然如此，但如果从商业模式创新驱动因素的动态性导致创新需要持续不断地进行来看，前述商业模式创新的境况也正是这种演化的主要（瞬时）表现形式，或者说商业模式演化可以被视为商业模式依时间序列多次、持续创新的过程（Johansson & Chroneer，2012；Zott & Amit，2013）。特定组织的商业模式是在一个特定时间段内关于商业模式核心组件之间正在进行的交互的快照（snapshot），但是，与其说是一个快照，不如说我们应该把这幅图像看作是一幅电影中的一个画面——因为它的核心组成部分（以及每个核心组成部分中的元素）之间的开放式互动和管理者创业能力所带来的主动性使得商业模式总是在变化的（Demil & Lecocq，2010）。所以从严格意义上来说，所谓某一类型的商业模式表达的是在某一时间段当中这一商业模式所呈现出的相对稳定和最鲜明的特征或者仅是对其高阶（大伞）属性的界定，例如平台模式、共享模式、交叉补贴（诱钓/bait & hook，或剃刀与刀片/razor & blades）模式、新奇/效率模式等，这些说法是对具有某些典型共性特征的诸多具体商业模式的一般、抽象的描述。就某一特定企业而言，即便是在一种商业模式原型之下，也是因由多种独特选择而呈现个性化的，而且是处于不断变化当中的。

第一节　商业模式动态演化的释义

商业模式研究的一个重要分支就是把商业模式创新看作需要适当的能力、领导和学习机制的组织变化流程（Foss & Saebi，2017）。越来越多的学者认为，在高度不确定和快速变化的外部环境中，应当以动态的视角看待商业模式创新，将其视为不断演化、“持续变形”的过程（Demil & Lecocq，2010；Lee et al.，2013）。商业模式演化的过程比构建商业模式本身更重要，成功企业大多通过频繁的商业模式创新而构筑他们的竞争优势（Mitchell & Coles，2004）。在激进多变的商业环境下，应关注商业模式创新在时间序列上的演化（Johansson & Chroneer，2012），以跟上时代步伐。基于此，学者们对商业模式及其创新的动态性与演化性特征进行了大量的研究探索。这些研究绝大部分都是以案例研究为基础，通过演绎和推理得出了一些一般性的结论。

总体来看，国内外学者主要分别在不同的产业领域进行了大量的案例研究，探索特定行业、企业商业模式的创新演化规律，主要包括生物医药（Schweizer，2006；Willemstein et al.，2007；Sabatier et al.，2010）、互联网企业（Rindova & Kotha，2001；Valerie，2004；Muzellec et al.，2015；Macinnes & Hu，2007；罗小鹏和刘莉，2012；张新香和胡立君，2018；长青等，2020；乔晗等，2020）、电动汽车（Bohnsack et al.，2014；薛奕曦和徐欢，2019）、智能制造（钱雨等，2018；吕文静等，2019）、家居（王立夏和宋子昭，2020）、电动自行车（尚甜甜等，2020）、建筑设计共享平台（Hu et al.，2019）、草原生态（张璐等，2018）、流通企业（项国鹏和罗兴武，2015）。其中，比较典型和具有代表性的案例研究例如：林多瓦和科塔（Rindova & Kotha，2001）描述了雅虎商业模式从搜索功能提供商到内容提供商再到交互服务源的“变形”。德米尔和莱科克（Demil & Lecocq，2010）以英国 Arsenal FC 足球俱乐部十年间商业模式的变化为例，构建了基于主动反应和偶发事件等核心要素变化引发的商业模式动态调整模型；博恩扎克（Bohnsack，2014）以在位企业与新进入企业的划分为前提，讨论了电动汽车行业基于路径依赖的商业模式创新演化路径；国内学者荆浩和贾建锋（2011）以立思辰公司商业模式创新为例按照时间线索揭示了环境变化、企业核心能力积累与商业模式创新的动态变化关系。也有少量的大样本实证研究，例如基于 256 家科技型新创企业的研究（吴增源等；2018）。还有一些学者立足于特定情境的企业群体，例如立足于后发企业的赶超（罗珉，2013；黄永春，2015）和创业企业成长（吕东等，2015）等展开商业模式创

新与演化的交叉研究。

基于上述研究，对商业模式持续演化与创新常态及其过程性、阶段性、动态匹配性特征等已经形成基本共识，在商业模式动态演化理论方面也得出了一些一般性的结论，最主要的就是把企业资源、能力和环境机会的变化作为商业模式演化的基本前因。企业必须不断发展和调整自己的商业模式以保持竞争优势（Wirtz et al.，2010）。莫里斯等（2005）强调商业模式演化是企业自身经营逻辑的深化，随着内外部环境变化不断调整而得以递进进阶，并认为商业模式演化有着一个生命周期，包括阐述、改编、适应、修订和再造五个阶段。切斯布洛（2007）通过评估商业模式潜力，指出商业模式从非常基础向非常先进演化需要经历产品定价、差异化、细分市场、开放创新、流程集成、自适应六个阶段。国内学者原磊（2007）认为处于生长周期不同阶段的企业对应着重构型、改变型、调整型和完善型四种不同类型的商业模式创新。项国鹏和罗兴武（2015）提出商业模式演化是商业模式创新的发展序列，是企业外部因素和企业内在要求共同作用的系统过程，企业发展不同阶段核心要素的变化与商业模式组成维度的演进具有价值创造的动态一致性，其目的都是维持企业竞争优势。

值得注意的是，上述相关研究虽然都使用了“动态”和/或“演化”的概念，但是他们所描述（指向）的商业模式变化的现象（情境）并不完全相同。国内学者张新香和胡立君（2018）也曾在其研究中对商业模式演化的文献进行回顾，从中就可以看出这种差异性：生物业商业模式呈现出集成、分层、协调和市场创造四种模式的演化（Schweizer，2006）；医药业经历了服务平台商业模式、混合商业模式和产品商业模式三个阶段（Willemstein et al.，2007）；数字化音乐产业展现出传统商业模式、变节商业模式、新商业模式的演化路径（Valerie & Vaccaro，2004）；网络平台企业商业模式包括萌芽期、发展期和成熟期（Muzellec et al.，2015）；网游业商业模式演化包括四阶段，各阶段的关注重点分别是技术先进性、环境许可与限制、利润和可持续性（Macinnes & Hu，2007）。所以，厘清这些“动态演化”范畴的不同内涵，是全面理解商业模式及其创新动态演化规律的前提。

一、商业模式创新的过程性、阶段性属性

在商业模式一般概念的意义上，将动态演化界定为商业模式创新的过程或新商业模式的形成过程（process phases）；关注一种新型的商业模式从无到有、从创意到实现的创新活动过程（或一系列行为）。

莫里斯（2005）等基于创业视角将商业模式演化描述为包含阐述、改良、适

应、修订和再造（specification，refinement，adaptation，revision and reformulation）5 个阶段的生命周期循环，并描述道：在初始阶段模型是非正式或含蓄的，随后是一个反复试错的过程，在这一过程中作出一些核心决策，并界定了企业进化的方向，这时，在某种程度上，一个相当明确的正式模式已经就位；随后，做出调整并进行持续的实验；一个基本健全的商业模式通常能够经受住经济衰退和适度的干扰，但如果出现重大的不连续性，它可能会出现功能失调（dysfunctional）；当外部变化破坏了这个模式时，它通常不可能被重新校准（be recalibrated），必须构建一个新的模型；这时候就出现了“战略拐点”（strategic inflection points），然后进入一个新的循环。

弗兰肯伯格等（Frankenberger et al.，2013）提出商业模式创新的 4I 框架：（1）发起（initiation），发现创新的必要性，即启动整个创新流程的起始事件、创意或决策的捕捉。这一阶段侧重于对生态系统的分析（the identification of change drivers）。（2）构思（ideation），是指新想法的产生（generation），即如何应对上述冲击。这一阶段的目的在于打开解决方案空间并生成一组可能的备选方案。（3）整合（integration），是指新商业模式的建立（building），即采用一种具有可行性的方案，并将重点放在其细化和开发上——或者说，“将（选定的）想法转化为某种有形的产品、过程或服务”。之所以将其视为整合阶段，是因为要将这一想法嵌入并与更广泛的背景相整合，整合所有的新业务模式要素并管理合作伙伴。（4）实施（implementation），是指新商业模式的实现，即实施创新并推向市场，克服内部阻力，进行试点、试错和试验（pilots，trial-and-error，and experimentation）。在这一阶段中包含的活动有：测试和验证（testing and validation）、全面生产和上市（full production and market launch）、原型生产（prototype production）、制造（manufacturing）、营销和销售（marketing and sales）、确定项目优先级并配置团队（prioritise project and assign teams）、实施产品实现计划（implement product implementation plan）、启动（launching）、持续（sustaining）、学习（learning）、思想传播（idea diffusion）。在每个阶段都有需要克服的关键挑战。

奥斯特瓦德和皮埃尔（2010）建议将商业模式设计流程分为五个阶段：动员，为一个成功的商业模式设计项目做好准备工作（新商业模式的必要性、动机）；理解，研究和分析商业模式设计所需要的元素（客户、技术和环境分析，发现需求和问题）；设计，构建和测试可行的商业模式可选方案，并挑选最佳的方案（商业模式原型的探索、测试和筛选）；实施，在实际环境中实施商业模式原型；管理，结合市场反馈来调整和修改商业模式（演化发展，建立起管理架构来持续不断地监督、评估、调整和改变商业模式）。并且特别强调了这 5 个阶段

的进程并非完全线性按顺序展开，而是存在交叉、重叠、再循环往复的情况；尤其是在实施与管理阶段，要进行不断的反馈和修正，这也是大部分案例研究所聚焦的动态演化阶段和范畴。

二、商业模式演化的方向和行动方式

从特定（企业）商业模式出发，关注已经初步形成的商业模式在实施的过程中由于各种现实因素的推动、影响与制约而发生的变化与调整方向（或以人们为实现这种调整而对商业模式采取的行动类型来表示）。较早期，西格尔考（2002）用增广、强化和删除（augmentation，reinforcement and deletion）来描述商业模式调整的方向和行动方式。后来，塞尔吉奥等（Sérgio et al.，2011）提出和描述了商业模式变化的四种类型：创建（creation）、扩展（extension）、修订（revision）和终止（termination）。如图 10 - 1 所示：Ⅰ. 创建（creation），将一个商业理念（创意或想法）具体化为一个新的企业业务，即建立并运行一个新的商业模式（按照预先建立的模式或轨道）。Ⅱ. 扩展（extension），基于运营实践向现有商业模式中添加活动和/或扩展现有的核心流程；扩展的一个关键动机是探索扩展现有业务的机会，并开发相关的新商业机会。Ⅲ. 修订（revision），修订意味着删除、修改现有业务模型的内容，并用新流程替换它，修订意味着干预现有的流程，也意味着遵循不同的方向和/或探索其他做生意的方式。商业模式的修订可能是由于不同的因素和机制，例如新的商业机会需要新的经营方式、公司的商业模式不再有效、其产品和/或服务不符合客户的需求，产生了次优的结果——或者，正如索斯纳等（Sosna et al.，2010）所说，公司的商业模式面临着过时的威胁，公司的竞争对手正在开发新的工艺，这有可能夺取其市场份额，以及新进入的公司已经推出了全新的方式来满足现有的需求。简言之，创建意味着新业务模型的概念化和实现，扩展意味着在不影响业务模型中现有流程的情况下扩展业务，而修订意味着现有的工作实践可能会发生变化。Ⅳ. 终止（termination），是指放弃或删除流程。然而，在实践中，情况可能更为复杂，因为变化的不同要素往往会以各种不同的组合出现，特别是商业模式的扩展和修订往往“齐头并进”。其主要原因是，一个商业模式通常不仅包括一个而是包括各种不同的关键流程，这些流程会（而且经常会）以不同的方式受到一个或多个变革诱因的影响。

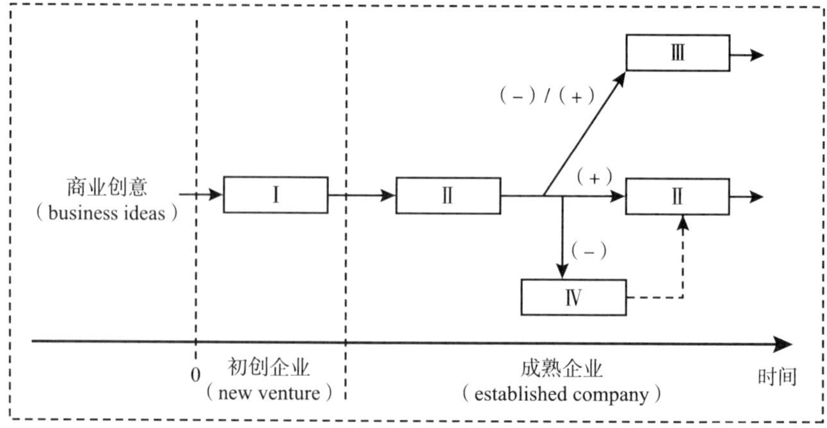

图 10-1　商业模式的演化方向（或方式）

资料来源：Sérgio André Cavalcante，Kesting P，Ulhi J P. Business Model Dynamics and Innovation：(Re) establishing the Missing Linkages [J]. Management Decision，2011，49（8）：1327-1342.

这里的创建基本上等同于前文（过程、阶段视角）中的实施，而扩展、修订与终止基本上是发生在实施与管理阶段中的商业模式变化的不同情形。商业模式扩展与修订的结果往往会产生在特定商业模式原型范畴内的变化与发展，或者说是商业模式的连续性创新；而商业模式终止的结果（除非企业破产清算）往往是被新的商业模式取代，或者说是发生了商业模式的非连续性创新/突破性创新（图中虚线所示），从一种商业模式演化为另一种新的商业模式。商业模式的扩展与修订这两种变化方向是大多数研究所讨论的情况。

也有一些研究将上述商业模式创新的过程性、阶段性特征与调整方向和行为活动特征混合在一起，对商业模式演化使用了以下描述：一个商业模式的探索、调整、改进、重新设计、修订、创建、开发、采用和转换的过程（Geissdoerfer et al.，2018）。

三、特定商业模式原型范畴内的渐进（连续）性进化

这一视角强调商业模式创新作为一种创新行动，由于人们认知水平的局限性以及客观环境的动态性而带来的本身发展的规律性，将商业模式的动态演化表达为新的商业模式作为一种新生事物产生与发展的规律性。商业模式演化作为涉及自愿和应急（voluntary and emergent）变化的微调过程，永久地处于暂时的不平衡状态。商业模式及其发展实践被看作是以一种迭代和进化的方式交互（Morris，2005）。

演化经济学从动态的视角指出商业模式变革是解决问题的需要，商业模式创新“不是一个事前高瞻远瞩的问题，而是需要大量的试错，以及事后相当多的适应调整的问题”（Chesbrough，2010）。索斯纳等（2010）通过案例（a Spanish dietary products）分析指出商业模式创新过程是一个不断试错的学习过程（trial-and-error learning）（Morris，2005；Chesbrough，2010）。试错意味着开始的失败是难以避免的，企业必须容忍失败并校正方向（Chesbrough，2007），只有通过“试验—反馈”的不断循环往复，商业模式创新才能逐渐找到正确的方向（Johansson，2008）。试错，是一种通过持续的探索、微调使新商业模式逐步正常运转的过程（夏清华和娄汇阳，2014）。商业模式，绝非是一瞬间就显露出来的一组信息，而是一组复杂的相互依存的程序，通过“做”来发现、调整和微调（that is discovered，adjusted and fine-tuned by “doing”）（Winter & Szulanski，2001）。商业模式的运营并不是一个初始就完全确定的安排，而是随着企业的运营过程不断修正、反复试验、不断进化而形成的商业模式形态。商业模式创新是一种渐进式的改变（Foss & Saebi，2017；刘志迎等，2019）。

创新和创业理论则将这一进程称为迭代创新（iterative innovation）。弗尔和艾尔斯特伦（Furr & Ahlstrom，2011）认为迭代创新是通过快速反复试错的方式以实现技术发明和市场洞见结合的过程。董等（Dong et al.，2014）指出迭代创新是一个持续改进更新的过程，主要目的在于通过多次高效的快速迭代实现螺旋式的产品质量的提升。从一种新的商业模式被引入进程的视角，商业模式的最初实施一般遵循最小可行性产品（minimal viable product）的原则，在实际实施的每一个阶段会面临很多现实问题，构成商业模式的9个构造模块（Osterwalder et al.，2010）在形成的过程中可能都需要对原有的设想进行修正（modify），因为并非所有可能出现的情形都可以在一开始就预见到，例如市场需求特征、互补品供应情况，还有一些偶发事件等。商业模式的实施是从非正式的一个想法到形成最终设计的一个反复试验的过程，或者说是一个不断被修改的过程，在这个过程中，客户、技术、业务系统基础设施以及经济性和盈利能力都要不断地被重新考虑（Morris，2005）。

资源基础论从商业模式要素在发展过程中的不平衡性出发，强调商业模式持续变革的这一常态，并提出：因为资源未被最佳利用或者利用效率不高的现象总是存在，这样就为企业新的价值主张和更好地利用资源——商业模式演化提供了机会。

环境驱动视角的商业模式渐进演化被描述为商业模式的适应性调整（adaptation）。企业的内部环境，包括资源、能力、组织结构、战略、领导等；企业的外部环境，包括政治、社会、市场、消费者、竞争等，都处于不断的变化当中，商业模式需要持续创新以适应环境的变化。

德米尔和莱科克（2010）认为，虽然很多文献聚焦于根本性、非连续性变化（或跃变）（radical，discontinuous or episodic change），但是渐进性和连续性的创新更加普遍。根本性的变化是商业模式的非预设性“漂移”（drift）以及（或）产生于商业模式运营和管理者持续不断调整的商业模式组成部分之间和内部要素之间多重变化渐进性累积的结果。

四、商业模式的多次、非连续性创新

这一视角关注特定企业较长时间跨度的商业模式变化或创新情况，将商业模式演化看作是商业模式创新依时间发展的序列（项国鹏和罗兴武，2015）。商业模式需要进行持续不断地创新，但是在一定的期间内，商业模式从基本的类型（规定性）上来看能保持一定的稳定性，但是如果这种创新超出了微调（fine-tuned）的范畴，突破了原有商业模式原型的本质（核心）规定性，则新型的商业模式将产生。

如果以企业发展过程的较长时间跨度为研究范围，就能够观察到企业在不同阶段所采用的不同的商业模式及其演变现象，也就是企业如何从一种商业模式转变为另一种商业模式。学者们对诸多商业模式创新典型企业的跨期研究都清晰地展现了这种多次、非连续性创新的现象，例如 IBM、苹果、亚马逊、阿里巴巴、海尔等。

商业模式的这种跨越式创新既有商业模式微调从量变积累到质变的情形，也包括崭新商业模式的突现，所以连续性创新与非连续性创新无论从强度上还是界限上都存在一定的相对性。

五、商业模式的二次创新

这类研究聚焦于商业模式的跨企业、跨情境演化。实践中商业模式的模仿（包括跨行业的模仿）和模仿基础上的再创新是十分普遍的，商业模式二次创新专指将原型商业模式向新情境移植这一特殊的情况。吴等（Wu et al.，2010）和吴晓波等（2013）较早关注到这类现象，并把“从发达经济体引入商业模式进行修整以适应发展中国家经济体的本地消费者偏好和市场基础设施的过程”定义为“商业模式二次创新”，并以此为基础提出了商业模式二次创新与技术创新共同演进的模型。商业模式二次创新既不同于初创企业的原始商业模式创新，也不同于成熟企业商业模式的后期演化，是在环境剧变中边设计边适应的过程，既受

到环境影响又有较强的主观性。因此，商业模式二次创新可以视为商业模式创新的特殊演化过程，可能受到不同的创新机制驱动（乔晗等，2020）。

六、可持续（性）的商业模式创新

可持续商业模式（Sustainable Business Model，SBM）创新的第一种含义等同于前述商业模式的持续性创新，既包括了企业在同一商业模式原型范畴内成功实现连续不断的演化与调整，也包括了企业多次成功实现从一种商业模式跃迁到另一种商业模式的情况。SBM 创新构成了一个伴随着发散和收敛思维循环，包括搜索、选择、探索和实验的节奏性过程。胡等（Hu et al.，2019）以 Sheke Network（一家建筑设计公司，其网络平台允许建筑设计机构为其建筑设计项目寻找合适的建筑师）为例，描述了这家公司从一个专业的建筑设计服务平台，发展到一个融合设计师和所有其他相关建筑设计资源的开放式合作平台，最终实现了一个建筑设计产业生态系统的持续创新过程。这一研究中所使用的 SBM 概念即是这一含义，研究分四个阶段（birth、implementation、growth、adjustment），定义了四种商业模式原型（archetypes）[①]，揭示了商业模式持续创新的驱动因素（内部因素：创业、团队、战略适应性调整、平台用户数据库；外部因素：竞争、政治环境、金融和技术支持、供应链发展）以及每个阶段中价值主张、价值创造和传递、价值获取之间的互动机制。研究虽然使用了可持续性商业模式创新的概念，但其含义仍属于上述动态演化的范畴。

可持续性商业模式创新的第二种含义是针对昙花一现式、速起速落的商业模式创新而言的。有些商业模式创新或者由于先天设计的缺陷（例如没有找到可持续的收益模式），或者对现实约束估计不足而在实施中又没能做出恰当的调整，或者由于其他复杂的原因，历经短暂的辉煌而失败、消失。如何实现商业模式创新的这种可持续性（sustainability），则可以回归到前述所有的商业模式创新的过程、活动、思维甚至观念等问题上。企业能够实现上述两种可持续性商业模式创新的能力被称为动态一致性能力。

值得注意的是，可持续性商业模式及其创新运用最广泛的含义是指能够解决社会问题、有利于经济、环境和社会可持续发展的商业模式创新（Schaltegger & Wagner，2011；Lüdeke & Florian，2020）。阿卜杜勒卡菲和图舍尔（Abdelkafi & Täuscher，2016）认为可持续性商业模式是将可持续性要求纳入企业价值主张和价值创造逻辑的工具，不仅为客户提供价值，而且为自然环境和社会创造价值。

① 实质上是四种设计或行动主题。

可持续性商业模式创新是企业以可持续发展为导向，寻求价值主张、价值创造和要素获取、价值网络的全面创新，它充分融合了企业对可持续发展的贡献、对利益相关方和社会负责任的要求，最终创造出涵盖经济、社会与环境的综合价值与共享价值（肖红军和阳镇，2020），例如环境生态保护企业、社会企业、共享模式等。这些商业模式创新同样存在上述动态演化的问题，而且环境制度约束、合法性等本身也构成一般商业模式演化发展的重要驱动与影响因素。这也是相当多的相关文献在运用 SBM 这一概念时同时包含了上述三种含义的原因，不同含义的“可持续性”之间存在某种程度的一致性，例如满足社会环境可持续性的商业模式在某种程度上更能够保持其本身的可持续发展。但是，聚焦于此含义的研究当属不同于我们所讨论的动态演化的其他学术分支。

第二节　商业模式动态演化的驱动机理

大量研究与实践表明，商业模式动态演化的动力来源于三个方面：一是要素之间、要素内部子要素之间的互动，这是系统内部构成自发作用的结果，或者说是一种自演化（self-evolution）；二是企业（领导者）主动追求（Doz & Kosonen，2010）的刻意行为（deliberate decisions by managers），例如创业行为、战略导向等；三是偶然（发）事件的作用或企业行为的意料外结果（emerging and surprising），例如应对制度、政策等外生因素的变化。但是，偶发事件并不会自然而然带来企业商业模式的变化，一般会通过两条路径发挥作用：一是偶发事件影响了商业模式构成要素的状态或执行情况，例如需求特征、资源可获得性、关系网络的可行性、合法性等，而启动了前述的自演化过程；另外一条路径是企业对偶发事件的影响与后果的认知、判断从而启动了调整和适应性变革行为，虽然从根源上来看是被动的，但是从选择、决策如何应对的角度来看又属于主动追求的刻意行为。上述无论哪一种来源的动力，都以如下的追求或结果为驱动机理。

一、内部一致性（internal consistency）

动态一致性是复杂系统运行的基本特征和要求。从系统观的视角来看，商业模式作为一个复杂系统包含在更为复杂的企业整体系统中，内部一致性的要求或者对内部一致性的追求构成商业模式动态演化的重要驱动力。内部一致性既包括商业模式构成要素（components）之间以及构成要素内部子要素（subsidiary ele-

ments）之间的协调和匹配，也包括商业模式与企业内部关键资源，例如核心技术、组织结构、资本能力、企业战略等的协调与匹配（Demil & Lecocq，2010；秦鲁宁，2016）。在商业模式的运行过程中，相互依赖的某些要素的发展变化（例如网络外部性、声誉积累、员工经验的积累、结构官僚化、与产品相关的规模经济等）、核心组成部分内部要素的相互作用（例如，因拥有一束互补资源或对资源运用知识的增加而产生的协同效应）以及核心组成部分之间的相互作用（例如，通过新颖的价值主张获得的收入使企业能够获得更多新的资源），都会产生商业模式的变化（Demil & Lecocq，2010）。从生命周期的不同阶段来看，企业面临不同的发展任务、资本能力与技术投入而进行的动态协调、组织结构的变化、企业战略调整等都会通过内部一致性的要求触发商业模式的演变（秦鲁宁，2016）。

二、环境适应性（environmental adaptability）

环境适应性是对企业持续经营的基本要求，是战略管理的基本出发点，商业模式创新是由环境变革触发的，也会随着环境的持续变革而演化发展。企业保持持续竞争力的关键在于不断地转变其商业模式中的元素，依靠持续创造价值和捕获价值与其外部商业环境相适应。否则，与新环境脱节的商业模式将会削弱公司的整体实力，增加失败风险（Achtenhagen et al.，2013）。环境主要包括制度环境、市场环境、技术环境等。制度环境包括了文化认知、社会规范和政府规制三个方面（Scott，1995），制度环境作为一般环境会影响商业模式的所有构成要素，例如价值主张、客户关系、外部合作、成本收益等，从而引发商业模式的适应性变革，但制度环境主要是通过合法性机制对商业模式创新产生影响（后文详述）；市场环境主要包括竞争状况、竞争移动（competitive moves）与消费者（作为服务对象）及其需求特征等；技术环境包括社会通用技术、行业关键技术、企业核心技术、互补品技术等。众多研究表明，企业在下述情况下便应当考虑商业模式创新的可行性：存在大规模的未满足消费者需求、新技术机会的出现、新市场机会的出现、企业有避开低端分裂的需求、回应竞争的变化等（Johnson et al.，2008；秦鲁宁，2016）。这里对环境适应性的分析与前述静态视角的“商业模式创新的驱动与影响因素”是同一的，只不过更加强调企业在较长的时间跨度中由于环境的持续不断变化需要对商业模式进行的动态调整。

三、成长合法性（legitimacy）

制度主义强调任何企业都存在于一定的制度环境之中，企业的商业实践深受制度环境的影响；制度环境会通过强制、规范与认知三类合法性的作用机制对企业的商业实践产生影响（DiMaggio & Powell，1983）。其中，强制因素指已有的政策、法律的限制以及政府管制态度与许可程度；规范因素既指与社会价值观和道德规范的符合程度，也特指行业发展与接受程度；认知因素指社会公众（对技术、产品、商业模式或行业）的了解和接受程度（Oliver，1991；DiMaggio & Powell，1983；Suchman，1995）。

苏克曼（Suchman，1995）将合法性定义为"在一个由规范、价值、信念和定义所组成的社会构建体系内，对某一实体行动的正确性或适宜性的总的感觉或假设"。企业的合法性，即社会对企业适当性、恰当性和合意性的评价。企业在所处的制度场域中的合法性有利于企业接近和动员所需的各种经济资源，例如资金、技术、人力资源、市场等（Zimmerman & Zeitz，2002）。因此，组织合法性是采用新商业模式的企业获取所需经济资源的前提条件，是商业模式创新能够成功的关键因素。基于合法性的商业模式创新相对其他创新类型（例如产品、流程和管理创新）能够得到可持续的绩效优势和稳健性（Snihur & Zott，2013；Wu et al.，2019）。所以，许多新型的商业模式在创新之初（构思设计阶段）就包含了对合法性的考虑，而在有些情况下，商业模式在实践、实施阶段关于合法性的问题才凸显出来或被关注，此时，商业模式就需要经过进一步的完善和修正以满足合法性的要求或者使组织更具合法性（高社会嵌入性）。可见，合法性的要求或对合法性的追求构成商业模式动态演化的重要机制之一。

奥尔德里奇和菲奥（Aldrich & Fiol，1994）将合法性划分为政治合法性和认知合法性两类。对于商业模式创新而言，前者是指主要的利益相关者、政府和一般公众在既存的社会规范和制度框架下对新商业模式的接受程度，往往表现为行业、政府、社会对某些新兴商业模式的管制或要求，例如对客户及其他利益相关者、自然环境与社会的公平正义性、道德规范性、环境可持续性等；后者则主要指对新商业模式的相关知识的普及程度，它代表了对特定社会活动的形式、边界和存在合理性的共同感知，例如人们对某种商业模式的认知和认可程度。基于此，企业获取合法性有"嵌入"和"能动"两种策略（蔡宁等，2017）。"嵌入"是企业采取的被动策略，强调环境通过强迫、模仿、规范等机制对企业的形塑和同构（Oliver，1991；DiMaggio & Powell，1983）；"能动"是企业的主动策

略，强调组织通过操纵和创造对外部制度环境的改变（Zimmerman & Zeitz，2002）。所以商业模式的动态演化既有顺应合法性约束的一面，也有引领社会变革的一面。

从大量的商业模式创新实践来看，合法性是包含社会企业在内的可持续性商业模式创新的主要触发器，合法性构成创业的直接目的或者对合法性有很强的依赖性。尤其是从创新周期的角度来看，在新技术、新产品、新商业模式从基础研究（或探索）到市场扩散的创新周期的不同阶段，资本需求、风险和投资者行为在表现上都不尽相同，可持续发展导向的创业和可持续性商业模式创新必须从利基市场走向大众市场（Schaltegger & Wagner，2011），需要公共政策形成的制度合法性以获得社会融资支持，才能跨越创新的“死亡之谷”。另外，商业模式情境移植过程中（例如商业模式二次创新），获取合法性是生存的关键，企业必须依据制度环境的变化重新设计和调整商业模式要素。但是，对于大多数一般的商业模式创新而言，合法性在创新的初始阶段并不构成主导的驱动因素，但是在商业模式后续的演化与发展过程中，合法性的影响却是十分鲜明的。

当今时代特征与商业模式创新实践本身特征的叠加使得合法性机制的作用愈加明显。企业嵌入利益相关方网络以及更大范围的社会网络，而利益相关方和社会对企业参与解决社会问题、承担社会责任的期望日益强烈，客户、员工、投资者和其他利益相关者对社会和环境绩效、公开性和透明度提出了更高的要求。也存在一些新型商业模式在为企业带来巨大经济价值的同时，引发了许多新的社会问题，对社会公众利益、社会秩序甚至社会进步造成损害，结果是这些新型商业模式的合法性受到严重质疑，反过来影响新型商业模式的价值创造潜能，使商业模式的可持续性面临巨大挑战（肖红军和阳镇，2020）；或者行业中的商业模式创新先行者的优秀实践（best practices）不断涌现，例如亚马逊、谷歌、特斯拉等，改变了行业规范、社会信仰和文化认知，形成了全新的价值主张，建立起了新型商业模式的认知合法性。无论在哪种情况下，商业模式都需要做出或主动或被动的调整。

四、战略意图操控（strategic maneuvering）

除了上述驱动机制以外，企业主观上（主动）追求变革与成长的战略本身也构成商业模式创新的驱动力量（参见第五章第一节“五、企业自主变革动力”）。哈默尔和普拉哈拉德（Prahalad & Hamel，1989）曾指出，在充满高度不确定性和存在大量偶然性的现实商业环境中，在变化越来越快的市场上，“战略意图”

具有作为方向指引和导航罗盘的作用。企业为了建立独特的竞争优势而进行的破坏性创新，企业搜寻并利用新的市场机会构建新的、差异化、难以模仿的商业模式，企业为保持长期的竞争优势追求商业模式的不断变革等，这些都使商业模式呈现战略操控下的动态演化。企业在发展的不同阶段所采取的不同战略（包括总体发展战略与市场竞争战略）必然会引发商业模式的变化（参见第五章第四节“一、（五）成长战略姿态对商业模式创新的驱动与影响”）。

除了战略本身以外，战略导向（strategic orientation）作为战略的认知逻辑（肖红军和阳镇，2020）会在更深层次上影响商业模式演化的方向和路径。战略导向反映了企业如何通过一套根深蒂固的价值观和信念来开展业务的理念（philosophy），以引导着企业努力实现卓越的绩效（Gatignon & Xuereb，1997）。战略导向引导企业的资源配置与战略行动，对企业市场和技术层面的创新活动具有积极效用（Zhou et al.，2005）。战略竞争观强调企业的战略竞争导向对企业参与市场的竞争方式、资源配置模式和相应的商业模式创新方向会产生决定性的作用。企业基于异质性的战略导向会形成差异化的价值创造认知与未来价值图景，进而深刻影响其价值主张、价值创造、价值分配等各个环节（Gatignon & Xuereb，1997；Doz，2010；王雪冬和董大海，2013；李巍，2017）。以往研究识别出不同的企业或者企业在不同的发展阶段可能会持有以下三种不同的基本战略导向：市场导向（market orientation）、技术导向（technology orientation）和创业导向（entrepreneurial orientation）（Zhou et al.，2005）。企业在发展过程中战略导向的转变会带来商业模式的转变（后文详述）。

五、偶发事件与危机应对（contingency and crisis response）

企业为应对偶发事件与危机采取某种策略从而带来商业模式的变化，从本质上来说仍属于环境适应性的范畴，但是所谓偶发事件与危机一般以非正常、难以预料或突然的形式出现，虽然其本身的发生不具有连续性、重复性或趋势性，但是其影响往往不会随着事件的结束而消失，它会引发商业模式或其构成要素的调整，改变企业的发展路径和行动轨迹。索斯纳等（2010）指出，严重的危机能够促使管理者对现有的主导逻辑和商业模式的现状进行深刻的反思。多兹和科索宁（Doz & Kosonen，2010）也指出竞争危机促使企业认真考虑对原有业务采用不同商业模式的可能性。例如 1989 年在谢菲尔德的一场比赛中 96 名利物浦球迷在人群骚乱中丧生的事件，引发了 Arsenal FC 足球俱乐部商业模式的调整（Demil & Lecocq，2010）；2018 年国内滴滴打车安全事件引发了平台业务模式的调整。因此，与战略类似，商业模式也会发生非预设性变革（Mackay & Chia，2013）。正

如明茨伯格（Mintzberg，1978）所指出的，对战略有一个完全深思熟虑的观点是有风险的，这意味着一个组织的商业模式仅仅是其管理层有目的的和具体的设计决策的结果。在现实中，组织进化可能会更猝不及防、更令人惊讶、有更复杂的前因和后果，往往依赖于环境或偶然事件，而不仅是深思熟虑的管理选择（Tsoukas & Chia；2002）。

然而，即便是看似完全偶然的事件与危机，偶然中往往也反映出某种必然，需要行为者进行识别、反思、调整与适应，所以，上述各种机制——主动进取/被动适应、外部驱动/内部交互、深思熟虑/随机应变，交织在一起共同推动了商业模式的动态演化。

第三节　商业模式动态演化的影响因素

通过上述分析可以看出，商业模式动态演化的机制是复杂交织的，从一般意义上来看，商业模式演化存在多重的前因、过程、结果关系；但是具体到特定企业、企业的特定发展阶段或特定情境的演化，不同机制的影响力大小（或者启动/主导机制）是存在差异的。上述机制在发挥作用的过程中，关联因素的状况或状态对商业模式动态演化的具体表现会产生影响，从而使其呈现出差异性。

一、环境动荡性（environmental turbulencc）

环境变化会通过多重机制引发或介入商业模式的变革与调整，由于商业模式的环境开放性，无论是商业模式系统本身的自演化，还是主观行为主导的演化，都会或直接或间接地与环境的变化之间产生影响与被影响的关系。环境变化或称外部“震动”可能会突然中断或打扰组织的正常运作，打破商业模式的相对平衡而进入新的不平衡状态（Wirtz et al.，2007）。从环境（制度环境、市场环境、技术环境）本身来看，高的环境动荡性会加剧商业模式演化的速度和频率。当今时代新的商业模式快速涌现并迅速进化的根源就来自环境的高度动荡性。从企业自身来看，企业的开放性越高（环境的高暴露性），面临的环境越复杂，环境的不确定性对企业运营的扰动就越大，企业需要持续不断地进行环境扫描（environmental scanning），对环境扰动的方向、强度、要素关联性进行分析与判断，并做出调整，从而使得企业商业模式的动态演化特征越明显。实践中，互联网相关行业是“高动荡环境”的典型，在这种环境中，成功的商业模式需要经常调整以适应新的挑战。类似的表现，相对于面向中间品市场的行业，在面向终端市场的行业中，其环境复杂性、动荡性、暴露性都较高，因而商业模式创新频现而且呈现出快速演化的特征。

二、企业主导逻辑（dominant logic）

组织范式创新是商业模式创新的元动力，因为组织全新的使命驱动和运行逻辑的变革能够重塑组织的文化、结构和惯例，改变组织的商业决策和实践方式，推动组织的商业模式创新转型。借鉴“范式”思想，普拉哈拉德和贝蒂斯（Prahalad & Bettis，1986）提出主导逻辑概念，主导逻辑的本质是一种认知模式，是管理者对所在行业的看法、对业务的概念界定及相关关键资源配置决策方式的集合（苏敬勤和单国栋，2017；张璐等，2019a）。

如前文所述的战略导向就是主导逻辑的一种反映（Zhou et al.，2005）。学者们识别出的三种基本战略导向是：（1）市场导向（market orientation）。市场导向将利润创造和维持高水平的顾客价值放在首位（Narver & Slater 1990），它强调整个组织需要获取、传播和回应来自公司目标顾客和当前及潜在竞争对手的市场情报（Jaworski & Kohli，1993）。一些研究者认为，市场导向本质上就是顾客导向（Deshpandé et al.，1993），在企业战略规划和实施中体现“客户拉动”的概念（Day，1994）。（2）技术导向（technology orientation）。技术导向反映了“技术推动”的理念，即认定消费者更喜欢技术上优越的产品和服务。以技术为导向的公司提倡致力于研发、新技术的获取和最新技术的应用（Gatignon & Xuereb，1997；Wind & Mahajan，1997）。尽管市场导向和技术导向都促进了对新思想的开放，但市场导向倾向于更好地满足客户的需求，而技术导向则倾向于采用最先进的技术（state-of-the-art technologies）。IBM 自 20 世纪 90 年代以来的商业模式变革就是基于技术导向逻辑向市场导向逻辑的转变。（3）创业导向（entrepreneurial orientation）。创业导向反映了一个公司倾向于“追求新的市场机会和更新现有的经营领域”（Hult & Ketchen，2001），它提倡包括高度主动地面对市场机会、容忍风险和接受创新的价值观（Lumpkin & Dess，1996；Matsuno et al.，2002），以此为主导逻辑的企业即通常所说的创业型企业。

主导逻辑的具象表现在诸如企业家精神、高管特质、决策模式、惯例等。彭罗斯（Penrose，1995）认为，企业的环境更像是企业家心目中的“形象”，他们（以及整个企业）根据企业所拥有的内部资源来解释自己的环境，因此，它的发展更多是由关于潜在的生产机会的主观想法所驱动的，而不是由一个关于公司在一个特定的时刻能完成什么的客观观点来驱动的。这一观点强调了主

导逻辑的深层决定作用，所以，调整管理层可以打破组织的惯性和商业模式的刚性。这验证了CEO和管理层对于组织变革具有重要意义的文献观点，例如IBM通过引入公司历史上首位外部CEO郭士纳成功推动了商业模式创新（夏清华和娄汇阳，2014）。从本质上讲，商业模式的动态性是由个人认识到变革必要性的能力以及推动和实施变革的意愿所驱动的（Sérgio et al.，2011），这也是在实践中我们能观察到所处环境相当的组织商业模式演化发展的路径和结果不尽相同的原因。

三、企业动态能力（dynamic capability）

动态能力是组织不断成功变革的元能力（meta-capabilities），它对商业模式动态演化的影响是不言而喻的。蒂斯等（Teece et al.，1997）认为，动态能力是企业整合、构建以及再配置内外资源且以此应对外部环境快速变化的能力。无论从资源、过程还是学习视角对动态能力的阐释都能够揭示其作为商业模式动态演化元能力的作用：动态能力是企业决策者依据预期重新配置企业的资源和惯例进而创造、拓展或修改其资源基础的能力；是企业通过整合、重构、获取、释放资源来匹配甚至创造市场变化的一种具体、可辨认的战略或组织过程。企业可以通过动态能力这种集体活动的学习模式，形成、修改运营惯例以达到更高的效率。

蒂斯（Teece，2007）进一步将动态能力分解为：感知、塑造机会和威胁，抓住机会，以及通过增强、整合、保护，并在必要时重新配置企业的无形资产和有形资产来保持竞争力的能力。在这一理论基础之上，学者们结合实践，提出企业实现商业模式战略性发展（即动态演化，strategic development of business models）对动态能力的要求：（1）环境敏感性。具备强大的感知能力，能够识别环境中的相关变化；（2）快速匹配能力。将这些变化与公司商业模式的不同领域相匹配，以便将市场机遇和挑战转化为旨在完善公司商业模式特定部分的行动计划，从而更快地利用环境变化；（3）实施能力。实施新的结构，建立改进组织惯例，以最佳地应对新的环境景框（Wirtz et al.，2010）。

多兹和科索宁（2010）则直接使用了“元能力”的概念，提出核心元能力（meta-capabilities）可以使组织更敏捷，保持战略敏感性（strategic sensitivity）、领导统一性（leadership unity）和资源流动性（resource fluidity），从而加速商业模式的更新和转变。其中的战略敏感性是指对战略发展的敏锐洞察以及强烈认识和关注；领导统一性是指顶级团队能够具备大胆、快速决策的能力，而不会陷入高层的“输—赢”政治；资源流动性是指快速重新配置、重新部署能力和资源的内部能力。

可见，动态能力（或者元能力）构成商业模式动态演化的基础组织特征。

四、组织状态特征（status and characteristics）

组织的演化是具有路径依赖性的，商业模式的动态演化当然也不例外。组织在每一个时点上的状态特征既是商业模式动态演化的结果，也是商业模式进一步发展变化的起点，组织的资源和能力（内部和外部）状况、组织结构（价值链和价值网）特征和当前价值交付的主张（how and to whom）性质都会影响商业模式进一步演化的情态。

资源基础论对于商业模式动态演化的一个基本观点是组织在发展过程中会产生资源和能力的冗余，这些冗余作为过剩能力可以被用于发展多元化或者创新价值主张，这构成企业未来成长的驱动力。大量商业模式持续创新的案例都表明，企业在运营当前商业模式的过程中所积累起来的核心能力或资源往往构成商业模式再创新的立足点，例如基础设施、核心技术、数据、客户、关系等。但是特定核心资源和能力的积累（包括成功经验的积累、成功的价值主张交付赋予组织固化的形象标签）也会使商业模式呈现一种刚性（一种维持现有结构稳定的系统特征）（夏清华和娄汇阳，2014），也有学者使用“锁定”的概念，其实这种刚性不只是具有阻碍商业模式变革的作用，还有能够推动这种变革的一面，例如核心能力产生的对利益相关者的锁定效应会减少变革的阻力和不确定性，或者说更容易得到他们的支持。

系统论则使用耦合（coupling）的概念来强调商业模式要素之间、与组织其他要素、环境之间的关系结构特征对商业模式动态演化的影响。一般来说，紧密耦合（tightly coupled）会带来牵一发而动全身的效果，松散耦合（loosely coupled）则保持了一定程度的独立性、自主性、灵活性，被认为能带来持续性、缓冲性和适应性（persistence，buffering and adaptability）。当面对高度动荡的环境时，一个强大（紧密）的内部耦合可能会削弱公司在面对糟糕的外部契合时的适应性。适应性可能需要具有松散契合元素（loosely fitting elements）的模型或引入新元素，从而改变现有元素之间的动态关系（Morris et al.，2005）。但是通过上述关于“刚性”和“锁定”的分析可以看出，组织的耦合状况可能会由于复杂的因果机制对商业模式的动态演化产生阻碍与推动两个相反方向的效果，从而对商业模式动态演化的进程及方式产生不确定性的影响。

第四节 商业模式动态演化的一般特征

对组织动态视角的研究是依据时间过程探索组织变量的变动状态，较之静态研究，能观察到更多的现象，从而能够更好地揭示组织运动的规律性，所以商业模式的动态演化一直是相关领域研究的重要议题且备受关注。但是，从目前的研究成果来看，关于商业模式的动态演化还缺乏统一的话语体系，研究之间以及研究结果与理论之间缺乏对话，研究结果呈现碎片化、割裂的状态。这种状态不仅是研究视角的不同，即便是采用同一视角的研究也存在各种不同的范畴及逻辑关系的表述，这些不同的范畴和关系表述有的仅仅是文字表述的差异，而有的则存在内涵与外延上的涵盖、交叉、重叠、模糊现象，尤其是大量案例研究的结论（见本章附录）也仅仅呈现了个案特有的现象与规律。当然，这首先与商业模式及其创新本身的个性化特征有关，但是，通过对上述大量研究结果的分析与梳理，还是能够揭示出商业模式动态演化在动力机制、演化的周期性、演化的形式和性质、演化的结果或成效方面的一般特征。

一、商业模式的动态演化是主动进化与应急进化相互交织的结果

从实施商业模式创新管理的角度来看，应把研究的重点放在“主动”（voluntary）进化方面，“主动”的商业模式变化是对一个或多个核心组成要素及其结构关系的一个或一组深思熟虑决策的结果，从主动追求的动机来看主要包括内部一致性、环境适应性、成长合法性、战略操控以及危机应对等。但是也应该认识到，有些变化是意外的，部分甚至超出了管理者的控制。这些演变可能来自环境，也可能来自自愿决策的意外影响（the unanticipated effects），或来自商业模式运行本身的动态性（Demil & Lecocq，2010）。所以从商业模式演化的源动力来看可以表现为自演化、管理者的刻意追求和偶然的结果。从这一方面来看，对商业模式动态演化的解释仍然可以遵循战略管理不同流派的基本理论思想。商业模式演化某些情境和表现可以得到来自战略规划理论（有意识的、深思熟虑的决策）的解释，而某些情境和表现则更符合偶然性理论（contingency theory）的观点（Zott & Amit，2008）。偶然性理论是以环境不确定性、未来不可预测性、系统复杂性和演化动态性为基础，强调偶然性、试错性、应急性、意图性、学习性、自组织性、自适应性、灵活性和随机性等特征的企业发展理论。虽然这一理论还存在明显的不足，但是，由于当今时代环境的复杂性与不确定性日益加剧，

偶然性理论在战略管理理论中的影响力逐渐提升，管理者只有深刻认识到这一现实，才能够对商业模式的动态演化采取恰当的反应和行动。

二、演化是商业模式系统动态平衡性的呈现形式

组织总是在维持与创新之间进行“度”的权衡，以保持组织的可持续性，能够恰当地把握稳定与变革二者之间动态关系的能力被称作动态一致性能力（dynamic consistency capability）（Demil & Lecocq，2010）。从长期来看，商业模式作为一个开放系统呈现出相对稳定（平衡）与鲜明变革（不平衡）交替的周期循环状态。

支持商业模式稳定性的力量主要来自能力刚性、组织惯性以及商业模式本身刚性的存在。组织学习理论和组织惯性理论认为，企业相对于去探索新的资源，更倾向于对既有资源的开发和利用，从而阻碍变革与转型。大量实践研究表明，企业倾向于增加与其现有某些方面相关的活动，这些活动要么基于相同的核心竞争力，要么是为了利用某些共同的技术和市场特征而开发。比较普遍的商业模式创新是由相似的商业逻辑驱动的——扩展市场定位或向相似受众提供服务或产品；或者，公司可以运行平行或连续（相邻）的商业模式，以覆盖其价值链的更多部门，其连续的（相邻）连接可以使公司从协同效应中受益，为客户创造更多的价值，从而（希望）为公司获取更多的利润（Sabatier et al.，2010）。所以，在保持相对稳定状态前提下的渐进式、连续型创新是商业模式演化的常态。从创新行动或过程的视角来看，商业模式更倾向于高频率和小力度的调整，即“小步快跑”式的迭代。

但是，当商业模式的构成要素受到来自内外部环境的巨大冲击，或者渐进性变革的积累引发了商业模式的质变时，相对平衡被打破，不平衡状态会诱发商业模式的急剧（或者至少是鲜明的）变革，新的商业模式将出现，商业模式的动态演化进入一个新的循环。这种周期循环在绝大部分案例研究的结果中都有呈现，动态演化的时间周期划分都是以最初（或每次）形成新的相对稳定的商业模式作为标志。

三、商业模式演化呈现出多样化的具体形态

企业商业模式动态演化呈现多样化的具体形态（不同类型或性质的创新）。从比较静态的视角来看，也就是说，不同的企业、企业在不同的发展阶段呈现出不同类型的商业模式创新，商业模式动态演化的过程也就是企业在不同类型的商

业模式创新之间转换的过程。由于商业模式的变化在不同的背景下受到来自不同源动力的驱动，企业商业模式的变革表现出不同的类型和性质：原创性创新/模仿性创新/模仿后再创新、适应性创新/自主性创新、起始创新/引致性创新、连续性创新/非连续性创新、优势资源利用型创新/劣势资源互补型创新、技术主导/竞争主导/市场主导型创新、价值主张/价值网络/收益模式创新等。对于已存续企业而言，即使是进行了不连续（或颠覆性）创新，也是在保证企业整体经营连续性的前提下发生的，所以，商业模式创新必须以企业以往走过的路径所积累起来的资源和能力为依托，或者以能创造或获得某种重要的资源和能力为基础。随着企业的成长，企业的核心资源和能力可能会发生转移，企业与环境之间的关系会发生变化，企业的主导逻辑和战略姿态会进行调整，商业模式创新的立足点、支点、锚定点发生了转移和变化，创新行为的具体特征也将会发生变化，商业模式创新类型与性质的变迁使得企业呈现非线性成长特性。

值得一提的是，虽然颠覆性的商业模式创新备受瞩目，但颠覆性商业模式创新是很少会在正常存续的企业中发生的，即便在外部看来是颠覆性（非连续性）的，对于组织而言可能也是积累或酝酿已久的结果，或者已经经历了一个较长时期的“双模式过渡期”。更何况，颠覆需要“范式转移”（paradigm shift）（Kuhn，1962），这是对固有基本信念的挑战，这些固有信念是“隐藏在暗处的顽石”，除非遭遇重大变故或危机，才会发生置之死地而后生的变革，使企业产生脱胎换骨的变化。突变论认为，在严格控制的情况下，即便是发生了质变，如果质变经历的中间过渡态是不稳定的，那么客观存在就是一个飞跃过程，也就是发生了突变；如果过渡的中间状态是稳定的，那么客观存在就是一个渐变的过程；所以在一般的情况下，商业模式创新表现为渐近性和连续性的调整。虽然如此，创业（导向）型企业在发展成长过程中仍可以看到鲜明的商业模式的阶段性变革。突变理论指出，生物进化中达尔文强调的那种微小变异不是形成新物种的真正基础，物种起源主要是通过跳跃式的变异——“突变”来完成的。商业世界也是如此，从行业的角度来看，颠覆性商业模式创新（新物种）时有发生（尤其是在环境高度动荡的行业），它一般伴随着新创企业的创建而诞生，原因在于新创企业除了不会受到上述因素的羁绊之外，更重要的是新创企业需要一个崭新的、具有独特优势的商业模式才能使它在当今严峻的竞争中突破市场壁垒脱颖而出，争取到稍纵即逝的生存与发展的机会。

四、企业商业模式演化是行业商业模式演化的缩影与载体

虽然商业模式的定义是立足于企业的，同一行业中不同企业的商业模式或者

商业模式的具体构成要素是有差异的，这也是构成不同企业竞争力水平差异的原因。但是，从“商业模式就是做生意的方式”（三谷宏治，2016）的角度来看，特定行业在特定的历史时期会存在一个占主导（或主体）地位或具有鲜明优势的基本商业模式（the dominant business model），而且这种基本的商业模式是随着时间的推移而变化或转移的，呈现出明显的演化特征，例如传统商务向电子商务的演化、通信手机向智能手机的演化、传统汽车向智能汽车的演化等。行业商业模式的演化是行业内企业商业模式创新与竞争互动不断作用的结果。

行业商业模式演化最令人瞩目的现象就是破坏性创新的出现。例如，在钢铁行业出现的纽柯（Nucor）公司、传统商业（零售业）中的沃尔玛和苏宁、手机行业中的苹果公司、汽车行业中的特斯拉、航空业中的美国西南航空公司等。在众多领域都不乏由于破坏性创新开启了行业主导商业模式变迁的例证。更加令人瞩目的是，一个颠覆性或原创性商业模式（original business models）的出现往往造就了一个新行业，例如搜索引擎（谷歌）、电商平台（eBay、亚马逊、阿里巴巴）、社交平台（Facebook、腾讯）等。最先准确洞察到行业新的发展机会或发展趋势并将其成功付诸商业行动的企业将成为商业模式创新的先导企业，这些先导企业所展现出来的竞争优势使它们迅速成为行业的标志（Sabatier et al.，2010）而被其他企业争相效仿；或者这些先导者改变了行业规范、社会信仰和文化认知，形成了全新的价值主张，建立起了新型商业模式的认知合法性，为行业主导商业模式的变迁提供了环境空间。

新型商业模式的出现打破了传统商业模式的主导地位，使行业商业模式进入发散的不平衡状态，不同的商业模式并存、竞争、互动、演化，新型的主导商业模式逐渐形成。如此，行业商业模式从发散到收敛，经过一定时期的相对稳定状态再发散、再收敛，使得行业主导商业模式呈现间断性的稳定状态，行业主导商业模式的变迁构成行业商业模式的动态演化路径。从更深层次来看，由于市场竞争的基础作用，行业商业模式动态演化的源动力也主要来自基于社会发展的技术创新与需求的变迁，即便是破坏性创新，如果能被市场所广泛接受，并成为被模仿与学习的典范，也必然是顺应了社会发展趋势的。

附录A：近年来国内商业模式动态演化案例研究示例

（1）钱雨等（2018）以智能制造企业——沈阳机床为例，建构了在适应性（从被动适应到主动适应）驱动、颠覆性驱动到整合性驱动下，商业模式从促进、

互补到共生的演化及其与技术探索、技术突破、技术深化三阶段相匹配的关系。

（2）张璐等（2018）以蒙草生态为例，揭示了在战略导向（市场导向与技术导向）与动态能力（感知识别能力、组织学习能力、资源整合能力和组织重构能力）匹配下，企业由“市场需求型商业模式”到“技术创新型商业模式”再到“共享开放型商业模式”的演化过程。

（3）王立夏和宋子昭（2020）以尚品宅配为例，解析了企业在不同的发展阶段对所处动态环境的识别，影响了不同层面的企业家精神，而不同层面的企业家精神又促进了不同形式的商业模式创新的演化。不同层面的企业家精神的主体分别为个体、组织和社会，对应于技术创新、制度创新和协同创新，从而形成不同发展阶段的商业模式创新，从简单线性的商业模式到反馈控制再到复杂系统的商业模式。

（4）乔晗等（2020）选取支付宝作为案例，分析企业商业模式二次创新的过程，并探究其与制度环境的共演机制。研究发现，商业模式二次创新包含适应创新和自主创新两个阶段，存在适应式商业模式创新、探索式商业模式创新、协同式商业模式创新三种不同创新方式的演进现象，并通过分析不同的创新方式与制度环境的相互影响，进一步提炼出“制度压力驱动企业进行商业模式适应创新”“商业模式创新触发潜在的制度压力”“商业模式自主创新引致制度环境变化”的演进规律。

（5）张新香和胡立君（2018）以百度、腾讯、淘宝、金山和奇虎 360 这 5 家互联网样本企业为研究对象，揭示其价值定义、价值实现、价值创造与传递三大构件主导地位的依次更替，对应呈现出客户价值实现、企业价值实现和网络价值实现的纵向三阶段演化模型。初始期，互联网企业以客户价值实现为目的；发展期，企业价值实现指导商业模式行为的工作方向；成熟期，企业则注重客户、伙伴以及自身价值的同时提升。三阶段模型在时间跨度和运营绩效上与企业生命周期的创业期、发展期和成熟期很好吻合。商业模式的三大构件同样呈现出动态演化的特征：效率型、互补型、新颖型构成价值定义的演化路径；聚焦模式、一体化模式、生态网络模式构成了价值创造与传递的演化路径；价值实现的收入模式从依赖规模经济效应向依赖范围经济效应演化，成本结构由依赖正式契约向依赖非正式契约的关系治理演化。研究得出相对一般性的结论：①创业初期，尤其是后进者，需要以独特思路定位目标客户，以规避市场进入壁垒。同时认识客户价值实现是该阶段商业模式设计的关键目标，如果市场规模未达到临界数量，过早强调企业价值实现，企业会被市场抛弃。如果市场规模已经超过临界阈值，企业步入发展期，单纯过度“烧钱”，企业会因为没有资本积累而无法继续市场扩散。如果步入成熟期，需要承认市场规模和运营利润已经难以大幅增长，构建网络体系、吸引更多优质利益单元加入网络系统，是该阶段的行为主导。②为了避免坚持做过去正确的事而引致今天的失败，需要企业持续创新价值定义、持续多方位挖掘可行的价值实现方案，持续增容价值网络。③实时审视市场环境、经济环境、文化环境和技术环境，不断寻求商业模式与环境的有效匹配，基于行业属性，灵活实现商业模式的阶段进化和构件内容的微观演化。

（6）项国鹏和罗兴武（2015）以浙江物产为例，基于价值创造视角，揭示了企业的价值主张由经济价值、能力价值向关系价值演化，价值创造由模块化组织、模块化簇群向无边界企业演化，价值分配与获取也由产业内的内部系统整合、产业内的外部系统整合向产业外的内部系统整合演化。

（7）张璐等（2019）以蒙草生态为例，提出新创企业资源行动受战略导向与动态能力协同匹配作用的影响，且会经历“拼凑—编排—协奏”的演化过程。资源行动带来的有效资源整合和流程创新促进企业商业模式形成，并随资源行动演化实现“市场需求型商业模式——技术创新型商业模式——共享开放型商业模式”的创新演进过程。

（8）罗小鹏和刘莉（2012）研究发现腾讯公司在创业期的商业模式创新是由外部环境中的机会和压力而启动的，在成长期和成熟期逐渐转变为顺应环境和自身条件变化而主动创新，创新难度和力度逐渐增强，经历了由重构型、调整型到完善型的发展过程。同样以腾讯公司为研究对象，张永安和吴屹然（2015）将商业模式构成模块分析与价值系统分析相结合，提出：成长期，企业业务呈高速增长态势，商业模式创新不仅要满足用户个性化需求，还要提升价值内容，尤其要在设计网络形态和伙伴关系结构模块方面进行创新；成熟期，随着商业模式各构成要素总量上的提升，商业模式创新主要集中在优化网络形态，在高度整合行业资源的基础之上使自身多元化业务高度协同发展。

（9）长青等（2020）研究了支付宝的发展历程，提出：企业战略转型的路径特征，是其不断利用情境优势跨越合法性阈值的结果。“合法性逻辑—行为逻辑—阈值跨越”构成合法性阈值跨越机制，是企业突破情境约束，进而实现战略转型的有效途径。具体表现为：合法性逻辑作为一种认知模式，驱动企业通过由战略行为和动态能力构成的行为逻辑跨越合法性阈值，以实现战略转型，从而使“支付宝”从淘宝网附属部门、互联网支付机构、第三方支付机构发展成为金融服务平台。

（10）刘志迎等（2019）以星空传媒（互联网平台）为例，构建了商业模式迭代创新演化的三阶段、五要素模型，三阶段即价值发现→价值创造→价值实现，五要素即价值主张、资源整合、产品创造、营销模式和盈利模式；并展示了五大要素嵌入在三个阶段之中的循环迭代过程。研究围绕星空传媒发展过程中的

关键事件，通过三次商业模式设计分析了星空传媒商业模式循环迭代的演化过程：初始商业模式设计、第二次商业模式设计（第一次迭代）和第三次商业模式设计（第二次迭代）。研究发现该企业一次完整的商业模式设计过程经历了价值发现→价值创造→价值实现三个阶段，且商业模式跟随动态的互联网市场、客户需求进行不断调整。

附录B：手机行业主导商业模式的演化历程

1983年，世界上第一部手机问世——摩托罗拉DynaTAC8000X，它的设计者马丁·库帕（Martin Cooper）带领他的团队为之奋斗了整整十年，多年后他在谈到DynaTAC8000X时曾无比自豪地说："我们庞大的开发小组创造了历史"；但同时他也由衷感叹："手机产品更新换代如此迅速，只怕这也仅仅是历史长河中的冰山一角。"手机行业近四十年的发展历程，呈现出的不仅仅是技术和产品的创新，更确切地说是商业模式的不断演化与创新。

依据整个行业占主流地位的商业模式的基本特征，可以把手机行业的发展分为三个阶段[①]：（1）通信手机时代（1987～2000年），这一阶段以手机本身的品质为核心，注重手机的基本性能——移动通信，主要解决客户通信不便的困扰，满足客户对高质量、便捷通信的需求。（2）多媒体时代（2000～2007年），该阶段的手机已经从单纯的通话工具变成了具有多种功能的电子消费品，例如音乐、视频播放、照相、游戏等多媒体功能，互联网、蓝牙、GPS导航等应用功能。各手机厂商围绕功能多元化和差异化展开竞争。（3）智能手机时代（2000～2007年；2007年至今）[②]，智能手机（smart phone）是指像个人电脑一样，具有独立的操作系统，可以由用户自行安装软件、游戏等第三方服务商提供的程序，通过此类程序可以对手机功能进行扩充，并可以通过移动通信网络来实现无线网络接入。在发展过程中，加速度感应器、磁力感应器、光线感应器、GPS等感应装置的加载，使手机能够更加智能地感受外界变化。网络传输速度的提高、以App Store为代表的软件应用商店的成熟，使手机的商业模式发生了颠覆性的变化。手机行业主导商业模式的演化包含了来自技术创新、需求变异、先驱引领、竞争

① 与按照技术、产品、功能等其他特征来划分的行业发展阶段有所差异。

② 如果从2000年3月，摩托罗拉推出A6188智能手机起算，智能手机时代可划分为前智能手机时代和后智能手机时代。前智能手机时代与多媒体手机时代同步，直至2007年6月，苹果推出了第一部iPhone，它的出现颠覆了整个手机市场，手机进入了后智能手机的时代——真正的智能手机占主流地位的时代。

互动甚至偶然事件的驱动，商业模式的构成要素都呈现出适应性的演化态势（见表10－1）。

表10－1　　手机行业主导商业模式的演变历程

	通信手机时代（1987～2000年）代表品牌：摩托罗拉、诺基亚、爱立信	多媒体时代（2000～2007年）代表品牌：诺基亚、摩托罗拉、三星、索爱	智能手机时代（2007年至今）代表品牌：三星、苹果、HTC、华为、OPPO、小米
客户细分	满足有电子通信需求的大众市场	着眼于有更多功能需求的不同层次消费者	关注那些愿意为额外服务而付费的高端消费者，多元化市场
价值主张	以通信功能作为价值的核心	通信与多媒体功能、可靠性为价值核心	客户体验，延伸价值，例如无缝音乐体验
渠道通路	传统渠道	自有渠道和合作伙伴渠道	零售商店、实体店和网络渠道
客户关系	注重客户的获取，一般交易关系	客户获取，长期客户关系维系	增强客户对品牌的忠诚度，价值共创关系
收入来源	资产销售，一次性支付交易收入	手机销售收入，服务使用费，内容订阅费	硬件收入、应用软件和服务收入、平台收入
核心资源	硬件制造实体资产，品牌、芯片等知识资产	实体资产和知识资产，研发人才与能力	硬件资源，品牌、软件等知识资源，研发、设计、营销人才，网络社区
关键业务	着眼于手机产品的制造	产品制造，网络服务，软件、品牌平台构建	产品开发，品牌推广，网络营销与运营，柔性组织管理
重要合作	行业内企业间的竞争多于合作	广泛构建战略联盟关系，例如与网络运营商、电信通信公司之间的合作	开放式价值创造网络
成本结构	成本驱动，重视在每个方面降低成本	成本驱动为主，开始转向价值创造驱动	价值创造驱动

参考资料：《手机发展史、演变进程》. https：//wenku. baidu. com/view/a6c23ce66429647d27284b73f242336c1fb93067. html.

当今，手机已经不同于作为消费者身外之物的一般商品，它几乎成了消费者自身的一部分，在商品经济发展的历史上，还不曾有任何一种商品与消费者如此密不可分，在消费者日益追求个性化的今天，作为这样一种商品，它的个性化要求是发展的必然。手机未来的价值主张定位应该不再局限于某种具体的功能，而应该是为消费者提供“问题解决方案”，让消费者生活得更方便、更快乐，满足

内心情感需求与社会生活需求。

当今企业之间的竞争已经演化为所属商业生态系统的竞争，企业要想在竞争中获胜，必须构建自己独特、优秀的商业生态网络，而这个商业生态网络就是价值创造网络。价值创造开放化、网络化是商业模式发展的必然趋势。企业价值创造模式的设计，在资源、流程、合作上都要持有开放的观念，要把供应商、互补产品的提供者、竞争者、下游、消费者甚至不直接相关的公众等都纳入价值创造的视野，找到最佳的价值创造点和价值创造模式。

手机价值主张的变化也就意味着其盈利模式的变化，消费者总是在为其渴望得到的需求满足付费。当今的手机，已经成为消费者处理各种问题（包括工作、生活、学习、社交等）的中介和平台，所以手机行业的收入来源已经不再仅仅是商品实体本身，而是越来越倾向于其衍生的服务。这就使得手机相关的收入除了手机硬件等实体资产和软件、品牌等知识资产外，来源将更加多元化、服务化。

上述手机行业主导商业模式的总体演变特征如表 10－2 所示。

表 10－2　　手机行业主导商业模式的演变特征

发展阶段	商业模式特征		
	价值主张	价值创造	价值实现
通信时代	单一通信功能	独立、封闭模式	单一、短期的盈利模式（硬件）
多媒体时代	产品性能优化功能 多元化、延伸	封闭网络模式	多元、长期的盈利模式 （硬件＋软件）
智能时代	用户体验、个性化 用户参与、场景化	开放网络模式	多元、长期的盈利模式 （硬件＋软件＋服务＋平台）

主要参考文献

[1] 阿里巴巴集团官网．https：//alibabagroup. com/cn/about/businesses. [2021－04－13].

[2] 白冰茜．自媒体的发展研究［J］．新媒体研究，2018，4（6）：109－110.

[3]［美］鲍勃·罗德，［美］雷·维勒兹．大融合：互联网时代的商业模式［M］．朱卫未译．北京：人民邮电出版社，2015.

[4] 北京立思辰科技股份有限公司官网．http：//www. lanxum. com/.

[5]［美］彼得·德鲁克．创新与企业家精神［M］．上海：上海人民出版社，2002.

[6] 卜庆军，刘素梅，刘程军．企业如何实现商业模式创新？——基于清晰集的定性比较分析［J］．现代管理科学，2019（9）：78－80.

[7] 蔡宁，贺锦江，王节祥．“互联网＋”背景下的制度压力与企业创业战略选择——基于滴滴出行平台的案例研究［J］．中国工业经济，2017（3）：174－192.

[8] 长青，孙宁，张强，等．机会窗口，合法性阈值与互联网创业企业战略转型——支付宝2004～2019年纵向案例研究［J］．管理学报，2020，17（2）：177－185.

[9] 陈寒松，牟筱笛，贾竣云．创业企业何以提高创新绩效——基于创业学习与商业模式创新协同联动视角的QCA方法［J］．科技进步与对策，2020（6）：19－26.

[10] 陈劲．演化与创新经济学评论［M］．北京：科学出版社，2008.

[11] 陈久美，刘志迎．基于产品生命周期的二元创新与商业模式动态匹配——多案例比较研究［J］．管理案例研究与评论，2018，66（6）：77－96.

[12] 陈威如．近10年商业模式上最大的创新是平台模式［EB/OL］．https：//www. Sohu. com/a/225010237_464074.

[13] 陈威如，余卓轩．平台战略：正在席卷全球的商业模式革命［M］．北京：中信出版社，2013.

[14] 程炜．商业模式创新研究综述 [J]. 价值工程，2019，38 (23)：287 - 289.

[15] 程愚，孙建国，宋文文，等．商业模式营运效应与企业绩效——对生产技术创新和经营方法创新有效性的实证研究 [J]. 中国工业经济，2012 (7)：83 - 95.

[16] 戴克清，陈万明，李小涛．共享经济研究脉络及其发展趋势 [J]. 经济学动态，2017，681 (11)：128 - 142.

[17] 戴亦兰，张卫国．动态能力、商业模式创新与初创企业的成长绩效 [J]. 系统工程，2018，36 (4)：44 - 54.

[18] 戴勇．服务主导逻辑下的3D打印平台型商业模式创新 [J]. 技术与创新管理，2020，41 (2)：160 - 166.

[19] 道格拉斯·诺斯，罗伯特·托马斯．西方世界的兴起：新经济史 [M]. 厉以平，蔡磊译．北京：华夏出版社，1989.

[20] 孟迪云．网络嵌入性与创业导向对商业模式创新的影响研究 [J]. 企业改革与管理，2018，000 (21)：3 - 4.

[21] 刁玉柱，白景坤．商业模式创新的机理分析：一个系统思考框架 [J]. 管理学报，2012，9 (1)：71 - 81.

[22] 杜睿云，蒋侃．新零售的特征、影响因素与实施维度 [J]. 商业经济研究，2018，743 (4)：7 - 9.

[23] 杜睿云，蒋侃．新零售：内涵、发展动因与关键问题 [J]. 价格理论与实践，2017，000 (2)：139 - 141.

[24] 杜运周，贾良定．《组态视角与定性比较分析 (QCA)：管理学研究的一条新道路》[J]. 管理世界，2017 (6)：155 - 167.

[25] 杜运周，李佳馨，刘秋辰，等．复杂动态视角下的组态理论与QCA方法：研究进展与未来方向 [J]. 管理世界，2021，37 (3)：180 - 199

[26] 杜运周．组织与创业领域——组态视角下的创业研究 [J]. 管理学季刊，2019，4 (3)：40 - 50 + 149.

[27] 冯华，陈亚琦．平台商业模式创新研究——基于互联网环境下的时空契合分析 [J]. 中国工业经济，2016，336 (3)：101 - 115.

[28] 冯雪飞，董大海．商业模式创新中顾客价值主张影响因素的三棱锥模型：基于传统企业的多案例探索研究 [J]. 科学学与科学技术管理，2015，36 (9)：138 - 147.

[29] 冯雪飞，董大海，张瑞雪．互联网思维：中国传统企业实现商业模式创新的捷径 [J]. 当代经济管理，2015，37 (4)：20 - 23.

［30］付丽丽，王建高．3D 打印缺乏成熟的商业模式［N］．科技日报，2014－06－22（1）．

［31］高闯，关鑫．企业商业模式创新的实现方式与演进机理——一种基于价值链创新的理论解释［J］．中国工业经济，2006（11）：83－90．

［32］高金余，陈翔．互联网环境下的企业商业模式概念和定位研究［J］．管理工程学报，2008，22（2）：152－154．

［33］龚丽敏，江诗松．产业集群龙头企业的成长演化：商业模式视角［J］．科研管理，2012，33（7）．

［34］龚丽敏，江诗松，魏江．试论商业模式构念的本质、研究方法及未来研究方向［J］．外国经济与管理，2011，33（3）：1－9．

［35］［美］孤星泪．盒马鲜生商业模式与运营策略全面剖析［EB/OL］．http：//www.360doc.com/content/20/1211/10/40105776_950779818.shtml．［2020－12－11］．

［36］郭海，沈睿．环境包容性与不确定性对企业商业模式创新的影响研究［J］．经济与管理研究，2012（10）：97－104．

［37］［美］郭士纳．谁说大象不能跳舞？（纪念版）［M］．张秀琴，音正权译．北京：中信出版社，2015．

［38］郭水文，肖文静．网络效应的作用机制研究［J］．经济评论，2011，4：003．

［39］郭韬，任雪娇，邵云飞．制度环境对创业企业绩效的影响：商业模式的视角［J］．预测，2017，036（6）：16－22．

［40］郭韬，吴叶，刘洪德．企业家背景特征对技术创业企业绩效影响的实证研究——商业模式创新的中介作用［J］．科技进步与对策，2017，34（5）：92－97．

［41］郭毅夫．商业模式创新与企业竞争优势：内在机理及实证研究［D］．东华大学，2009．

［42］郭毅夫，赵晓康．资源基础论视角下的商业模式创新与竞争优势［J］．贵州社会科学，2009，234（6）：78－82..

［43］美国西南航空公司官网，https：//www.swamedia.com/pages/corporate－fact－sheet．

［44］海尔集团官网．https：//www.haier.com/about－haier/history/．［2021－05－05］．

［45］海尔集团人力资源平台．按单聚散——海尔生态平台上的人力资源管理新模式［J］．企业管理，2015，000（3）：6－13．

［46］［韩］钱·金，［美］勒妮·莫博涅．蓝海战略［M］．北京：商务印书馆，2006.

［47］郝书池，姜燕宁．基于生态位适宜度和主成分 TOPSIS 法的配送中心选址模型研究［J］．统计与决策，2010（18）：59－61.

［48］［加］亨利·明茨伯格，［加］布鲁斯·阿尔斯特兰德，［加］约瑟夫·兰佩尔．战略历程（修订版）［M］．魏江译．北京：机械工业出版社，2006.

［49］侯杰，陆强，石涌江，等．基于组织生态学的企业成长演化——有关变异和生存因素的案例研究．管理世界，2011（12）：116－130.

［50］后士香，王翔．技术创业企业独占性对商业模式设计导向选择的影响——以江苏省典型双创企业为例［J］．科技进步与对策，2014，31（13）：5.

［51］胡保亮．商业模式创新、技术创新与企业绩效关系：基于创业板上市企业的实证研究［J］．科技进步与对策，2012，29（3）：95－100.

［52］胡保亮，疏婷婷，田茂利．企业社会责任、资源重构与商业模式创新［J］．管理评论，2019，31（7）：294－304.

［53］胡静，邓俊泳．标准《汽车驾驶自动化分级》（报批稿）解析［J］．环境技术，2020（3）：25－33.

［54］黄升民，刘珊．“大数据”背景下营销体系的解构与重构［J］．现代传播，2012（11）：13－20.

［55］黄宜华．大数据研究的技术层面和主要研究内容［EB/OL］．Hadoop 与大数据技术大会 2012 资料，http：//wenku.baidu.com/view/9e7986e2998fcc22bcd10d66.html.

［56］黄永春，祝吕静，沈春苗．新兴大国扶持企业实现赶超的政策工具运用——基于战略性新兴产业的动态演化博弈视角［J］．南京社会科学，2015，000（6）：23－30.

［57］嵇少峰．探究格莱珉穷人银行的真相［EB/OL］．http：//finance.sina.com.cn/zl/bank/20151020/142523524921.shtml．［2015－10－20］.

［58］江积海．国外商业模式创新中价值创造研究的文献述评及展望［J］．经济管理，2014，036（8）：187－199.

［59］江积海，廖芮．商业模式创新中场景价值共创动因及作用机理研究［J］．科技进步与对策，2017，34（8）：20－28.

［60］江积海，王若瑾．新零售业态商业模式中的价值倍增动因及创造机理——永辉超级物种的案例研究［J］．管理评论，2020，32（8）：327－338.

［61］焦雨生．技术创新与制度创新关系的研究综述［J］．商业时代，2011，17：88－89.

[62] [美] 杰弗里·摩尔. 跨越鸿沟：颠覆性产品营销圣经 [M]. 赵娅译. 北京：机械工业出版社，2009.

[63] [美] 杰里米·里夫金. 零边际成本社会：一个物联网、合作共赢的新经济时代 [M]. 赛迪研究院专家组译. 北京：中信出版社，2014.

[64] 界面新闻. 立思辰变形记：走向大语文，进一步 IP 化，双头共治 [EB/OL]. http：//news. shdjt. com/gpnews. asp? newsid = 300010 - 20200814114200 - doc - iivhvpwy0988970.

[65] 经济观察网. 寻找“穷人”和资金　格莱珉银行在中国的实验仍在继续 [EB/OL]. http：//finance. sina. com. cn/roll/2019 - 11 - 04/doc - iicezzrr 7060501. shtml.

[66] 荆浩，贾建锋. 中小企业动态商业模式创新——基于创业板立思辰的案例研究 [J]. 科学学与科学技术管理，2011 (1)：67 - 72.

[67] 井一荻. 区块链在互助保险领域中的应用价值研究 [J]. 现代经济信息，2018 (6)：350 - 351.

[68] 孟炯，郭春霞. 3D 打印分布式智能制造模式创新 [J]. 软科学，2017，31 (1)：39 - 43.

[69] 科技说说. 盒马鲜生“破圈” [EB/OL]. https：//baijiahao. baidu. Com/s? id = 1671449609472362747&wfr = spider&for = pc. [2020 - 07 - 06].

[70] 李东. 面向进化特征的商业生态系统分类研究——对 33 个典型核心企业商业生态实践的聚类分析 [J]. 中国工业经济，2008，11：119 - 130.

[71] 李东，王翔，张晓玲，等. 基于规则的商业模式研究——功能、结构与构建方法 [J]. 中国工业经济，2010，9：101 - 111.

[72] 李飞. 企业成长路径与商业模式的动态演进研究 [D]. 天津大学，2010.

[73] 李海舰，田跃新，李文杰. 互联网思维与传统企业再造 [J]. 中国工业经济，2014 (10)：135 - 146.

[74] 李鸿磊，柳谊生. 商业模式理论发展及价值研究述评 [J]. 经济管理，2016，000 (9)：186 - 199.

[75] 李桦，彭思喜. 战略柔性、双元性创新和企业绩效 [J]. 管理学报，2011，8 (11)：1604 - 1609.

[76] 李璐. IBM 提出“认知商业”在华启动战略转型 [J]. 通信世界，2016 (6)：30 - 31.

[77] 李巍，代智豪，丁超. 企业家社会资本影响经营绩效的机制研究——商业模式创新的视角 [J]. 华东经济管理，2018，32 (2)：51 - 57.

[78] 李巍，丁超．企业家精神、商业模式创新与经营绩效 [J]．中国科技论坛，2016 (7)：124－129.

[79] 李巍．战略导向、商业模式创新与经营绩效——基于我国制造型中小企业数据的实证分析 [J]．商业研究，2017，000 (1)：34－41.

[80] 李伟，彭迅一，刘振艳．生鲜超市新零售商业模式研究——以盒马鲜生和超级物种为例 [J]．中国商论，2020，822 (23)：18－20.

[81] 李文莲，夏健明．基于“大数据”的商业模式创新 [J]．中国工业经济，2013 (5)：83－95.

[82] 李晓磊．基于“互联网＋”B2C 电商企业与传统零售企业创新发展战略研究 [J]．山东社会科学，2015 (9)：130－136.

[83] 李耀，顾客主导逻辑下顾客单独创造价值——基于认知互动视角的实证研究，中国工业经济，2014 (1)：101－113.

[84] 李勇，郑垂勇．企业生态位与竞争战略 [J]．当代财经，2007，1：51－56.

[85] 李拯．新词热词：区块链 [J]．理论导报，2019，382 (10)：48－49.

[86] 李德志，石强，臧润国，等．物种或种群生态位宽度与生态位重叠的计测模型 [J]．林业科学，2006，42 (7)：95－103.

[87] [美] 理查德·纳尔逊，[美] 悉尼·温特．经济变迁的演化理论 [M]．胡世凯译．北京：商务印书馆，1997.

[88] 廖建文，崔之瑜．企业优势矩阵：竞争 VS 生态 (Eco-advantages：A new dimension of advantages) [J/OL]．哈佛商业评论（中文版），2016，7. https：//www.hbrchina.org/2016－07－04/4267.html.

[89] 林虹萍．区块链技术及在公共管理领域中的应用初探 [J]．南方农机，2018，49 (23)：37－38＋43.

[90] 刘刚．基于网络空间的资源配置方式变革（上）[J]．上海经济研究，2019 (5)：40－47.

[91] 刘刚，刘静，程熙镕．商业模式创新时机与强度对企业绩效的影响——基于资源基础观的视角 [J]．北京交通大学学报（社会科学版），2017，16 (2)：66－75.

[92] 刘刚，王丹，李佳．高管团队异质性、商业模式创新与企业绩效 [J]．经济与管理研究，2017 (4)：105－114.

[93] 刘国华．百年 IBM：值得全球商界研究的转型变革典范 [EB/OL]．https：//baijiahao.baidu.com/s? id＝1625496505246192175&wfr＝spider&for＝pc. [19－02－15].

［94］刘建飞．何谓“百年未有之大变局”［J］．党员文摘，2019，000：9－10.

［95］刘亮，沈桂龙．“共享经济”与公共政策融合的内在逻辑［J］．学术月刊，2018，50（4）：86－97.

［96］刘英团．格莱珉银行的金融实践与思考［EB/OL］．http：//shh. sinoins. com/2019－01/18/content_281646. htm.

［97］刘岩芳，贾菲菲．基于SNS的用户知识共享行为研究［J］．情报科学，2017，35（1）：41－46.

［98］刘奕，夏杰长．共享经济理论与政策研究动态［J］．经济学动态，2016，000（4）：116－125.

［99］刘永辉，尹作重，黄双喜，等．面向3D打印云服务平台的体系架构研究［J］．制造业自动化，2017，39（6）：145－149＋156.

［100］刘云，王小黎，白旭．3D打印全球创新网络影响因素研究［J］．科学学与科学技术管理．2019，40（1）：65－88.

［101］刘志迎，曹淑平，武琳，等．互联网企业商业模式循环迭代创新的演化机制——基于单案例的探索性研究［J］．管理案例研究与评论，2019，012（4）：335－348.

［102］卢秉恒，李涤尘．增材制造（3D打印）技术发展［J］．机械制造与自动化，2013，42（4）：1－4.

［103］卢现祥．共享经济：交易成本最小化、制度变革与制度供给［J］．社会科学战线，2016（9）：51－61.

［104］陆亚东，孙金云．中国企业成长战略新视角：复合基础观的概念，内涵与方法［J］．管理世界，2013（10）：106－117.

［105］吕鸿江，刘洪．基于匹配视角的商业模式与战略关系分析［J］．东南大学学报（哲学社会科学版），2011，13（2）：46－52.

［106］吕文晶，陈劲，刘进．工业互联网的智能制造模式与企业平台建设——基于海尔集团的案例研究［J］．中国软科学，2019（7）：1－13.

［107］［美］罗宾·蔡斯．共享经济：重构未来商业新模式［M］．佟鑫，徐娇编．王芮译．杭州：浙江人民出版社，2015.

［108］罗珉，李亮宇．互联网时代的商业模式创新：价值创造视角［J］．中国工业经济，2015（1）：95－107.

［109］罗珉，马柯航．后发企业的边缘赶超战略［J］．中国工业经济，2013（12）：91－103.

［110］罗珉，曾涛，周思伟．商业模式创新——基于租金理论的解释［J］．中国工业经济，2005（7）：73－81.

［111］罗倩，李东，蔡玫．商业模式对高新技术企业业绩的影响——Zott 模型的改进研究［J］．科研管理，2012，33（7）：40－47.

［112］罗小鹏，刘莉．互联网企业发展过程中商业模式的演变——基于腾讯的案例研究［J］．经济管理，2012（2）：183－192.

［113］罗兴武，项国鹏，宁鹏，等．商业模式创新如何影响新创企业绩效？——合法性及政策导向的作用［J］．科学学研究，2017（7）：115－126.

［114］［美］迈克尔·波特．竞争战略［M］．陈小悦，译．北京：华夏出版社，1997.

［115］［孟］穆罕默德·尤努斯．普惠金融改变世界：应对贫困、失业和环境恶化的经济学［M］．陈文，等译．北京：机械工业出版社，2018.

［116］庞长伟，李垣，段光．整合能力与企业绩效：商业模式创新的中介作用［J］．管理科学，2015，000（5）：31－41.

［117］庞学卿．商业模式创新的前因及绩效：管理决策视角［D］．浙江大学，2016.

［118］彭苏勉．基于价值网的软件企业商业模式创新研究［D］．北京交通大学，2012.

［119］祁国宁，杨青海．大批量定制生产模式综述［J］．中国机械工程，2004，15（14）：1240－1245.

［120］钱辉．生态位、因子互动与企业演化——企业生态位对企业影响研究［D］．浙江大学出版社，2008.

［121］钱雨，张大鹏，孙新波，等．基于价值共创理论的智能制造型企业商业模式演化机制案例研究［J］．科学学与科学技术管理，2018，39（12）：125－143.

［122］乔晗，贾舒喆，张思，等．商业模式二次创新和制度环境共演的过程与机制：基于支付宝发展历程的纵向案例研究［J］．管理评论，2020（8）：63－75.

［123］秦鲁宁．基于生命周期的商业模式动态演化研究述评［J］．价值工程，2016，35（23）：302－304.

［124］［日］三谷宏治．商业模式全史［M］．马云雷，杜君林，译．江苏：凤凰文艺出版社，2016.

［125］尚甜甜，缪小明，鲁迪，等．颠覆性技术与商业模式共演过程研究［J］．科技进步与对策，2020，37（4）：17－24.

［126］沈永言．商业模式理论与创新研究［D］．北京邮电大学，2011.

［127］盛洪．市场扩张、交易费用和生产方式变革（上）［J］．管理世界，

1990（6）：113－125.

［128］史清越．永辉超级物种的商业模式研究——基于商业模式画布模型［J］．商业经济研究，2018（16）：23－25.

［129］苏恒．区块链技术在公益扶贫领域应用的思考和实践［J］．中国金融电脑，2017（7）：10－15.

［130］苏敬勤，单国栋．本土企业的主导逻辑初探：博弈式差异化：基于装备制造业的探索性案例研究［J］．管理评论，2017，29（2）：255－272.

［131］苏秦，杨阳．3D打印颠覆性创新应用及商业模式研究［J］．科技进步与对策，2016，33（1）：9－15.

［132］孙锐，周飞．企业社会联系，资源拼凑与商业模式创新的关系研究［J］．管理学报，2017，12（109）：79－86.

［133］孙耀吾，翟翌，顾荃．服务主导逻辑下移动互联网创新网络主体耦合共轭与价值创造研究［J］．中国工业经济，2013，000（10）：147－159.

［134］孙永波，陈柳钦．商业模式创新的动力机制及其路径选择［J］．发展研究，2011，11：78－85.

［135］孙永波．商业模式创新与竞争优势［J］．管理世界，2011（7）：182－183.

［136］孙永磊，陈劲，宋晶．企业创新方式选择对商业模式创新的影响研究［J］．管理工程学报，2018（2）：1－7.

［137］覃巍．企业成长理论中的生物学类比研究回顾与展望［J］．外国经济与管理，2012，34（9）：7－13.

［138］田红娜，侯畅．基于MLP的绿色技术创新过程管理研究——以3D打印技术为例［J］．科技进步与对策．2019，36（9）：1－9.

［139］田庆锋，张银银，杨清．商业模式创新：理论研究进展与实证研究综述［J］．管理现代化，2018，38（1）：123－128.

［140］万伦来，达庆利．企业柔性的本质及其构建策略［J］．管理科学学报，2003，6（2）：89－94.

［141］万伦来．企业生态位及其评价方法研究［J］．中国软科学，2004（1）：73－78.

［142］王艾华．从帕累托最优视角看人力资源管理效益提升［J］．中共中央市委党校学报，2010，000（3）：60－62.

［143］王炳成，郝兴霖，刘露．战略性新兴产业商业模式创新研究——环境不确定性与组织学习匹配视角［J］．软科学，2020，34（10）：53－58.

［144］王炳成，李洪伟．破坏性创新商业模式“合法性悖论”的突破方式

研究 [J]. 科技进步与对策，2010，27 (11)：140 -143.

[145] 王炳成，许长宇．破坏性创新商业模式的成长路径研究 [J]. 科技进步与对，2010，27 (16)：1 -4.

[146] 王立夏，宋子昭．动态演化视角下企业家精神与商业模式创新关系研究——以尚品宅配为例 [J]. 管理案例研究与评论，2020 (3)：287 -301.

[147] 王丽．资本结构，商业模式创新与公司成长性关系 [D]. 对外经济贸易大学，2016.

[148] 王利，马胜铭，李莹．基于商业模式创新的动态环境与物流企业绩效分析 [J]. 商业研究，2017，000 (3)：1 -7.

[149] 王茜．IT 驱动的商业模式创新机理与路径研究 [J]. 管理学报，2011，8 (1)：126 -132，150.

[150] 王琴，基于价值网络重构的企业商业模式创新 [J]. 中国工业经济，2011 (1)：79 -88.

[151] 王帅，杨雪峰．商业模式创新与企业生态位 [J]. 科学技术创新，2011 (3)：133 -133.

[152] 王硕．区块链技术在金融领域的研究现状及创新趋势分析 [J]. 上海金融，2016 (2)：26 -29.

[153] 王通．零售企业商业模式创新的影响因素研究 [D]. 渤海大学，2015.

[154] 王伟，张善良，王永伟，等．关系网络构建行为，商业模式创新与新创企业绩效——基于创新创业视角的实证研究 [J]. 华东经济管理，2017 (10)：43 -51.

[155] 王锡秋．基于商业模式创新的企业能力发展研究 [J]. 商业研究，2010 (7)：193 -196.

[156] 王翔，李东，张晓玲．新技术市场化商业模式设计——基于结构与情景视角 [J]. 科技进步与对策，2013 (15)：1 -8.

[157] 王筱楠，纪婷琪，张俊玲．海尔按单聚散的新型人力资源管理模式 [J]. 中国人力资源开发，2015，000 (10)：6 -10.

[158] 王鑫鑫，王宗军．国外商业模式创新研究综述 [J]. 外国经济与管理，2009，31 (12)：33 -33.

[159] 王雪冬，董大海．商业模式创新概念研究述评与展望 [J]. 外国经济与管理，2013，35 (11)：29 -36.

[160] 王雪冬，董大海．商业模式的学科属性和定位问题探讨与未来研究展望 [J]. 外国经济与管理，2012，34 (3)：2 -9.

[161] 王雪冬，匡海波，董大海．企业社会责任嵌入商业模式创新机理研究［J］．科研管理，2019，40（5）：49－58.

[162] 魏江，刘洋，应瑛．商业模式内涵与研究框架建构［J］．科研管理，2012（5）：107－114.

[163] 魏炜．商业模式创新方法论［J］．中欧商业评论，2019（1）：26－29.

[164] 魏炜，朱武祥，林桂平．基于利益相关者交易结构的商业模式理论［J］．管理世界，2012（12）：125－131.

[165] 文亮，何继善．创业资源、商业模式与创业绩效关系的实证研究［J］．东南学术，2012（5）：116－128.

[166] 文亮．商业模式与创业绩效及其影响因素关系研究［D］．中南大学，2011.

[167] 吴建祖，曾宪聚，赵迎．高层管理团队注意力与企业创新战略——两职合一和组织冗余的调节作用［J］．科学学与科学技术管理，2016，37（5）：170－180.

[168] 吴健，高力，朱静宁．基于区块链技术的数字版权保护［J］．广播电视信息，2016（7）：60－62.

[169] 吴群．传统企业互联网化发展的基本思路与路径［J］．经济纵横，2017（1）：57－61.

[170] 吴晓波，朱培忠，吴东，等．后发者如何实现快速追赶？——一个二次商业模式创新和技术创新的共演模型［J］．科学学研究，2013，31（11）：1726－1735.

[171] 吴增源，易荣华，张育玮，等．新创企业如何进行商业模式创新？——基于内外部新知识的视角［J］．中国软科学，2018，000（3）：133－140.

[172] 夏清华，贾康田，冯颐．创业机会如何影响企业绩效——基于商业模式创新和环境不确定性的中介与调节作用［J］．学习与实践，2016，000（11）：39－49.

[173] 夏清华，娄汇阳．商业模式刚性：组成结构及其演化机制［J］．中国工业经济，2014（8）：148－160.

[174] 项国鹏，罗兴武．浙商研究：商业模式演化研究专题——价值创造视角下浙商龙头企业商业模式演化机制——基于浙江物产的案例研究［J］．商业经济与管理，2015（1）：44－54.

[175] 项国鹏，周鹏杰．商业模式创新：国外文献综述及分析框架构建［J］．商业研究，2011（4）：84－89.

[176] 消费日报网．超级物种“波龙节”上海开启，持续夯实全球原产地直采优势［EB/OL］．http：//www. xfrb. com. cn/article/stjj - qyzx/15182007634731. html? tdsourcetag = s_pcqq_aiomsg. ［2019 - 09 - 18］.

[177] 肖红军，阳镇．可持续性商业模式创新：研究回顾与展望［J］．外国经济与管理，2020（9）：3 - 18.

[178] 肖挺，刘华，叶芃．高管团队异质性与商业模式创新绩效关系的实证研究：以服务行业上市公司为例［J］．中国软科学，2013，000（8）：125 - 135.

[179] 谢家平，刘鲁浩，梁玲．社会企业：发展异质性、现状定位及商业模式创新［J］．经济管理，2016（4）：190 - 199.

[180]［美］谢德荪．源创新：转型期的中国企业创新之道［M］．五洲传播出版社，2012.

[181] 谢永珍．张瑞敏量子思维赋能海尔模式创新［J］．董事会，2019，168（3）：76 - 77.

[182] 谢志刚．“共享经济”的知识经济学分析——基于哈耶克知识与秩序理论的一个创新合作框架［J］．经济学动态，2015（12）：78 - 87.

[183] 新华网．那些出问题的P2P平台究竟踩了什么雷？［EB/OL］．http：//www. xinhuanet. com/fortune/2018 - 08/02/c_129924730. htm.

[184] 新华网．人单合一的创新模式是海尔集团的DNA［EB/OL］．http：//www. xinhuanet. com/fortune/2017 - 05/16/c_1120979144. htm.

[185] 新浪财经．海尔集团进入第六个战略阶段：“生态品牌战略”阶段［EB/OL］．http：//www. elecfans. com/d/1144934. html. ［2019 - 12 - 27］.

[186] 新浪网．P2P可接入央行征信究竟释放怎样的信号？［EB/OL］．http：//finance. sina. com. Cn/roll/2019 - 09 - 04/doc - iicezzrq3482896. shtml.

[187] 徐艺娜．基于区块链与物联网对智能物流产业应用的解决方案分析［J］．数码世界，2018（4）：604 - 605.

[188] 许芳，李建华．企业生态位原理及模型研究［J］．中国软科学，2005，5（1）：130 - 139.

[189] 许庆瑞．全面创新管理［M］．北京：科学出版社，2007.

[190] 许庆瑞，郑刚，喻子达，等．全面创新管理：21世纪创新管理的新趋势［J］．科研管理，2003，24（5）：1 - 5.

[191] 薛奕曦，徐欢．基于静态与动态一致性的电动汽车商业模式创新［J］．管理现代化，2019（5）：46 - 49.

[192]［瑞士］亚历山大·奥斯特瓦德，［比利时］伊夫·皮尼厄．商业模式新生代［M］．王帅等译．北京：机械工业出版社，2011.

[193] 阎婧，刘志迎，郑晓峰．环境动态性调节作用下的变革型领导、商业模式创新与企业绩效 [J]．管理学报，2016 (8)：1208－1214.

[194] 阳双梅，孙锐．论技术创新与商业模式创新的关系 [J]．科学学研究，2013，31 (10)：1572－1580.

[195] 杨德安．3D 打印产业的商业模式 [J]．中外企业家，2015 (14)：232－233.

[196] 杨凤阁．商业模式创新对企业生态位优化的效应分析 [J]．商业时代，2010，31：83－84.

[197] 杨德明，刘泳文．“互联网＋”为什么加出了业绩 [J]．中国工业经济，2018 (5)：80－97.

[198] 杨雪，刘成，何玉成．动态能力视角下商业模式创新对企业绩效的作用机制研究——以制造业上市公司为例 [J]．工业技术经济，2019，38 (2)：122－130.

[199] 姚忠将，葛敬国．关于区块链原理及应用的综述 [J]．科研信息化技术与应用，2017，8 (2)：3－17.

[200] 宜信．2018 年新零售行业发展趋势研究报告 [EB/OL]．http：//www.100ec.Cn/detail－6442878.html. [2018－03－29].

[201] 尹莉，臧旭恒．消费需求升级，产消者与市场边界 [J]．山东大学学报 (哲学社会科学版)，2009 (5)：004.

[202] 于雪．“负责任创新”的伦理探索——“3TU－5TU 科技伦理国际会议”综述 [J]．科学技术哲学研究，2013，30 (1)：110－112.

[203] 曾鸣．S2B，未来五年最有可能领先的商业模式 [J]．青年与社会，2017 (7)：46－49.

[204] 翟淑萍，张建宇，杨洁，等．环境不确定性、战略性新兴企业商业模式与创新投资绩效——基于高端装备制造行业的经验分析．科技进步与对策，2015 (9)：68－74.

[205] 张春雨，郭韬，刘洪德．网络嵌入对技术创业企业商业模式创新的影响 [J]．科学学研究，2018 (1)：168－175.

[206] 张明，杜运周．组织与管理研究中 QCA 方法的应用：定位、策略和方向 [J]．管理学报，2019，16 (9)：1312－1323.

[207] 张健．企业市场生态位理论研究——以电信产业为例 [J]．西南民族大学学报 (人文社科版)，2013，34 (1)：171－174..

[208] 张明，蓝海林，陈伟宏．企业注意力基础观研究综述——知识基础、理论演化与研究前沿 [J]．经济管理，2018，40 (9)：189－208.

［209］张明，蓝海林，陈伟宏，等．殊途同归不同效：战略变革前因组态及其绩效研究［J］．管理世界，2020（9）：168－185.

［210］张利斌，张广霞．基于双边市场理论的苹果 App Store 模式研究［J］．计算机工程与科学，2012（4）：188－192.

［211］张璐，曲廷琛，张强，等．主导逻辑类型的形成及演化路径——基于蒙草生态的案例研究［J］．科学学与科学技术管理，2019，40（3）：56－69.

［212］张璐，周琪，苏敬勤，等．基于战略导向与动态能力的商业模式创新演化路径研究——以蒙草生态为例［J］．管理学报，2018，15（11）：1581－1590，1620.

［213］张璐，周琪，苏敬勤，等．新创企业如何实现商业模式创新？——基于资源行动视角的纵向案例研究［J］管理评论，2019，31（9）：219－230.

［214］张新香，胡立君．商业模式动态演化机制：基于互联网业的多案例内容分析［J］．科研管理，2018，39（3）：110－121.

［215］张秀娟．裂变：移动互联网时代下的商业模式变革［M］．长春：中华工商联合出版社，2015.

［216］张永安，吴屹然．基于新视角的商业模式创新路径研究——以腾讯公司为例［J］．经济体制改革，2015（5）：151－157.

［217］张正平，胡夏露．P2P 网络借贷：国际发展与中国实践［J］．北京工商大学学报（社会科学版），2013，28（2）：87－94.

［218］赵晶．企业社会资本与面向低收入群体的资源开发型商业模式创新［J］．中国软科学，2010（4）：116－123.

［219］赵宇翔，吴克文，朱庆华．基于用户贡献的 UGC 群体分类及其激励因素探讨［J］．情报学报，2011，30（10）：1095－1107.

［220］郑刚，朱凌，金瑶．全面协同创新：一个五阶段全面协同过程模型——基于海尔集团的案例研究［J］．管理工程学报，2008（2）：24－30.

［221］郑莹，陈传明，张庆垒．企业政策敏感性研究——制度逻辑和企业所有权的作用［J］．经济管理，2015（9）：42－50.

［222］郑志来．供给侧视角下共享经济与新型商业模式研究［J］．经济问题探索，2016，000（6）：15－20.

［223］法治中国．三迪时空——三迪时空集团董事长李培学成功入选泰山产业领军人才［EB/OL］．http：//www. chinaidr. com/tradenews/2020－08/145307. html.

［224］Apple（中国大陆）官方网站，https：//www. apple. com. cn/.

［225］中国普惠金融研究院．为消灭贫困而战的诺贝尔和平奖获得者——尤

努斯［EB/OL］. https：//www. sohu. com/a/253247212_99906081.［2018－09－11］.

［226］中国增材制造产业联盟. 2020年增材制造产业《简报》（2020年1－3期）［EB/OL］. http：//www. amac－china. com/module/download/downfile. jsp? classid＝0&filename＝9a9420141ba24648abb062224504d9c5. pdf.

［227］中投产业研究院.《2020－2024年中国无人驾驶汽车行业深度调研及投资前景预测报告》［EB/OL］. http：//www. ocn. com. cn/reports/1888wurenjiashiqiche. shtml? Origin＝baidu_sosuo&renqun_youhua＝448401&bd_vid＝11567360903202352648.

［228］钟星，张沈伟，刘劲硕. 苹果的战略及启示［R/OL］. https：//wenku. baidu. com/view/2d34f385ec3a87c24028c43f. html.

［229］周飞，沙振权，孙锐. 市场导向，资源拼凑与商业模式创新的关系研究［J］. 科研管理，2019，40（1）：115－122.

［230］周江华，仝允桓，李纪珍. 基于金字塔底层（BOP）市场的破坏性创新——针对山寨手机行业的案例研究［J］. 管理世界，2012（2）：112－130.

［231］周敏，邵云飞，李巍. 企业组织与商业模式协同创新的实证研究——以新一代信息技术企业为例［J］. 科学学与科学技术管理，2013（10）：59－68.

［232］周琪，苏敬勤，长青，等. 战略导向对企业绩效的作用机制研究：商业模式创新视角［J］. 科学学与科学技术管理，2020，41（10）：74－92.

［233］周月秋. 资源配置理论探索［J］. 金融管理科学（双月刊），1994（3）：9－13.

［234］周云杰. 推进互联网时代企业制度创新［EB/OL］. http：//theory. people. com. cn/n1/2016/0816/c40531－28638655. html.

［235］［美］朱蒂·吉泰尔. 美国西南航空之谜［J］. 商学院，2004（3）：58－63.

［236］总政治部宣传部. 网路新词语选编（2012修订本）［M］. 北京：解放军出版社，2013.

［237］Abdelkafi N，Täuscher K. Business Models for Sustainability from a System Dynamics Perspective［J］. Organization & Environment，2016，29（1）：74－96.

［238］Achtenhagen L，Melin L，Naldi L. Dynamics of Business Models—Strategizing，Critical Capabilities and Activities for Sustained Value Creation［J］. Long Range Planning，2013，46（6）：427－442.

［239］Adner R. Ecosystem as Structure：An Actionable Construct for Strategy［J］. Journal of Management，2017（43）：39－58.

［240］Adner R. Innovation Ecosystems［J］. Human Factor，2014，4：32－35.

[241] Adner R, Jianqing C & Feng Z. Frenemies in Platform Markets: The Case of Apple's iPad vs. Amazon's Kindle [C]. Working Papers—Harvard Business School Division of Research, 2015: 1 – 30.

[242] Adner R, Kapoor R. Value Creation in Innovation Ecosystems: How the Structure of Technological Interdependence Affects Firm Performance in New Technology Generations [J]. Strategic Management Journal, 2010 (31): 306 – 333.

[243] Adner R, Levinthal D. Demand Evolution: and Heterogeneity Technology Product and Implications for Process Innovation [J]. Management Science, 2009, 47 (5): 611 – 628.

[244] Adner R. Many Companies Still Don't Know How to Compete in the Digital Age [J]. Harvard Business Review Digital Articles, 2016: 2 – 6.

[245] Adner R. Match Your Innovation Strategy to Your Innovation Ecosystem [J]. Harvard Business Review, 2006 (4): 98 – 108.

[246] Afuah A. Redefining Firm Boundaries in the Face of the Internet: Are Firms Really Shrinking? [J]. Academy of Management Review, 2003 (28): 34 – 53.

[247] Afuah A, Tucci C L. Internet Business Models and Strategies: Text and Cases [M]. New York: McGraw – Hill College. 2000.

[248] Aiken M, Hage J. The Organic Organization and Innovation [J]. Sociology, 1971, 5 (1): 63 – 82.

[249] Al – Debei M M, Avison D. Developing a Unified Framework of the Business Model Concept [J]. European Journal of Information Systems, 2010 (19): 359 – 376.

[250] Al – Debi M M, El – Haddadeh R, Avison D. Defining the Business Model in the New World of Digital Business [C]// Learning from the past & charting the future of the discipline. 14th Americas Conference on Information Systems, AMCIS 2008, Toronto, Ontario, Canada, August 14 – 17, 2008. DBLP, 2008.

[251] Aldrich H E, Fiol C M. Fools rush in? The Institutional Context of Industry Creation [J]. Academy of Management Review, 1994, 19 (4): 545 – 670.

[252] Ambrosini V, Bowman C, Collier N. Dynamic Capabilities: An Exploration of how Firms Renew their Resource Base [J]. British Journal of Management, 2010, 20 (s1): S9 – S24.

[253] Amit R, Zott C. Business Model Innovation: Creating Value in Times of Change [J]. Universia Business Review, 2009 (23): 108 – 121.

[254] Amit R, Zott C. Creating Value through Business Model Innovation [J].

MIT Sloan Management Review, 2012, 53 (3): 41 -49.

[255] Amit R, Zott C. Value Creation in E-business [J]. Strategic Management Journal, 2001 (22): 493 -520.

[256] Anderson C. The Long Tail: Why the Future of Business Is Selling Less of More [M]. Hyperion Books, 2008.

[257] Anderson C. The New Maker Bot Replicator Might Just Change Your World [EB/OL]. https: //www. wired. com/2012/09/how - makerbots - replicator2 - will - launch - era - of - desktop - manufacturing/.

[258] Andrew M, Erik B. Big Data: The Management Revolution [J]. Harvard Business Review, 2012 (10): 59 -68.

[259] Ansoff H I, Antoniou P. The Secrets of Strategic Management: The Ansoffian Approach [M]. UK: Booksurge, LLC. 2005.

[260] Ansoff H I. Strategies for Diversification [J]. Harvard business review, 1957, 35 (5): 113 -124.

[261] Ansoff H I. The Emerging Paradigm of Strategic Behavior [J]. Strategic Management Journal, 1987 (8): 501 -515.

[262] Antoniou P H, Ansoff H I. What Do We Know about the Strategic Management of Technology [J]. Technology Analysis & Strategic Management, 2007, 15 (2): 275 -291.

[263] Applegate L M. E - business Models: Making Sense of the Internet Business Landscape [M]. Upper Saddle River, N. J. 2001.

[264] Aspara J, Lamberg J A, Laukia A, et al. Strategic Management of Business Model Transformation: Lessons from Nokia [J]. Management Decision, 2011, 49 (4): 622 -647.

[265] Baden - Fuller C, Haefliger S. Business Models and Technological Innovation [J]. Long Range Planning, 2013, 46 (6): 419 -426.

[266] Baden - Fuller C, Mangematin V. Business Models: A Challenging Agenda [J]. Strategic Organization, 2013, 11 (4): 418 -427.

[267] Baden - Fuller C, Morgan M S. Business Models as Models [J]. Long Range Planning, 2010, 43 (2 -3): 156 -171.

[268] Barney J B. Firm Resources and Sustained Competitive Advantage [J]. Advances in Strategic Management, 1991, 17 (1): 3 -10.

[269] Bass F M. A New Product Growth Model for Consumer Durables [J]. Management Science, 1969, 15 (5).

[270] Baum J A C, Singh J V. Organizational Niches and the Dynamics of Organizational Founding [J]. Organization Science, 1994, 5 (4): 483 - 501.

[271] Bellman R, Clark C E, Malcolm D G, et al. On the Construction of a Multi - Stage, Multi - Person Business Game [J]. Operations Research, 1957 (5): 469 - 503.

[272] Beltramello A, Haie - Fayle L, Pilat D. Why New Business Models Matter for Green Growth [C]. Oecd Green Growth Papers, 2013.

[273] Benkler Y. Sharing Nicely: On Shareable Goods and the Emergence of Sharing as a Modality of Economic Production [J]. The Yale Law Journal, 2004 (114): 273 - 358.

[274] Berke A, Fulton G, Vaccarello L. Business Model Evolution [M]. The Retargeting Playbook, John Wiley & Sons, Ltd, 2015.

[275] Betz F. Strategic Business Models [J]. Engineering Management Journal, 2002, 14 (1): 21 - 28.

[276] Bjrkdahl J. Technology Cross-fertilization and the Business Model: The Case of Integrating ICTs in Mechanical Engineering Products [J]. Research Policy, 2009, 38 (9): 1468 - 1477.

[277] Bocken N M P, Short S W, Rana P, Evans S. A Literature and Practice Review to Develop Sustainable Business Model Archetypes [J]. Journal of Clearner Production, 2014 (65): 42 - 56.

[278] Bohnsack R, Pinkse J, Kolk A. Business Models for Sustainable Technologies: Exploring Business Model Evolution in the Case of Electric Vehicles [J]. Research Policy, Elsevier, 2014, 43 (2): 284 - 300.

[279] Borzaga C, Defourny J. The Emergence of Social Enterprise [M]. London and New York, Routledge, 2001, 1 18.

[280] Botsman R, Rogers R. What's Mine Is Yours: the Rise of Collaborative Consumption [M]. Harper Business, 2010.

[281] Bouwer L. Capabilities - Driven Innovation Management Framework [C]. 24th Annual International Association for Management of Technology (IAMOT) Conference. Cape Town, South Africa: IAMOT. 2015.

[282] Bouwer L. The Innovation Management Theory Evolution Map. 7 April, 2017: https: //www. researchgate. net/publication/316153609.

[283] Bower J L, Christensen C M. Disruptive Technologies: Catching the Wave [J]. Harvard Business Review, 1995: 1 - 2, 43 - 53.

[284] Brink J, Holmen M. Capabilities and Radical Changes of the Business Models of New Bioscience Firms [J]. Creativity and Innovation Management, 2009 (18): 109 - 120.

[285] Bucherer E, Eisert U, Gassmann O. Towards Systematic Business Model Innovation: Lessons from Product Innovation Management [J]. Creativity and Innovation Management, 2012, 21 (2): 183 - 198.

[286] Buchko A A. Conceptualization and Measurement of Environmental Uncertainty: An Assessment of the Miles and Snow Perceived Environmental Uncertainty Scale [J]. Academy of Management Journal, 1994, 37 (2): 410 - 425.

[287] Burkhart T, Krumeich J, Werth D, et al. Analyzing the Business Model Concept - A Comprehensive Classification of Literature [C]//ICIS. 2011.

[288] Calia R C, Guerrini F M, Moura G L. Innovation Net-works: From Technological Development to Business Model Reconfiguration [J]. Technovation, 2007 (27): 426 - 432.

[289] Casadesus - Masanell R, Ricart J E. From Strategy to Business Models and onto Tactics [J]. Long Range Planning, 2010, 43 (2): 195 - 215.

[290] Cavalcante S, Kesting P, Ulhøi J. Business Model Dynamics and Innovation: (Re) Establishing the Missing Linkages [J]. Management Decision, 2011, 49 (8): 1327 - 1342.

[291] Celuch K, Murphy G B, Callaway S K. More Bang for Your Buck: Small Firms and the Importance of Aligned in Formation Technology Capabilities and Strategic Flexibility [J]. Journal of High Technology Management Research, 2007, 17 (2): 187 - 197.

[292] Chandler A D, Hikino T. Scale and Scope: The Dynamics of Industrial Capitalism [M]. Harvard University Press, 2009.

[293] Chesbrough. H. Business Model Innovation: It's Not just about Technology Anymore [J]. Srategy & Leadershi, 2007 (35): 12 - 17.

[294] Chesbrough H. Business Model Innovation: Opportunities and Barriers [J]. Long Range Planning, 2010, 43 (2): 354 - 363.

[295] Chesbrough H, Hwartz K. Innovating Business Models with Co-development Partnerships [J]. Research Technology Management, 2007 (50): 55 - 59.

[296] Chesbrough H, Lettl C, Ritter T, et al. Linking Open Innovation to Business Models [C]. Academy of Management Annual Meeting Proceedings, 2015: 1 - 1.

[297] Chesbrough H, Lettl C, Ritter T. Value Creation and Value Capture in

Open Innovation [J]. Journal of Product Innovation Management, 2018, 35 (6): 930-938.

[298] Chesbrough H. Open Business Models: How to Thrive in the New Innovation Landscape [M]. Harvard Business School Press, Boston, MA, 2006.

[299] Chesbrough H, Rosenbloom R S. The Role of the Business Model in Capturing Value from Innovation: Evidence from Xerox Corporation's Technology Spin-off Companies [J]. Industrial and Corporate Change, 2002, 11 (3): 529-555.

[300] Chesbrough H. The Future of Open Innovation [J]. Research Technology Management, 2017 (60): 35.

[301] Chester K M Tȯ, Joe S C Au, Kan C W. Uncovering Business Model Innovation Contexts: A Comparative Analysis by fsQCA Methods [J]. Journal of Business Research, 2019, 101 (8): 783-796.

[302] Chiu C M, Eric T G, Wang F J S, et al. Understanding Knowledge Sharing in Virtual Communities: An Integration of Expectancy Disconfirmation and Justice Theories [J]. Online Inf. Rev. 2011 (35): 134-153.

[303] Christensen C M. Achieving Growth Innovate the Business Model [J]. Leadership Excellence, 2011, 6, 4.

[304] Christensen C M, Anthony S D, Roth E A. Seeing What's Next: Using the Theories of Innovation to Predict Industry Change [M]. Boston, MA: Harvard Business School Press, 2004.

[305] Christensen C M. Assessing Your Organization's Innovation Capabilities [J]. Leader to Leader, 2001 (21): 27-37.

[306] Christensen C M, Hall T, Dillon K, et al. Know Your Customers' "Jobs to Be Done" (cover story) [J]. Harvard Business Review, 2016 (94): 54-60.

[307] Christensen C M, Pablo S, Joan E R. Achieving Growth Innovate the Business Model by Business Model Innovation and Sources of Value Creation in Low-income Markets [J]. European Management Review, 2010 (7): 138-154.

[308] Christensen C M, Raynor M E. The Innovator's Solution [M]. Boston, MA: Harvard Business School Press, 2003.

[309] Christensen C M, Raynor M, Mcdonald R. What is Disruptive Innovation? [J]. Harvard business review, 2015, 93 (12): 44-53.

[310] Christensen C M, Rosenbloom R S. Explaining the Attacker's Advantage: Technological Paradigms, Organizational Dynamics, and the Value Network [J]. Research Policy, 1995 (24): 233-257.

[311] Christensen C M. The Innovator's Dilemma: When New Technologies Cause Great Firms to Fail [M]. Boston, MA: Harvard Business School Press, 1997.

[312] Christensen C M. The Opportunity and Threat of Disruptive Technologies [J]. MRS Bulletin, 2002, 27 (4): 278 – 282.

[313] Clark K B, Wheelwright S C. Managing New Product and Process Development: Texts and Cases [M]. New York: Free press, 1993.

[314] Cocchi A. The Emerging Properties of Business Models: A Systemic Approach [M]. Technology Transfer in a Global Economy. Springer US, 2012.

[315] Cohen W M, Levinthal D A. Innovation and Learning: the Two Faces of R&D [J]. Economic Journal, 1989 (99): 569 – 596.

[316] Comes S, Berniker L. Business Model Innovation [M]. Springer Berlin Heidelberg, 2008.

[317] Damanpour F. Organizational Complexity and Innovation: Developing and Testing Multiple Contingency Models [J]. Management Science, 1996, 42 (5), 693 – 716.

[318] Damanpour F, Schneider M. Phases of the Adoption of Innovation in Organizations: Effects of Environment, Organization and Top Managers1 [J]. British Journal of Management, 2006, 17 (3). 215 – 236.

[319] Daniel E R, David S. Like Uber, but for Local Government Policy: the Future of Local Regulation of the Shared Economy [J]. Social Science Electronic Publishing, 2015, 58 (2): 613 – 627.

[320] Davis G F. The Vanishing American Corporation: Navigating the Hazards of a New Economy [M]. AnnArbor, MI: Berrett – Koehler Publishers, 2016.

[321] Davis S M. Future Perfect [M]. Reading, MA: Addison – Wesley, 1987.

[322] Day G S. The Capabilities of Market – Driven Organizations [J]. Journal of Marketing, 1994, 58 (10): 37 – 52.

[323] Defourny J, Nyssens M. Conceptions of Social Enterprise and Social Entrepreneurship in Europe and the United States: Convergences and Divergences [J]. Journal of Social Entrepreneurship, 2010, 1 (1): 32 – 53.

[324] Demil B, Lecocq X. Business Model Evolution: In Search of Dynamic Consistency [J]. Long Range Planning, 2010, 43 (2): 227 – 246.

[325] Demil B, Lecocq X, Ricart J E, et al. Introduction to the SEJ Special Issue on Business Models: Business Models within the Domain of Strategic Entrepreneur-

ship [J]. Strategic Entrepreneurship Journal, 2015, 9 (1): 1 –11.

[326] Deshpandé R, Farley J, Webster J. Corporate Culture, Customer Orientation, and Innovativeness in Japanese Firms: a Quadrat Analysis [J]. Journal of Marketing, 1993, 57 (1): 23 –37.

[327] DiMaggio P J, Powell W W. The Iron Cage Revisited: Institutional Isomorphism and Collective Rationality in Organizational Fields [J]. American Sociological Review, 1983, 48 (2): 147 –160.

[328] Dmitriev V, Simmons G, Truong Y, et al. An Exploration of Business Model Development in the Commercialization of Technology Innovations [J]. R&D Management, 2014, 44 (3): 306 –321.

[329] Doganova L, Eyquem – Renault M. What do Business Models do?: Innovation Devices in Technology Entrepreneurship [J]. Research Policy, 2009, 38 (10): 1559 –1570.

[330] Dong B, Sivakumar K, Evans K R, et al. Effect of Customer Participation on Service Outcomes: The Moderating Role of Participation Readiness [J]. Journal of Service Research, 2014, 18 (2): 160 –176.

[331] Dosi G, Faillo M, Marengo L. Organizational Capabilities, Patterns of Knowledge Accumulation and Governance Structures in Business Firms. An Introduction [C]. LEM Working Paper Series, 2003.

[332] Doz Y L, Kosonen M. Embedding Strategic Agility: A Leadership Agenda for Accelerating Business Model Renewal [J]. Long Range Planning, 2010, 43 (2 – 3): 370 –382.

[333] Droge C, Calantone R, Harmancioglu N. New Product Success: Is It Really Controllable by Managers in Highly Turbulent Environments? [J]. Journal of Product Innovation Management, 2008 (25): 272 –286.

[334] Drucker P F. Innovation and Entrepreneurship: Practice and Principles [J]. Social Science Electronic Publishing, 1985, 4 (1): 85 –86.

[335] Drucker P F. Managing in a Time of Great Change [M]. New York: Dutton, 1995.

[336] Dubosson – Torbay M, Osterwalder A, Pigneur Y. eBusiness Model Design, Classification and Measurements [J]. Thunderbird International Business Review, 2010, 44 (1): 5 –23.

[337] Dyer J H, Singh H. The Relational View: Cooperative Strategy and Sources of Interorganizational Competitive Advantage [J]. Academy of Management Re-

view, 1998, 23 (4): 660 –679.

[338] Eisenhardt K M, Martin J A. Dynamic Capabilities: What are they? [J]. Strategic Management Journal, 2000 (21): 1105 –1121.

[339] Elliot S. Electronic Commerce, B2C Strategies and Models [M]. San Francisco: John Wiley, 2002.

[340] Endres M L, Endres S P, Chowdhury S K, et al. Tacit Knowledge Sharing, Self – Efficacy Theory, and Application to the Open Source Community [J]. Journal of Knowledge Management, 2007, 11 (3): 92 –103.

[341] Ert E, Fleischer A, Magen N. Trust and Reputation in the Sharing Economy: The Role of Personal Photos on Airbnb [J]. Tourism Management, 2016 (55): 62 –73.

[342] Everett M, Rogers. Diffusion of Innovations [M]. New York: The Free Press of Glencoe, 1962.

[343] Fang B, Ye Q, Law R. Effect of Sharing Economy on Tourism Industry [J]. Annals of Tourism Research, 2016 (57): 264 –267.

[344] Ferrucci L, Picciotti A. Innovative Business Model in the Parquet Industry. An Italian Leading Company: Margaritelli SpA and its brand Listone Giordano [J]. International Journal of Management Cases, 2012, 14 (4): 269 –281.

[345] Fiss P C. A Set – Theoretic Approach to Organizational Configurations [J]. Academy of Management Review, 2007 (32): 1180 –1198.

[346] Fiss P C. Building Better Causal Theories: A Fuzzy Set Approach to Typologies in Organization Research [J]. Academy of Management Journal, 2011 (54): 393 –420.

[347] Foss N J, Saebi T. Fifteen Years of Research on Business Model Innovation: How Far Have We Come, and Where Should We Go? [J]. Journal of Management, 2017, 43 (1): 200 –227.

[348] Foster R N. Innovation: The Attacker's Advantage [M]. Summit Books, 1986.

[349] Frankenberger, Karolin, Weiblen, et al. The 4I – framework of Business Model Innovation: A Structured View on Process Phases and Challenges [J]. International Journal of Product Development, 2013, 18 (3): 249 –273.

[350] Frenken K, Schor J. Putting the Sharing Economy into Perspective [J]. Environmental Innovation and Societal Transitions, 2017 (6): 3 –10.

[351] Furr N, Ahlstrom P. Nail It then Scale It: The Entrepreneur's Guide to

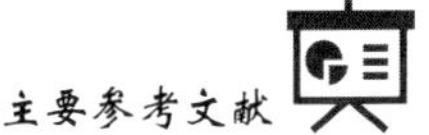

Creating and Managing Breakthrough Innovation [M]. Lexington: NISI institute, 2011.

[352] Gambardella A, Mc Gahan A M. Business Model Innovation: General Purpose Technologies and Their Implications for Industry Structure [J]. Long Range Planning, 2010, 43 (2): 262 – 271.

[353] Gatignon H, Jean – Marc X. Strategic Orientation of the Firm and New Product Performance [J]. Journal of Marketing Research, 1997, 34 (2): 77 – 90.

[354] Gavetti G, Levinthal D. Looking Forward and Looking Backward: Cognitive and Experiential Search [J]. Administrative Science Quarterly, 2000, 45 (1): 113 – 137.

[355] Geissdoerfer M. Vladimirova D. Evans S. Sustainable Business Model Innovation: A Review [J]. Clean. Prod, 2018 (198): 401 – 416.

[356] George G, Bock A J. The Business Model in Practice and its Implications for Entrepreneurship Research [J]. Entrepreneurship Theory & Practice, 2011, 35 (1): 83 – 111.

[357] Goethals F G. Mindfully innovating your Business Model [J]. Gestion 2000, 2011, 28 (5): 47 – 61.

[358] Gordijn J, Akkermans J, Van Vliet J. E3 – Value: Designing and Evaluating E – business Models [J]. IEEE Intelligent Systems, 2001, 16 (4): 11 – 17.

[359] Gulati R, Nohria N, Zaheer A. Guest Editors' Introduction to the Special Issue: Strategic Networks [J]. Strategic Management Journal, 2000, 21 (3): 199 – 201.

[360] Hagel III J, Brown J S, Davison L. Shaping Strategy in a World of Constant Disruption [J]. Harvard Business Review, 2008 (10): 1 – 11.

[361] Hajihcydari N, Zaroi B. Developing and Manipulating Business Models Applying System Dynamics Approach [J]. Journal of Modeling in Management, 2013, 8 (2): 155 – 170.

[362] Hamari J, Sjöklint M, Ukkonen A. The Sharing Economy: Why People Participate in Collaborative Consumption [J]. Journal of the Association for Information Science and Technology, 2015 (3): 1 – 13.

[363] Hamel G. Leading the Revolution [M]. Boston: Harvard Business School Press, 2000.

[364] Hammer M. Deep Change: How Operational Innovation Can Transform Your Company [J]. Harvard business review, 2004 (82): 84 – 93.

[365] Hax A C, Wilde II D L. The Delta Model: Adaptive Management for a Changing World [J]. Sloan Management Review, 1999, 40 (2): 11 -28.

[366] Hearn G, Pace C. Value-creating Ecologies: Understanding Next Generation Business Systems [J]. Foresight, 2006, 8 (1): 55 -65.

[367] Hedman J, Kalling T. The Business Model Concept: Theoretical Underpinnings and Empirical Illustrations [J]. European Journal of Information Systems, 2003, 12 (1): 49 -59.

[368] Helfat C E, Finkelstein S, Mitchell W, et al. Dynamic Capabilities: Understanding Strategic Change in Organizations [J]. Academy of Management Review, 2007, 30 (1): 203 -207.

[369] Henten A H, Windekilde I M. Transaction Costs and the Sharing Economy [A]. European Regional ITS Conference, Madrid. International Telecommunications Society (ITS), 2016, 18 (1): 1 -15.

[370] Hobday M. The Project-based Organisation: An Ideal form For Managing Complex Products and Systems? [J] Research Policy. 2000, 29 (7 -8): 871 -893.

[371] Holbrook M B, Schindler R M. Market Segmentation Based on Age and Attitude Toward the Past: Concepts, Methods, and Findings Concerning Nostalgic Influences on Customer Tastes [J]. Journal of Business Research, 1996, 37 (1): 27 -39.

[372] Howe J. The Rise of Crowdsourcing [J]. Wired magazine, 2006, 14 (6): 1 -4.

[373] Huber G P, Sutcliffe K M, Miller C C, et al. Understanding and Predicting Organizational Change [M]. In Organizational Change and Redesign, G P Huber and WH Glick (Eds.). New York: Oxford University Press, 1993.

[374] Hu H, Huang T, Cheng Y, et al. The Evolution of Sustainable Business Model Innovation: Evidence from a Sharing Economy Platform in China [J]. Sustainability, 2019, 11 (4207): 1 -16.

[375] Hult G, Ketchen D J. Research Notes and Commentaries Does Market Orientation Matter?: A Test of the Relationship Between Positional Advantage and Performance [J]. John Wiley & Sons, Ltd. 2001, 22 (9): 899 -906.

[376] IBM. IBM global CEO Study—The Enterprise of the Future (2008) URL [EB/OL]. http://www -935. ibm. com/services/de/bcs/html/ceostudy. html.

[377] Jaworski B J, Kohli A K. Market orientation: Antecedents and consequences [J]. Journal of Marketing, 1993, 57 (3): 53 -71.

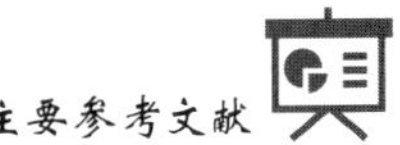

[378] Ji S, Jin Y. Business Model Innovation under the Background of 3D Printing: Supply Chain Perspective [J]. Journal of Investigative Medicine, 2014, 62 (8): 115 - 116.

[379] Johansson J, Chroneer D. Business Models at Mobile Service Sector [J]. I - Business, 2012, 4 (1): 84 - 92.

[380] Johnson M W, Christensen C M, Kagermann H. Reinventing Your Business Model [J]. Harvard Business Review, 2008, 86 (12): 57 - 68.

[381] Johnson M W. The Time Has Come for Business Model Innovation [J]. Leader to Leader, 2010, 9: 21 - 29.

[382] Jones G M. Educators, Electrons, and Business Model: A Problem in Synthesis [J]. Accounting Review, 1960, 35 (4): 619 - 626.

[383] Joseph J, Wilson A J. The Growth of The Firm: An Attention - Based View [J]. Strategic Management Journal, 2018, 39 (6): 1779 - 1800.

[384] Joseph Pine B II. Mass Customization: The New Frontier in Business Competition [M]. Harvard Business School Press, 1993.

[385] Joyce A, Paquin R L. The Triple Layered Business Model Canvas: A Tool to Design More Sustainable Business Models [J]. Journal of Cleaner Production, 2016, 135 (11): 1474 - 1486.

[386] Kahneman D, Knetsch J L, Thaler R H. Experimental Tests of the Endowment Effect and the Coase Theorem [J]. Journal of Political Economy, 1990, 98 (6): 1325 - 1348.

[387] Kerlin J. Defining Social Enterprise across Different Contexts: A Conceptual Framework Based on Institutional factors [J]. Nonprofit and Voluntary Sector Quarterly, 2013, 12 (1): 84 - 108.

[388] Kimberly B. Oracle Takes You through the Four Phases of Achieving Big Data Insight [R]. Intel IT Center, 2012, 6.

[389] Kim W C, Mauborgne R. Blue Ocean Strategy [J]. Harvard Business Review, 2004 (2): 76 - 84.

[390] Kim W C, Mauborgne R. How Strategy Shapes Structure [J]. Strategic Direction, 2010, 87 (2): 742 - 748.

[391] Klang D, Wallnö Fer M, Hacklin F. The Business Model Paradox: A Systematic Review and Exploration of Antecedents [J]. International Journal of Management Reviews, 2014, 16 (4): 454 - 478.

[392] Klein M H. Poverty Alleviation through Sustainable Strategic Business Mod-

els [D]. RSM Erasmus University PhD Dissertation, 2008.

[393] Koen P A, Bertels H M J, Elsum I R. The Three Faces of Business Model Innovation: Challenges for Established Firms [J]. Research – Technology Management, 2011, 54 (3): 52 – 59.

[394] Kostas N D. Developing Full-spectrum Innovation Capability for Survival and Success in the Global Economy [J]. Total Quality Management, 2010, 21 (2): 159 – 170.

[395] Kuhn T. The Structure of Scientific Revolutions [M]. University of Chicago Press, 1962.

[396] Lüdeke – Freund F. Sustainable Entrepreneurship, Innovation, and Business Models: Integrative Framework and Propositions for Future Research [J]. Business Strategy and the Environment, 2020, 29: 665 – 681.

[397] Lee C, Park H, Park Y. Keeping A Breast of Technology-driven Business Model Evolution: A Dynamic Patent Analysis Approach [J]. Technology Analysis & Strategic Management, 2013, 25 (5): 487 – 505.

[398] Levins R. Evolution in Changing Environments [M]. Prince town University Press, New Jersey. 1968.

[399] Levinthal D A, March J G. Special Issue: Organizations, Decision Making and Strategy//The Myopia of Learning [J]. Strategic Management Journal, 1993 (14): 95 – 112.

[400] Lichtenthaler U. Outbound open Innovation and Its Effect on Firm Performance: Examining Environmental Influences [J]. R&D Management, 2009, 39 (4): 317 – 330.

[401] Linder J, Cantrell S. Changing Business Models: Surveying the Landscape [M]. Accenture Institute for Strategic Change, 2000.

[402] Li Z, Brian D, Catherine E. Connelly. Sharing Knowledge in Social Q&A Sites: The Unintended Consequences of Extrinsic Motivation [J]. Journal of Management Information Systems, 2016, 33 (1): 70 – 100.

[403] Lumpkin G T, Dess G G. Clarifying the Entrepreneurial Orientation Construct and Linking it to Performance [J]. Academy of Management Review, 1996, 21 (1): 135 – 172.

[404] Macinnes I, Hu L. Business Models and Operational Issues in the Chinese online Game Industry [J]. Telematics & Informatics, 2007, 24 (2): 130 – 144.

[405] Mackay R B, Chia R. Choice, Chance, and Unintended Consequences in

Strategic Change: A Process Understanding of the Rise and Fall of NorthCo Automotive [J]. Academy of Management Journal, 2013, 56 (1): 208-230.

[406] Magretta J. Why Business Models Matter [J]. Harvard Business Review, 2002, 5: 1-8.

[407] Mahadevan B. Business Models for Internet Based E-commerce [J]. California Management Review, 2000, 42 (4): 55-69.

[408] Malcolm J, Beynon, Paul J, et al. The Role of Entrepreneurship, Innovation, and Urbanity-diversity on Growth, Unemployment, and Income: US State-level Evidence and an fsQCA Elucidation [J]. Journal of Business Research, 2019, 101 (8): 675-687.

[409] Malone T W, Weill P, Lai R K, et al. Do Some Business Models Perform Better Than Others [R]. Cambridge, MA: MIT Sloan School of Management Working Paper, 2006.

[410] Mansfield G M, Fourie L C H. Strategy and Business Models-strange Bedfellows? A Case for Convergence and Its Evolution into Strategic Architecture [J]. South African Journal of Business Management, 2004, 1.

[411] March J G. Exploration and Exploitation in Organizational Learning [J]. Organization Science, 1991, 2 (1): 87.

[412] Markides C. Disruptive Innovation: in Need of Better Theory? [J] Product Development & Management Association, 2006, 23 (19): 19-25.

[413] Martins L L, Rindova V P, Greenbaum B E. Unlocking the Hidden Value of Concepts: A Cognitive Approach to Business Model Innovation [J]. Strategic Entrepreneurship Journal, 2015, 9 (1): 99-117.

[414] Mason K, Spring M. The Sites and Practices of Business Models [J]. Industrial Marketing Management, 2011 (40): 1032-1041.

[415] Massa L, Tucci C L, Afuah A. A Critical Assessment of Business Model Research [J]. The Academy of Management Annals, 2017, 11 (1): 73-104.

[416] Matsuno K, Mentzer J T, Özsomer A. The Effects of Entrepreneurial Proclivity and Market Orientation on Business Performance [J]. Journal of Marketing, 2002, 66 (3): 18-32.

[417] Mcgrath R G. Business Models: A Discovery Driven Approach [J]. Long Range Planning, 2010, 43 (2-3): 247-261.

[418] Mckelvie A, Wiklund J. Advancing Firm Growth Research: A Focus on Growth Mode Instead of Growth Rate [J]. Entrerpreneurship Theory and Practice,

2010 (3): 261 -288.

[419] Merchant N. Why Porter's Model no Longer Works [J/OL]. HBR Blog Network, http: //blogs. hbr. org/cs/2012/02/why _ porters _ model _ no _ longer _ wo. html.

[420] Meyer A D, Tsui A S, Hinings C R. Configurational Approaches to Organizational Analysis [J]. Academy of Management Journal, 1993 (36): 1175 -1195.

[421] Mezger F. Toward a Capability-based Conceptualization of Business Model Innovation: Insights from an Explorative Study [J]. R & D Management, 2014, 44 (5): 429 -449.

[422] Möhlmann M. Collaborative Consumption: Determinants of Satisfaction and the Likelihood of Using a Sharing Economy Option Again [J]. Journal of Consumer Behaviour, 2015, 14 (3): 193 -207.

[423] Michael H M, Galina S, Alexander S. The Business Model and Firm Performance: The Case of Russian Food Service Ventures [J]. Journal of Small Business Management, 2013, 51 (1): 46 -65.

[424] Mintzberg H. Patterns in Strategy Formation [J]. Management Science, 1978, 24 (9): 934 -948.

[425] Mitchell D, Coles C. Business Model Innovation Breakthrough Moves [J]. Journal of Business Strategy, 2004, 25 (1): 16 -26.

[426] Mitchell D, Coles C. The Ultimate Competitive Advantage of Continuing Business Model Innovation [J]. Journal of Business Strategy, 2003, 24 (5): 15 - 21.

[427] Moore G A. Crossing the Chasmm: Marketing and Selling Technology Products to Mainstream Customers [M]. New York: Harper Business, 1991.

[428] Moore J. Shared Purpose: A Thousand Business Ecosystems, a Connected Community and the Ffuture (1st ed.) [M]. Create Space Independent Publishing Platform, 2013.

[429] Morris L. The Innovation Master Plan: the CEO's Guide to Innovation [M]. Innovation Academy, 2011.

[430] Morris M, Schindehutte M, Allen J. The Entrepreneur's Business Model: Toward a Unified Perspective [J]. Journal of Business Research, 2005, 58 (6): 726 -735.

[431] Muzellec L, Ronteau S, Lambkin M. Two-sided Internet Platforms: A Business Model Lifecycle Perspective [J]. Industrial Marketing Management, 2015,

45: 139 - 150.

[432] Narver J C, Slater S F. The Effect of a Market Orientation on Business Profitability [J]. Journal of Marketing, 1990, 54 (4): 20 - 35.

[433] Neoh J G, Chipulu M, Marshall A. What Encourages People to Carpool? An Evaluation of Factors with Meta-analysis [J]. Transportation, 2017, 44 (2): 423 - 447.

[434] Newbert S L. Empirical Research on the Resource-based View of the Firm: An Assessment and Suggestions for Future Research [J]. Strategic Management Journal, 2007, 28 (2): 121 - 146.

[435] Nigam A, Ocasio W. Event Attention, Environmental Sensemaking, and Change in Institutional Logics: An Inductive Analysis of the Effects of Public Attention to Clinton's Health Care Reform Initiative [J]. Organization Science, 2010, 21 (4): 823 - 841.

[436] Nyssens M. Social Enterprise. At the Crossroad of Market, Public Policies and Civil Society [J]. London: Routledge, 2006.

[437] Nystrom P, Ramamurthy K, Wilson A. Organizational Context, Climate and Innovative-ness: Adoption of Imaging Technology [J]. Journal of Engineering and Technology Management, 2002, 19 (3 - 4): 221 - 247.

[438] Ocasio W. Towards an Attention-based View of the Firm [J]. Strategic Management Journal, 1997, 18 (S1): 187 - 206.

[439] Office of the Third Sector [UK]. Social enterprise action plan: scaling, new heights [Z]. 2006, 10.

[440] Oliveira D T D, Cortimiglia M N. Value Co-creation in Web-based Multi-sided Platforms: A Conceptual Framework and Implications for Business model design [J]. Business Horizons, 2017, 60 (5): 747 - 758.

[441] Oliver C. Strategic Responses to Institutional Processes [J]. Academy of Management Review, 1991, 16 (1): 145 - 179.

[442] Onetti A, Zucchella A, Jones M V, et al. Internationalization, Innovation and Entrepreneurship: Business Models for new Technology-based Firms [J]. Journal of Management & Governance, 2012, 16 (3): 337 - 368.

[443] Osterwalder A, Pigneur Y. Business Model Generation: A Handbook for Visionaries, Game Changers, and Challengers [M]. T Clark (ed), Wiley, 2010.

[444] Osterwalder A, Pigneur Y, Tucci C L. Clarifying Business Models: Origins, Present, and Future of the Concept [J]. Communications of the Association for

Information Systems, 2005, 6 (1), 751 – 778.

[445] Osterwalder A. The Business Model Ontology: A Proposition in a Design Science Approach [D]. Universite de Lausanne, Lausanne. 2004.

[446] Parker G, Alstyne M W V, Choudary S P. Platform Revolution: How Networked Markets Are Transforming the Economy – And How to Make Them Work for You [M]. W. W. Norton, Incorporated, 2016.

[447] Parker G, Alstyne M W V, Jiang X. Platform Ecosystems: How Developers Invert the Firm [J]. MIS Quarterly, 2017 (41): 255 – A4.

[448] Pateli A G, Giaglis G M. Technology Innovation-induced Business Model Change: A Contingency Approach [J]. Journal of Organizational Change Management, 2005, 18 (2): 167 – 183.

[449] Penrose E T. The Theory of the Growth of the Firm [M]. New York: Oxford University Press, 1995.

[450] Permatasari A, Dhewanto W. Business Model Innovation towards Competitive Advantage: Case Study in Indonesian Cosmetics and Herbal Health Companies [J]. Information Management & Business Review, 2013, 5 (8).

[451] Phromket C, Ussahawanitchakit P. Effects of Organizational Learning Effectiveness on Innovation Outcomes and Export Performance of Garments Business in Thailand [J]. International Journal of Business Research, 2009, 9 (7): 6 – 21.

[452] Pianka E R. Competition and Niche Theory [J]. Theoretical Ecology Principles & Applications, 1981, 8 (1): 167 – 196.

[453] Pine II J. Mass Customization: The New Frontier in Business Competition [M]. Boston: Harvard Business School, 1992.

[454] Pisano G P, Pironti M, Rieple A. Business Models, Business Strategy and Innovation [J]. Entrepreneurship Research Journal, 2015, 43 (2 – 3): 172 – 194.

[455] Pisano G P. You Need an Innovation Strategy [J]. Harvard Business Review, 2015 (6): 22.

[456] Plé L, Lecocq X, Angot J. Business Models as an Emerging Research Program in Strategy [J]. M@ n@ gement, 2010, 13 (4): 226 – 265.

[457] Pohle G, Chapman M. IBM's Global CEO Report 2006: Business Model Innovation Matters [J]. Strategy & Leadership, 2006, 34 (5): 34 – 40.

[458] Porter M E. Competitive Advantage: Creating and Sustaining Superior Performance [M]. New York: Free Press. 1985.

[459] Porter M E, Heppelmann J. E. How Smart, Connected Products are Transforming Companies [J]. Harvard Business Review, 2015 (93): 96 - 114.

[460] Porter M E. How Competitive Forces Shape Strategy [J]. Harvard business review, 1979, 57 (2): 78 - 93.

[461] Porter M E. Strategy and the Internet [J]. Harvard business review, 2001, 79 (3): 63 - 78.

[462] Porter M E. The Five Competitive Forces That Shape Strategy [J]. Harvard business Review, 2008, 86 (1), 25 - 40.

[463] Prahalad C K, Bettis R A. The Dominant Logic a New Linkage between Diversity and Performance [J]. Strategic Management Journal, 1986, 7 (6): 485 - 501.

[464] Prahalad C K, Hamel G. Strategic Intent [J]. Harvard Business Review, 1989, 4 (7 - 8): 79 - 93.

[465] Prahalad C K, Hamel G. The Core Competence of the Corporation [J]. Harvard Business Review, 1990 (68): 79 - 91.

[466] Priem R L, Wenzel M, Koch J. Demand-side Strategy and Business Models: Putting Value Creation for Consumers Center Stage [J]. Long Range Planning, 2018, 51 (2): 22 - 31.

[467] Pynnönen M, Hallikas J, Ritala P. Managing Customer - Driven Business Model Innovation [J]. International Journal of Innovation Management, 2012, 16 (4): 1250022.

[468] Ragin C C. Redesigning Social Inquiry: Fuzzy Sets and Beyond [M]. University of Chicago Press, 2008.

[469] Ragin C C. The Comparative Method: Moving Beyond Qualitative and Quantitative Strategies [M]. University of California Press, 1987.

[470] Rajagopalan N, Spreitzer G M. Toward a Theory of Strategic Change: A Multi - Lens Perspective and Integrative Framework [J]. Academy of Management Review, 1997 (22): 48 - 79.

[471] Ramon C M, Joan E R. How to Design a Winning Business Model? [J]. Harvard Business Review, 2011, 89 (1): 1 - 9.

[472] Ramon C M, Zhu F. Business Model Innovation and Competitive Imitation: the Case of Sponsor-based Business Models [J]. Strategic Management Journal, 2013, 34 (4): 464 - 482.

[473] Rappa M A. The Utility Business Model and the Future of Computing Serv-

ices [J]. IBM Systems Journal, 2004, 43 (1): 32 -42.

[474] Rauch D, Schleicher D. Like Uber, But for Local Governmental Policy: The Future of Local Regulation of the "Sharing Economy" [J]. Social Science Electronic Publishing, 2015, 58 (2): 613 -627.

[475] Rene B, Jonatan P, Ans K. Business Models for Sustainable Technologies: Exploring Business Model Evolution in the Case of Electric Vehicles [J]. Research Policy, Elsevier, 2014, 43 (2): 284 -300.

[476] Ries A, Trout J. Positioning: the Battle for your Mind [M]. New York, N Y: McGraw -Hill, c1981.

[477] Rindova V P, Kotha S. Continuous "Morphing": Competing through Dynamic Capabilities, Form and Function [J]. Academy of Management Journal, 2001, 44 (6): 1263 -1280.

[478] Ritter T, Lettl C. The Wider Implications of Business-model Research [J]. Long Range Planning, 2018, 51 (1): 1 -8.

[479] Rochet J C, Tirole J. Two-sided Markets: A Progress Report [J]. The Rand Journal of Economics, 2006, 37 (3): 645 -667.

[480] Rogers B. The Social Costs of Uber [M]. Social Science Electronic Publishing, 2015.

[481] Rogers H, Baricz N, Pawar K S. 3D Printing Services: Classification, Supply Chain Implications and Research Agenda [J]. International Journal of Physical Distribution & Logistics Management, 2016, 46 (10): 1 -22.

[482] Rong K, Hu G, Lin Y, et al. Understanding Business Ecosystem Using a 6C Framework in Internet-of -Things-based Sectors [J]. International Journal of Production Economics, 2015 (159): 41 -55.

[483] Rumelt R P, Schendel D, Teece D J. Strategic Management and Economics [J]. Strategic Management Journal, 1991 (12): 5 -29.

[484] Sabatier V, Mangematin V, Rousselle T. From Recipe to Dinner: Business Model Portfolios in the European Biopharmaceutical Industry [J]. Long Range Planning, 2010, 43 (2 -3): 431 -447.

[485] Sainio L M, Puumalainen K. Evaluating Technology Disruptiveness in a Strategic Corporate Context: A Case Study [J]. Technological Forecasting and Social Change, 2007, 74 (8): 1315 -1333.

[486] Sako M. Business Models for Strategy and Innovation [J]. Communications of the ACM, 2012, 55 (7): 22 -24.

[487] Sampler J L. Redefining Industry Structure for The Information Age [J]. Strategic Management Journal, 1998, 19 (4), 343 – 355.

[488] Sanchez R. Strategic Flexibility in Product Competition [J]. Strategic Management Journal, 1995, 16 (S1): 135 – 159.

[489] Santos F M. A Positive Theory of Social Entrepreneurship [J]. Journal of business ethics, 2012, 111 (3): 335 – 351.

[490] Santos J, Spector B, Heyden L V D. Toward a Theory of Business Model Change [C]. Business Model Innovation (pp. 43 – 63), 2015 – 02 – 01.

[491] Santos J, Spector B, Heyden L V D. Toward a Theory of Business Model Innovation within Incumbent Firms [C]. Working Paper, 2009/16/EFE/ST/TOM, INSEAD, Fontainebleau, France, 2009.

[492] Sapienza H J, Clercq D D, Sandberg W R. Antecedents of International and Domestic Learning Effort [J]. Journal of Business Venturing, 2005, 20 (4): 437 – 457.

[493] Schaltegger S, Wagner M. Sustainable Entrepreneurship and Sustainability Innovation: Categories and interactions [J]. Business Strategy and the Environment, 2011, 20 (4): 222 – 237.

[494] Schlegelmilch B B. The New Industrial Revolution? [J]. Journal of International Marketing, 2003, 11 (2): 1 – 1.

[495] Schneider C Q, Wagemann C. Set – Theoretic Methods for the Social Sciences: A Guide to Qualitative Comparative Analysis [M]. Cambridge University Press, 2012.

[496] Schneider S, Spieth P. Business Model Innovation: Towards an Integrated Future Research Agenda [J]. International Journal of Innovation Management, 2013, 17 (1): 755 – 756.

[497] Schumpeter J A. The Theory of Economic Development. An Inquiry into Profits, Capital, Credit, Interest, and the Business Cycle. New Brunswick [M]. NJ, London: Transaction Publishers, 1934.

[498] Schumpeter J A. The Theory of Economic Development [M]. Cambridge: Harvard University Press, 1912/1934.

[499] Schweizer L. Evolution and Dynamics of Business Models in the German Biotechnology Industry [J]. International Journal of Biotechnology, 2006, 8 (3/4): 265 – 284.

[500] Scott W R. Institutions and Organizations: Foundations for Organizational

Science [M]. London: A Sage Publication Series, 1995.

[501] Seddon P B, Freeman P. The Case for Viewing Business Models as Abstractions of Strategy [J]. Communications of the association for information systems, 2004 (13): 427 -442.

[502] Seppänen M, Mäkinen S. Business Model Concepts: A Review with Case Illustration [J]. Tectonophysics, 2005, 417 (3): 85 -100.

[503] Shafer S M, Smith H J, Linder J C. The Power of Business Models [J]. Business Horizons, 2005, 48 (3): 199 -207.

[504] Siggelko N. Evolution toward Fit [J]. Administrative Science Quarterly, 2002 (47): 125 -59.

[505] Simon H A. Administrative Behavior: A Study of Decision-making Processes in Administrative Organizations [M]. Chicago: Macmillan, 1947.

[506] Simon H A. The Architecture of Complexity [J]. Proceedings of the American Philosophical Society, 1962, 106 (6): 467 -482.

[507] Slater S F, Narver J C. Does Competitive Environment Moderate the Market Orientation-performance Relationship? [J]. Journal of Marketing, 1994 (58): 46 -55.

[508] Snihur Y, Zott C. Legitimacy without Imitation: How to Achieve Robust Business Model Innovation [C]// Academy of Management Proceedings, 2013.

[509] Social Enterprise Coalition [UK]. There's More to Business than You Think: A Guide to Social Enterprise [Z]. 2003.

[510] Sosna M, Trevinyo - Rodriguez R N, Velamuri S W. Business Model Innovation through Trial-and - Error Learning: The Naturhouse Case [J]. Long Range Planning, 2010, 43 (2/3): 383 -407.

[511] Souitaris V, Maestro B M M. Polychronicity in Top Management Teams: The Impact on Strategic Decision Processes and Performance of New Technology Ventures [J]. Strategic Management Journal, 2010, 31 (6): 652 -678.

[512] Sérgio A C, Kesting P, Ulhi J P. Business Model Dynamics and Innovation: (Re) establishing the Missing Linkages [J]. Management Decision, 2011, 49 (8): 1327 -1342.

[513] Steiber A, Alnge S. A Corporate System for Continuous Innovation: The Case of Google Inc [J]. European Journal of Innovation Management, 2013, 16 (2): 243 -264.

[514] Suchman M C. Managing Legitimacy: Strategic and Institutional Approa-

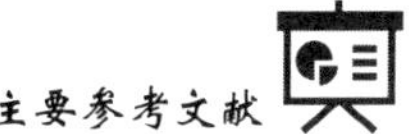

ches [J]. Academy of Management Review, 1995, 20 (3): 571 -610.

[515] Taylor A, Wagner K. Rethinking Your Innovation System. Boston: The Boston Consulting Group, 2014.

[516] Teece D J. Business Models, Business Strategy and Innovation [J]. Long Range Planning, 2010, 43, 172 - 194.

[517] Teece D J. Explicating Dynamic Capabilities: the Nature and Microfoundations of (sustainable) Enterprise Performance [J]. Strategic Management Journal, 2007 (28): 1319 - 1350.

[518] Teece D J, Pisano G, Shuen A. Dynamic Capabilities and Strategic Management [J]. Strategic Management Journal, 1997, 18 (7): 509 -533.

[519] Teece D J, Pisano G. The Dynamic Capabilities of Firms: an Introduction [J]. Industrial and Corporate Change, 1994, 3 (3): 537 -556.

[520] Thomas B, Anders S. The Challenge of Organizing Change in Hypercompetitive Industries——a Literature Review [J]. Journal of Change Management, 2008, 8 (2), 123 - 145.

[521] Thomas R. Business Value Analysis: Coping with Unruly Uncertainty [J]. Strategy & Leadership, 2001, 29 (2): 16 -24.

[522] Thornton P. Markets from Culture: Institutional Logics and Organizational Decisions in Higher Education Publishing [M]. Stanford, CA: Stanford University Press, 2004.

[523] Tidd J, Bessant J. Managing Innovation: Integrating Technological, Market and Organizational Change [M]. John Wiley & Sons, 2011.

[524] Tidd J. Innovation Management in Context: Environment, Organization and Performance [J]. International Journal of Management Reviews, 2001, 3 (3): 169 - 183.

[525] Timmers, Paul. Business Models for Electronic Markets [J]. Electronic Markets, 1998, 8 (2): 3 -8.

[526] To C K M, Au J S C, Kan C W. Uncovering Business Model Innovation Contexts: A Comparative Analysis by fsQCA Methods [J]. Journal of Business Research, 2019, 101 (8): 783 -796.

[527] Toffler A. Future Shock [M]. A National General Company, 1970.

[528] Tsoukas H, Chia R. On Organizational Becoming: Rethinking Organizational Change [J]. Organization Science, 2002, 13 (5): 567 -582.

[529] Tucker R B. Strategy Innovation Takes Imagination [J]. Journal of Busi-

ness Strategy, 2001, 22 (3): 23 -27.

[530] Ulwick A W, Osterwalder A. Jobs to Be Done: Theory to Practice [M]. Idea Bite Press, 2016.

[531] Ulwick A W. What Customers Want: Using Outcome - Driven Innovation to Create Breakthrough Products and Services [M]. McGraw - Hill Education, 2005.

[532] Uzkurt C, Kumar R, Kimzan H S, et al. The Impact of Environmental Uncertainty Dimensions on Organisational Innovativeness: An Empirical Study on SMES [J]. International Journal of Innovation Management, 2012, 1616 (2): 63 -167.

[533] Valen L V. Morphological Variation and Width of Ecological Niche [C]. Amer Nat, 1998: 377 -390.

[534] Valerie L, Vaccaro. The Evolution of Business Models and Marketing Strategies in the Music Industry [J]. The International Journal on Media Management, 2004, 6 (1&2): 46 -58.

[535] Van Alstyne M W, Parker G G, Choudary S P. Pipelines, Platforms, and the New Rules of Strategy: Scale Now Trumps Differentiation [J]. Harvard Business Review, 2016, 94 (4): 1 -9.

[536] Van de Ven, Walker G. The Dynamics of Inter-organizational Coordination [J]. Administrative Science Quarterly, 1984, 29 (4), 598 -621.

[537] Voelpel S, Leibold M, Tekie E B. The Wheel of Business Model Reinvention: How to Reshape Your Business Model to Leagfrog Competitors [J]. Journal of Change Management, 2004 (4): 259 -276.

[538] Voigt K I, Buliga O, Michl K. Pioneer in the Skies: The Case of Southwest Airlines [M]. Springer International Publishing, 2017.

[539] Weber T A. Collaborative Housing and the Intermediation of Moral Hazard [C]. Hawaii International Conference on System Sciences, 2013: 4133 -4141.

[540] Weed B D. IBM Offers Big Data Solutions for a Smarter Planet [R]. Intel IT Center, 2012, 6.

[541] Weill P, Malone T W, D'Urso V T, et al. Do Some Business Models Perform Better than Others? A Study of the 1000 Largest US Firms [C]. MIT Centre for Coordination Science Working Paper, No 226, 2004 (6): 5.

[542] Weill P, Vitale M R. Place to Space: Migrating to e - Business Models [M]. Boston, MA: Harvard Business School Press, 2001.

[543] Weill P, Vitale M R. Whole of Enterprise An Atomic E - Business Model [M]. Harvard Business Press, 2008.

[544] West J, Salter A, Vanhaverbeke W, et al. Introduction: Open innovation: The next decade [J]. Research Policy, 2014 (43): 805 -811.

[545] Wheelwright S C, Clark K B. Creating Project Plans to Focus Product Development [J]. Harvard business review, 1992, 70 (2): 70 -82.

[546] Willemstein L T, Van D V T, Meeus M T H. Dynamics in Business Models: An Empirical Analysis of Medical Biotechnology Firms in the Netherlands [J]. Technovation, 2007 (27): 221 -232.

[547] Williamson O E. Markets and Hierarchies: Some Elementary Considerations [J]. American Economic Review, 1973, 63 (2): 316 -325.

[548] Williamson O E. The Economics of Organization: the Transaction Cost Approach [J]. American Journal of Sociology, 1981 (83): 539 -577.

[549] Williamson O E. Transaction - Cost Economics: The Governance of Contractual Relations [J]. Journal of Law & Economics, 1979, 22 (2): 233 -261.

[550] Wind J, Mahajan V. Issues and Opportunities in New Product Development: An Introduction to the Special Issue [J]. Journal of Marketing Research, 1997, 34 (1): 1 -12.

[551] Winter S G, Szulanski G. Replication as Strategy [J]. Organization Science, 2001, 12 (6), 730 -743.

[552] Wirtz B W. Business Model Management [M]. Design-instruments-success factors. 1st ed. Wiesbaden: Gabler, 2011.

[553] Wirtz B W, Mathieu A, Schilke O. Strategy in High - Velocity Environments [J]. Long Range Planning, 2007, 40 (3): 295 -313.

[554] Wirtz B W, Pistoia A, Ullrich S, et al. Business Models: Origin, Development and Future Research Perspectives [J]. Long Range Planning, 2016, 49 (1): 36 -54.

[555] Wirtz B W, Schilke O, Ullrich S. Strategic Development of Business Models: Implications of the Web 2. 0 for Creating Value on the Internet [J]. Long Range Planning, 2010, 43 (2 -3): 272 -290.

[556] Wu X, Ma R, Shi Y. How do Latecomer Firms Capture Value from Disruptive Technologies? A Secondary Business Model Innovation Perspective [J]. IEEE Transactions on Engineering Management, 2010, 57 (1): 51 -62.

[557] Xiaojun Y, Plaisent M, Bernard Jr P, et al. Research on Business Model Innovation and Control of China's Education & Training Industry: New Oriental Education & Technology Group as an Example [J]. Journal of Economic Development, Man-

agement, IT, Finance & Marketing, 2013, 5 (1).

[558] Yip G S. Using Strategy to Change your Business Model [J]. Business Strategy Review, 2004, 15 (2): 17 -24.

[559] Yunus M, Moingeon B, Lehmann - Ortega L. Building Social Business Models: Lessons from the Grameen Experience [J]. Long Range Planning, 2010, 43 (2): 308 -325.

[560] Zajac E J, Kraatz M S, Bresser R K F. Modeling the Dynamics of Strategic fit: A Normative Approach to Strategic Change [J]. Strategic Management Journal, 2000, 21 (4): 429 -453.

[561] Zeithaml V A, Berry L L, Parasuraman A. The Behavioral Consequences of Service Quality [J]. Journal of Marketing, 1996, 60 (2): 31 -46.

[562] Zhou K Z, Chi K Y, Tse D K. The Effects of Strategic Orientations on Technology-and Market - Based Breakthrough Innovations [J]. Journal of Marketing, 2005, 69 (2): 42 -60.

[563] Zimmerman M A, Zeitz G J. Beyond Survival: Achieving New Venture Growth by Building Legitimacy [J]. Academy of Management Review, 2002, 27 (3): 414 -431.

[564] Zott C, Amit R. Business Model Design: An Activity System Perspective [J]. Long Range Planning, 2010, 43 (2 -3): 216 -226.

[565] Zott C, Amit R. Business Model Design and the Performance of Entrepreneurial Firms [J]. Organization Science 2007, 18 (2): 181 -199.

[566] Zott C, Amit R. Designing Your Future Business Model: An Activity System Perspective [J]. Iese Research Papers, 2009, 43 (D/781).

[567] Zott C, Amit R, Massa L. The Business Model: Recent Developments and Future Research [J]. Journal of Management (published online), 2011 (5): 1 -25.

[568] Zott C, Amit R. The Business Model: A Theoretically Anchored Robust Construct for Strategic Analysis [J]. Strategic Organization, 2013, 11 (4): 403 -411.

[569] Zott C, Amit R. The Fit between Product Market Strategy and Business Model: Implications for Firm Performance [J]. Strategic Management Journal, 2008 (29): 1 -26.

后　记

本书得到国家自然科学基金青年项目“国际创业企业知识搜寻双元策略及其对机会识别的影响机制研究：基于双重网络嵌入的视角”（批准号：71702086）、教育部人文社会科学研究青年基金项目“‘互联网+’时代基于众包的中国企业商业模式优化及竞争力提升研究”（批准号：17YJC630019）、山东省高校青年创新团队——创业与商业模式创新团队、青岛理工大学社会科学专著出版基金资助，特此致谢。

本书中的部分研究起始于我在上海财经大学的博士求学阶段，研究过程中得到我的恩师夏健明教授的悉心指导；另外，上海财经大学国际工商管理学院谢家平教授、多位老师和同窗给予了极大的支持与帮助。在此向他们表达诚挚的谢意！

本书的研究工作是在青岛理工大学“礼贤学者特聘教授团队”、商学院“创新创业研究中心”成员以及诸位同仁的大力支持下才得以顺利开展的，特别是本书的合著者王粲老师，与我在研究工作中优势相长、珠联璧合、共同努力，才得以有此书的最终完成；研究生王友凤和王彩凤同学进行了部分案例素材与资料的收集与整理工作；还有很多给予我们各方面帮助的同事和朋友……在此一并表示感谢！

在求学与研究过程中，家人给予了我生活上无微不至的照顾、工作上的鼎力支持，并成为我渡过一个个难关的坚强后盾。尤其要感谢我的女儿，她在爱丁堡大学留学期间关于“青年社会创业”的研究，给本书相关内容的写作提供了很多启发和借鉴。

商业模式创新实践丰富多彩且日新月异，商业模式及其创新的研究涉及多领域知识与理论的融合与交叉，“大变革时代的商业模式创新”更是一个宏大的主题。本书的研究与写作过程历经10年的时间，自觉也付出了最大的努力，但是，受能力和条件所限，存在不足、失当甚至疏漏、错误也在所难免，恳请读者们批评指正、不吝赐教。

李文莲

2021年10月